2010

中国火炬统计年鉴

CHINA TORCH STATISTICAL YEARBOOK

科技部火炬高技术产业开发中心 编

Edited By
Torch High Technology Industry
Development Center
Ministry of Science & Technology

中国统计出版社
China Statistics Press

(京)新登字 041 号

图书在版编目(CIP)数据

2010 中国火炬统计年鉴 :汉英对照 / 科技部火炬高技术产业开发中心编. —— 北京 :中国统计出版社,2010.10
ISBN 978－7－5037－6115－7

Ⅰ.①2… Ⅱ.①科… Ⅲ.①高技术产业－统计资料－中国－2010－年鉴－汉、英 Ⅳ.①F279.244.4－54

中国版本图书馆 CIP 数据核字(2010)第 197618 号

2010 中国火炬统计年鉴

作　　者/科技部火炬高技术产业开发中心编
责任编辑/尹　伊
装帧设计/杨　超
出版发行/中国统计出版社
通信地址/北京市西城区月坛南街 57 号　邮政编码/100826
办公地址/北京市丰台区西三环南路甲 6 号
网　　址/www.stats.gov.cn/tjshujia
电　　话/邮购(010)63376907　书店(010)68783172
印　　刷/北京华正印刷有限公司
经　　销/新华书店
开　　本/880×1230 毫米　1/16
字　　数/795 千字
印　　张/25.75
版　　别/2010 年 10 月第 1 版
版　　次/2010 年 10 月第 1 次印刷
书　　号/ISBN 978－7－5037－6115－7/F.2958
定　　价/180.00 元

《中国火炬统计年鉴—2010》

CHINA TORCH STATISTICAL YEARBOOK—2010

CHINA TORCH STATISTICAL YEARBOOK—2010

EDITORIAL BOARD

编者说明

《2010 中国火炬统计年鉴》是由科技部火炬高技术产业开发中心编撰的反映中国火炬计划、技术市场、全国生产力促进中心相关内容的统计资料。全书收录了全国45个省、市科技部门和56个国家高新区以及苏州工业园区2009年度的相关统计数据。

统计年鉴内容为十个部分。第一部分为国家高新技术产业开发区内企业的情况；第二部分为全国高新技术企业的情况；第三部分为国家级火炬计划项目的执行情况；第四部分为各类科技企业孵化器的情况；第五部分为全国技术市场的发展情况；第六部分为全国生产力促进中心的发展情况；第七部分为国家大学科技园的发展情况；第八部分为国家火炬计划软件产业基地的发展情况；第九部分为火炬计划特色产业基地的发展开发部。最后附有主要指标解释。

本年鉴中使用的符号："空格"表示该项统计指标数据不足本表最小单位数、数据不祥或无该项数据；"#"表示其中的主要项；"/"表示数据未提供。

PREFACE

2010 China Torch Statistical Yearbook is prepared by Torch High Technology Industry Development Center. The yearbook, which covers the series data of 45 province level science and technology departments, 56state level science and technology industrial parks, and Suzhou Industrial Park, reports on the development of China Torch Program, China's technology market and productivity promotion center.

The yearbook contains the following ten parts, 1.Development of State Level Science and Technology Industrial Parks (STIPs) and it's tenants. 2.Development of High Technology Enterprises in China. 3.Development of National Torch Program Projects. 4. Development of Technology Business Incubators. 5. Development of Technology Market in China. 6. Development of Productivity Promotion Centers in China. 7. Development of National University Science Parks. 8.Torch Program Software Bases. 9.Torch Program Industrial Bases. Explanatory Notes of indicators is attached at the end of book.

Symbols used in this yearbook: "blank space" indicates that the figure is not large enough to be measured with the smallest unit in the table, or data unknown, or not available; "#" indicates the major items of the total; "/" indicates data not available.

目 录

Contents

第一部分　国家高新技术产业开发区

THE FIRST PART　STATE LEVEL SCIENCE AND TECHNOLOGY INDUSTRIAL PARKS

第二部分　全国高新技术企业
THE SECOND PART　HIGH TECHNOLOGY ENTERPRISES IN CHINA

第三部分　国家火炬计划项目

THE THIRD PART　NATIONAL TORCH PROGRAM PROJECTS

第四部分　科技企业孵化器

THE FORTH PART　TECHNOLOGY BUSINESS INCUBATORS

第五部分　全国技术市场

THE FIFTH PART　TECHNOLOGY MARKET IN CHINA

第一部分
国家高新技术产业开发区

The First Part
State Level Science and Technology Industrial Parks

1-1 高新区企业主要经济指标

Main Economic Indicators of Enterprises in State Level Science and Technology Industrial Parks

年 份 Year	企业数 (个) Number of Enterprises (unit)	年末从业人员 (万人) Year End Number of Employees (10 000 person)	总收入 (亿元) Total Income (100 million yuan)	工业总产值 (亿元) Gross Industrial Output Value (100 million yuan)	工业增加值 (亿元) Value-added of Industry (100 million yuan)	净利润 (亿元) Net Profit (100 million yuan)	上缴税额 (亿元) Taxes Submitted (100 million yuan)	出口创汇 (亿美元) Export (100 million USD)
1995	12980	99	1529.0	1402.6	/	107.4	69.0	29.3
1996	13722	129	2300.3	2142.3	/	140.5	97.7	43.0
1997	13681	148	3387.8	3109.2	/	206.6	143.3	64.8
1998	16097	184	4839.6	4333.6	1060.7	256.2	220.8	85.3
1999	17498	221	6775.0	5944.0	1476.2	398.7	338.6	119.0
2000	20796	251	9209.3	7942.0	1978.8	597.0	460.2	185.8
2001	24293	294	11928.4	10116.8	2621.3	644.6	640.4	226.6
2002	28338	349	15326.4	12937.1	3286.1	801.1	766.4	329.2
2003	32857	395	20938.7	17257.4	4361.4	1129.4	990.0	510.2
2004	38565	448	27466.3	22638.9	5542.1	1422.8	1239.6	823.8
2005	41990	521	34415.6	28957.6	6820.6	1603.2	1615.8	1116.5
2006	45828	573	43320.0	35899.0	8521.0	2128.5	1977.1	1361.0
2007	48472	650	54925.2	44376.9	10715.4	3159.3	2614.1	1728.1
2008	52632	717	65985.7	52684.7	12507.0	3304.2	3198.7	2015.2
2009	53692	810	78706.9	61151.4	15416.7	4465.4	3994.6	2007.2

1-2 高新区企业主要经济指标(按地区分类)

Main Economic Indicators of Enterprises in State Level Science and Technology Industrial Parks by Region

地　区	Region	企业数 (个) Number of Enterprises (unit)	年末从业人员 (人) Year End Number of Employees (person)	总收入 (千元) Total Income (1000 yuan)	工业总产值 (千元) Gross Industrial Output Value (1000 yuan)	工业增加值 (千元) Value-added of Industry (1000 yuan)
北京	Beijing	16948	1096562	1299508956	419302193	75060000
天津	Tianjin	2779	247612	232193394	156846197	40720491
石家庄	Shijiazhuang	500	80673	93530473	73388628	19596748
保定	Baoding	159	59171	52356910	55094802	12298306
太原	Taiyuan	891	101299	107809051	97734129	24178524
包头	Baotou	573	109273	90807152	92769855	27723073
沈阳	Shenyang	813	124903	150154061	122601733	28044078
大连	Dalian	1757	183216	135290285	102043826	31806548
鞍山	Anshan	535	81921	80853186	71866885	22697870
长春	Changchun	885	107091	194700728	189986211	46895174
吉林	Jilin	742	105064	93078465	89078567	24823327
哈尔滨	Harbin	479	116911	100874766	91590868	18546894
大庆	Daqing	400	86428	76078847	72549308	20602993
上海	Shanghai	1403	308800	486699509	337387821	63776053
南京	Nanjing	253	148953	239042633	225623404	45061929
常州	Changzhou	1072	145115	120768025	120934631	29706211
无锡	Wuxi	1075	263042	250882234	250637159	57869782
苏州	Suzhou	1022	249784	200223499	185934057	46907142
泰州	Taizhou	224	29951	35515763	36806166	10675719
杭州	Hangzhou	1589	201125	157640206	96483246	24275771
宁波	Ningbo	318	82518	93734214	69135832	16725234
合肥	Hefei	398	113430	107362857	107155340	37408872
福州	Fuzhou	178	60993	41167577	41876785	10805159
厦门	Xiamen	290	87558	96734532	92737818	19384555
南昌	Nanchang	285	80645	66886051	62685398	20153750
济南	Jinan	522	120596	120379056	89225279	27821710
青岛	Qingdao	138	64755	102108053	83148855	17553366
淄博	Zibo	426	115072	123662187	117394018	29206551
潍坊	Weifang	326	99344	103070611	92453578	26853582
威海	Weihai	211	75656	78554853	77078838	22652760
郑州	Zhengzhou	615	96642	98055478	85806791	26373269
洛阳	Luoyang	460	80264	75291410	65475597	21006977
武汉	Wuhan	2194	295821	226140990	197549785	66728910
襄樊	Xiangfan	275	70211	67508613	65544031	18505499
长沙	Changsha	720	164552	150064769	136229937	35478859
株洲	Zhuzhou	202	75723	61563292	61001656	18670989
湘潭	Xiangtan	232	73771	50986682	51315062	11381962
广州	Guangzhou	1751	291734	266562691	188225335	46746770
深圳	Shenzhen	399	272972	266866813	255070583	59937367
珠海	Zhuhai	521	193017	117347332	114581255	21988486
惠州	Huizhou	158	94936	63096387	64619989	13604562
中山	Zhongshan	423	86322	86214761	90041223	21148492
佛山	Foshan	443	177835	150500052	154374092	36885815
南宁	Nanning	686	108400	58026729	45410691	15285929
桂林	Guilin	277	74338	32200496	37505222	11005038
海南	Hainan	122	24041	17125942	16889825	2892607
成都	Chengdu	1398	227008	227089515	209036669	60571728
重庆	Chongqing	520	189687	86295939	61204097	18433648
绵阳	Mianyang	114	101826	47551294	59724013	14219618
贵阳	Guiyang	121	96536	33908170	30156147	7834319
昆明	Kunming	240	61817	75050376	55457087	12897324
西安	Xi'an	3471	275141	313663497	201621144	64210083
宝鸡	Baoji	372	100703	75121513	74221451	21008643
杨凌	Yangling	126	13753	7353576	4634312	1349976
兰州	Lanzhou	451	75805	65069381	51625138	10655161
乌鲁木齐	Urumqi	210	34198	20370305	16266715	3013202
合计	**Total**	**53692**	**8104514**	**7870694137**	**6115139274**	**1541667405**

1-2 续表 continued

地　区	Region	净利润（千元）Net Profit (1000 yuan)	上缴税费（千元）Taxes Submitted (1000 yuan)	出口创汇（千美元）Export (1000 USD)	年末资产（千元）Year End Assets (1000 yuan)	年末负债（千元）Year End Liabilities (1000 yuan)
北　京	Beijing	95669412	66155279	20823347	1886857837	982870559
天　津	Tianjin	18212334	11371586	3506757	310088656	161414786
石家庄	Shijiazhuang	3962058	5358222	512805	89433380	49089231
保　定	Baoding	3399210	2446087	1644505	72328631	41878710
太　原	Taiyuan	3940341	6489271	200127	111395730	74180919
包　头	Baotou	2820230	3807332	558504	100651923	61513410
沈　阳	Shenyang	6502787	6869816	1552292	157077553	84523532
大　连	Dalian	9230461	6055715	3924095	175401303	103518112
鞍　山	Anshan	4690709	3938578	290039	45168595	30340220
长　春	Changchun	17443754	16868816	543393	120176020	60536993
吉　林	Jilin	3340644	4556225	398459	75487064	28102992
哈尔滨	Harbin	4412580	4884544	361588	159374941	105942826
大　庆	Daqing	3771410	4671868	106691	50925281	30010554
上　海	Shanghai	29949842	25254020	21466093	501868118	220054978
南　京	Nanjing	11282447	11699084	5925779	170423617	92712061
常　州	Changzhou	6262699	4322779	3415838	99891089	58384074
无　锡	Wuxi	12889075	6220209	15483304	209109127	104424969
苏　州	Suzhou	9358498	8028196	17177316	160784572	80668350
泰　州	Taizhou	1945012	2386060	567988	22336747	8146497
杭　州	Hangzhou	10151182	9266408	3789734	210066812	119564378
宁　波	Ningbo	4764290	3417511	4589455	69499042	34028551
合　肥	Hefei	7413125	15600941	1001006	120165768	64806160
福　州	Fuzhou	1787308	1174453	1762754	35551427	18252641
厦　门	Xiamen	4495369	5727159	8021180	61536236	43156640
南　昌	Nanchang	2573526	6887280	646773	68150851	42702074
济　南	Jinan	9412802	9095138	1535475	134284705	75144420
青　岛	Qingdao	4478030	4156053	1679139	65134531	35175305
淄　博	Zibo	3442892	9144526	1302209	117883824	47910977
潍　坊	Weifang	6355844	4138115	1477365	121408992	64778735
威　海	Weihai	4261923	3875726	3272518	50536886	23255002
郑　州	Zhengzhou	6681972	5863666	260930	96105504	35814052
洛　阳	Luoyang	4369620	3971536	787459	91492653	53342328
武　汉	Wuhan	13241069	12143359	2517573	280023842	165757127
襄　樊	Xiangfan	2878953	3206092	298920	51739085	29745435
长　沙	Changsha	9738765	6737182	870472	163560088	97614745
株　洲	Zhuzhou	2397540	2344374	543251	57989709	36689698
湘　潭	Xiangtan	1460136	1929684	2210342	58893866	39238994
广　州	Guangzhou	12038651	8494361	13777823	267748469	149957295
深　圳	Shenzhen	14758570	13838575	12358109	231516586	134428686
珠　海	Zhuhai	5177138	3728904	7502590	134175683	97565817
惠　州	Huizhou	2006333	1389013	5154106	37113950	24709686
中　山	Zhongshan	3150811	2192153	5302283	49332271	26810700
佛　山	Foshan	4926650	3646514	6395269	84777332	52165664
南　宁	Nanning	3650158	3014837	235847	54055872	34115644
桂　林	Guilin	2069142	2168697	542720	36304193	18906946
海　南	Hainan	748164	1093402	457979	18914433	8299329
成　都	Chengdu	14711829	10817400	7094083	320049545	124803050
重　庆	Chongqing	3685205	4838765	646938	132696942	73433339
绵　阳	Mianyang	1399455	1716842	745628	53951824	34626503
贵　阳	Guiyang	804177	1643158	474518	48268192	26186339
昆　明	Kunming	3355907	3761565	1260165	93743175	59639023
西　安	Xi'an	14719380	16972478	2536676	391857889	219203957
宝　鸡	Baoji	4170056	4914011	452305	76399257	41040884
杨　凌	Yangling	-59862	170767	95887	12905212	8203567
兰　州	Lanzhou	2430457	4227641	82605	149869552	43600710
乌鲁木齐	Urumqi	3805789	765950	580807	28574864	15439135
合　计	**Total**	**446535859**	**399457923**	**200721813**	**8595059246**	**4598427309**

1-3 高新区企业收入情况(按地区分类)

Revenue of Enterprises in State Level Science and Technology Industrial Parks by Region

单位: 千元 (1000 yuan)

地 区	Region	总收入 Total Income	技术收入 Technical Income	产品销售收入 Product Sales Income	商品销售收入 Commodity Sales Income
北 京	Beijing	1299508956	209368948	591404727	368938497
天 津	Tianjin	232193394	26012692	184972493	14701227
石家庄	Shijiazhuang	93530473	6127532	67947662	16623585
保 定	Baoding	52356910	23581	50345972	26066
太 原	Taiyuan	107809051	6379208	94553259	5310715
包 头	Baotou	90807152	1487688	87247013	30740
沈 阳	Shenyang	150154061	22299798	121290126	4916720
大 连	Dalian	135290285	16443392	104076857	5065191
鞍 山	Anshan	80853186	3464218	75725046	198560
长 春	Changchun	194700728	1159561	188379173	1053726
吉 林	Jilin	93078465	1742764	91334701	
哈尔滨	Harbin	100874766	461143	91539975	4990607
大 庆	Daqing	76078847	3132161	70706893	113934
上 海	Shanghai	486699509	21421464	415488234	28041001
南 京	Nanjing	239042633	3641972	219815502	9152799
常 州	Changzhou	120768025	212461	118495368	194871
无 锡	Wuxi	250882234	654444	247834422	389693
苏 州	Suzhou	200223499	8238817	180216058	951479
泰 州	Taizhou	35515763	66571	34759284	514340
杭 州	Hangzhou	157640206	41158968	93334121	9467413
宁 波	Ningbo	93734214	6793319	65114318	15996168
合 肥	Hefei	107362857	8170535	94765913	1275058
福 州	Fuzhou	41167577	780429	40026812	76657
厦 门	Xiamen	96734532	287317	95240103	346556
南 昌	Nanchang	66886051	1247047	63392572	329295
济 南	Jinan	120379056	25737364	91044710	2969086
青 岛	Qingdao	102108033	919308	87876064	830777
淄 博	Zibo	123662187	7375393	116084121	202668
潍 坊	Weifang	103070611	830469	90638188	173491
威 海	Weihai	78554853	105152	77366751	48174
郑 州	Zhengzhou	98055478	6806532	85958618	1600392
洛 阳	Luoyang	75291410	5747324	67165611	553979
武 汉	Wuhan	226140990	19695706	191207171	4031521
襄 樊	Xiangfan	67508613	6526040	60020142	7004
长 沙	Changsha	150064769	692984	141334563	2114777
株 洲	Zhuzhou	61563292	156701	55965318	5023446
湘 潭	Xiangtan	50986682	34887	49824718	148038
广 州	Guangzhou	266562691	41728042	185034106	20090116
深 圳	Shenzhen	266866813	1039175	262367350	198855
珠 海	Zhuhai	117347332	1087214	111516173	2295198
惠 州	Huizhou	63096387	1470	62948103	15362
中 山	Zhongshan	86214761	34769	81973991	3891702
佛 山	Foshan	150500052	801653	147577369	283830
南 宁	Nanning	58026729	6331118	41460506	5067225
桂 林	Guilin	32200496	131727	31578425	80480
海 南	Hainan	17125942	756	16348926	522938
成 都	Chengdu	227089515	16220197	195305287	8363514
重 庆	Chongqing	86295939	19949320	63559809	205327
绵 阳	Mianyang	47551294	14960	47068506	157538
贵 阳	Guiyang	33908170	734420	31738443	676004
昆 明	Kunming	75050376	691833	60910445	9419098
西 安	Xi'an	313663497	36407034	200139212	54653056
宝 鸡	Baoji	75121513	213366	72150596	512954
杨 凌	Yangling	7353576	4508	3698071	275016
兰 州	Lanzhou	65069381	647201	49461458	1741141
乌鲁木齐	Urumqi	20370305	600979	13632616	5193780
合 计	**Total**	**7870694137**	**592043832**	**6280961971**	**620051385**

1-4 高新区企业主要经济指标(按登记注册类型分类)

Main Economic Indicators of Enterprises in State Level Science and Technology Industrial Parks by Registration Category

企业登记注册类型 Registration Category	企业数 (个) Number of Enterprises (unit)	年末从业人员 (人) Year End Number of Employees (person)	总收入 (千元) Total Income (1000 yuan)	工业总产值 (千元) Gross Industrial Output Value (1000 yuan)	工业增加值 (千元) Value-added of Industry (1000 yuan)	出口创汇 (千美元) Export (1000 USD)
合 计 Total	**53692**	**8104514**	**7870694203**	**6115139322**	**1541667492**	**200721816**
#国有企业 State-owned Enterprises	1405	739088	760516671	600261285	179431331	10810844
集体企业 Collective-owned Enterprises	569	113860	120373198	102422204	27766060	1414842
股份合作企业 Cooperative Enterprises	530	27674	14086566	10580944	2976228	115710
联营企业 Joint Ownership Enterprises	82	8754	5488166	2710491	655984	13027
有限责任公司 Limited Liability Corporations	19759	2423837	2122147253	1520309298	396860860	21999495
股份有限公司 Share-holding Corporations Ltd.	1929	1270022	1301793901	1020473251	270513614	18424311
私营企业 Private Enterprises	20443	917467	598290548	420643283	110546863	6588301
港澳台投资企业 Enterprises with Funds from HongKong, Macao and Taiwan	2570	770381	661722492	496603732	119333962	24027112
外商投资企业 Foreign Funded Enterprises	6248	1815286	2272820266	1930081819	430276679	117179853

1-4 续表 continued

单位：千元 (1000 yuan)

企业登记注册类型 Registration Category	净利润 Net Profit	上缴税费 Taxes Submitted	年末资产 Year End Assets	流动资产 Current Assets	年末负债 Year End Liabilities
合 计 Total	**446535877**	**399457965**	**8595059274**	**4801269434**	**4598427350**
#国有企业 State-owned Enterprises	41032674	61211740	1088056416	558422476	608795097
集体企业 Collective-owned Enterprises	5616406	5467003	70792765	22357537	40652364
股份合作企业 Cooperative Enterprises	1157575	948247	21532473	12820775	10696794
联营企业 Joint Ownership Enterprises	313692	286622	11799169	5299522	5690857
有限责任公司 Limited Liability Corporations	115732660	96555530	2581145806	1465042153	1436569515
股份有限公司 Share-holding Corporations Ltd.	80175716	65438888	1939678950	978310063	938221873
私营企业 Private Enterprises	27415845	24668122	569475628	354371293	298784930
港澳台投资企业 Enterprises with Funds from HongKong, Macao and Taiwan	41686984	27156954	622783463	358442652	344004301
外商投资企业 Foreign Funded Enterprises	132166229	116966361	1671495412	1036297466	903350573

1-5 高新区企业收入情况(按登记注册类型分类)

Revenue of Enterprises in State Level Science and Technology Industrial Parks by Registration Category

单位：千元 (1000 yuan)

企业登记注册类型 Registration Category	总收入 Total Income	技术收入 Technical Income	产品销售收入 Product Sales Income	商品销售收入 Commodity Sales Income
合　计 Total	**7870694203**	**592043846**	**6280962025**	**620051405**
#国有企业 State-owned Enterprises	760516671	66505659	596684400	32781728
集体企业 Collective-owned Enterprises	120373198	1697368	108155657	599404
股份合作企业 Cooperative Enterprises	14086566	2235081	10561110	550878
联营企业 Joint Ownership Enterprises	5488166	763808	3120780	1527529
有限责任公司 Limited Liability Corporations	2122147253	186411192	1582453486	209593396
股份有限公司 Share-holding Corporations Ltd.	1301793901	67229189	1061338030	104227362
私营企业 Private Enterprises	598290548	64472015	430046557	78630513
港澳台投资企业 Enterprises with Funds From HongKong, Macao and Taiwan	661722492	58808870	495068568	80448374
外商投资企业 Foreign Funded Enterprises	2272820266	142279598	1982195935	111418123

1-6 高新区企业主要经济指标(按上级主管单位分类)

Main Economic Indicators of Enterprises in State Level Science and Technology Industrial Parks by Affiliation

上级主管单位 Affiliation	企业数 (个) Number of Enterprises (unit)	年末从业人员 (人) Year End Number of Employees (person)	总收入 (千元) Total Income (1000 yuan)	工业总产值 (千元) Gross Industrial Output Value (1000 yuan)	工业增加值 (千元) Value-added of Industry (1000 yuan)
合　计 Total	**53692**	**8104514**	**7870694203**	**6115139322**	**1541667492**
#中科院科研院所 Chinese Academy of Science	194	20043	11082634	4488738	927981
其他部委科研院所 Research Institutes of Other Ministries	430	108522	65222970	47173417	13301948
地方科研院所 Local Research Institutes	210	17892	8911439	7240451	1908397
大专院校 Universities	355	61276	30646400	15757304	4085249
企业 Enterprises	5884	2453489	2798291959	2124250011	529817404
政府职能部门 Governments	1826	982251	944216959	867553594	236302021
高新区直属 Directly Under STIPs	4675	756275	653182987	618064480	155600087
军队系统 Military System	27	9040	2748621	2800801	718763
无主管 No Affiliation	26065	1855324	1527747784	1052918335	254413915

1-6 续表 continued

上级主管单位 Affiliation	净利润 (千元) Net Profit (1000 yuan)	上缴税费 (千元) Taxes Submitted (1000 yuan)	出口创汇 (千美元) Export (1000 USD)	年末资产 (千元) Year End Assets (1000 yuan)	年末负债 (千元) Year End Liabilities (1000 yuan)
合　计 Total	**446535877**	**399457965**	**200721816**	**8595059274**	**4598427350**
#中科院科研院所 Chinese Academy of Science	1242883	579975	79802	35023375	15841740
其他部委科研院所 Research Institutes of Other Ministries	4260112	2678352	807554	104611137	50535401
地方科研院所 Local Research Institutes	735101	586254	110944	12589597	5825503
大专院校 Universities	2549051	1263595	197486	93488709	51502503
企业 Enterprises	152202381	139249659	60496489	3116084399	1742133499
政府职能部门 Governments	56071486	60550831	18293736	1142282916	575184438
高新区直属 Directly Under STIPs	39791849	26386282	26458454	658901218	334146128
军队系统 Military System	71336	65564	44086	5906881	3734692
无主管 No Affiliation	79610682	64670724	36487424	1526561313	830338923

1-7 高新区企业收入情况(按上级主管单位分类)

Revenue of Enterprises in State Level Science and Technology Industrial Parks by Affiliation

单位：千元 (1000 yuan)

上级主管单位 Affiliation	总收入 Total Income	技术收入 Technical Income	产品销售收入 Product Sales Income	商品销售收入 Commodity Sales Income
合　计 Total	**7870694203**	**592043846**	**6280962025**	**620051405**
#中科院科研院所 Chinese Academy of Science	11082634	1771665	4808281	342961
其他部委科研院所 Research Institutes of Other Ministries	65222970	7909612	51847428	1914291
地方科研院所 Local Research Institutes	8911439	628151	7156132	722427
大专院校 Universities	30646400	2660146	15109049	11502073
企业 Enterprises	2798291959	263127287	2222363765	146495136
政府职能部门 Governments	944216959	34477792	855460223	13476355
高新区直属 Directly Under STIPs	653182987	15044818	611249289	8926753
军队系统 Military System	2748621	18994	2605751	29826
无主管 No Affiliation	1527747784	129028927	1127157877	218681606

1-8 高新区企业主要经济指标(按人员规模分类)

Main Economic Indicators of Enterprises in State Level Science and Technology Industrial Parks by the Number of Employee

人员规模 Number of Employee	企业数 (个) Number of Enterprises (unit)	年末从业人员 (人) Year End Number of Employees (person)	总收入 (千元) Total Income (1000 yuan)	工业总产值 (千元) Gross Industrial Output Value (1000 yuan)	工业增加值 (千元) Value-added of Industry (1000 yuan)
合 计 **Total**	**53692**	**8104514**	**7870694203**	**6115139322**	**1541667492**
人数≥1000 the Number≥1000	1306	4212344	4663884234	3908224805	975542994
500≤人数<1000 500≤the Number<1000	1424	982759	923211544	703744495	179660570
100≤人数<500 100≤the Number<500	8661	1809485	1513169904	1120201600	291362552
50≤人数<100 50≤=the Number<100	7581	529587	380819421	212970525	54001873
人数<50 the Number<50	34720	570339	389609100	169997897	41099503

1-8 续表 continued

人员规模 Number of Employee	净利润 (千元) Net Profit (1000 yuan)	上缴税费 (千元) Taxes Submitted (1000 yuan)	年末资产 (千元) Year End Assets (1000 yuan)	年末负债 (千元) Year End Liabilities (1000 yuan)	出口创汇 (千美元) Export (1000 USD)
合 计 **Total**	**446535877**	**399457965**	**8595059274**	**4598427350**	**200721816**
人数≥1000 the Number≥1000	245884227	25243088	4531437860	2500239559	141577083
500≤人数<1000 500≤the Number<1000	62514904	46300108	942162810	521829575	24889341
100≤人数<500 100≤the Number<500	106446261	67925702	1809787538	912899791	28149408
50≤人数<100 50≤the Number<100	21077692	16170949	548199238	278132690	3576999
人数<50 the Number<50	10612793	16630318	763471828	385325735	2528985

1-9 高新区企业收入情况(按人员规模分类)

Revenue of Enterprises in State Level Science and Technology Industrial Parks by the Number of Employee

单位：千元 (1000 yuan)

人员规模 Number of Employee	总收入 Total Income	技术收入 Technical Income	产品销售收入 Product Sales Income	商品销售收入 Commodity Sales Income
合　计 Total	**7870694203**	**592043846**	**6280962025**	**620051405**
人数≥1000 Employee≥1000	4663884234	305610565	3996847082	180673771
500≤人数＜1000 500≤the Number＜1000	923211544	74751852	715914156	77699636
100≤人数＜500 100≤the Number＜500	1513169904	124679891	1133447035	163167681
50≤人数＜100 50≤the Number＜100	380819421	34060436	227651313	100051155
人数＜50 the Number＜50	389609100	52941102	207102439	98459162

1-10 高新区企业主要经济指标(按收入规模分类)

Main Economic Indicators of Enterprises in State Level Science and Technology Industrial Parks by Revenue Scale

收入规模 Revenue Scale	企业数(个) Number of Enterprises (unit)	年末从业人员(人) Year End Number of Employees (person)	总收入(千元) Total Income (1000 yuan)	工业总产值(千元) Gross Industrial Output Value (1000 yuan)	工业增加值(千元) Value-added of Industry (1000 yuan)
合　计 Total	**53692**	**8104514**	**7870694203**	**6115139322**	**1541667492**
收入≥1亿元 Revenue≥100 million Yuan	6780	5897519	7217945984	5658620079	1420785210
1000万元≤收入＜1亿元 10 million yuan≤Revenue＜100 million Yuan	16468	1584441	576639343	411829090	109148702
500万元≤收入＜1000万元 5 million yuan≤Revenue＜10 million yuan	5894	227558	42348818	25043413	6619991
收入＜500万元 Revenue＜5 million yuan	24550	394996	33760058	19646740	5113589

1-10 续表 continued

收入规模 Revenue Scale	净利润 (千元) Net Profit (1000 yuan)	上缴税费 (千元) Taxes Submitted (1000 yuan)	出口创汇 (千美元) Export (1000 USD)	年末资产 (千元) Year End Assets (1000 yuan)	年末负债 (千元) Year End Liabilities (1000 yuan)
合 计 **Total**	**446535877**	**399457965**	**200721816**	**8595059274**	**4598427350**
收入≥1亿元 Revenue≥100 million Yuan	422249326	362167837	191260309	7141693408	3906229671
1000万元≤收入<1亿元 10 million yuan≤Revenue<100 million Yuan	31580552	30961495	8894873	967557469	469736465
500万元≤收入<1000万元 5 million yuan≤Revenue<10 million yuan	-1214776	2467982	391256	122352486	58044954
收入<500万元 Revenue<5 million yuan	-6079225	3860651	175378	363455911	164416260

1-11 高新区企业收入情况(按收入规模分类)
Revenue of Enterprises in State Level Science and Technology Industrial Parks by Revenue Scale

单位: 千元 (1000 yuan)

收入规模 Revenue Scale	总收入 Total Income	技术收入 Technical Income	产品销售收入 Product Sales Income	商品销售收入 Commodity Sales Income
合 计 **Total**	**7870694203**	**592043846**	**6280962025**	**620051405**
收入≥1亿元 Revenue≥100 million Yuan	7217945984	499546506	5820816507	561780651
1000万元≤收入<1亿元 10 million yuan≤Revenue<100 million Yuan	576639343	75840020	416339710	49451769
500万元≤收入<1000万元 5 million yuan≤Revenue<10 million yuan	42348818	8409678	26012734	4543569
收入<500万元 Revenue>5 million yuan	33760058	8247642	17793074	4275416

1-12 高新区企业人员情况(按地区分类)

Personnel of Enterprises in State Level Science and Technology Industrial Parks by Region

单位：人 (person)

地区	Region	年末从业人员 Year End Number of Employees	大专以上 College and Higher Level	中高级职称 Senior and Mid-Level Professional Titles
北京	Beijing	1096562	736001	170786
天津	Tianjin	247612	104668	22243
石家庄	Shijiazhuang	80673	42653	20064
保定	Baoding	59171	24895	3722
太原	Taiyuan	101299	47034	19191
包头	Baotou	109273	44254	13079
沈阳	Shenyang	124903	72128	19803
大连	Dalian	183216	105164	34011
鞍山	Anshan	81921	25627	14585
长春	Changchun	107091	48012	12715
吉林	Jilin	105064	37767	15753
哈尔滨	Harbin	116911	48082	18467
大庆	Daqing	86428	27701	13953
上海	Shanghai	308800	178797	35673
南京	Nanjing	148953	67612	16494
常州	Changzhou	145115	40582	8148
无锡	Wuxi	263042	97683	19541
苏州	Suzhou	249784	62884	10735
泰州	Taizhou	29951	9760	2106
杭州	Hangzhou	201125	121418	24504
宁波	Ningbo	82518	29603	6895
合肥	Hefei	113430	55687	15621
福州	Fuzhou	60993	23242	5053
厦门	Xiamen	87558	22717	3830
南昌	Nanchang	80645	43454	10211
济南	Jinan	120596	69475	20850
青岛	Qingdao	64755	32032	11353
淄博	Zibo	115072	55605	14020
潍坊	Weifang	99344	65840	26623
威海	Weihai	75656	28153	8773
郑州	Zhengzhou	96642	72097	15901
洛阳	Luoyang	80264	44698	16190
武汉	Wuhan	295821	160203	58378
襄樊	Xiangfan	70211	23291	11209
长沙	Changsha	164552	74540	20561
株洲	Zhuzhou	75723	32919	9702
湘潭	Xiangtan	73771	31765	6436
广州	Guangzhou	291734	139205	29235
深圳	Shenzhen	272972	169366	76844
珠海	Zhuhai	193017	37803	6578
惠州	Huizhou	94936	16979	2964
中山	Zhongshan	86322	36092	13213
佛山	Foshan	177835	40890	5765
南宁	Nanning	108400	35964	11595
桂林	Guilin	74338	22750	6179
海南	Hainan	24041	6557	1106
成都	Chengdu	227008	134946	36218
重庆	Chongqing	189687	57711	16227
绵阳	Mianyang	101826	29786	4528
贵阳	Guiyang	96536	20010	7511
昆明	Kunming	61817	28624	8231
西安	Xi'an	275141	188591	74367
宝鸡	Baoji	100703	33208	12965
杨凌	Yangling	13753	4587	1583
兰州	Lanzhou	75805	24958	10420
乌鲁木齐	Urumqi	34198	11860	2853
合计	**Total**	**8104514**	**3847930**	**1085561**

1-13 高新区企业人员情况(按登记注册类型分类)

Personnel of Enterprises in State Level Science and Technology Industrial Parks by Registration Category

单位：人 (person)

企业登记注册类型 Registration Category	年末从业人员 Year End Number of Employees	大专以上 College and Higher Level	中高级职称 Senior and Mid-Level Professional Titles
合 计 Total	**8104514**	**3847930**	**1085561**
#国有企业 State-owned Enterprises	739088	357275	165360
集体企业 Collective-owned Enterprises	113860	43302	18617
股份合作企业 Cooperative Entorprises	27674	13428	4335
联营企业 Joint Ownershp Enterprises	8754	5452	1266
有限责任公司 Limited Liability Corporations	2423837	1217593	361083
股份有限公司 Share-holdny Corporatins Ltd.	1270022	631612	215952
私营企业 Private Enterprises	917467	469684	110978
港澳台投资企业 Enterprises with Funds from HongKong, Macao and Taiwan	770381	313600	62776
外商投资企业 Foreign Funded Enterprises	1815286	784636	141967

1-14 高新区企业人员情况(按上级主管单位分类)

Personnel of Enterprises in State Level Science and Technology Industrial Parks by Affiliation

单位：人 (person)

上级主管单位 Affiliation	年末从业人员 Year End Number of Employees	大专以上 College and Higher Level	中高级职称 Senior and Mid-Level Professional Titles
合　计 **Total**	**8104514**	**3847930**	**1085561**
#中科院科研院所 Chinese Academy of Science	20043	13735	5737
其他部委科研院所 Research Institutes of Other Ministries	108522	65379	31732
地方科研院所 Local Research Institutes	17892	9586	3764
大专院校 Universities	61276	27989	12295
企业 Enterprises	2453489	1162383	395719
政府职能部门 Governments	982251	401541	120506
高新区直属 Directly Under STIPs	756275	289577	68927
军队系统 Military System	9040	4241	1199
无主管 No Affiliation	1855324	1029965	240590

1-15 高新区企业产品主要指标(按技术领域分类)

Main Indicators of Products of Enterprises in State Level Science and Technology Industrial Parks by Technical Field

技术领域 Technical Field	产品种数 (个) Number of Products (piece)	工业总产值 (千元) Gross Industrial Output Value (1000 yuan)	销售收入 (千元) Sales Income (1000 yuan)	出口创汇 (千美元) Export (1000 USD)
合　计 Total	**59703**	**4794803402**	**4560537939**	**138276766**
#电子与信息领域 Electronics and Information Technology	22457	1469442665	1388344412	89312178
生物技术领域 Biotechnology	5920	393721294	378978688	3326789
新材料领域 New Materials	5774	600342586	588082530	6067245
光机电一体化 Integration of Optical and Electrical Machinery	11797	744380752	680924774	13223486
新能源及高效节能技术 New Energy and Energy Saving	2355	383925334	359506815	12183587
环境保护技术 Environmental Protection	1631	50358745	52441096	295266
航空航天技术 Aerospace	419	23777116	24769011	215801
地球,空间,海洋工程 Earth, Space, Ocean Engineering	104	16171119	15244579	244517
核应用技术 Application of Nuclear Technology	143	3558472	3161522	129505

1-16 高新区企业产品主要指标(按专利类型分类)

Main Indicators of Products of Enterprises in State Level Science and Technology Industrial Parks by Patent Category

专利类型 Patent Category	产品种数 (个) Number of Products (piece)	工业总产值 (千元) Gross Industrial Output Value (1000 yuan)	销售收入 (千元) Sales Income (1000 yuan)	出口创汇 (千美元) Export (1000 USD)
合　计 Total	**59703**	**4794803402**	**4560537939**	**138276766**
#发明 Inventions	7632	1072498237	989982413	36837099
实用新型 Utility Models	10374	1079322568	1011659170	17509308
外观设计 Designs	1418	159964374	156016985	6064745

1-17 高新区企业产品主要指标(按出口国别分类)

Main Indicators of Products of Enterprises in State Level Science and Technology Industrial Parks by Export Destination

出口地区 Export Destination	产品种数 (个) Number of Products (piece)	出口创汇 (千美元) Export (1000 USD)
合　计 Total	**59703**	**138276766**
#美国 USA	1978	30649194
日本 Japan	1269	15989082
南美 South America	285	2619128
西欧 Western Europe	794	12211445
北欧 North Europe	196	9073894
东欧 Eastern Europe	259	1776928
港澳台 Hong Kong, Macao and Taiwan	1149	25787290
东南亚 Southeast Asia	1452	20710089

1-18 高新区企业产品主要指标(按技术来源分类)

Main Indicators of Products of Enterprises in State Level Science and Technology Industrial Parks by Technology Source

技术来源 Technology Source	产品种数 (个) Number of Products (piece)	工业总产值 (千元) Total Industrial Output Value (1000 yuan)	销售收入 (千元) Sales Income (1000 yuan)	出口创汇 (千美元) Export (1000 USD)
合　计 Total	**59703**	**4794803402**	**4560537939**	**138276766**
#国外技术 Foreign Technologies	2598	880767727	857325220	43617034
中科院 Chinese Academy of Science	348	14962412	14948719	130146
其它部委属科研院所 Research Institutes of Other Ministries	487	36745326	34859831	160199
地方属科研院所 Local Research Institutes	334	14433225	14778389	56469
大专院校 Universities	1028	18786054	17751776	232835
国有大中型企业 State-owned Large and Medium-sized Enterprises	672	257044055	249640546	882941
其它各类企业 Other Types of Enterprises	414	32827125	29862184	129307
国内其它单位 Other Domestic Institutes	1556	80343871	73519488	764328
引进技术本企业消化创新 Adopted and Renovated Technologies	4485	678260946	687049133	17011230
本企业自有技术 Enterprises Owned Technologies	47505	2780588582	2579563054	75263378

1-19 高新区R&D活动与科技活动情况(按地区分类)

R&D Activities and Science and Technology Activities in State Level Science and Technology Industrial Parks by Region

地　区 Region	科技活动人员 (人) Personnel Engaged in Science and Technology Activities (person)	科技活动经费支出 (千元) Expenditure on Science and Technology Activities (1000 yuan)	R&D经费支出 (千元) Expenditure on R&D (1000 yuan)
北　京 Beijing	321717	56995445	23542336
天　津 Tianjin	31512	6705836	3294805
石家庄 Shijiazhuang	16253	3473281	2833205
保　定 Baoding	12067	2162656	1121772
太　原 Taiyuan	17863	5008659	1556382
包　头 Baotou	13566	1868985	726510
沈　阳 Shenyang	20976	4311334	1846830
大　连 Dalian	41290	7336190	2295275
鞍　山 Anshan	9836	2063934	391441
长　春 Changchun	12221	4168754	768711
吉　林 Jilin	12043	2816343	2403733
哈尔滨 Harbin	11837	2987804	1718343
大　庆 Daqing	9458	1751918	1028308
上　海 Shanghai	93840	23857007	9566593
南　京 Nanjing	39396	7473407	3977648
常　州 Changzhou	20949	3433549	2018163
无　锡 Wuxi	41356	5691917	3775493
苏　州 Suzhou	28507	3616987	3115355
泰　州 Taizhou	2567	1059356	569588
杭　州 Hangzhou	44223	8275510	3801798
宁　波 Ningbo	9418	2458334	1358134
合　肥 Hefei	23382	4655869	2828295
福　州 Fuzhou	10210	1053894	528021
厦　门 Xiamen	10263	2009649	1009750
南　昌 Nanchang	18858	2196500	1418100
济　南 Jinan	18359	2767494	1719699
青　岛 Qingdao	13014	6321796	1268185
淄　博 Zibo	18734	3896566	3087604
潍　坊 Weifang	16833	3218691	1542047
威　海 Weihai	10053	2540873	1734942
郑　州 Zhengzhou	40700	4544518	3501529
洛　阳 Luoyang	16678	2933500	1691597
武　汉 Wuhan	70410	9422958	5042659
襄　樊 Xiangfan	12707	1949391	1475960
长　沙 Changsha	32766	3697764	2357264
株　洲 Zhuzhou	13140	2622634	1281439
湘　潭 xiangtan	13124	2875620	1544296
广　州 Guangzhou	58652	9821613	6053142
深　圳 Shenzhen	73124	14539239	3727519
珠　海 Zhuhai	13803	2680663	1640573
惠　州 Huizhou	9055	1266025	435973
中　山 Zhongshan	11195	3916366	831401
佛　山 Foshan	24270	3479878	1364759
南　宁 Nanning	7743	1169088	688414
桂　林 Guilin	7702	927594	551754
海　南 Hainan	1538	353068	227049
成　都 Chengdu	61048	14928785	7605595
重　庆 Chongqing	18801	1937743	624040
绵　阳 Mianyang	11138	1820730	962115
贵　阳 Guiyang	9592	971279	452144
昆　明 Kunming	7881	1922700	650060
西　安 Xi'an	64212	7567673	3370202
宝　鸡 Baoji	16448	2292665	935872
杨　凌 Yangling	1515	92818	42915
兰　州 Lanzhou	5464	546990	178181
乌鲁木齐 Urumqi	3281	337139	182680
合　计 Total	**1556588**	**284796979**	**134266198**

1-20 苏州工业园主要经济指标

Main Economic Indicators of Suzhou Industrial Park

企业数（家） Number of Enterprises (unit)	年末从业人员（人） Year End Number of Employees (person)	工业总产值（千元） Gross Industrial Output Value (1000 yuan)	工业增加值（千元） Value-added of Industry (1000 yuan)	出口创汇（千美元） Export (1000 USD)
1294	271868	258564103	63834415	23229255

净利润（千元） Net Profit (1000 yuan)	实际上缴税额（千元） Taxes Submitted (1000 yuan)	年末资产（千元） Year End Assets (1000 yuan)	年末负债（千元） Year End Liability (1000 yuan)
13545566	9321071	249908223	120169474

总收入（千元） Total Income (1000 yuan)	技术收入（千元） Technical Income (1000 yuan)	产品销售收入（千元） Product Sales Income (1000 yuan)	商品销售收入（千元） Commodity Sales Income (1000 yuan)
272555383	4267914	250110560	359475

1-21 苏州工业园企业人员情况

Personnel Statistics of Enterprises of Suzhou Industrial Park

单位：人 (person)

年末从业人员 Year End Number of Employees	大专以上 College and Higher Level	中高级职称 Senior and Mid-Level Professional Titles
271868	123517	18410

1-22 苏州工业园R&D活动与科技活动

R&D Activities and Science and Technology Activities of Suzhou Industrial Park

科技活动人员（人） Personnel Engaged in Science and Technology Activities (person)	科技活动经费支出（千元） Expenditure on Science and Technology Activities (1000 yuan)	R&D经费支出（千元） Expenditure on R&D (1000 yuan)
40330	7354992	4776615

第二部分

全国高新技术企业

The Second Part

High Technology Enterprises in China

2-1 全国高新技术企业主要经济指标

Main Economic Indicators of High-tech Enterprises

年份 Year	企业数 (个) Number of Enterprises (unit)	年末从业人员 (万人) Year End Number of Employees (10 000 person)	总收入 (亿元) Total Income (100 million yuan)	工业总产值 (亿元) Gross Industrial Output Value (100 million yuan)	净利润 (亿元) Net Profit (100 million yuan)	上缴税额 (亿元) Taxes Submitted (100 million yuan)	出口创汇 (亿美元) Export (100 million USD)
1996	12547	214	4029.6	3810.8	304.2	222.0	73.5
1997	12794	249	5630.4	5301.6	402.4	288.6	101.5
1998	15206	309	7624.1	7361.8	464.4	424.2	132.7
1999	17118	364	10936.7	10558.8	742.7	792.8	203.0
2000	20867	442	15648.7	14757.9	1149.7	904.5	329.2
2001	24153	512	19930.4	18767.2	1305.9	1279.6	395.4
2002	28504	602	25502.2	23877.0	1509.2	1460.1	569.1
2003	33392	729	35332.5	32996.0	2129.7	1925.7	900.9
2004	39490	864	48100.5	44615.8	2900.5	2366.1	1515.0
2005	43249	1016	59714.1	55780.8	3387.5	2901.2	2050.9
2006	49166	1183	76493.0	71840.5	4427.5	3842.3	2646.3
2007	56047	1452	104770.5	95911.5	6684.1	4851.4	3683.5
2008	51476	1275	105115.2	96546.2	5853.6	5804.8	3563.8
2009	25386	1003	86192.6	93319.1	6328.5	4281.5	2492.5

2-2 高新技术企业主要经济指标(按地区分类)

Main Economic Indicators of High-tech Enterprises by Region

地区 Region	企业数(个) Number of Enterprises (unit)	年末从业人员(人) Year End Number of Employees (person)	总收入(千元) Total Income (1000 yuan)	工业总产值(千元) Gross Industrial Output Value (1000 yuan)	工业增加值(千元) Value-added of Industry (1000 yuan)
北京 Beijing	4658	751567	760497816	275827441	53188269
天津 Tianjin	739	226125	404883326	368270858	70492112
河北 Hebei	380	211493	144760750	139035794	31785500
山西 Shanxi	144	115944	160558853	156835702	31445218
内蒙古 Inner Mongolia	75	33958	27918972	29976256	9218957
辽宁 Liaoning	151	41100	30949607	28750510	7652723
沈阳 Shenyang	140	100188	75295401	77560996	19354783
大连 Dalian	167	69185	71420110	63704969	17499622
吉林 Jiling	122	52471	32931097	36832288	10961505
长春 Changchun	78	40307	41361175	42094841	8544981
黑龙江 Heilongjiang	144	87634	52509436	51987385	13454018
哈尔滨 Harbin	254	148063	114223154	113971105	23479965
上海 Shanghai	2465	753580	870865774	742011939	151237677
江苏 Jiangsu	2301	1073670	945412218	953263048	219755056
南京 Nanjing	410	186955	198498875	180533322	37687431
浙江 Zhejiang	2241	759609	533065667	2017270399	121014798
宁波 Ningbo	553	158332	99304123	95669558	23761795
安徽 Anhui	951	351545	308922375	332459679	81690607
福建 Fujian	475	205869	150739827	152282417	31519733
厦门 Xiamen	422	178155	90009054	85479834	17994124
江西 Jiangxi	94	62722	40636113	40187107	9695723
山东 Shandong	957	553069	499978273	489683216	123487439
青岛 Qingdao	206	103167	122686907	115354548	26236619
河南 Henan	381	299498	253138329	244274350	65461104
湖北 Hubei	183	129365	104923611	107433231	28371288
武汉 Wuhan	397	183844	171038089	129523260	41176163
湖南 Hunan	535	314210	259521769	251100177	65328744
广东 Guangdong	1421	1006955	665997475	691228706	146932977
广州 Guangzhou	848	290448	224636842	193702484	48834978
深圳 Shenzhen	837	499547	361598478	356188591	95897149
广西 Guangxi	172	93568	107901386	106558494	27380536
海南 Hainan	44	12571	12647453	11575783	2465855
重庆 Chongqing	168	112597	93509538	80417323	21808101
四川 Sichuan	230	151651	87578026	96665573	26007008
成都 Chengdu	743	213168	171656262	163630341	53354625
贵州 Guizhou	74	40461	14750719	14753339	5015374
云南 Yunnan	204	82221	77389998	75884033	15486278
陕西 Shaanxi	261	113245	68993309	65764270	17887476
西安 Xi'an	562	128639	111746572	95763387	25114326
甘肃 Gansu	61	26433	10631108	10460434	3139960
青海 Qinghai	32	9363	3638421	3793036	1139492
宁夏 Ningxia	25	19795	6875073	7899669	2543653
新疆 Xinjiang	81	35386	33654791	36248562	14033499
合计 Total	**25386**	**10027673**	**8619256152**	**9331908275**	**1848537241**

2-2 续表 continued

地 区 Region	净利润（千元）Net Profit (1000 yuan)	上缴税费（千元）Taxes Submitted (1000 yuan)	出口创汇（千美元）Export (1000 USD)	年末资产（千元）Year End Assets (1000 yuan)	年末负债（千元）Year End Liabilities (1000 yuan)
北 京 Beijing	72376064	39633080	8483062	1004587438	511374386
天 津 Tianjin	25076206	17251697	9929581	440431068	222096841
河 北 Hebei	13098785	8263432	3351227	193976205	99876876
山 西 Shanxi	6002890	7086194	909304	163669507	112561543
内蒙古 Inner Mongolia	2046780	1735889	247934	36427454	19386948
辽 宁 Liaoning	2418353	1917493	489763	36898131	19668405
沈 阳 Shenyang	5784994	3431548	1357573	95266731	55728266
大 连 Dalian	5700884	3245493	3809323	137569594	103881898
吉 林 Jiling	6926835	2217621	382349	47340497	24724326
长 春 Changchun	3364125	2101587	421517	40506317	21485495
黑龙江 Heilongjiang	4856660	3475599	615100	70049279	44768088
哈尔滨 Harbin	6915305	6172692	470495	183829388	132144691
上 海 Shanghai	57751168	36774689	36826317	988111358	536856723
江 苏 Jiangsu	73914105	44280965	43600169	933396219	489209134
南 京 Nanjing	14842690	10533196	5577738	193938859	107335368
浙 江 Zhejiang	40473918	28167946	15108807	650726680	365803748
宁 波 Ningbo	8978611	4563288	4321078	119414035	65869868
安 徽 Anhui	16661582	13422832	5127810	399024480	189341714
福 建 Fujian	12408278	5750472	7590672	157543989	76429157
厦 门 Xiamen	7032214	4024913	5861633	93145612	49466824
江 西 Jiangxi	3785500	2167820	460704	58596499	30358026
山 东 Shandong	30485745	23126365	10268345	569617296	296996028
青 岛 Qingdao	8089554	15350272	2606785	105012349	51121845
河 南 Henan	15417630	13268891	2343601	258364892	146669448
湖 北 Hubei	6504176	5840010	1299966	109094368	62178241
武 汉 Wuhan	10081903	7646095	1502598	184927275	118200374
湖 南 Hunan	16310179	11245335	3680348	272478361	161489865
广 东 Guangdong	41670238	30884520	31474072	559047918	304982122
广 州 Guangzhou	13455598	11123154	8088391	237312924	134098458
深 圳 Shenzhen	38144111	20688880	17461654	392929363	209351698
广 西 Guangxi	6216516	6155900	771703	91675066	55941453
海 南 Hainan	1099129	1029365	238498	14576416	5487739
重 庆 Chongqing	6039004	4175844	1639445	106076353	61302743
四 川 Sichuan	4211930	2967902	1796741	147371829	108441941
成 都 Chengdu	13437788	10488537	7473503	300798688	123068056
贵 州 Guizhou	1193785	922943	80268	20670728	8685861
云 南 Yunnan	4779812	4488965	885717	99557403	56835900
陕 西 Shaanxi	4310787	3488209	494348	77247015	38501765
西 安 Xi'an	6725885	5856003	1315216	110000433	59612439
甘 肃 Gansu	649542	870403	101059	17345205	8592297
青 海 Qinghai	325008	321707	21622	9472324	4919409
宁 夏 Ningxia	359012	274563	265463	14044353	8201787
新 疆 Xinjiang	12926565	1715558	493896	43752501	24251727
合 计 Total	**632849844**	**428147867**	**249245395**	**9785822400**	**5327299521**

2-3 高新技术企业收入情况(按地区分类)

Revenue Statistics of High-tech Enterprises by Region

单位: 千元 (1000 yuan)

地 区	Region	总收入 Total Income	技术收入 Technical Income	产品销售收入 Product Sales Income	商品销售收入 Commodity Sales Income
北 京	Beijing	760497816	166625965	386823100	153973603
天 津	Tianjin	404883326	29227309	365999113	319683
河 北	Hebei	144760750	7520474	131733254	943860
山 西	Shanxi	160558853	9127812	142454769	6856919
内蒙古	Inner Mongolia	27918972	99192	27527355	32944
辽 宁	Liaoning	30949607	1764794	27498196	846907
沈 阳	Shenyang	75295401	919708	73043183	288899
大 连	Dalian	71420110	1267313	67530375	1636545
吉 林	Jiling	32931097	275017	30742291	59528
长 春	Changchun	41361175	347380	39511385	133319
黑龙江	Heilongjiang	52509436	1826917	48409675	97468
哈尔滨	Harbin	114223154	636757	108205699	3264837
上 海	Shanghai	870865774	41535977	775586396	14023186
江 苏	Jiangsu	945412218	5524313	882177692	2960573
南 京	Nanjing	198498875	9565483	177936341	1514160
浙 江	Zhejiang	533065667	25386766	485222406	6435550
宁 波	Ningbo	99304123	3091851	91223002	115624
安 徽	Anhui	308922375	7290596	284982572	7278669
福 建	Fujian	150739827	1704265	142715988	4444070
厦 门	Xiamen	90009054	727226	87597730	488771
江 西	Jiangxi	40636113	3021757	35476886	576794
山 东	Shandong	499978273	4863272	474927500	5459532
青 岛	Qingdao	122686907	1903425	113395116	1983179
河 南	Henan	253138329	12943995	221445542	1741194
湖 北	Hubei	104923611	562366	100188173	1464936
武 汉	Wuhan	171038089	17669973	145186472	847821
湖 南	Hunan	259521769	663551	249682729	5340272
广 东	Guangdong	665997475	1935672	647741960	1825523
广 州	Guangzhou	224636842	22902591	186725653	3666572
深 圳	Shenzhen	361598478	8087726	348986342	1062210
广 西	Guangxi	107901386	500525	100044977	215098
海 南	Hainan	12647453	156788	11802563	569890
重 庆	Chongqing	93509538	10183751	76810394	1252913
四 川	Sichuan	87578026	461601	84317114	1116377
成 都	Chengdu	171656262	8146156	147312893	8954348
贵 州	Guizhou	14750719	655417	13623908	42570
云 南	Yunnan	77389998	1411795	74296979	256838
陕 西	Shaanxi	68993309	2124812	64738228	320233
西 安	Xi'an	111746572	9036337	89683632	8342000
甘 肃	Gansu	10631108	164960	9863186	55066
青 海	Qinghai	3638421	87398	3347181	139927
宁 夏	Ningxia	6875073	16846	6422686	97135
新 疆	Xinjiang	33654791	1966368	29027995	1628898
合 计	**Total**	**8619256152**	**423932197**	**7611968631**	**252674441**

2-4 高新技术企业主要经济指标(按登记注册类型分类)

Main Economic Indicators of High-tech Enterprises by Registration Category

企业登记注册类型 Registration Category	企业数 (个) Number of Enterprises (unit)	年末从业人员 (人) Year End Number of Employees (person)	总收入 (千元) Total Income (1000 yuan)	工业总产值 (千元) Gross Industrial Output Value (1000 yuan)	工业增加值 (千元) Value-added of Industry (1000 yuan)	出口创汇 (千美元) Export (1000 USD)
合　计 Total	**25386**	**10027673**	**8619256170**	**9331908294**	**1848537274**	**249245395**
#国有企业 State-owned Enterprises	900	742889	671769471	591817324	154849157	16941154
集体企业 Collective-owned Enterprises	102	31212	34586184	35948629	8552330	403910
股份合作企业 Cooperative Enterprises	242	79089	40044028	40263194	9015381	1296650
联营企业 Joint Ownership Enterprises	50	22206	15753462	14933288	3265836	250833
有限责任公司 Limited Liability Corporation	11235	3246494	2493888332	3652994959	509735101	43850800
股份有限公司 Share-Holding Corporations Ltd.	2358	2178378	1948761734	1817341722	463756425	42237156
私营企业 Private Enterprises	5972	889336	635452733	589246657	131534613	10609081
港澳台投资企业 Enterprises with Funds from HongKong, Macao and Taiwan	1726	10092458	943141273	870412773	192168909	45070297
外商投资企业 Foreign Funded Enterprises	2752	1732636	1829711916	1714002260	374485822	88465746

2-4 续表 continued

单位：千元 (1000 yuan)

企业登记注册类型 Registration Category	净利润 Net Profit	上缴税费 Taxes Submitted	年末资产 Year End Assets	流动资产 Current Assets	年末负债 Year End Liabilities
合　计 Total	**632849848**	**428147880**	**9785822404**	**5966411901**	**5327299530**
#国有企业 State-owned Enterprises	42681036	32849555	1019805472	635274922	604947203
集体企业 Collective-owned Enterprises	2122598	1813567	23252703	15110331	10058292
股份合作企业 Cooperative Enterprises	3472805	2350910	47253486	27451216	22346857
联营企业 Joint Ownership Enterprises	824645	901426	18203163	10705178	11718531
有限责任公司 Limited Liability Corporation	170049321	120677696	2890224859	1809822391	1661211094
股份有限公司 Share-Holding Corporations Ltd.	156138955	102088293	2665772762	1468386042	1383462385
私营企业 Private Enterprises	46791524	41035354	647691897	419840155	319615323
港澳台投资企业 Enterprises with Funds from HongKong, Macao and Taiwan	77520789	40443996	885542177	564250955	480329608
外商投资企业 Foreign Funded Enterprises	133053562	85685903	1577803964	1008459858	826419477

2-5 高新技术企业收入情况(按登记注册类型分类)

Revenue Statistics of High-tech Enterprises by Registration Category

单位：千元 (1000 yuan)

企业登记注册类型 Registration Category	总收入 Total Income	技术收入 Technical Income	产品销售收入 Product Sales Income	商品销售收入 Commodity Sales Income
合　计 Total	**8619256170**	**423932203**	**7611968647**	**252674442**
#国有企业 State-owned Enterprises	671769471	73545634	545515220	4045525
集体企业 Collective-owned Enterprises	34586184	540532	33890481	16460
股份合作企业 Cooperative Enterprises	40044028	1162263	36906190	800181
联营企业 Joint Ownership Enterprises	15753462	215654	15012667	94584
有限责任公司 Limited Liability Corporation	2493888332	171258227	2128122835	85261049
股份有限公司 Share-Holding Corporations Ltd.	1948761734	59415309	1767521127	54663987
私营企业 Private Enterprises	635452733	31247225	575651374	14978416
港澳台投资企业 Enterprises with Funds from HongKong, Macao and Taiwan	943141273	26725024	827682165	31321028
外商投资企业 Foreign Funded Enterprises	1829711916	58772273	1676714346	61438113

2-6 高新技术企业主要经济指标(按上级主管单位分类)

Main Economic Indicators of High-tech Enterprises by Affiliation

上级主管单位 Affiliation	企业数(个) Number of Enterprises (unit)	年末从业人员(人) Year End Number of Employees (person)	总收入(千元) Total Income (1000 yuan)	工业总产值(千元) Gross Industrial Output Value (1000 yuan)	工业增加值(千元) Value-added of Industry (1000 yuan)
合　计 Total	**25386**	**10027673**	**8619256170**	**9331908294**	**1848537274**
#中科院科研院所 Chinese Academy of Science	95	17368	8652483	6685237	1600078
其他部委科研院所 Research Institutes of Other Ministries	269	99146	61306202	47386748	14122408
地方科研院所 Local Research Institutes	130	23924	14137633	12501254	2979389
大专院校 Universities	136	37849	20243157	11712016	2342425
企业 Enterprises	5203	3521301	3678088620	3290984325	766320977
政府职能部门 Governments	4212	2254191	1528230695	3032268376	378991955
高新区直属 Directly Under STIPs	1532	487579	437432020	434353527	107967809
军队系统 Military System	6	3338	2381739	2076855	837468
无主管 No Affiliation	9192	2123240	1676633438	1462144049	339415030

2-6 续表 continued

上级主管单位 Affiliation	净利润 (千元) Net Profit (1000 yuan)	上缴税费 (千元) Taxes Submitted (1000 yuan)	出口创汇 (千美元) Export (1000 USD)	年末资产 (千元) Year End Assets (1000 yuan)	年末负债 (千元) Year End Liabilities (1000 yuan)
合 计 Total	**632849848**	**428147880**	**249245395**	**9785822404**	**5327299530**
#中科院科研院所 Chinese Academy of Science	514654	384408	257879	12673911	5053958
其他部委科研院所 Research Institutes of Other Ministries	4102632	2662092	509318	93145321	46818309
地方科研院所 Local Research Institutes	1198413	915872	297056	16380353	8123468
大专院校 Universities	1743031	493787	201009	49503787	30287603
企业 Enterprises	225603205	175390926	103182089	4162403543	2513897833
政府职能部门 Governments	114483116	80262223	42614328	1846038333	976675665
高新区直属 Directly Under STIPs	45685935	19294135	17322226	515768763	213287304
军队系统 Military System	212192	52663		4596945	2821548
无主管 No Affiliation	131236336	85467926	46261544	1781250326	889992969

2-7 高新技术企业收入情况(按上级主管单位分类)

Revenue Statistics of High-tech Enterprises by Affiliation

单位：千元 (1000 yuan)

上级主管单位 Affiliation	总收入 Total Income	技术收入 Technical Income	产品销售收入 Product Sales Income	商品销售收入 Commodity Sales Income
合 计 Total	**8619256170**	**423932203**	**7611968647**	**252674442**
#中科院科研院所 Chinese Academy of Science	8652483	1127892	6867778	206204
其他部委科研院所 Research Institutes of Other Ministries	61306202	6407987	50501955	1578858
地方科研院所 Local Research Institutes	14137633	901569	12073667	733391
大专院校 Universities	20243157	1389710	10500164	7752899
企业 Enterprises	3678088620	218208441	3200809529	82490959
政府职能部门 Governments	1528230695	31282615	1426839348	14133537
高新区直属 Directly Under STIPs	437432020	10992994	412284384	5995957
军队系统 Military System	2381739	23052	2334641	
无主管 No Affiliation	1676633438	93143307	1481242368	59317428

2-8 高新技术企业主要经济指标(按人员规模分类)

Main Economic Indicators of High-tech Enterprises by the Number of Employee

人员规模 Number of Employee	企业数 (个) Number of Enterprises (unit)	年末从业人员 (人) Year End Number of Employees (person)	总收入 (千元) Total Income (1000 yuan)	工业总产值 (千元) Gross Industrial Output Value (1000 yuan)	工业增加值 (千元) Value-added of Industy (1000 yuan)
合　计 Total	**25386**	**10027673**	**8619256170**	**9331908294**	**1848537274**
人数≥1000 the Number≥1000	2029	5462576	5089620997	4711587309	1090963744
500≤人数＜1000 500≤the Number＜1000	2370	1645133	1264949327	1167760477	289482953
100≤人数＜500 100≤the Number＜500	10482	2406866	1774451369	3092485384	397498996
50≤人数＜100 50≤the Number＜100	4939	357125	277536006	198272362	47295717
人数＜50 the Number＜50	5566	155973	212698471	161802762	23295864

2-8 续表 continued

人员规模 Number of Employee	净利润 (千元) Net Profit (1000 yuan)	上缴税费 (千元) Taxes Submitted (1000 yuan)	出口创汇 (千美元) Export (1000 USD)	年末资产 (千元) Year End Assets (1000 yuan)	年末负债 (千元) Year End Liabilities (1000 yuan)
合　计 Total	**632849848**	**428147880**	**249245395**	**5966411901**	**5327299530**
人数≥1000 the Number≥1000	323510675	230291716	174988328	5568518273	3237274509
500≤人数＜1000 500≤the Number＜1000	119980699	69097969	35743515	1429064625	758228080
100≤人数＜500 100≤the Number＜500	158679864	105175807	34716169	2154632545	1046160286
50≤人数＜100 50≤the Number＜100	20672611	15488829	3219398	402971560	187729515
人数＜50 the Number＜50	10005999	8093559	577985	230635401	97907140

2-9 高新技术企业收入情况(按人员规模分类)

Revenue Statistics of High-tech Enterprises by the Number of Employee

单位：千元 (1000 yuan)

人员规模 Number of Employee	总收入 Total Income	技术收入 Technical Income	产品销售收入 Product Sales Income	商品销售收入 Commodity Sales Income
合　计 Total	**8619256170**	**423932203**	**7611968647**	**252674442**
人数≥1000 the Number≥1000	5089620997	194768715	4588644791	128165505
500≤人数<1000 500≤the Number<1000	1264949327	64351782	1122605470	25311573
100≤人数<500 100≤the Number<500	1774451369	116524969	1549527078	52503648
50≤人数<100 50≤the Number<100	277536006	23380447	210854404	35194531
人数<50 the Number<50	212698471	24906290	140336904	11499185

2-10 高新技术企业主要经济指标(按收入规模分类)

Main Economic Indicators of High-tech Enterprises by Revenue Scale

收入规模 Revenue Scale	企业数(个) Number of Enterprises (unit)	年末从业人员(人) Year End Number of Employees (person)	总收入(千元) Total Income (1000 yuan)	工业总产值(千元) Gross Industrial Output Value (1000 yuan)	工业增加值(千元) Value-added of Industy (1000 yuan)
合　计 Total	**25386**	**10027673**	**8619256170**	**9331908294**	**1848537274**
收入≥1亿元 Revenue≥100 million Yuan	9640	8380476	8128888666	7422212905	1739582120
1000万元≤收入<1亿元 10 million yuan≤Revenue<100 million Yuan	11372	1473146	470402024	1896970474	105350986
500万元≤收入<1000万元 5 million yuan≤Revenue<10 million yuan	1938	89510	14189873	9117723	2619099
收入<500万元 Revenue<5 million yuan	2436	84541	5775607	3607192	985069

2-10 续表 continued

收入规模 Revenue Scale	净利润(千元) Net Profit (1000 yuan)	上缴税费(千元) Taxes Submitted (1000 yuan)	出口创汇(千美元) Export (1000 USD)	年末资产(千元) Year End Assets (1000 yuan)	年末负债(千元) Year End Liabilities (1000 yuan)
合 计 **Total**	**632849848**	**428147880**	**249245395**	**5966411901**	**5327299530**
收入≥1亿元 Revenue≥100 million Yuan	593204169	393184649	241272174	8912752329	4931569373
1000万元≤收入<1亿元 10 million yuan≤Revenue<100 million Yuan	41740365	32579269	7819856	773021696	356955632
500万元≤收入<1000万元 5 million yuan≤Revenue<10 million yuan	140136	1095306	113551	37906367	16454098
收入<500万元 Revenue<5 million yuan	-2234822	1288656	39814	62142012	22320427

2-11 高新技术企业收入情况(按收入规模分类)

Revenue Statistics of High-tech Enterprises by Revenue Scale

单位：千元 (1000 yuan)

收入规模 Revenue Scale	总收入 Total Income	技术收入 Technical Income	产品销售收入 Product Sales Income	商品销售收入 Commodity Sales Income
合 计 **Total**	**8619256170**	**423932203**	**7611968647**	**252674442**
收入≥1亿元 Revenue≥100 million Yuan	8128888666	366959477	7211935043	237740868
1000万元≤收入<1亿元 10 million yuan≤Revenue<100 million Yuan	470402024	52041024	387004929	14021022
500万元≤收入<1000万元 5 million yuan≤Revenue<10 million yuan	14189873	3227916	9556829	680892
收入<500万元 Revenue<5 million yuan	5775607	1703786	3471846	231660

2-12 高新技术企业人员情况(按地区分类)

Personnel Statistics of High-tech Enterprises by Region

单位：人 (person)

地区	Region	年末从业人员 Year End Number of Employees	大专以上 College and Higher Level	中高级职称 Senior and Mid-Level Professional Titles
北京	Beijing	751567	497890	117845
天津	Tianjin	226125	111678	32168
河北	Hebei	211493	81631	22846
山西	Shanxi	115944	47885	19342
内蒙古	Inner Mongolia	33958	11746	3121
辽宁	Liaoning	41100	17764	7845
沈阳	Shenyang	100188	62113	16094
大连	Dalian	69185	38374	13060
吉林	Jiling	52471	21775	9084
长春	Changchun	40307	17901	4309
黑龙江	Heilongjiang	87634	29800	14209
哈尔滨	Harbin	148063	58418	21973
上海	Shanghai	753580	377194	104177
江苏	Jiangsu	1073670	373131	83957
南京	Nanjing	186955	102098	29220
浙江	Zhejiang	759609	297665	61875
宁波	Ningbo	158332	56308	9232
安徽	Anhui	351545	132813	39187
福建	Fujian	205869	80856	18129
厦门	Xiamen	178155	54215	9427
江西	Jiangxi	62722	31039	9803
山东	Shandong	553069	245517	77293
青岛	Qingdao	103167	39982	10178
河南	Henan	299498	140675	41477
湖北	Hubei	129365	43091	17571
武汉	Wuhan	183844	100519	41558
湖南	Hunan	314210	137640	42297
广东	Guangdong	1006955	328667	58683
广州	Guangzhou	290448	132566	29237
深圳	Shenzhen	499547	281149	96813
广西	Guangxi	93568	36449	7559
海南	Hainan	12571	5342	1151
重庆	Chongqing	112597	45568	14392
四川	Sichuan	151651	48928	16933
成都	Chengdu	213168	109306	42455
贵州	Guizhou	40461	12967	3990
云南	Yunnan	82221	36627	10860
陕西	Shaanxi	113245	43300	19185
西安	Xi'an	128639	74275	28777
甘肃	Gansu	26433	8861	4205
青海	Qinghai	9363	2801	1161
宁夏	Ningxia	19795	7249	1630
新疆	Xinjiang	35386	15018	3663
合计	**Total**	**10027673**	**4398791**	**1217971**

2-13 高新技术企业人员情况(按登记注册类型分类)

Personnel Statistics of High-tech Enterprises by Registration Category

单位：人 (person)

企业登记注册类型 Registration Category	年末从业人员 Year End Number of Employees	大专以上 College and Higher Level	中高级职称 Senior and Mid-Level Professional Titles
合　计 **Total**	**10027673**	**4398791**	**1217971**
#国有企业 State-owned Enterprises	742889	356855	173202
集体企业 Collective-owned Enterprises	31212	14401	4103
股份合作企业 Cooperative Enterprises	79089	25073	7459
联营企业 Joint Ownership Enterprises	22206	7866	2526
有限责任公司 Limited Liability Corporation	3246494	1454816	427189
股份有限公司 Share-Holding Corporations Ltd.	2178378	959424	287262
私营企业 Private Enterprises	889336	415040	95953
港澳台投资企业 Enterprises with Funds from HongKong, Macao and Taiwan	1092458	435319	79567
外商投资企业 Foreign Funded Enterprises	1732636	724557	138952

2-14 高新技术企业人员情况(按上级主管单位分类)

Personnel Statistics of High-tech Enterprises by Affiliation

单位：人 (person)

上级主管单位 Affiliation	年末从业人员 Year End Number of Employees	大专以上 College and Higher Level	中高级职称 Senior and Mid-Level Professional Titles
合　计 **Total**	**10027673**	**4398791**	**1217971**
#中科院科研院所 Chinese Academy of Science	17368	11172	3500
其他部委科研院所 Research Institutes of Other Ministries	99146	56191	25414
地方科研院所 Local Research Institutes	23924	11462	4623
大专院校 Universities	37849	12419	4523
企业 Enterprises	3521301	1565414	507697
政府职能部门 Governments	2254191	839848	207477
高新区直属 Directly Under STIPs	487579	206696	51354
军队系统 Military System	3338	2201	636
无主管 No Affiliation	2123240	1038564	250553

2-15 高新技术企业产品主要指标(按技术领域分类)

Main Indicators of Products of High-tech Enterprises by Technical Field

技术领域 Technical Field	产品种数 (个) Number of Products (piece)	工业总产值 (千元) Gross Industrial Output Value (1000 yuan)	销售收入 (千元) Sales Income (1000 yuan)	出口创汇 (千美元) Export (1000 USD)
合 计 **Total**	**71283**	**5958042882**	**5788031957**	**175096336**
#电子与信息领域 Electronics and Information Technology	20197	1270800018	1248104132	78313033
生物技术领域 Biotechnology	8314	511747413	490040146	7230842
新材料领域 New Materials	11869	1242275131	1227279807	22638486
光机电一体化 Integration of Optical and Electrical Machinery	17349	1275464497	1220240326	25001401
新能源及高效节能技术 New Energy and Energy Saving	4278	651458271	602192922	21465929
环境保护技术 Environmental Protection	2193	91820743	91677357	1165586
航空航天技术 Aerospace	447	26107857	27488853	294043
地球,空间,海洋工程 Earth, Space, Ocean Engineering	246	47463670	45395934	2338664
核应用技术 Application of nuclear technology	159	13909921	14524086	790388

2-16 高新技术企业产品主要指标(按专利类型分类)

Main Indicators of Products of High-tech Enterprises by Patent Category

专利类型 Patent Category	产品种数 (个) Number of Products (piece)	工业总产值 (千元) Gross Industrial Output Value (1000 yuan)	销售收入 (千元) Sales Income (1000 yuan)	出口创汇 (千美元) Export (1000 USD)
合 计 **Total**	**71283**	**5958042882**	**5788031957**	**175096336**
#发明 Inventions	15161	1902430178	1849549421	69905873
实用新型 Utility Models	22500	1981265468	1886411809	49079216
外观设计 Designs	2672	277722200	272125556	5785294

2-17 高新技术企业产品主要指标(按出口国别分类)

Main Indicators of Products of High-tech Enterprises by Export Destination

出口地区 Export Destination	产品种数 (个) Number of Products (piece)	出口创汇 (千美元) Export (1000 USD)
合 计 Total	**71283**	**175096336**
#美国 USA	4240	49732425
日本 Japan	1361	9296385
南美 South America	820	5815403
西欧 Western Europe	2096	20437970
北欧 North Europe	480	4072504
东欧 Eastern Europe	904	9817359
港澳台 Hong Kong, Macao and Taiwan	1637	27614463
东南亚 Southeast Asia	3898	29633610

2-18 高新技术企业产品主要指标(按技术来源分类)

Main Indicators of Products of High-Tech Enterprises by Technology Source

技术来源 Technology Source	产品种数 (个) Number of Products (piece)	工业总产值 (千元) Gross Industrial Output Value (1000 yuan)	销售收入 (千元) Sales Income (1000 yuan)	出口创汇 (千美元) Export (1000 USD)
合 计 Total	**71283**	**5958042882**	**5788031957**	**175096336**
#国外技术 Foreign Technologies	1016	379720900	374669749	16435519
中科院 Chinese Academy of Science	381	27714664	26843233	529271
其它部委属科研院所 Research Institutes of Other Ministries	543	54028148	50943175	541949
地方属科研院所 Local Research Institutes	409	22504232	22634729	212419
大专院校 Universities	1332	63207304	55563477	859616
国有大中型企业 State-owned Large and Medium-sized Enterprises	499	124711298	124610436	1460162
其它各类企业 Other Types of Enterprises	253	39382989	43807747	312706
国内其它单位 Other Domestic Institutes	487	45662053	39416164	566178
引进技术本企业消化创新 Adopted and Renovated Technologies	6322	1020180627	1014532409	24360607
本企业自有技术 Enterprises Owned Technologies	59920	4180908539	4034684643	129817909

2-19 高新技术企业R&D活动与科技活动情况(按地区分类)

R&D Activities and Science and Technology Activities Statistics of High-tech Enterprises by Region

地 区 Region	科技活动人员(人) Personnel Engaged in Science and Technology Activities (person)	科技活动经费支出(千元) Expenditure on Science and Technology Activities (1000 yuan)	R&D经费支出(千元) Expenditure on R&D (1000 yuan)
北 京 Beijing	276775	47940723	20257290
天 津 Tianjin	63975	14027952	5681328
河 北 Hebei	49635	5277158	2811215
山 西 Shanxi	31747	10445535	3855809
内 蒙 古 Neimenggu	8091	838946	385720
辽 宁 Liaoning	12578	1763646	541244
沈 阳 Shenyang	28614	3116575	1624396
大 连 Dalian	25210	4171794	1910652
吉 林 Jiling	15592	1585258	943427
长 春 Changchun	6777	1879960	352881
黑 龙 江 Heilongjiang	18590	2348914	1050652
哈 尔 滨 Harbin	27008	6396286	2691623
上 海 Shanghai	246244	46726110	21310724
江 苏 Jiangsu	261097	40112177	22349189
南 京 Nanjing	65811	11312487	5984222
浙 江 Zhejiang	187405	24784152	11299043
宁 波 Ningbo	39364	4660783	2561658
安 徽 Anhui	88408	13031532	4777765
福 建 Fujian	51608	5742973	2760612
厦 门 Xiamen	35730	4297075	1560262
江 西 Jiangxi	18241	2556228	931200
山 东 Shandong	125907	20835055	10862516
青 岛 Qingdao	27865	5144822	2666137
河 南 Henan	95751	10193152	4479313
湖 北 Hubei	31074	4117697	2472270
武 汉 Wuhan	59416	7761875	4116245
湖 南 Hunan	53290	8551466	4682752
广 东 Guangdong	313557	26092054	9822582
广 州 Guangzhou	82402	11517936	6963836
深 圳 Shenzhen	152580	25003750	4415302
广 西 Guangxi	18826	4063752	2184925
海 南 Hainan	2802	434283	239105
重 庆 Chongqing	27121	4037993	2078779
四 川 Sichuan	27078	3537022	1295760
成 都 Chengdu	64255	14968208	7055238
贵 州 Guizhou	7158	759614	289976
云 南 Yunnan	15474	2173764	1150180
陕 西 Shanxi	25986	3159779	1109855
西 安 Xi'an	32224	3884219	1577232
甘 肃 Gansu	7083	661506	216581
青 海 Qinghai	2124	237280	179214
宁 夏 Ningxia	3393	307365	194469
新 疆 Xinjiang	7032	1013574	706452
合 计 Total	**2740898**	**411472434**	**184399631**

第三部分

国家火炬计划项目

The Third Part

National Torch Program Projects

3-1 火炬计划项目主要经济指标

Main Economic Indicators of Torch Program Projects

年 份 Year	统计项目 (个) Number of Statistical Projects (item)	工业总产值 (亿元) Gross Industrial Output Value (100 million yuan)	产品销售收入 (亿元) Product Sales Income (100 million yuan)	利税总额 (亿元) Total Value of Profits and Taxes (100 million yuan)	出口创汇 (亿美元) Export (100 million USD)
1995	1859	286.8	251.3	51.7	4.3
1996	2029	411.8	359.9	68.4	3.4
1997	1987	544.5	488.0	87.1	5.8
1998	2249	732.0	688.0	133.0	9.0
1999	2742	1068.0	958.0	187.0	11.0
2000	2797	1153.4	1073.0	254.4	14.1
2001	3501	1298.0	1170.0	240.0	16.0
2002	3734	1324.1	1235.6	257.1	19.5
2003	4381	1908.7	1804.1	385.5	35.0
2004	4582	2255.0	2145.1	418.4	36.3
2005	4829	2572.0	2492.0	478.0	46.0
2006	5514	3112.0	2982.0	535.0	61.0
2007	5447	3392.2	3247.8	606.4	67.7
2008	5684	3563.8	3380.6	575.5	93.0
2009	4952	3293.6	3165.1	571.5	79.6

3-2 火炬计划项目基本情况(按地区分组)

Main Indicators of Torch Program Projects by Region

单位: 个 (item)

地区 Region	统计项目数 Number of Projects	国家高新区内项目数 Projects in State Level Science and Technology Industrial Parks	技术来源 Technology Sources 国外技术 Foreign Technology	国内技术 Domestic Technology	自有技术 Own Technology	参与国际合作项目 International Cooperation Project	专利授权数 Patent
合计 Total	**4952**	**1063**	**18**	**913**	**4021**	**280**	**5279**
北京 Beijing	171	112		30	141	31	75
天津 Tianjin	58	16		8	50	3	119
河北 Hebei	75	16		16	59	12	82
山西 Shanxi	76	21		18	58	2	24
内蒙古 Inner Mongolia	31	5		12	19	1	16
辽宁 Liaoning	65	17	2	21	42	6	90
沈阳 Shenyang	46	11		8	38	5	34
大连 Dalian	11	4		4	7	1	4
吉林 Jiling	97	32	1	27	69	2	20
长春 Changchun	15	10		3	12	2	3
黑龙江 Heilongjiang	133	44	2	21	110	3	34
哈尔滨 Harbin	26	13		4	22	2	28
上海 Shanghai	91	22		20	71	8	108
江苏 Jiangsu	1023	93	3	196	824	39	1627
南京 Nanjing	74	38	1	13	60	7	90
浙江 Zhejiang	909	67	3	145	761	48	902
宁波 Ningbo	157	5		15	142	6	221
安徽 Anhui	145	25		35	110	12	156
福建 Fujian	94	17	1	14	79	10	92
厦门 Xiamen	36	6		3	33	1	22
江西 Jiangxi	68	35		8	60	4	14
山东 Shandong	401	75		88	313	16	443
青岛 Qingdao	46	12		4	42		38
河南 Henan	100	33		13	87	5	104
湖北 Hubei	98	27	1	26	71	6	86
武汉 Wuhan	54	25	2	10	42	6	51
湖南 Hunan	68	19			68		62
广东 Guangdong	221	36		42	179	1	241
广州 Guangzhou	92	46		11	81	2	85
深圳 Shenzhen	37	15		4	33	4	13
广西 Guangxi	31	15	1	7	23	3	13
海南 Hainan	51	17	1	9	41	6	46
重庆 Chongqing	58	17		12	46	2	48
四川 Sichuan	32	7		4	28	4	22
成都 Chengdu	34	7		8	26	2	43
贵州 Guizhou	36	16		11	25		19
云南 Yunnan	6	3		1	5		
西藏 Tibet	59	45		14	45	7	50
陕西 Shaanxi	21	16		2	19	1	8
西安 Xi'an	51	16		7	44	3	103
甘肃 Gansu	11			4	7	2	7
青海 Qinghai	24			7	17	3	25
宁夏 Ningxia	16	6		7	9	2	9
新疆 Xinjiang	4	1		1	3		2

3-3 火炬计划项目主要经济指标(按地区分类)

Main Economic Indicators of Torch Program Project by Region

地区	Region	工业总产值(千元) Gross Industrial Output Value (1000 yuan)	产品销售收入(千元) Sales Income (1000 yuan)	出口创汇(千美元) Export (1000 USD)	净利润(千元) Net Profit (1000 yuan)	上缴税金(千元) Taxes Submitted (1000 yuan)
合计	**Total**	**329359196**	**316512899**	**7957667**	**35244340**	**21908644**
北京	Beijing	4947494	3877435	24105	764309	373213
天津	Tianjin	2708373	2651365	502888	312594	144965
河北	Hebei	12292908	12422537	948703	2109121	902718
山西	Shanxi	2882122	2738722	16395	354697	231868
内蒙古	Inner Mongolia	2426640	2400668	7420	235919	204499
辽宁	Liaoning	6775150	5906576	62564	703207	252714
沈阳	Shenyang	16021981	15467449	178350	1829690	1515516
大连	Dalian	388359	327824	3324	23279	14953
吉林	Jiling	2642781	2537817	36527	562944	240875
长春	Changchun	1141186	932132	23996	138639	59858
黑龙江	Heilongjiang	5214161	4472463	26907	610504	394833
哈尔滨	Harbin	554671	549688	892	85726	49339
上海	Shanghai	4535632	4555291	118369	452265	252261
江苏	Jiangsu	81103631	77135847	1644405	9060083	6265729
南京	Nanjing	3620773	3420936	57665	478237	310072
浙江	Zhejiang	45660520	47661246	1115151	4357988	2997993
宁波	Ningbo	7118658	6820432	233076	678530	383773
安徽	Anhui	13963608	13059552	211706	1144658	711752
福建	Fujian	3994136	3931061	145389	734490	184310
厦门	Xiamen	2001743	1951470	134840	171670	103851
江西	Jiangxi	2859706	2893431	77513	228118	176709
山东	Shandong	31676876	30093236	885963	3021528	1863203
青岛	Qingdao	867035	834352	23841	136948	73423
河南	Henan	6126628	5812450	104164	581121	380046
湖北	Hubei	7893248	7212520	168180	686194	460538
武汉	Wuhan	4441397	4296722	95933	369403	363773
湖南	Hunan	3478257	3477187	38588	184468	132569
广东	Guangdong	21272019	19496398	505904	2038731	890177
广州	Guangzhou	4903962	4705869	185537	423467	236357
深圳	Shenzhen	2276967	2066035	39922	117148	154297
广西	Guangxi	3224885	3420703	47272	536619	232859
海南	Hainan	2580800	2526479	30057	272581	197684
重庆	Chongqing	1040381	1013936	12954	95347	64288
四川	Sichuan	1512527	1448238	37870	189240	166819
成都	Chengdu	1228669	1149059	12403	87323	57436
贵州	Guizhou	5609541	5557528	48891	590022	283125
云南	Yunnan	9100	8779		1315	544
西藏	Tibet	2509327	2253335	23695	229020	143783
陕西	Shaanxi	172718	152632		15939	11676
西安	Xi'an	1341535	1181387	27975	138088	82806
甘肃	Gansu	1066166	979611	55740	117325	109802
青海	Qinghai	1343900	1284992	26675	175618	124763
宁夏	Ningxia	1511905	1410389	15918	154972	70184
新疆	Xinjiang	417120	417120		45255	36691

3-4 火炬计划项目资金情况

Fund of Torch Program Porject

单位：千元 (1000 yuan)

地区 Region	计划总投资 Total Planned Investment	项目支出合计 Total Expenditure for Projects	落实资金额合计 Total Raised Funding	政府部门资金 Fund by Government	贷款 Loan
合计 Total	**140497488**	**50722057**	**63955856**	**842400**	**13828833**
北京 Beijing	2308198	459345	655805	21268	92250
天津 Tianjin	1183815	449901	517225	7550	169500
河北 Hebei	7435773	1578883	1874905	9295	138900
山西 Shanxi	1870423	299872	330570	3260	69480
内蒙古 Inner Mongolia	3778612	2893152	3193440	5781	2110500
辽宁 Liaoning	4160902	1887739	2060237	16940	178600
沈阳 Shenyang	2076764	323784	435848	4350	141500
大连 Dalian	371460	46944	54470	2480	12000
吉林 Jiling	2225545	6013783	6080243	8365	7050
长春 Changchun	200815	190810	191810	1500	64200
黑龙江 Heilongjiang	2502647	614205	787356	23050	153530
哈尔滨 Harbin	569726	81061	85834	1035	
上海 Shanghai	2397209	637368	790825	32125	119985
江苏 Jiangsu	27422223	8774743	12058481	195663	3368330
南京 Nanjing	2810875	642906	741621	37885	112500
浙江 Zhejiang	15492988	5929400	7201591	59759	766011
宁波 Ningbo	1484593	747886	858768	7446	50050
安徽 Anhui	8228480	1902831	2599326	31743	715840
福建 Fujian	1614177	552098	662013	21624	135170
厦门 Xiamen	663077	129909	237019	5240	33130
江西 Jiangxi	1954276	637786	1021773	12755	243805
山东 Shandong	14929085	6952653	8364352	95110	2634254
青岛 Qingdao	661065	173847	232278	5550	22400
河南 Henan	3870758	976057	1086814	16360	172760
湖北 Hubei	3629192	1210904	1723738	12605	368400
武汉 Wuhan	1893637	335387	758730	12750	112600
湖南 Hunan	1330164	730672	737572	37288	119470
广东 Guangdong	5445854	1709483	2488553	25583	588748
广州 Guangzhou	2628635	767459	876656	10760	124800
深圳 Shenzhen	960625	192023	202771	6600	57050
广西 Guangxi	870001	233012	664270	5920	49320
海南 Hainan	1153572	273785	457074	16068	49800
重庆 Chongqing	1295438	472571	608786	12300	230444
四川 Sichuan	4042197	267414	319132	9880	1700
成都 Chengdu	437665	91653	192975	6570	27000
贵州 Guizhou	1415286	319683	463530	13950	94066
云南 Yunnan	129373	1605	7456		
西藏 Tibet	1597962	309973	713197	8310	47600
陕西 Shaanxi	251080	80148	94306	1405	12800
西安 Xi'an	933815	345466	472848	12150	98800
甘肃 Gansu	705422	38147	547968	3240	133550
青海 Qinghai	1249301	316190	361371	16950	134000
宁夏 Ningxia	259683	105019	117819	3937	56940
新疆 Xinjiang	54300	24500	24500		10000

3-5 火炬计划项目主要经济指标(按技术领域分类)

Main Economic Indicators of Torch Program Projects by Technology Field

技术领域 Technical Field	统计项目数(项) Number of Projects (item)	工业总产值(千元) Gross Industrial Output Value (1000 yuan)	产品销售收入(千元) Sales Income (1000 yuan)	出口创汇(千美元) Export (1000 USD)	净利润(千元) Net Profit (1000 yuan)	上缴税金(千元) Taxes Submitted (1000 yuan)
合　计 Total	**4952**	**329359195**	**316512900**	**7957666**	**35244341**	**21908643**
电子与信息 IT	783	25614678	26922359	616461	2910263	1633145
生物技术 Bio-Tech	655	40043663	37455826	800081	5357353	3899761
新材料 Advanced Material	1224	101110526	97203735	2566371	9488924	6014241
机电一体化 Mechatronics	1457	81248218	77397678	1496734	8295874	5401122
新能源、高效节能 New Energy and Energy Saving	420	57801251	54997526	2072456	6718753	3559971
环境保护 Environment Protection	179	8225628	7746138	53056	923409	493549
其它高技术领域 Others	234	15315231	14789638	352507	1549765	906854

3-6 火炬计划项目主要经济指标(按单位性质分类)

Main Economic Indicators of Torch Program Projects by Nature of Unit

单位性质 Unit Nature	统计项目数(项) Number of Projects (item)	工业总产值(千元) Gross Industrial Output Value (1000 yuan)	产品销售收入(千元) Sales Income (1000 yuan)	出口创汇(千美元) Export (1000 USD)	净利润(千元) Net Profit (1000 yuan)	上缴税金(千元) Taxes Submitted (1000 yuan)
合　计 Total	**4952**	**329359195**	**316512899**	**7957665**	**35244340**	**21908644**
事业型研究单位 Public Research Institutes	52	680568	710566	10918	169660	64524
大专院校 Universities	13	81612	71532		9468	3173
政府机关 Governments	8	10299	9928		1090	523
群众团体 Mass Organizations	5	33670	32150	3510	7426	981
其他事业单位 Other Institutions	126	635866	555913	20186	55757	41629
转制为企业后的科研院所 Transformed into Enterprises of Scientific Research Institutes	47	1887147	1707213	13208	328186	147140
国有企业 State-owned Enterprises	264	31401444	30952414	394223	2833167	2308819
集体所有制企业 Collective-owned Enterpirses	61	3728359	3546795	36927	365807	336428
私营企业 Priviate Enterprises	1389	66539900	62289268	1727512	6724149	4436632
合资企业 Joint Venture Enterprises	2347	162359075	153173526	3496642	16525028	10783953
外商投资企业 Foreign Funded Enterprises	289	29735775	32690073	1507223	4558287	1820894
港澳台投资企业 Enterprises with Funds from HongKong, Macao and Taiwan	235	25466413	24276229	660811	3053237	1485909
其他内资企业 Other Domestic Enterprises	116	6799067	6497292	86505	613078	478039

3-7 火炬计划项目主要经济指标(按技术来源分类)

Main Economic Indicators of Torch Program Projects by Source of Technology

技术来源 Source of Technology	统计项目数 (项) Number of Projects (item)	工业总产值 (千元) Gross Industrial Output Value (1000 yuan)	产品销售收入 (千元) Sales Income (1000 yuan)	出口创汇 (千美元) Export (1000 USD)	净利润 (千元) Net Profit (1000 yuan)	上缴税金 (千元) Taxes Submitted (1000 yuan)
合　计 Total	**4952**	**329359194**	**316512899**	**7957666**	**35244340**	**21908643**
国外技术 Foreign Technology	18	2184849	2185185	33740	41675	59772
国内技术 Domestic Technology	913	63444687	61188647	2088191	7242527	3937079
自有技术 Own Technology	4021	263729658	253139067	5835735	27960138	17911792

3-8 火炬计划项目主要经济指标(按收入规模分类)

Main Economic Indicators of Torch Program Projects by Value of Revenue

收入规模 Value of Revenus	统计项目数 (项) Number of Projects (item)	工业总产值 (千元) Gorss Industrial Output Value (1000 yuan)	产品销售收入 (千元) Sales Income (1000 yuan)	出口创汇 (千美元) Export (1000 USD)	净利润 (千元) Net Profit (1000 yuan)	上缴税金 (千元) Taxes Submitted (1000 yuan)
合　计 Total	**4952**	**329359194**	**316512900**	**7957665**	**35244340**	**21908643**
收入≥1亿元 Revenue≥100 million yuan	627	204094011	200235177	5522984	20272931	12572720
1亿元>收入≥5千万 100 million yuan>Revenue≥50 million yuan	845	63681918	60386371	1330275	7586585	4684075
5千万>收入≥1千万 50 million yuan>Revenue≥10 million yuan	1958	56062675	50973498	1037729	6720748	4201669
1千万>收入≥5百万 10 million yuan>Revenue≥5 million yuan	476	3757425	3476667	50681	500827	314319
收入<5百万 Revenue<5 million yuan	1046	1763165	1441187	15996	163249	135860

第四部分

科技企业孵化器

The Forth Part

Technology Business Incubators (TBIs)

4-1 科技企业孵化器主要经济指标

Main Economic Indicators of TBIs

年 份 Year	孵化器数量 (个) Number of TBIs (unit)	场地面积 (万平方米) Space Area (10000 sq.m)	孵化企业 (个) Number of Tenants (unit)	孵化企业总收入 (亿元) Total Income of Tenants (100 million yuan)	累计毕业企业 (个) Accumulated Number of Graduated Tenants (unit)	在孵企业人数 (万人) Number of Employees of Tenants (10000 person)
1995	73	40.2	1854	24.2	364	2.57
1996	80	56.6	2476	36.3	648	3.78
1997	80	77.5	2670	40.8	825	4.56
1998	77	88.4	4138	60.7	1316	6.9
1999	110	188.8	5293	95.8	1934	9.16
2000	164	339.5	8653	207	2790	14.4
2001	324	634.7	14270	422.4	4281	28.4
2002	378	632.6	20993	230.5	6207	36.3
2003	431	1358.9	27285	759.3	8981	48.3
2004	464	1515.1	33213	1121.7	11718	55.2
2005	534	1969.9	39491	1625.4	15815	71.7
2006	548	2008	41434	1926	19896	79.3
2007	614	2270	44750	2621	23394	93.3
2008	670	2316	44346	1866.2	31764	92.8
2009	772	2901	50511	2000.8	47286	101.2

4-2 国家级科技企业孵化器基本情况
General Statistics of State Level TBIs

科技企业孵化器 Technology Business Incubator	人员总数（人） Total Number of Employees (person)	孵化器总收入（千元） Total Income of TBIs (1000 yuan)	服务性收入（千元） Service Income (1000 yuan)	孵化基金总额（千元） Total Incubator Fund (1000 yuan)	场地面积（平方米） Space Area (sq.m)	累计公共服务平台投资总额（千元） Accumulated Investment of the Public Service Platform (1000 yuan)
合　计 **Total**	**5693**	**3617133**	**1002084**	**2738758**	**13540074**	**2754032**
北京赛欧科园科技孵化中心有限公司 Beijing Sai'ou Keyuan Technology Business Incubation Center Ltd.	21	6912	267	10000	12428	1123
北京奥宇科技企业孵化器有限责任公司 Beijing Aoyu Technology Business Incubator Ltd.	13	6234	1070	10000	12500	40
北京北航天汇科技孵化器有限公司 Beijing Beihang Tianhui Technology Business Incubator Ltd.	13	2661	920	8000	16500	3950
北京高技术创业服务中心 Beijing Hi-tech Innovation Service Center	50	26443	20740	5720	30880	
北京华海基业科技有限公司 Beijing Huahai Jiye Technology Business Incubator Ltd.	54	24731	5740	10000	20000	8010
北京均大高科科技孵化器有限公司 Beijing Junda Hi-tech Technology Business Incubator Ltd.	29	6745	4080	3500	12000	60000
北京科大方兴科技孵化器有限责任公司 Beijing Keda Fangxing Technology Business Incubator Ltd.	18	11420	3192	5000	25000	1680
北京普天德胜科技孵化器有限公司 Beijing Putian Desheng Technology Business Incubator Ltd.	12	21730	9643	5000	12100	
北京望京科技孵化器有限公司 Beijing Wangjing Technology Business Incubator Ltd.	17	7410	3490	13000	13400	
中关村科技园区海淀园创业服务中心 Zhongguancun Science and Technology Park Haidian Park Science and Technology Innovation Service Center	30	39660	1210	3000	76330	17734
北京中关村国际孵化器有限公司 Beijing Zhongguancun International Business Incubator Ltd.	23	16225	4980	5000	13000	
北京中关村京蒙高科企业孵化器有限责任公司 Beijing Zhongguancun Jingmeng Hi-tech Business Incubator Ltd.	16	24917	657	5000	21098	5060
北京中关村软件园孵化服务有限公司 Beijing Zhongguancun Software Park Incubation Service Ltd.	12	18040	1800	3000	28657	9624
汇龙森国际企业孵化(北京)有限公司 Huilongsen International Enterprise Incubation (Beijing) Ltd.	39	33130	7990	5000	58700	1300
北京启迪创业孵化器有限公司 Beijing Qidi Technology Business Incubator Ltd.	15	8922	8922	30000	28000	32490
中关村科技园区丰台科技创业服务中心 Zhongguancun Science and Technology Park Fengtai Park Science and Technology Innovation Service Center	32	10798	1580	4701	13000	8100
北京康华伟业孵化器有限公司 Beijing Kanghua Weiye Technology Business Incubator Ltd.	18	5866	70	9137	15600	1719
北京汉潮大成科技孵化器有限公司 Beijing Hanchao Dacheng Technology Business Incubator Ltd.	54	21090	6330	5000	27329	5800
北京博奥联创科技孵化器有限公司 Beijing Bo'ao Lianchuang Technology Business Incubator Ltd.	15	5421	2100	20000	20000	7600
北京神舟空间科技孵化器有限公司 Beijing Shenzhou Kongjian Technology Business Incubator Ltd.	42	31840	4830	5500	27000	1200
北京中关村上地生物科技发展有限公司 Beijing Zhongguancun Shangdi Biological Technology Business Incubator Ltd.	12	3604	3540	3000	20397	5861
北京瀚海润泽科技孵化器有限公司 Beijing Hanhai Runze Technology Incubator Ltd.	42	13970	5590	550	30600	1800

4-2 续表 1 continued

科技企业孵化器 Technology Business Incubator	人员总数 (人) Total Number of Employees (person)	孵化器总收入 (千元) Total Income of TBIs (1000 yuan)	服务性收入 (千元) Service Income (1000 yuan)	孵化基金总额 (千元) Total Incubator Fund (1000 yuan)	场地面积 (平方米) Space Area (sq.m)	累计公共服务平台投资总额 (千元) Accumulated Investment of the Public Service Platform (1000 yuan)
北京理工创新高科技孵化器有限公司 Beijing Institute of Technology Innovation and High-tech Incubator Ltd.	13	551	80	3000	5626	1000
北京中关村生命科学园生物医药科技孵化有限公司 Beijing Zhongguancun Life Science Park Biological Medicine Technology Business Incubation Ltd.	11	5860	2560	2000	50000	10200
天津市科技创业服务中心 Tianjin Technology Innovation Service Center	24	6307	3179	31790	14000	3010
天津新技术产业园区国际创业中心 Tianjin Hi-tech Industrial Park of Technology Innovation Service Center	13	6850	3700	8230	30823	2910
天津泰达国际创业中心 Tianjin Taida International Innovation Center	37	21889		10000	22728	4800
天津海泰企业孵化服务有限公司 Tianjin Haitai Business Incubator Service Ltd.	30	719	216	3000	18791	2000
天津火炬鑫茂创业服务有限公司 Tianjin Torch Xinmao Innovation Service Ltd.	20	1620		6280	29984	
天津华科企业孵化服务有限公司 Tianjin Huake Business Incubator Service Ltd.	14	12190	110	3000	41971	180
天津科丽泰科技企业孵化器有限公司 Tianjin Kelitai Technology Business Incubator Ltd.	10	1254	353	3000	19140	1300
石家庄高新技术创业服务中心 Shijiazhuang Hi-tech Innovation Service Center	19	145	143	630	95000	4100
保定高新技术创业服务中心 Baoding Hi-tech Innovation Service Center	15	4360	4360	3000	61000	31550
唐山高新技术创业中心 Tangshan Hi-tech Innovation Center	16	3572	2	3000	60000	800
三河燕郊东湖孵化器有限公司 Sanhe Yanjiao Donghu Technology Business Incubator Ltd.	15	4820	272	30000	22600	80
秦皇岛经济技术开发区高新技术企业创业服务中心 Qinhuangdao Development Zone Hi-tech Innovation Service Center	14	1890	40	4973	26962	1200
邯郸高新技术创业服务中心 Handan Hi-tech Innovation Service Center	23	2590	74	5535	40210	
沧州市科技创业中心 Cangzhou Technology Innovation Center	10	1710	350	49081	16077	
山西科伟通新技术发展有限公司 Shanxi Keweitong New Technology Development Ltd.	11	4120	810		13200	510
山西省高新技术创业中心 Shanxi Hi-tech Innovation Center	28	2798	892	25000	39800	800
包头稀土高新技术产业开发区科技创业服务中心 Baotou Rare Earths Science and Technology Park Innovation Service Center	42	9961	4257	12000	84179	5600
辽宁药都发展有限公司 Liaoning Yaodu development Ltd.	14	1900	1200	10000	45000	35000
丹东高新技术创业服务中心 Dandong Hi-tech Innovation Service Center	13			3426	21711	2500
锦州高新技术创业服务中心 Jinzhou Hi-tech Innovation Service Center	11	1760	240	5000	32200	53800
营口市高新技术创业服务中心 Yingkou Hi-tech Innovation Service Center	14	5800	3800	3000	15000	1200
阜新高新技术创业服务中心 Fuxin Hi-tech Innovation Service Center	14	800	200	3000	26000	3000

4-2 续表 2 continued

科技企业孵化器 Technology Business Incubator	人员总数（人）Total Number of Employees (person)	孵化器总收入（千元）Total Income of TBIs (1000 yuan)	服务性收入（千元）Service Income (1000 yuan)	孵化基金总额（千元）Total Incubator Fund (1000 yuan)	场地面积（平方米）Space Area (sq.m)	累计公共服务平台投资总额（千元）Accumulated Investment of the Public Service Platform (1000 yuan)
沈阳东大科技企业孵化器有限公司 Shenyang Dongda Technology Business Incubator Ltd.	24	2700	500	13100	22000	5000
沈阳市高科技创业中心 Shenyang Hi-tech Innovation Center	20	3151	1795	1219	10000	3500
沈阳高新技术产业区科技创业服务中心 Shenyang Hi-tech Industrial Development Zone Technology Innovation Service Center	35	8958	5197	25000	119800	58500
沈阳动漫研发与软件外包孵化器 Shenyang Animation Innovation and Software Outsourcing Incubator	75	45222	25533	5500	73000	33420
沈阳先进制造技术产业有限公司 Shenyang Advanced Manufacturing Technology Industrial Ltd.	36	5700	2100	5500	20000	16100
大连市高新技术创业服务中心 Dalian Hi-tech Innovation Service Center	44	18482	13394	13125	115000	11000
大连市沙河口区天河科技创业服务中心 Dalian Shahekou District Tianhe Technology Innovation Service Center	6	1990	150	3100	10678	2100
大连市民营科技企业创业中心 Dalian Private Science and Technology Enterprises Innovation Center	18	11560	3800	3200	18000	1900
大连双D港创业孵化有限公司 Dalian Double D Innovation Incubator Ltd.	12	7274	7274	270	20000	2030
大连市理想光电技术孵化创业中心有限公司 Dalian Lixiang photoelectric Technology Business Incubation Center Ltd.	12	2866	2410	3000	13000	1630
大连科技创业大厦管理有限公司 Dalian Technology Venture Building Management Ltd.	12	6748	6051	3000	21500	8500
大连旅顺民营科技企业创业中心有限公司 Dalian Lvshun Private Scientific and Technological Enterprises Innovation Center Ltd.	7	2890	300		14034	7000
大连北方科技企业孵化基地 Dalian Beifang Technology Enterprises Incubation Base	12	2870	1570	2250	19953	2650
鞍山高新技术创业服务中心 Anshan Hi-tech Innovation Service Center	42	2600		18690	120000	5500
吉林高新技术创业服务中心 Jilin Hi-tech Innovation Service Center	10	2300	2050	15000	102000	650
长春科技创业服务中心 Changchun Technology Innovation Service Center	27	6990	3260		85030	71900
延吉高新技术创业中心 Yanji High-tech Business Center	31	1720		3900	96000	1280
哈尔滨金华科技企业孵化器有限公司 Harbin Jinhua Technology Business Incubator Ltd.	14	2200		3600	13400	2060
哈尔滨龙计电子技术创业中心 Harbin Longji Electronic Technology Innovation Center	15	347	52	100	7000	3100
哈尔滨高科科技企业孵化器有限公司 Harbin Technology Business Incubator Ltd.	21	1872	269		16600	
哈尔滨工业大学国家大学科技园发展有限公司 Harbin Industry University Science Park Ltd.	18	317962	8536	16035	40000	3600
哈尔滨市动力科技创业中心 Harbin Hi-tech Driver Technology Innovation Center	15	500	150	3400	18000	4100
哈尔滨高科技创业中心 Harbin Hi-tech Innovation Center	30	21328	4182	17146	110240	2080

4-2 续表 3 continued

科技企业孵化器 Technology Business Incubator	人员总数 (人) Total Number of Employees (person)	孵化器总收入 (千元) Total Income of TBIs (1000 yuan)	服务性收入 (千元) Service Income (1000 yuan)	孵化基金总额 (千元) Total Incubator Fund (1000 yuan)	场地面积 (平方米) Space Area (sq.m)	累计公共服务平台投资总额 (千元) Accumulated Investment of the Public Service Platform (1000 yuan)
大庆高新技术创业服务中心 Daqing Hi-tech Innovation Service Center	26	5789	4464	5040	55138	3230
上海上大科技园发展有限公司 Shanghai University Science Park Development Ltd.	18	3856	1046	5000	11600	
上海漕河泾新兴技术开发区科技创业中心 Shanghai Caohejing New Park Technology Development Technology Innovation Center	30	15926	139	35000	37000	20150
上海同济科技园孵化器有限公司 Shanghai Tongji Science Park Business Incubator Ltd.	23	9742	910	3000	13769	2250
上海杨浦科技创业中心有限公司 Shanghai Yangpu Technology Innovation Center Ltd.	33	32222	10589	7575	38908	17000
上海微电子设计有限公司 Shanghai Microelectronics Design Ltd.	14	10092	9772	30000	20243	7348
上海市科技创业中心 Shanghai Science and Technology Innovation Center	34	41418	21875	20000	34000	
上海八六三信息安全产业基地有限公司 Shanghai 863 Information Security Industry Base Ltd.	39	54121		3000	35200	624
上海张江高新技术创业服务中心 Shanghai Zhangjiang Hi-tech Innovation Service Center	15	10360	8780	4040	17451	
上海慧谷高科技创业中心 Shanghai Huigu Hi-tech Innovation Center	15	7956	3437	4000	33574	
上海复旦科技园高新技术创业服务有限公司 Shanghai Fudan Science Park Hi-tech Innovation Service Ltd.	10	3328	2529	3000	16900	4000
上海都市工业设计中心有限公司 Shanghai Urban Industrial Design Center Ltd.	20	12147	541	3000	10188	2960
上海聚科生物园区有限责任公司 Shanghai Juke Biology Park Ltd.	13	5859	5342	3000	12000	902
虹口区科技创业中心 Hongkou District Technology Innovation Center	17	2286		10130	13119	2987
上海市青浦区科技创业中心 Shanghai Qingpu District Technology Innovation Center	18	3067	1454	3600	11444	233
上海莘闵高新技术开发有限公司 Shanghai Xinmin Hi-tech Development Ltd.	17	8504		3000	23827	3550
上海张江药谷公共服务平台有限公司 Shanghai Zhangjiang Medicine Valley Public Service Platform Ltd.	27	11603	3304	3000	10579	4536
上海市闸北区科技创业中心 Shanghai Zhabei District Technology Innovation Center	13	5545	1340	5823	22485	2443
苏州市沧浪科技创业园管理有限公司 Suzhou Canglang Technology Innovafion Park Management Ltd.	8	2520		9208	16000	7200
苏州市吴中科技创业园 Suzhou Wuzhong Technology Innovation Park	20	9820	2700	13000	75309	3460
苏州工投科技创业园有限公司 Suzhou Gongtou Technology Innovation Park Ltd.	14	9487	8546		19400	23000
苏州高新技术创业服务中心(含本部、微系统园、苏高新软件园等) Suzhou Hi-tech Innovation Service Center(Including the Department, Microsystems Park, Suzhou High-tech Software Park, etc.)	22	20470	8140	5000	181622	69312
苏州国环节能环保创业园管理有限公司 Suzhou Guohuan Energy-saving and Environmental Protection Park Management Ltd.	14	5380	240	3000	20200	12000

4-2 续表 4 continued

科技企业孵化器 Technology Business Incubator	人员总数 (人) Total Number of Employees (person)	孵化器总收入 (千元) Total Income of TBIs (1000 yuan)	服务性收入 (千元) Service Income (1000 yuan)	孵化基金总额 (千元) Total Incubator Fund (1000 yuan)	场地面积 (平方米) Space Area (sq.m)	累计公共服务平台投资总额 (千元) Accumulated Investment of the Public Service Platform (1000 yuan)
苏州火炬创新创业孵化管理有限公司(苏州博济科技创业园) Suzhou Torch Innovation Incubation Management Ltd. (Suzhou Boji Science and Technology Park)	15	10930	2730	5000	43226	3450
苏州留学人员创业园 Suzhou Overseas Scholars Incubation Park	22	10860	1090	5000	22927	350
苏州工业园科技企业孵化器 Suzhou Industrial Park Technology Business Incubator	20	19675	5000	5000	33497	8000
张家港市高新技术创业服务中心 Zhangjiagang Hi-tech Innovation Service Center	11	2576	1000	3000	60000	6550
昆山高新技术创业服务中心 Kunshan Hi-tech Innovation Service Center	14	6053	647	10000	30900	1545
昆山留学人员创业园 Kunshan Overseas Scholars Innovation Park	20	6700	4100	22000	138800	36500
太仓市科技创业园有限公司 Taicang Technology Innovation Park Ltd.	9	5421	5421	3000	30159	369
海安高新技术创业服务中心 Hai'an Hi-tech Innovation Service Center	11	1880	300	5000	46162	2000
南通高新技术创业中心有限公司 Nantong Hi-tech Innovation Service Center Ltd.	9	2032	497	3000	23000	1276
南通市崇川科技创业服务中心有限公司 Nantong Chongchuan Technology Innovation Service Center Ltd.	16	2458	1776	3000	29710	
淮安市高新技术创新中心 Huai'an Hi-tech Innovation Center	10	1400	480	8000	40600	260
扬州高新技术创业服务中心 Yangzhou Hi-tech Innovation Service Center	11	18164			65000	16739
武进高新技术创业服务中心 Wujin Hi-tech Innovation Service Center	14	3500	2300	1800	38900	
盐城高新技术创业园有限公司 Yancheng Hi-tech Innovation Park Ltd.	16	1762	742	5000	28700	5600
江苏省常州钟楼高新技术创业服务中心 Changzhou Zhonglou Hi-tech Innovation Service Center	10	7000		9000	42970	4300
常州高新技术创业服务中心 Changzhou Hi-tech Innovation Service Center	14	4630	122	1200	39400	3000
镇江润州高新技术创业服务中心 Zhenjiang Runzhou Hi-tech Innovation Service Center	12	270	15	5100	17817	
镇江高新技术创业服务中心 Zhenjiang Hi-tech Innovation Service Center	20	1390	100	10000	41600	
泰州市高新技术创业服务中心 Taizhou Hi-tech Innovation Service Center	15	5500	1880	3000	28428	8700
姜堰市高新技术创业中心 Jiangyan Hi-tech Innovation Center	19	3770	1670	5000	43000	7800
无锡市科技创业服务中心 Wuxi Hi-tech Innovation Service Center	30	2970	1690	50000	78800	2000
无锡惠山高新技术创业服务中心(无锡惠山留学人员创业园 Wuxi Huishan Hi-tech Technology Innovation Service Center	14	7330		3000	32700	5000
无锡(国家)工业设计园创业服务中心 Wuxi(National) Industrial Design Park Innovation Service Center	17	514	435	2000	37000	26400
无锡高新技术创业发展有限公司 Wuxi Hi-tech Venture Development Ltd.	33	60654	4000	3000	143100	16000
无锡微纳传感网产业孵化器管理中心 Wuxi Micro-sensor Network Industry Incubator Management Center	22	8313	4507	10000	58000	190000

4-2 续表 5 continued

科技企业孵化器 Technology Business Incubator	人员总数（人） Total Number of Employees (person)	孵化器总收入（千元） Total Income of TBIs (1000 yuan)	服务性收入（千元） Service Income (1000 yuan)	孵化基金总额（千元） Total Incubator Fund (1000 yuan)	场地面积（平方米） Space Area (sq.m)	累计公共服务平台投资总额（千元） Accumulated Investment of the Public Service Platform (1000 yuan)
昆山启迪科技园发展有限公司 Kunshan Qidi Science Park Development Ltd.	25	7770	3770	15000	47868	
江阴高新技术创业园 Jiangyin Hi-tech Technology Innovation Park	22	1273	1273	2000	85000	12070
南京江宁高新技术创业服务中心 Nanjing Jiangning Hi-tech Innovation Service Center	22	13150	1230	5000	21713	
南京科技创业服务中心 Nanjing Hi-tech Innovation Center	23	2929	1590		45000	1250
江苏省高新技术创业服务中心 Jiangsu Hi-tech Innovation Center	70	21130	12460	35000	30000	10720
南京金港科技创业中心 Nanjing Jingang Technology Innovation Center	25	11392	1620	8000	38631	600
南京鼎业百泰生物科技有限公司 Nanjing Dingye Baitai Biomedical Science and Technology Ltd.	22	2050	1090	20000	26000	18000
杭州高新技术产业开发区科技创业服务中心 Hangzhou Science and Technology Industrial Park Technology Innovation Service Center	32	9380	150	6626	76480	6200
杭州市拱墅区科技创业中心 Hangzhou Gongshu District Technology Innovation Center	11	2269	2	900	16500	
杭州市上城区科技创业中心 Hangzhou Shangcheng District Technology Innovation Center	9	3122		1000	28000	400
杭州东部软件园有限公司 Hangzhou Dongbu Software Park Ltd.	42	125262	6351	3000	13420	12050
杭州数字娱乐园有限公司 Hangzhou Digital Entertainment Park Ltd.	12	247	247	300	16000	
浙江大学科技园发展有限公司 Zhejiang University Science Park Ltd.	20	42091	1525	50000	47970	7620
浙大科技园宁波发展有限公司 Zhejiang University Science Park Ningbo Development Ltd.	12	6098	216	6000	18000	300
临安市科技孵化中心 Lin'an Science and Technology Incubation Center	9	406	361	2740	11000	4980
温州高新技术产业园区创业服务中心 Wenzhou Hi-tech Technology Innovation Park Innovation Center	18	8533	7831	3000	103734	700
嘉兴科技创业服务中心 Jiaxing Technology Innovation Service Center	16	3458		800	31000	5604
嘉兴市南湖科技创业服务中心 Jiaxing Nanhu Science and Technology Innovation Service Center	13	900	100	1116	27482	5400
嘉善县科技创业服务中心 Jiashan County Technology Innovation Service Center	12	3756		2000	32601	1000
湖州科技创业服务中心 Huzhou Technology Innovation Service Center	20	4455	2955	3500	83540	3662
长兴民营科技园发展有限公司 Changxing Private Science and Technology Park Ltd.	18	3200	1300	2000	32000	4500
绍兴市高新技术创业服务中心 Shaoxing Hi-tech Innovation Service Center	12	6434	300	2470	65000	20000
金华科技园创业服务中心有限公司 Jinhua Science Park Innovation Service Center Ltd.	14	12625	1845	2660	51914	4859
台州市高新技术创业服务中心有限公司 Taizhou Hi-tech Innovation Service Center Ltd.	16	1226	320	3200	20518	800

4-2 续表 6 continued

科技企业孵化器 Technology Business Incubator	人员总数 (人) Total Number of Employees (person)	孵化器总收入 (千元) Total Income of TBIs (1000 yuan)	服务性收入 (千元) Service Income (1000 yuan)	孵化基金总额 (千元) Total Incubator Fund (1000 yuan)	场地面积 (平方米) Space Area (sq.m)	累计公共服务平台投资总额 (千元) Accumulated Investment of the Public Service Platform (1000 yuan)
宁波市科技创业中心 Ningbo City Technology Business Incubator Center	14	3627		10631	40700	7100
宁波保税区(出口加工区)科技促进中心 Ningbo Free Tvade Zone (Export Processing Zone) Science and Technology Promotion Center	11	2430	1770	4250	45809	1680
宁波经济技术开发区科技创业园服务中心 Ningbo Development Zone Technology Park Service Center	8	1490		30000	36600	
宁波市鄞创科技孵化器管理服务有限公司 Ningbo Yinchuang Technology Incubator Management Services Ltd.	13	6050	530	5000	36000	344
合肥高新技术创业服务中心 Hefei Hi-tech Innovation Service Center	20	4883		4500	87843	
合肥国家大学科技园创业孵化中心 Hefei National University Science Park Innovation Center	17	4952	1901	15000	21300	139
合肥民营科技企业园管理服务中心 Hefei Private Science and Technology Enterprise Park Management Service Center	7	2739		2000	20400	2010
芜湖高新技术创业服务中心 Wuhu Hi-tech Innovation Center	38	5869	882	5515	74000	
蚌埠高新技术创业服务中心 Bengbu Hi-tech Innovation Service Center	17	3260	1000	3500	93000	3460
马鞍山市高新技术创业服务中心 Ma'anshan City Hi-tech Innovation Service Center	17	1151	521		47000	66260
铜陵市高新技术创业服务中心 Tongling Hi-tech Innovation Service Center	15	380	380	3000	31600	1600
福建省高新技术创业服务中心 Fujian Hi-tech Innovation Service Center	43	4960	569	3100	27000	5100
福州市高新技术产业创业服务中心 Fuzhou City Hi-tech Innovation Service Center	16	10000	5800	4000	64000	10300
福州863软件专业孵化器服务中心 Fuzhou 863 Software Incubator Service Center	19	1100	20	3500	20000	2000
厦门高新技术创业中心 Xiamen Hi-tech Innovation Center	32	32819	1901	20000	93557	32500
厦门海峡科技创业促进有限公司(厦门台湾科技企业育成中心) Xiamen Haixia Technology Entrepreneurship Promotion Ltd. (Xiamen Taiwan Hi-tech Enterprise Incubation Center)	6	1995	94	10000	54000	1400
厦门软件产业投资发展有限公司 Xiamen Software Industrial Investment Development Ltd.	34	9795	1500	20000	80000	560
泉州市高新技术创业服务中心 Quanzhou City Hi-tech Innovation Service Center	41	7992	5684	3640	33500	11100
江西省高新技术创业服务中心 Jiangxi Province Hi-tech Innovation Service Center	48	5687	4978	800	7746	
江西高技术产业发展有限责任公司 Jiangxi Hi-tech Industry Development Ltd.	13	32363	2790	7500	22320	6500
南昌高新开发区创业服务中心 Nanchang Science and Technology Industrial Park Innovation Service Center	16	4867	2690		21000	200
南昌大学科技园发展有限公司 Nanchang University Science Park Development Ltd.	17	4723	1692	8000	31980	34982
济南高新技术创业报务中心 Jinan Hi-tech Innovation Service Center	38	22810	17110	13976	126000	11900

4-2 续表 7 continued

科技企业孵化器 Technology Business Incubator	人员总数 (人) Total Number of Employees (person)	孵化器总收入 (千元) Total Income of TBIs (1000 yuan)	服务性收入 (千元) Service Income (1000 yuan)	孵化基金总额 (千元) Total Incubator Fund (1000 yuan)	场地面积 (平方米) Space Area (sq.m)	累计公共服务平台投资总额 (千元) Accumulated Investment of the Public Service Platform (1000 yuan)
青岛高新技术创业服务中心 Qingdao Hi-tech Innovation Service Center	19	16360	8180		73049	16828
淄博高新技术创业服务中心 Zibo Hi-tech Innovation Service Center	36	15400	6600	10000	87000	16000
潍坊高新技术创业服务中心 Weifang Hi-tech Innovation Service Center	11	3875	1755	5000	43086	2200
潍坊高新区生物医药科技产业园管理办公室 Weifang Hi-tech Zone Biomedical Park Management Office	20	3832	555	10000	11235	40000
东营市黄河口高新技术企业创业园 Dongying City Huanghekou Hi-tech Business Incubator Park	8			3500	110000	9800
临沂高新技术创业服务中心 Linyi Hi-tech Innovation Service Center	18	2462	12	4410	57800	5700
东营高新技术创业服务中心 Dongying Hi-tech Innovation Service Center	12	7800	6800	2000	86000	2300
济南历下软件创业服务中心 Jinan Lixia Software Innovation Service Center	20	2610	970	3500	7882	1000
东营市高新技术创业服务中心 Dongying City Hi-tech Innovation Service Center	15	2900	210	5000	58000	5600
威海市高技术创业服务中心 Weihai Hi-tech Innovation Service Center	11	580	180	3000	11000	200
济宁高新技术创业服务中心 Jining Hi-tech Innovation Service Center	17	3870	200	3000	26520	5200
泰安高新技术创业服务中心 Tai'an Hi-tech Innovation Service Center	7	12730	470	5000	100500	6100
烟台高新技术创业服务中心 Yantai Hi-tech Innovation Service Center	15	128	75	3000	40000	31000
威海火炬高技术产业开发区高新技术创业服务中心 Weihai Torch Hi-tech Industrial Park Hi-tech Innovation Service Center	15	7080	5000	10000	89000	470
德州金田高新技术创业发展有限公司 Dezhou Jintian Hi-Tech Venture Development Ltd.	15	6570	6326	4000	90000	
济南腊山高新技术创业服务中心 Jinan Lashan Hi-tech Innovation Service Center	15	10194	1694	3000	13000	470
济南民营科技企业孵化器 Jinan Private Technology Business Incubator	9	892	187	300	81000	500
烟台留学人员创业园区 Yantai Overseas Scholars Innovation Park	16	2950	1560	25901	76000	2529
垦利县高新技术创业服务中心 Kenli Hi-Tech Innovation Service Center	7	620	560	5100	45320	500
聊城市高新技术创业服务中心 Liaocheng Hi-Tech Innovation Service Center	17	2420	420	3000	41600	560
青岛经济技术开发区高科技创业服务中心 Qingdao Technological Development Park Hi-tech Innovation Service Center	8	2390	810	10000	55650	
青岛软件园发展有限公司 Qingdao Software Park Development Ltd.	60	118790	11608	10000	73794	60000
青岛高新技术产业开发区新产业团地创业中心 Qingdao Science and Technology Industrial Innovation Center	19	11000	8000	4000	13000	7500
郑州市高新技术创业中心 Zhengzhou City Hi-tech Innovation Center	15	1317	117	3200	19061	1650

4-2 续表 8 continued

科技企业孵化器 Technology Business Incubator	人员总数 (人) Total Number of Employees (person)	孵化器总收入 (千元) Total Income of TBIs (1000 yuan)	服务性收入 (千元) Service Income (1000 yuan)	孵化基金总额 (千元) Total Incubator Fund (1000 yuan)	场地面积 (平方米) Space Area (sq.m)	累计公共服务平台投资总额 (千元) Accumulated Investment of the Public Service Platform (1000 yuan)
郑州高新技术产业开发区创业中心 Zhengzhou Hi-tech Innovation Center	28	11530	420	18680	201845	4760
洛阳高技术创业服务中心 Luoyang Hi-tech Innovation Service Center	10	9550	6930	7000	75930	
南阳高新技术创业服务中心 Nanyang Hi-tech Innovation Service Center	16	1082	748	800	26000	1820
河南省新乡高新技术创业服务中心 Henan Xinxiang Hi-tech Innovation Service Center	22	5422	3703	11380	196500	430
安阳高新技术创业服务中心 Anyang Hi-tech Innovation Service Center	15	13373	1110	20500	180000	2168
漯河高新技术创业服务中心 Luohe Hi-tech Innovation Service Center	16	2810	2420	6000	67100	1570
焦作高新技术创业服务中心 Jiaozuo Hi-tech Innovation Service Center	28	3853	1820	5000	41700	6852
河南省大学科技园发展有限公司 Henan Province University Science Park Development Ltd.	32	94581	86	6000	136000	4600
河南专利孵化转移中心有限公司 Henan Patent Incubation Transfer Center Ltd.	15	1129	869	5000	62000	6196
宜昌高新技术产业园区创业服业中心 Yichang Hi-tech Innovation Service Center	8	2206	578	3500	16000	
荆州高新技术产业开发区创业服务中心 Jinzhou Hi-tech Development Zone Innovation Center	10	3898	2020	1000	22900	2100
黄石磁湖科技创业服务中心 Huangshi Cihu Technology Innovation Service Center	7	1750		8000	28000	5500
襄樊高新技术创业服务中心 Xiangfan Hi-tech Innovation Service Center	12	2300	1444	4000	40000	7800
十堰高新技术产业开发区创业服务中心 Shiyan Hi-tech Industrial Development Zone Innovation Service Center	9	1250	700	500	12000	300
武汉市洪山高新技术创业服务中心 Wuhan Hongshan Hi-tech Innovation Service Center	16	4280	124	10000	30450	810
武汉市青山区高新技术创业服务中心 Wuhan City Qingshan District Hi-tech Innovation Service Center	29	1400	35	3100	11000	4300
武汉新材料科技企业孵化器 Wuhan New Material Technology Business Incubator	13	2942	2256	2000	38132	3229
武汉华工科技企业孵化器有限责任公司 Wuhan Huagong Technology Business Incubator Ltd.	11	8401	618	40914	18000	2514
汉口高新技术创业服务中心 Hankou Hi-tech Innovation Service Center	10	3997	2997	3150	80000	9500
湖北武汉国家农业科技园创业中心 Hubei Wuhan National Agriculture Science Park Innovation Center	18	5630	360	4600	45300	500
武汉市武昌科技创业中心 Wuhan City Wuchang Technology Innovation Center	8	4500		4500	34000	1000
武汉华创源科技企业孵化器有限公司 Wuhan Huachuangyuan Technology Business Incubator	7	2164	1660	5000	6600	1200
武汉海峡高新技术创业服务中心 Wuhan Strait Hi-tech Innovation Service Center	15	1508		3220	33500	1220
武汉东湖新技术创业中心 Wuhan Eastlake Hi-tech Innovation Center	105	18966	17784	11700	173345	3051

4-2 续表 9 continued

科技企业孵化器 Technology Business Incubator	人员总数 (人) Total Number of Employees (person)	孵化器总收入 (千元) Total Income of TBIs (1000 yuan)	服务性收入 (千元) Service Income (1000 yuan)	孵化基金总额 (千元) Total Incubator Fund (1000 yuan)	场地面积 (平方米) Space Area (sq.m)	累计公共服务平台投资总额 (千元) Accumulated Investment of the Public Service Platform (1000 yuan)
武汉留学生创业管理中心 Wuhan Overseas Scholars Innovation Park Management Center	12	5047	4700	3300	43477	
长沙高新技术创业服务中心 Changsha Hi-tech Innovation Service Center	28	5492	2718	3000	39032	4340
长沙高新技术产业开发区创业服务中心 Changsha Hi-tech Industrial Park Innovation Service Center	33	11629	9486	53281	192484	59760
长沙新技术创业中心 Changsha New Technology Innovation Center	28	2660	970	3000	28551	2460
株洲高新技术产业开发区创业服务中心(株洲留学生创业园) Zhuzhou Hi-tech Innovation Service Center(Zhuzhou Overseas Scholars Innovation Park)	36	23590	5554	10299	148700	192300
湘潭国家高新技术创业服务中心 Xiangtan National Hi-tech Innovation Service Center	21	19701	10365	18480	154820	12000
岳阳火炬创业服务中心 Yueyang Torch Business Service Center	10	1283	370	3794	26000	50000
东莞市留学人员创业园 Dongguan City Overseas Scholars Innovation Park	17	68822	5		40360	8582
广州火炬高新技术创业服务中心 Guangzhou Torch Hi-tech Innovation Service Center	19	28105	5707		394420	4900
广州国际企业孵化器有限公司 Guangzhou International Business Incubator Ltd.	26	18698	18698	219849	76000	4400
广东拓思软件科学园有限公司 Guangdong Tuosi Software Science Park Ltd.	20	39126	4396		55000	415
广州市高新技术创业服务中心 Guangzhou City Hi-tech Innovation Service Center	34	21545	5245	60000	10396	36807
广州市海珠高新技术创业服务中心 Guangzhou City Haizhu Hi-tech Innovation Service Center	14	6570	1450	3000	10353	
广州联炬科技企业孵化器有限公司 Guangzhou Lianju Technology Business Incubator Ltd.	15	1780	1240	3000	35111	12000
中山火炬高技术创业中心有限公司 Zhongshan Torch Hi-tech Innovation Center Ltd.	35	19790	6151	40000	69090	80850
华南理工大学国家大学科技园 Huanan Science and Technology University Science Park	12	12774	580	5000	31500	1090
珠海高新技术创业服务中心 Zhuhai Hi-tech Innovation Service Center	19	4487	993	6900	25000	10742
深圳虚拟大学园管理服务中心 Shenzhen Virtual University Science Park Innovation Center	16	3959	3584	4000	19000	9700
深圳市科技创业中心 Shenzhen City Hi-tech Innovation Service Center	9	445	445	5500	11700	
深圳市宝安区科技创业服务中心 Shenzhen City Bao'an District Technology Innovation Service Center	10	19909		5000	78000	1816
深圳市南山区科技创业服务中心 Shenzhen City Nanshan District Technology Innovation Service Center	22	96230	870	13000	31720	98
深圳市龙岗区科技创业服务中心 Shenzhen City Longgang District Technology Innovation Service Center	13	3423		11800	38330	
深圳市北科创业有限公司 Shenzhen City Beike Innovation Ltd.	27	7797	200	53960	55000	600
深圳市福田区高新技术创业中心 Shenzhen City Futian District Hi-tech Innovation Center	27	8761	174		19449	15770

4-2 续表 10 continued

科技企业孵化器 Technology Business Incubator	人员总数（人） Total Number of Employees (person)	孵化器总收入（千元） Total Income of TBIs (1000 yuan)	服务性收入（千元） Service Income (1000 yuan)	孵化基金总额（千元） Total Incubator Fund (1000 yuan)	场地面积（平方米） Space Area (sq.m)	累计公共服务平台投资总额（千元） Accumulated Investment of the Public Service Platform (1000 yuan)
深圳市留学生创业园有限公司 Shenzhen Overseas Scholars Innovation Park Ltd.	8	2143	2143	10000	33364	1400
深港产学研基地 PKU-HKUST ShenZhen-HongKong Institution Base	40	30369	1584		32000	9381
南宁新技术创业者中心 Nanning New Technology Venture Center	19	7100	6050	15810	126000	33000
桂林科技企业发展中心 Guilin Technology Innovation Service Center	21	2253	107	12349	67000	2816
北海市高新技术创业服务中心 Beihai Hi-tech Innovation Service Center	24	5300	5150		14800	8000
柳州高新技术创业服务中心 Liuzhou Hi-tech Innovation Service Center	12	2371	8	3106	35869	
重庆高技术创业中心(中国重庆国际企业孵化器) Chongqing Hi-tech Innovation Center(Chongqing International Business Incubator)	52	10493	6430	4000	54889	11000
重庆大学科技园孵化器有限责任公司 Chongqing University Science Park Business Incubator Ltd.	6	1290	150	4000	16443	5650
重庆市涪陵区金渠企业孵化器有限责任公司 Chongqing Fuling District Jinqu Incubator Ltd.	28	2953	872	5000	25271	905
重庆高新技术产业开发区创新服务中心 Chongqing Science and Technology Park Technology Innovation Service Center	20	50111		5956	478740	21500
四川川大科技园发展有限公司 Sichuan University Science Park Development Ltd.	32	16820	2300	23000	28185	3150
四川中物技术有限责任公司 Sichuan Zhongwu Technology Ltd.	32	6563	5837	15000	19940	1550
成都数字娱乐软件园管理投资有限公司 Chengdu Digital Entertainment Software Park Management Investment Ltd.	27	5268	3189	4120	29650	500
成都武侯高新技术创业服务中心 Chengdu Wuhou Hi-tech Innovation Service Center	6	5430	271	3000	31727	1800
成都高新技术产业开发区技术创新服务中心 Chengdu Hi-Tech Industrial Development Zone of Technology Innovation Service Center	45	29525	606	100000	113498	110000
成都天河中西医科技保育有限公司 Chengdu Tianhe Traditional Chinese and Western Medicine Science and Technology Ltd.	44	18846	2947	5000	49512	30393
成都高新区教育科技园孵化器有限公司 Chengdu Science and Technology Park Education Science Park Business Incubator Ltd.	26	48990	9881		112000	2320
成都高新技术创业服务中心 Chengdu Hi-tech Innovation Service Center	16	3760	2568	1000	20000	1200
绵阳高新区创业服务中心 Mianyang Science and Technology Innovation Service Center	16	1823	1560	3000	42289	34200
贵阳高新技术创业服务中心 Guiyang Hi-tech Innovation Service Center	13	4820	20	5000	69000	9000
昆明创新园科技发展有限公司 Kunming Innovation Park Science and Technology Development Ltd.	31	8634		3000	33820	6956
云南省新材料孵化器 Yunnan Province Advanced Material Business Incubator	14	2413	2008		9236	

4-2 续表 11 continued

科技企业孵化器 Technology Business Incubator	人员总数（人） Total Number of Employees (person)	孵化器总收入（千元） Total Income of TBIs (1000 yuan)	服务性收入（千元） Service Income (1000 yuan)	孵化基金总额（千元） Total Incubator Fund (1000 yuan)	场地面积（平方米） Space Area (sq.m)	累计公共服务平台投资总额（千元） Accumulated Investment of the Public Service Platform (1000 yuan)
昆明高新五华科技园创业服务中心 Kunming Hi-tech Wuhua Science and Technology Park of Innovation Service Center	14	1451	1451	3000	12598	5800
昆明经济技术开发区新兴产业孵化区管理有限公司 Kunming Development Zone New Industry Incubator District Management Ltd.	21	7820	5266	3000	46000	5400
昆明高新技术创业服务中心 Kunming Hi-tech Innovation Service Center	16	8590	1460	2000	53600	6360
西安航空科技创新服务中心 Xi'an Aviation Science and Technology Service Center	10	5409	1409	5000	66320	5800
西安交大科技园高新技术创业服务中心 Xi'an Jiaotong University Science Park Hi-tech Innovation Service Center	23	234640	190058	15000	31000	6740
西安伟盛电子信息发展有限公司 Xi'an Weisheng Electronic Information Development Ltd.	13	7100	2200	800	20000	5100
西安航天基地国际孵化器有限公司 Xi'an International Incubator Space Base Ltd.	22	4367.6	560	3000	16200	1000
西安集成电路设计专业孵化器有限公司 Xi'an IC Design Incubator Ltd.	18	6800	5800	420	19178	65297
西安光电子专业孵化器有限责任公司 Xi'an Professional Photoelectron Business Incubator Ltd.	23	371	371	1650	24785	6385
西安高新技术产业开发区创业园发展中心 Xi'an Hi-Tech Industry Development Zone Innovation Park Development Center	47	151082	76910	200000	210000	5200
西安联创生物医药孵化器有限公司 Xi'an Lianchuang Biological Medicine Business Incubator Ltd.	10	1274	199	8000	16700	28634
西安先进制造专业孵化器 Xi'an Advanced Manufacturing Incubator	15	9750	4800	32051	58000	12000
西安软件园发展中心 Xi'an Software Park Development Center	29	20714	1344	30000	60000	45000
陕西启迪科技园发展有限公司 Shaanxi Qidi Science and Technology Park Development Ltd.	18	6400	1280	10000	28167	2134
宝鸡高新技术产业开发区高技术创业服务中心 Baoji Hi-Tech Industry Development Zone of High-tech Innovation Service Center	25	98800	800	21250	121000	7100
杨凌农业高新技术产业示范区创业服务中心 Yangling Agricultural Hi-teck Industry Demonstration Zone Innovation Service Center	15	3110	1060	4000	63000	8350
甘肃省高新技术创业服务中心 Gansu Province Hi-tech Innovation Service Center	23	3250	1420	49000	30100	2000
兰州高新技术产业开发区创业服务中心 Lanzhou Hi-tech Industry Development Zone Innovation Service Center	19	5720	2530	3000	131176	300
国家高新技术创业服务中心(青海中小企业创业发展有限公司) National Hi-tech Innovation Service Center (Qinghai SMEs Development Ltd.)	12	7030	6300	600	76000	
宁夏高新技术创业服务中心 Ningxia Hi-tech Innovation Service Center	9	753	163	2100	13450	5420
乌鲁木齐高新技术创业开发区高新技术创业服务中心 Urumqi Hi-tech Innovation Service Center	8	2700		6000	19442	29

4-3 国家级科技企业孵化器孵化企业情况

Tenants Statistics of State Level TBIs

科技企业孵化器 Technology Business Incubator	在孵企业数 (个) Number of Tenants (unit)	累计获投融资企业数 (个) Accumulated Number of Tenants by Investing and Financing (unit)	在孵企业累计获风险投资额 (千元) Accumulated Amount of Venture Capital for Tenants (1000 yuan)	承担国家级科技计划项目数 (个) Number of National Science and Technology Projects (item)
合　计 Total	**32408**	**4244**	**8358759**	**1289**
北京赛欧科园科技孵化中心有限公司 Beijing Sai'ou Keyuan Technology Business Incubation Center Ltd.	93	10	4350	
北京奥宇科技企业孵化器有限责任公司 Beijing Aoyu Technology Business Incubator Ltd.	53	2	220	
北京北航天汇科技孵化器有限公司 Beijing Beihang Tianhui Technology Business Incubator Ltd.	120	8	30400	2
北京高技术创业服务中心 Beijing Hi-tech Innovation Service Center	67			
北京华海基业科技有限公司 Beijing Huahai Jiye Technology Business Incubator Ltd.	93	6	28000	1
北京均大高科科技孵化器有限公司 Beijing Junda Hi-tech Technology Business Incubator Ltd.	98			
北京科大方兴科技孵化器有限责任公司 Beijing Keda Fangxing Technology Business Incubator Ltd.	108	42	2100	9
北京普天德胜科技孵化器有限公司 Beijing Putian Desheng Technology Business Incubator Ltd.	88	6	87400	3
北京望京科技孵化器有限公司 Beijing Wangjing Technology Business Incubator Ltd.	48	6	238800	
中关村科技园区海淀园创业服务中心 Zhongguancun Science and Technology Park Haidian Park Science and Technology Innovation Service Center	115	5	93388	15
北京中关村国际孵化器有限公司 Beijing Zhongguancun International Business Incubator Ltd.	92	9	737900	4
北京中关村京蒙高科企业孵化器有限责任公司 Beijing Zhongguancun Jingmeng Hi-tech Business Incubator Ltd.	80	5	600	3
北京中关村软件园孵化服务有限公司 Beijing Zhongguancun Software Park Incubation Service Ltd.	95	8	255000	
汇龙森国际企业孵化(北京)有限公司 Huilongsen International Enterprise Incubation (Beijing) Ltd.	131	4	3800	
北京启迪创业孵化器有限公司 Beijing Qidi Technology Business Incubator Ltd.	89	52	330850	8
中关村科技园区丰台科技创业服务中心 Zhongguancun Science and Technology Park Fengtai Park Science and Technology Innovation Service Center	180	20	143558	5
北京康华伟业孵化器有限公司 Beijing Kanghua Weiye Technology Business Incubator Ltd.	115	2	5000	1
北京汉潮大成科技孵化器有限公司 Beijing Hanchao Dacheng Technology Business Incubator Ltd.	78	14	6300	
北京博奥联创科技孵化器有限公司 Beijing Bo'ao Lianchuang Technology Business Incubator Ltd.	44	3	1185	
北京神舟空间科技孵化器有限公司 Beijing Shenzhou Kongjian Technology Business Incubator Ltd.	57	38	55600	
北京中关村上地生物科技发展有限公司 Beijing Zhongguancun Shangdi Biological Technology Business Incubator Ltd.	26	12	17800	9
北京瀚海润泽科技孵化器有限公司 Beijing Hanhai Runze Technology Incubator Ltd.	58	5	9000	

4-3 续表 1 continued

科技企业孵化器 Technology Business Incubator	在孵企业数 (个) Number of Tenants (unit)	累计获投融资企业数 (个) Accumulated Number of Tenants by Investing and Financing (unit)	在孵企业累计获风险投资额 (千元) Accumulated Amount of Venture Capital for Tenants (1000 yuan)	承担国家级科技计划项目数 (个) Number of National Science and Technology Projects (item)
北京理工创新高科技孵化器有限公司 Beijing Institute of Technology Innovation and High-tech Incubator Ltd.	61	19	173772	5
北京中关村生命科学园生物医药科技孵化有限公司 Beijing Zhongguancun Life Science Park Biological Medicine Technology Business Incubation Ltd.	55	5	245000	
天津市科技创业服务中心 Tianjin Technology Innovation Service Center	82	19	5950	2
天津新技术产业园区国际创业中心 Tianjin Hi-tech Industrial Park of Technology Innovation Service Center	168	25	30000	
天津泰达国际创业中心 Tianjin Taida International Innovation Center	90	6	1800	
天津海泰企业孵化服务有限公司 Tianjin Haitai Business Incubator Service Ltd.	155	3	253	
天津火炬鑫茂创业服务有限公司 Tianjin Torch Xinmao Innovation Service Ltd.	161			9
天津华科企业孵化服务有限公司 Tianjin Huake Business Incubator Service Ltd.	164	3	1600	
天津科丽泰科技企业孵化器有限公司 Tianjin Kelitai Technology Business Incubator Ltd.	85	2	32000	4
石家庄高新技术创业服务中心 Shijiazhuang Hi-tech Innovation Service Center	187	1	4200	9
保定高新技术创业服务中心 Baoding Hi-tech Innovation Service Center	161	9	12350	5
唐山高新技术创业中心 Tangshan Hi-tech Innovation Center	124	2	300	3
三河燕郊东湖孵化器有限公司 Sanhe Yanjiao Donghu Technology Business Incubator Ltd.	89	2	2600	
秦皇岛经济技术开发区高新技术企业创业服务中心 Qinhuangdao Development Zone Hi-tech Innovation Service Center	114	18	2000	1
邯郸高新技术创业服务中心 Handan Hi-tech Innovation Service Center	98			
沧州市科技创业中心 Cangzhou Technology Innovation Center	70			
山西科伟通新技术发展有限公司 Shanxi Keweitong New Technology Development Ltd.	86	14	3000	1
山西省高新技术创业中心 Shanxi Hi-tech Innovation Center	96	6	1350	6
包头稀土高新技术产业开发区科技创业服务中心 Baotou Rare Earths Science and Technology Park Innovation Service Center	491	15		16
辽宁药都发展有限公司 Liaoning Yaodu development Ltd.	57			29
丹东高新技术创业服务中心 Dandong Hi-tech Innovation Service Center	84			2
锦州高新技术创业服务中心 Jinzhou Hi-tech Innovation Service Center	102			
营口市高新技术创业服务中心 Yingkou Hi-tech Innovation Service Center	90			
阜新高新技术创业服务中心 Fuxin Hi-tech Innovation Service Center	52			

4-3 续表 2 continued

科技企业孵化器 Technology Business Incubator	在孵企业数 (个) Number of Tenants (unit)	累计获投融资企业数 (个) Accumulated Number of Tenants by Investing and Financing (unit)	在孵企业累计获风险投资额 (千元) Accumulated Amount of Venture Capital for Tenants (1000 yuan)	承担国家级科技计划项目数 (个) Number of National Science and Technology Projects (item)
沈阳东大科技企业孵化器有限公司 Shenyang Dongda Technology Business Incubator Ltd.	94			2
沈阳市高科技创业中心 Shenyang Hi-tech Innovation Center	83			
沈阳高新技术产业区科技创业服务中心 Shenyang Hi-tech Industrial Development Zone Technology Innovation Service Center	312	3	132400	13
沈阳动漫研发与软件外包孵化器 Shenyang Animation Innovation and Software Outsourcing Incubator	59	1	10000	2
沈阳先进制造技术产业有限公司 Shenyang Advanced Manufacturing Technology Industrial Ltd.	56	4	9800	
大连市高新技术创业服务中心 Dalian Hi-tech Innovation Service Center	336	15	120000	17
大连市沙河口区天河科技创业服务中心 Dalian Shahekou District Tianhe Technology Innovation Service Center	81			
大连市民营科技企业创业中心 Dalian Private Science and Technology Enterprises Innovation Center	85	52	16000	2
大连双D港创业孵化有限公司 Dalian Double D Innovation Incubator Ltd.	51			5
大连市理想光电技术孵化创业中心有限公司 Dalian Lixiang photoelectric Technology Business Incubation Center Ltd.	52	2	100	
大连科技创业大厦管理有限公司 Dalian Technology Venture Building Management Ltd.	85	19	17200	2
大连旅顺民营科技企业创业中心有限公司 Dalian Lvshun Private Scientific and Technological Enterprises Innovation Center Ltd.	83	6	5000	3
大连北方科技企业孵化基地 Dalian Beifang Technology Enterprises Incubation Base	105			
鞍山高新技术创业服务中心 Anshan Hi-tech Innovation Service Center	433			
吉林高新技术创业服务中心 Jilin Hi-tech Innovation Service Center	320			1
长春科技创业服务中心 Changchun Technology Innovation Service Center	224	8	73600	27
延吉高新技术创业中心 Yanji High-tech Business Center	90	5		
哈尔滨金华科技企业孵化器有限公司 Harbin Jinhua Technology Business Incubator Ltd.	82			
哈尔滨龙计电子技术创业中心 Harbin Longji Electronic Technology Innovation Center	37	3		
哈尔滨高科科技企业孵化器有限公司 Harbin Technology Business Incubator Ltd.	81			3
哈尔滨工业大学国家大学科技园发展有限公司 Harbin Industry University Science Park Ltd.	96	4	7650	4
哈尔滨市动力科技创业中心 Harbin Hi-tech Driver Technology Innovation Center	62		6900	
哈尔滨高科技创业中心 Harbin Hi-tech Innovation Center	350			15

4-3 续表 3 continued

科技企业孵化器 Technology Business Incubator	在孵企业数(个) Number of Tenants (unit)	累计获投融资企业数(个) Accumulated Number of Tenants by Investing and Financing (unit)	在孵企业累计获风险投资额(千元) Accumulated Amount of Venture Capital for Tenants (1000 yuan)	承担国家级科技计划项目数(个) Number of National Science and Technology Projects (item)
大庆高新技术创业服务中心 Daqing Hi-tech Innovation Service Center	226	4	9100	1
上海上大科技园发展有限公司 Shanghai University Science Park Development Ltd.	83	16	9010	2
上海漕河泾新兴技术开发区科技创业中心 Shanghai Caohejing New Park Technology Development Technology Innovation Center	107	12	63820	10
上海同济科技园孵化器有限公司 Shanghai Tongji Science Park Business Incubator Ltd.	85	6	4830	4
上海杨浦科技创业中心有限公司 Shanghai Yangpu Technology Innovation Center Ltd.	101	23	281080	17
上海微电子设计有限公司 Shanghai Microelectronics Design Ltd.	65		20000	3
上海市科技创业中心 Shanghai Science and Technology Innovation Center	82	15	2870	1
上海八六三信息安全产业基地有限公司 Shanghai 863 Information Security Industry Base Ltd.	69	7	6000	2
上海张江高新技术创业服务中心 Shanghai Zhangjiang Hi-tech Innovation Service Center	89	9	15266	1
上海慧谷高科技创业中心 Shanghai Huigu Hi-tech Innovation Center	102	94	847840	
上海复旦科技园高新技术创业服务有限公司 Shanghai Fudan Science Park Hi-tech Innovation Service Ltd.	99	27	66180	19
上海都市工业设计中心有限公司 Shanghai Urban Industrial Design Center Ltd.	60	8	1560	
上海聚科生物园区有限责任公司 Shanghai Juke Biology Park Ltd.	56	2		
虹口区科技创业中心 Hongkou District Technology Innovation Center	82	7	4376	1
上海市青浦区科技创业中心 Shanghai Qingpu District Technology Innovation Center	86			7
上海莘闵高新技术开发有限公司 Shanghai Xinmin Hi-tech Development Ltd.	88	2	850	2
上海张江药谷公共服务平台有限公司 Shanghai Zhangjiang Medicine Valley Public Service Platform Ltd.	52	1	40000	2
上海市闸北区科技创业中心 Shanghai Zhabei District Technology Innovation Center	116	3	6300	5
苏州市沧浪科技创业园管理有限公司 Suzhou Canglang Technology Innovafion Park Management Ltd.	87	2	100	1
苏州市吴中科技创业园 Suzhou Wuzhong Technology Innovation Park	132	13	14758	9
苏州工投科技创业园有限公司 Suzhou Gongtou Technology Innovation Park Ltd.	86		1550	
苏州高新技术创业服务中心(含本部、微系统园、苏高新软件园等) Suzhou Hi-tech Innovation Service Center(Including the Department, Microsystems Park, Suzhou High-tech Software Park, etc.)	203	15	10200	4
苏州国环节能环保创业园管理有限公司 Suzhou Guohuan tnergy-saving and Environmental Protection Park Management Ltd.	63			

4-3 续表 4 continued

科技企业孵化器 Technology Business Incubator	在孵企业数 (个) Number of Tenants (unit)	累计获投融资企业数 (个) Accumulated Number of Tenants by Investing and Financing (unit)	在孵企业累计获风险投资额 (千元) Accumulated Amount of Venture Capital for Tenants (1000 yuan)	承担国家级科技计划项目数 (个) Number of National Science and Technology Projects (item)
苏州火炬创新创业孵化管理有限公司(苏州博济科技创业园) Suzhou Torch Innovation Incubation Management Ltd. (Suzhou Boji Science and Technology Park)	89	10	20600	2
苏州留学人员创业园 Suzhou Overseas Scholars Incubation Park	95	2	11800	8
苏州工业园科技企业孵化器 Suzhou Industrial Park Technology Business Incubator	95	8	15607	8
张家港市高新技术创业服务中心 Zhangjiagang Hi-tech Innovation Service Center	92			2
昆山高新技术创业服务中心 Kunshan Hi-tech Innovation Service Center	91	4	2000	
昆山留学人员创业园 Kunshan Overseas Scholars Innovation Park	216	8	61500	2
太仓市科技创业园有限公司 Taicang Technology Innovation Park Ltd.	84			
海安高新技术创业服务中心 Hai'an Hi-tech Innovation Service Center	101	3	2700	1
南通高新技术创业中心有限公司 Nantong Hi-tech Innovation Service Center Ltd.	86		24460	1
南通市崇川科技创业服务中心有限公司 Nantong Chongchuan Technology Innovation Service Center Ltd.	88	6	11000	
淮安市高新技术创新中心 Huai'an Hi-tech Innovation Center	99	2	100	
扬州高新技术创业服务中心 Yangzhou Hi-tech Innovation Service Center	90			6
武进高新技术创业服务中心 Wujin Hi-tech Innovation Service Center	105			
盐城高新技术创业园有限公司 Yancheng Hi-tech Innovation Park Ltd.	89	16		4
江苏省常州钟楼高新技术创业服务中心 Changzhou Zhonglou Hi-tech Innovation Service Center	80	4		2
常州高新技术创业服务中心 Changzhou Hi-tech Innovation Service Center	132	8	50000	3
镇江润州高新技术创业服务中心 Zhenjiang Runzhou Hi-tech Innovation Service Center	85			
镇江高新技术创业服务中心 Zhenjiang Hi-tech Innovation Service Center	83	7	22500	4
泰州市高新技术创业服务中心 Taizhou Hi-tech Innovation Service Center	90	23	6600	6
姜堰市高新技术创业中心 Jiangyan Hi-tech Innovation Center	91	8	3000	7
无锡市科技创业服务中心 Wuxi Hi-tech Innovation Service Center	80	14	36500	
无锡惠山高新技术创业服务中心(无锡惠山留学人员创业园 Wuxi Huishan Hi-tech Technology Innovation Service Center	78	21	68930	8
无锡(国家)工业设计园创业服务中心 Wuxi(National) Industrial Design Park Innovation Service Center	81	8	1056	
无锡高新技术创业发展有限公司 Wuxi Hi-tech Venture Development Ltd.	296	70	117220	16
无锡微纳传感网产业孵化器管理中心 Wuxi Micro-sensor Network Industry Incubator Management Center	84	14	30000	

4-3 续表 5 continued

科技企业孵化器 Technology Business Incubator	在孵企业数（个） Number of Tenants (unit)	累计获投融资企业数（个） Accumulated Number of Tenants by Investing and Financing (unit)	在孵企业累计获风险投资额（千元） Accumulated Amount of Venture Capital for Tenants (1000 yuan)	承担国家级科技计划项目数（个） Number of National Science and Technology Projects (item)
昆山启迪科技园发展有限公司 Kunshan Qidi Science Park Development Ltd.	80	6	7290	2
江阴高新技术创业园 Jiangyin Hi-tech Technology Innovation Park	82	31	56825	6
南京江宁高新技术创业服务中心 Nanjing Jiangning Hi-tech Innovation Service Center	96			
南京科技创业服务中心 Nanjing Hi-tech Innovation Center	106			
江苏省高新技术创业服务中心 Jiangsu Hi-tech Innovation Center	91			
南京金港科技创业中心 Nanjing Jingang Technology Innovation Center	110	5	12000	1
南京鼎业百泰生物科技有限公司 Nanjing Dingye Baitai Biomedical Science and Technology Ltd.	54	8	16760	8
杭州高新技术产业开发区科技创业服务中心 Hangzhou Science and Technology Industrial Park Technology Innovation Service Center	296	21	7	18
杭州市拱墅区科技创业中心 Hangzhou Gongshu District Technology Innovation Center	85			
杭州市上城区科技创业中心 Hangzhou Shangcheng District Technology Innovation Center	85	3	25050	
杭州东部软件园有限公司 Hangzhou Dongbu Software Park Ltd.	55	4	4050	
杭州数字娱乐园有限公司 Hangzhou Digital Entertainment Park Ltd.	63			
浙江大学科技园发展有限公司 Zhejiang University Science Park Ltd.	205	145	29800	10
浙大科技园宁波发展有限公司 Zhejiang University Science Park Ningbo Development Ltd.	96	1	150	5
临安市科技孵化中心 Lin'an Science and Technology Incubation Center	89	2	6200	4
温州高新技术产业园区创业服务中心 Wenzhou Hi-tech Technology Innovation Park Innovation Center	74	8		
嘉兴科技创业服务中心 Jiaxing Technology Innovation Service Center	87			1
嘉兴市南湖科技创业服务中心 Jiaxing Nanhu Science and Technology Innovation Service Center	60	13	2920	2
嘉善县科技创业服务中心 Jiashan County Technology Innovation Service Center	90			
湖州科技创业服务中心 Huzhou Technology Innovation Service Center	91			4
长兴民营科技园发展有限公司 Changxing Private Science and Technology Park Ltd.	81	13	580	
绍兴市高新技术创业服务中心 Shaoxing Hi-tech Innovation Service Center	127	12	20000	3
金华科技园创业服务中心有限公司 Jinhua Science Park Innovation Service Center Ltd.	110	6	36172	
台州市高新技术创业服务中心有限公司 Taizhou Hi-tech Innovation Service Center Ltd.	94	4	710	

4-3 续表 6 continued

科技企业孵化器 Technology Business Incubator	在孵企业数 (个) Number of Tenants (unit)	累计获投融资企业数 (个) Accumulated Number of Tenants by Investing and Financing (unit)	在孵企业累计获风险投资额 (千元) Accumulated Amount of Venture Capital for Tenants (1000 yuan)	承担国家级科技计划项目数 (个) Number of National Science and Technology Projects (item)
宁波市科技创业中心 Ningbo City Technology Business Incubator Center	126	1	10000	8
宁波保税区(出口加工区)科技促进中心 Ningbo Free Tvade Zone (Export Processing Zone) Science and Technology Promotion Center	97	11	6000	2
宁波经济技术开发区科技创业园服务中心 Ningbo Development Zone Technology Park Service Center	88			3
宁波市鄞创科技孵化器管理服务有限公司 Ningbo Yinchuang Technology Incubator Management Services Ltd.	108			2
合肥高新技术创业服务中心 Hefei Hi-tech Innovation Service Center	158	11	160000	9
合肥国家大学科技园创业孵化中心 Hefei National University Science Park Innovation Center	89	2	62000	14
合肥民营科技企业园管理服务中心 Hefei Private Science and Technology Enterprise Park Management Service Center	59	2	18000	6
芜湖高新技术创业服务中心 Wuhu Hi-tech Innovation Center	97	13	5100	
蚌埠高新技术创业服务中心 Bengbu Hi-tech Innovation Service Center	91		100	
马鞍山市高新技术创业服务中心 Ma'anshan City Hi-tech Innovation Service Center	84			15
铜陵市高新技术创业服务中心 Tongling Hi-tech Innovation Service Center	81	1	1000	5
福建省高新技术创业服务中心 Fujian Hi-tech Innovation Service Center	99	1	2300	33
福州市高新技术产业创业服务中心 Fuzhou City Hi-tech Innovation Service Center	102	1	100000	
福州863软件专业孵化器服务中心 Fuzhou 863 Software Incubator Service Center	92	4	18000	6
厦门高新技术创业中心 Xiamen Hi-tech Innovation Center	351	15	5	19
厦门海峡科技创业促进有限公司(厦门台湾科技企业育成中心) Xiamen Haixia Technology Entrepreneurship Promotion Ltd. (Xiamen Taiwan Hi-tech Enterprise Incubation Center)	95	3	24000	4
厦门软件产业投资发展有限公司 Xiamen Software Industrial Investment Development Ltd.	184	13	22000	3
泉州市高新技术创业服务中心 Quanzhou City Hi-tech Innovation Service Center	80			3
江西省高新技术创业服务中心 Jiangxi Province Hi-tech Innovation Service Center	30			
江西高技术产业发展有限责任公司 Jiangxi Hi-tech Industry Development Ltd.	77	13	800	
南昌高新开发区创业服务中心 Nanchang Science and Technology Industrial Park Innovation Service Center	94	1	500	
南昌大学科技园发展有限公司 Nanchang University Science Park Development Ltd.	94	2	10900	34
济南高新技术创业报务中心 Jinan Hi-tech Innovation Service Center	225			5

4-3 续表 7 continued

科技企业孵化器 Technology Business Incubator	在孵企业数 (个) Number of Tenants (unit)	累计获投融资企业数 (个) Accumulated Number of Tenants by Investing and Financing (unit)	在孵企业累计获风险投资额 (千元) Accumulated Amount of Venture Capital for Tenants (1000 yuan)	承担国家级科技计划项目数 (个) Number of National Science and Technology Projects (item)
青岛高新技术创业服务中心 Qingdao Hi-tech Innovation Service Center	116	5	157000	18
淄博高新技术创业服务中心 Zibo Hi-tech Innovation Service Center	203	17	57650	4
潍坊高新技术创业服务中心 Weifang Hi-tech Innovation Service Center	109	11	27000	
潍坊高新区生物医药科技产业园管理办公室 Weifang Hi-tech Zone Biomedical Park Management Office	54	7		
东营市黄河口高新技术企业创业园 Dongying City Huanghekou Hi-tech Business Incubator Park	82	3	1600	
临沂高新技术创业服务中心 Linyi Hi-tech Innovation Service Center	137	16		2
东营高新技术创业服务中心 Dongying Hi-tech Innovation Service Center	82	3	2800	1
济南历下软件创业服务中心 Jinan Lixia Software Innovation Service Center	81	3	2000	
东营市高新技术创业服务中心 Dongying City Hi-tech Innovation Service Center	98	35	5200	1
威海市高技术创业服务中心 Weihai Hi-tech Innovation Service Center	40			
济宁高新技术创业服务中心 Jining Hi-tech Innovation Service Center	105	7	4000	
泰安高新技术创业服务中心 Tai'an Hi-tech Innovation Service Center	102	1	50	3
烟台高新技术创业服务中心 Yantai Hi-tech Innovation Service Center	85			
威海火炬高技术产业开发区高新技术创业服务中心 Weihai Torch Hi-tech Industrial Park Hi-tech Innovation Service Center	128	2	1320	13
德州金田高新技术创业发展有限公司 Dezhou Jintian Hi-Tech Venture Development Ltd.	85	23	2300	
济南腊山高新技术创业服务中心 Jinan Lashan Hi-tech Innovation Service Center	83			2
济南民营科技企业孵化器 Jinan Private Technology Business Incubator	86			
烟台留学人员创业园区 Yantai Overseas Scholars Innovation Park	139	8	320	9
垦利县高新技术创业服务中心 Kenli Hi-Tech Innovation Service Center	82	11	12800	
聊城市高新技术创业服务中心 Liaocheng Hi-Tech Innovation Service Center	89	6	4000	3
青岛经济技术开发区高科技创业服务中心 Qingdao Technological Development Park Hi-tech Innovation Service Center	97			
青岛软件园发展有限公司 Qingdao Software Park Development Ltd.	80	27	13000	5
青岛高新技术产业开发区新产业团地创业中心 Qingdao Science and Technology Industrial Innovation Center	88	47	5500	
郑州市高新技术创业中心 Zhengzhou City Hi-tech Innovation Center	126	8	7500	1

4-3 续表 8 continued

科技企业孵化器 Technology Business Incubator	在孵企业数（个） Number of Tenants (unit)	累计获投融资企业数（个） Accumulated Number of Tenants by Investing and Financing (unit)	在孵企业累计获风险投资额（千元） Accumulated Amount of Venture Capital for Tenants (1000 yuan)	承担国家级科技计划项目数（个） Number of National Science and Technology Projects (item)
郑州高新技术产业开发区创业中心 Zhengzhou Hi-tech Innovation Center	572	8	12000	33
洛阳高技术创业服务中心 Luoyang Hi-tech Innovation Service Center	108			
南阳高新技术创业服务中心 Nanyang Hi-tech Innovation Service Center	121	7	8700	
河南省新乡高新技术创业服务中心 Henan Xinxiang Hi-tech Innovation Service Center	160	6		
安阳高新技术创业服务中心 Anyang Hi-tech Innovation Service Center	230			
漯河高新技术创业服务中心 Luohe Hi-tech Innovation Service Center	120	23	46100	
焦作高新技术创业服务中心 Jiaozuo Hi-tech Innovation Service Center	85			
河南省大学科技园发展有限公司 Henan Province University Science Park Development Ltd.	173	12	9000	11
河南专利孵化转移中心有限公司 Henan Patent Incubation Transfer Center Ltd.	93	15		11
宜昌高新技术产业园区创业服业中心 Yichang Hi-tech Innovation Service Center	85	6	15000	
荆州高新技术产业开发区创业服务中心 Jinzhou Hi-tech Development Zone Innovation Center	109	6	18900	4
黄石磁湖科技创业服务中心 Huangshi Cihu Technology Innovation Service Center	90	67	11380	
襄樊高新技术创业服务中心 Xiangfan Hi-tech Innovation Service Center	95	2	8000	6
十堰高新技术产业开发区创业服务中心 Shiyan Hi-tech Industrial Development Zone Innovation Service Center	115	25	5600	
武汉市洪山高新技术创业服务中心 Wuhan Hongshan Hi-tech Innovation Service Center	86	21	13000	3
武汉市青山区高新技术创业服务中心 Wuhan City Qingshan District Hi-tech Innovation Service Center	63	10	300	
武汉新材料科技企业孵化器 Wuhan New Material Technology Business Incubator	65	16	12150	8
武汉华工科技企业孵化器有限责任公司 Wuhan Huagong Technology Business Incubator Ltd.	89	28	147412	8
汉口高新技术创业服务中心 Hankou Hi-tech Innovation Service Center	97	32	103500	
湖北武汉国家农业科技园创业中心 Hubei Wuhan National Agriculture Science Park Innovation Center	139	5	30000	5
武汉市武昌科技创业中心 Wuhan City Wuchang Technology Innovation Center	93	10		
武汉华创源科技企业孵化器有限公司 Wuhan Huachuangyuan Technology Business Incubator	57	13	4600	
武汉海峡高新技术创业服务中心 Wuhan Strait Hi-tech Innovation Service Center	80			
武汉东湖新技术创业中心 Wuhan Eastlake Hi-tech Innovation Center	422	82	15000	14

4-3 续表 9 continued

科技企业孵化器 Technology Business Incubator	在孵企业数 (个) Number of Tenants (unit)	累计获投融资企业数 (个) Accumulated Number of Tenants by Investing and Financing (unit)	在孵企业累计获风险投资额 (千元) Accumulated Amount of Venture Capital for Tenants (1000 yuan)	承担国家级科技计划项目数 (个) Number of National Science and Technology Projects (item)
武汉留学生创业管理中心 Wuhan Overseas Scholars Innovation Park Management Center	88	3		6
长沙高新技术创业服务中心 Changsha Hi-tech Innovation Service Center	229	3	1000	1
长沙高新技术产业开发区创业服务中心 Changsha Hi-tech Industrial Park Innovation Service Center	369	25	369650	15
长沙新技术创业中心 Changsha New Technology Innovation Center	108	2	1200	15
株洲高新技术产业开发区创业服务中心(株洲留学生创业园) Zhuzhou Hi-tech Innovation Service Center(Zhuzhou Overseas Scholars Innovation Park)	142	5	7000	
湘潭国家高新技术创业服务中心 Xiangtan National Hi-tech Innovation Service Center	227	6	7800	
岳阳火炬创业服务中心 Yueyang Torch Business Service Center	63	4	1000	
东莞市留学人员创业园 Dongguan City Overseas Scholars Innovation Park	152	3	3900	1
广州火炬高新技术创业服务中心 Guangzhou Torch Hi-tech Innovation Service Center	381	1241	58	3
广州国际企业孵化器有限公司 Guangzhou International Business Incubator Ltd.	87	9	54122	6
广东拓思软件科学园有限公司 Guangdong Tuosi Software Science Park Ltd.	98			
广州市高新技术创业服务中心 Guangzhou City Hi-tech Innovation Service Center	83	1	2950	
广州市海珠高新技术创业服务中心 Guangzhou City Haizhu Hi-tech Innovation Service Center	86	1		1
广州联炬科技企业孵化器有限公司 Guangzhou Lianju Technology Business Incubator Ltd.	111	3	2200	2
中山火炬高技术创业中心有限公司 Zhongshan Torch Hi-tech Innovation Center Ltd.	109	3	25000	2
华南理工大学国家大学科技园 Huanan Science and Technology University Science Park	93	12	54000	12
珠海高新技术创业服务中心 Zhuhai Hi-tech Innovation Service Center	90	2	8960	9
深圳虚拟大学园管理服务中心 Shenzhen Virtual University Science Park Innovation Center	86	3	730	4
深圳市科技创业中心 Shenzhen City Hi-tech Innovation Service Center	92			
深圳市宝安区科技创业服务中心 Shenzhen City Bao'an District Technology Innovation Service Center	188	2	6000	5
深圳市南山区科技创业服务中心 Shenzhen City Nanshan District Technology Innovation Service Center	116	21	2000	2
深圳市龙岗区科技创业服务中心 Shenzhen City Longgang District Technology Innovation Service Center	94		13000	
深圳市北科创业有限公司 Shenzhen City Beike Innovation Ltd.	79	5	96935	
深圳市福田区高新技术创业中心 Shenzhen City Futian District Hi-tech Innovation Center	81			8

4-3 续表 10 continued

科技企业孵化器 Technology Business Incubator	在孵企业数 (个) Number of Tenants (unit)	累计获投融资企业数 (个) Accumulated Number of Tenants by Investing and Financing (unit)	在孵企业累计获风险投资额 (千元) Accumulated Amount of Venture Capital for Tenants (1000 yuan)	承担国家级科技计划项目数 (个) Number of National Science and Technology Projects (item)
深圳市留学生创业园有限公司 Shenzhen Overseas Scholars Innovation Park Ltd.	131	19	760666	8
深港产学研基地 PKU-HKUST ShenZhen-HongKong Institution Base	66	2	3000	1
南宁新技术创业者中心 Nanning New Technology Venture Center	139	22	28500	13
桂林科技企业发展中心 Guilin Technology Innovation Service Center	135	38		4
北海市高新技术创业服务中心 Beihai Hi-tech Innovation Service Center	82	3		15
柳州高新技术创业服务中心 Liuzhou Hi-tech Innovation Service Center	116			3
重庆高技术创业中心(中国重庆国际企业孵化器) Chongqing Hi-tech Innovation Center(Chongqing International Business Incubator)	107	3	3830	6
重庆大学科技园孵化器有限责任公司 Chongqing University Science Park Business Incubator Ltd.	78			3
重庆市涪陵区金渠企业孵化器有限责任公司 Chongqing Fuling District Jinqu Incubator Ltd.	87			
重庆高新技术产业开发区创新服务中心 Chongqing Science and Technology Park Technology Innovation Service Center	445	39	29823	27
四川川大科技园发展有限公司 Sichuan University Science Park Development Ltd.	110	2	23600	3
四川中物技术有限责任公司 Sichuan Zhongwu Technology Ltd.	54	2	7500	8
成都数字娱乐软件园管理投资有限公司 Chengdu Digital Entertainment Software Park Management Investment Ltd.	53			2
成都武侯高新技术创业服务中心 Chengdu Wuhou Hi-tech Innovation Service Center	93	16	2050	6
成都高新技术产业开发区技术创新服务中心 Chengdu Hi-Tech Industrial Development Zone of Technology Innovation Service Center	638	397	50490	44
成都天河中西医科技保育有限公司 Chengdu Tianhe Traditional Chinese and Western Medicine Science and Technology Ltd.	78	3	12180	2
成都高新区教育科技园孵化器有限公司 Chengdu Science and Technology Park Education Science Park Business Incubator Ltd.	161	6	9300	
成都高新技术创业服务中心 Chengdu Hi-tech Innovation Service Center	81	51	26321	10
绵阳高新区创业服务中心 Mianyang Science and Technology Innovation Service Center	101	9		
贵阳高新技术创业服务中心 Guiyang Hi-tech Innovation Service Center	217	1	25400	8
昆明创新园科技发展有限公司 Kunming Innovation Park Science and Technology Development Ltd.	128			
云南省新材料孵化器 Yunnan Province Advanced Material Business Incubator	57			

4-3 续表 11 continued

科技企业孵化器 Technology Business Incubator	在孵企业数（个） Number of Tenants (unit)	累计获投融资企业数（个） Accumulated Number of Tenants by Investing and Financing (unit)	在孵企业累计获风险投资额（千元） Accumulated Amount of Venture Capital for Tenants (1000 yuan)	承担国家级科技计划项目数（个） Number of National Science and Technology Projects (item)
昆明高新五华科技园创业服务中心 Kunming Hi-tech Wuhua Science and Technology Park of Innovation Service Center	83			
昆明经济技术开发区新兴产业孵化区管理有限公司 Kunming Development Zone New Industry Incubator District Management Ltd.	106	3	113	1
昆明高新技术创业服务中心 Kunming Hi-tech Innovation Service Center	109	7	2000	11
西安航空科技创新服务中心 Xi'an Aviation Science and Technology Service Center	58			2
西安交大科技园高新技术创业服务中心 Xi'an Jiaotong University Science Park Hi-tech Innovation Service Center	65	3	12830	3
西安伟盛电子信息发展有限公司 Xi'an Weisheng Electronic Information Development Ltd.	56	14		
西安航天基地国际孵化器有限公司 Xi'an International Incubator Space Base Ltd.	62	1	2500	4
西安集成电路设计专业孵化器有限公司 Xi'an IC Design Incubator Ltd.	51	4	112401	13
西安光电子专业孵化器有限责任公司 Xi'an Professional Photoelectron Business Incubator Ltd.	76			8
西安高新技术产业开发区创业园发展中心 Xi'an Hi-Tech Industry Development Zone Innovation Park Development Center	385	162	176330	57
西安联创生物医药孵化器有限公司 Xi'an Lianchuang Biological Medicine Business Incubator Ltd.	69	1	30000	9
西安先进制造专业孵化器 Xi'an Advanced Manufacturing Incubator	65	3	4000	8
西安软件园发展中心 Xi'an Software Park Development Center	138	7		10
陕西启迪科技园发展有限公司 Shaanxi Qidi Science and Technology Park Development Ltd.	68	7	2800	
宝鸡高新技术产业开发区高技术创业服务中心 Baoji Hi-Tech Industry Development Zone of High-tech Innovation Service Center	405	15	6500	25
杨凌农业高新技术产业示范区创业服务中心 Yangling Agricultural Hi-teck Industry Demonstration Zone Innovation Service Center	88	5	85800	16
甘肃省高新技术创业服务中心 Gansu Province Hi-tech Innovation Service Center	81	2	2080	22
兰州高新技术产业开发区创业服务中心 Lanzhou Hi-tech Industry Development Zone Innovation Service Center	158			9
国家高新技术创业服务中心(青海中小企业创业发展有限公司) National Hi-tech Innovation Service Center (Qinghai SMEs Development Ltd.)	25	3		
宁夏高新技术创业服务中心 Ningxia Hi-tech Innovation Service Center	91			10
乌鲁木齐高新技术创业开发区高新技术创业服务中心 Urumqi Hi-tech Innovation Service Center	99			7

4-4 国家级科技企业孵化器人员情况

Personnel Statistics of State Level TBIs

单位：人 (person)

科技企业孵化器 Technology Business Incubator	管理机构人员总数 Total Number of Management Personnel	专业技术 Number of Professional and Technical Personnel	大专以上 Number of Emptoyee with College and Higher Level	留学回国 Number of Returned Personnel
合 计 Total	**5693**	**2452**	**5141**	**145**
北京赛欧科园科技孵化中心有限公司 Beijing Sai'ou Keyuan Technology Business Incubation Center Ltd.	21	2	21	
北京奥宇科技企业孵化器有限责任公司 Beijing Aoyu Technology Business Incubator Ltd.	13	9	12	
北京北航天汇科技孵化器有限公司 Beijing Beihang Tianhui Technology Business Incubator Ltd.	13	10	13	
北京高技术创业服务中心 Beijing Hi-tech Innovation Service Center	50	40	50	1
北京华海基业科技有限公司 Beijing Huahai Jiye Technology Business Incubator Ltd.	54	10	33	
北京均大高科科技孵化器有限公司 Beijing Junda Hi-tech Technology Business Incubator Ltd.	29	9	14	
北京科大方兴科技孵化器有限责任公司 Beijing Keda Fangxing Technology Business Incubator Ltd.	18	12	18	
北京普天德胜科技孵化器有限公司 Beijing Putian Desheng Technology Business Incubator Ltd.	12	8	12	
北京望京科技孵化器有限公司 Beijing Wangjing Technology Business Incubator Ltd.	17		17	
中关村科技园区海淀园创业服务中心 Zhongguancun Science and Technology Park Haidian Park Science and Technology Innovation Service Center	30		27	1
北京中关村国际孵化器有限公司 Beijing Zhongguancun International Business Incubator Ltd.	23	3	19	
北京中关村京蒙高科企业孵化器有限责任公司 Beijing Zhongguancun Jingmeng Hi-tech Business Incubator Ltd.	16	6	16	1
北京中关村软件园孵化服务有限公司 Beijing Zhongguancun Software Park Incubation Service Ltd.	12		12	
汇龙森国际企业孵化(北京)有限公司 Huilongsen International Enterprise Incubation (Beijing) Ltd.	39	6	39	2
北京启迪创业孵化器有限公司 Beijing Qidi Technology Business Incubator Ltd.	15	9	15	
中关村科技园区丰台科技创业服务中心 Zhongguancun Science and Technology Park Fengtai Park Science and Technology Innovation Service Center	32	20	32	2
北京康华伟业孵化器有限公司 Beijing Kanghua Weiye Technology Business Incubator Ltd.	18	16	14	
北京汉潮大成科技孵化器有限公司 Beijing Hanchao Dacheng Technology Business Incubator Ltd.	54		54	
北京博奥联创科技孵化器有限公司 Beijing Bo'ao Lianchuang Technology Business Incubator Ltd.	15	3	13	1
北京神舟空间科技孵化器有限公司 Beijing Shenzhou Kongjian Technology Business Incubator Ltd.	42	12	33	
北京中关村上地生物科技发展有限公司 Beijing Zhongguancun Shangdi Biological Technology Business Incubator Ltd.	12	8	11	
北京瀚海润泽科技孵化器有限公司 Beijing Hanhai Runze Technology Incubator Ltd.	42	14	42	
北京理工创新高科技孵化器有限公司 Beijing Institute of Technology Innovation and High-tech Incubator Ltd.	13		13	

4-4 续表 1 continued

单位：人 (person)

科技企业孵化器 Technology Business Incubator	管理机构人员总数 Total Number of Management Personnel	专业技术 Number of Professional and Technical Personnel	大专以上 Number of Emptoyee with College and Higher Level	留学回国 Number of Returned Personnel
北京中关村生命科学园生物医药科技孵化有限公司 Beijing Zhongguancun Life Science Park Biological Medicine Technology Business Incubation Ltd.	11	5	10	
天津市科技创业服务中心 Tianjin Technology Innovation Service Center	24	20	22	
天津新技术产业园区国际创业中心 Tianjin Hi-tech Industrial Park of Technology Innovation Service Center	13		12	1
天津泰达国际创业中心 Tianjin Taida International Innovation Center	37		34	
天津海泰企业孵化服务有限公司 Tianjin Haitai Business Incubator Service Ltd.	30	24	26	
天津火炬鑫茂创业服务有限公司 Tianjin Torch Xinmao Innovation Service Ltd.	20	5	15	
天津华科企业孵化服务有限公司 Tianjin Huake Business Incubator Service Ltd.	14		14	
天津科丽泰科技企业孵化器有限公司 Tianjin Kelitai Technology Business Incubator Ltd.	10		10	
石家庄高新技术创业服务中心 Shijiazhuang Hi-tech Innovation Service Center	19	19	19	
保定高新技术创业服务中心 Baoding Hi-tech Innovation Service Center	15	5	14	
唐山高新技术创业中心 Tangshan Hi-tech Innovation Center	16	8	14	
三河燕郊东湖孵化器有限公司 Sanhe Yanjiao Donghu Technology Business Incubator Ltd.	15		15	
秦皇岛经济技术开发区高新技术企业创业服务中心 Qinhuangdao Development Zone Hi-tech Innovation Service Center	14	1	13	
邯郸高新技术创业服务中心 Handan Hi-tech Innovation Service Center	23	8	13	
沧州市科技创业中心 Cangzhou Technology Innovation Center	10	6	10	
山西科伟通新技术发展有限公司 Shanxi Keweitong New Technology Development Ltd.	11	9	10	
山西省高新技术创业中心 Shanxi Hi-tech Innovation Center	28	11	28	
包头稀土高新技术产业开发区科技创业服务中心 Baotou Rare Earths Science and Technology Park Innovation Service Center	42	20	40	2
辽宁药都发展有限公司 Liaoning Yaodu development Ltd.	14	14	14	
丹东高新技术创业服务中心 Dandong Hi-tech Innovation Service Center	13		12	
锦州高新技术创业服务中心 Jinzhou Hi-tech Innovation Service Center	11	11	11	
营口市高新技术创业服务中心 Yingkou Hi-tech Innovation Service Center	14		14	
阜新高新技术创业服务中心 Fuxin Hi-tech Innovation Service Center	14	14	14	

4-4 续表 2 continued

单位: 人 (person)

科技企业孵化器 Technology Business Incubator	管理机构人员总数 Total Number of Management Personnel	专业技术 Number of Professional and Technical Personnel	大专以上 Number of Emptoyee with College and Higher Level	留学回国 Number of Returned Personnel
沈阳东大科技企业孵化器有限公司 Shenyang Dongda Technology Business Incubator Ltd.	24	6	20	6
沈阳市高科技创业中心 Shenyang Hi-tech Innovation Center	20	16	17	
沈阳高新技术产业区科技创业服务中心 Shenyang Hi-tech Industrial Development Zone Technology Innovation Service Center	35	19	35	1
沈阳动漫研发与软件外包孵化器 Shenyang Animation Innovation and Software Outsourcing Incubator	75	15	60	
沈阳先进制造技术产业有限公司 Shenyang Advanced Manufacturing Technology Industrial Ltd.	36	15	28	2
大连市高新技术创业服务中心 Dalian Hi-tech Innovation Service Center	44	44	42	2
大连市沙河口区天河科技创业服务中心 Dalian Shahekou District Tianhe Technology Innovation Service Center	6	5	6	
大连市民营科技企业创业中心 Dalian Private Science and Technology Enterprises Innovation Center	18	4	17	
大连双D港创业孵化有限公司 Dalian Double D Innovation Incubator Ltd.	12	7	12	
大连市理想光电技术孵化创业中心有限公司 Dalian Lixiang photoelectric Technology Business Incubation Center Ltd.	12	3	10	
大连科技创业大厦管理有限公司 Dalian Technology Venture Building Management Ltd.	12	3	6	3
大连旅顺民营科技企业创业中心有限公司 Dalian Lvshun Private Scientific and Technological Enterprises Innovation Center Ltd.	7	3	7	
大连北方科技企业孵化基地 Dalian Beifang Technology Enterprises Incubation Base	12	12	12	
鞍山高新技术创业服务中心 Anshan Hi-tech Innovation Service Center	42	16	26	
吉林高新技术创业服务中心 Jilin Hi-tech Innovation Service Center	10	9	9	1
长春科技创业服务中心 Changchun Technology Innovation Service Center	27	24	27	
延吉高新技术创业中心 Yanji High-tech Business Center	31		22	2
哈尔滨金华科技企业孵化器有限公司 Harbin Jinhua Technology Business Incubator Ltd.	14	5	14	
哈尔滨龙计电子技术创业中心 Harbin Longji Electronic Technology Innovation Center	15	5	15	
哈尔滨高科科技企业孵化器有限公司 Harbin Technology Business Incubator Ltd.	21	10	21	
哈尔滨工业大学国家大学科技园发展有限公司 Harbin Industry University Science Park Ltd.	18	5	18	
哈尔滨市动力科技创业中心 Harbin Hi-tech Driver Technology Innovation Center	15	7	15	
哈尔滨高科技创业中心 Harbin Hi-tech Innovation Center	30	19	20	

4-4 续表 3 continued

单位：人 (person)

科技企业孵化器 Technology Business Incubator	管理机构人员总数 Total Number of Management Personnel	专业技术 Number of Professional and Technical Personnel	大专以上 Number of Emptoyee with College and Higher Level	留学回国 Number of Returned Personnel
大庆高新技术创业服务中心 Daqing Hi-tech Innovation Service Center	26	26	26	2
上海上大科技园发展有限公司 Shanghai University Science Park Development Ltd.	18	11	18	
上海漕河泾新兴技术开发区科技创业中心 Shanghai Caohejing New Park Technology Development Technology Innovation Center	30	22	28	3
上海同济科技园孵化器有限公司 Shanghai Tongji Science Park Business Incubator Ltd.	23		21	
上海杨浦科技创业中心有限公司 Shanghai Yangpu Technology Innovation Center Ltd.	33	5	30	4
上海微电子设计有限公司 Shanghai Microelectronics Design Ltd.	14	9	14	
上海市科技创业中心 Shanghai Science and Technology Innovation Center	34	28	29	
上海八六三信息安全产业基地有限公司 Shanghai 863 Information Security Industry Base Ltd.	39	10	10	1
上海张江高新技术创业服务中心 Shanghai Zhangjiang Hi-tech Innovation Service Center	15	7	15	2
上海慧谷高科技创业中心 Shanghai Huigu Hi-tech Innovation Center	15	5	14	
上海复旦科技园高新技术创业服务有限公司 Shanghai Fudan Science Park Hi-tech Innovation Service Ltd.	10	2	10	
上海都市工业设计中心有限公司 Shanghai Urban Industrial Design Center Ltd.	20	16	20	
上海聚科生物园区有限责任公司 Shanghai Juke Biology Park Ltd.	13	4	11	1
虹口区科技创业中心 Hongkou District Technology Innovation Center	17	7	12	
上海市青浦区科技创业中心 Shanghai Qingpu District Technology Innovation Center	18		16	
上海莘闵高新技术开发有限公司 Shanghai Xinmin Hi-tech Development Ltd.	17	10	16	
上海张江药谷公共服务平台有限公司 Shanghai Zhangjiang Medicine Valley Public Service Platform Ltd.	27	15	24	4
上海市闸北区科技创业中心 Shanghai Zhabei District Technology Innovation Center	13	6	11	
苏州市沧浪科技创业园管理有限公司 Suzhou Canglang Technology Innovafion Park Management Ltd.	8	8	8	
苏州市吴中科技创业园 Suzhou Wuzhong Technology Innovation Park	20	5	20	
苏州工投科技创业园有限公司 Suzhou Gongtou Technology Innovation Park Ltd.	14	6	10	
苏州高新技术创业服务中心(含本部、微系统园、苏高新软件园等) Suzhou Hi-tech Innovation Service Center(Including the Department, Microsystems Park, Suzhou High-tech Software Park, etc.)	22	8	22	1

4-4 续表 4 continued

单位：人 (person)

科技企业孵化器 Technology Business Incubator	管理机构人员总数 Total Number of Management Personnel	专业技术 Number of Professional and Technical Personnel	大专以上 Number of Emptoyee with College and Higher Level	留学回国 Number of Returned Personnel
苏州国环节能环保创业园管理有限公司 Suzhou Guohuan tnergy-saving and Environmental Protection Park Management Ltd.	14	9	14	
苏州火炬创新创业孵化管理有限公司(苏州博济科技创业园) Suzhou Torch Innovation Incubation Management Ltd. (Suzhou Boji Science and Technology Park)	15	10	15	1
苏州留学人员创业园 Suzhou Overseas Scholars Incubation Park	22	8	22	1
苏州工业园科技企业孵化器 Suzhou Industrial Park Technology Business Incubator	20	4	20	4
张家港市高新技术创业服务中心 Zhangjiagang Hi-tech Innovation Service Center	11	10	10	
昆山高新技术创业服务中心 Kunshan Hi-tech Innovation Service Center	14	12	12	1
昆山留学人员创业园 Kunshan Overseas Scholars Innovation Park	20	10	20	1
太仓市科技创业园有限公司 Taicang Technology Innovation Park Ltd.	9	6	9	
海安高新技术创业服务中心 Hai'an Hi-tech Innovation Service Center	11	9	10	
南通高新技术创业中心有限公司 Nantong Hi-tech Innovation Service Center Ltd.	9	9		
南通市崇川科技创业服务中心有限公司 Nantong Chongchuan Technology Innovation Service Center Ltd.	16		16	
淮安市高新技术创新中心 Huai'an Hi-tech Innovation Center	10	9	10	
扬州高新技术创业服务中心 Yangzhou Hi-tech Innovation Service Center	11		11	
武进高新技术创业服务中心 Wujin Hi-tech Innovation Service Center	14	14	14	
盐城高新技术创业园有限公司 Yancheng Hi-tech Innovation Park Ltd.	16	15	15	
江苏省常州钟楼高新技术创业服务中心 Changzhou Zhonglou Hi-tech Innovation Service Center	10		9	
常州高新技术创业服务中心 Changzhou Hi-tech Innovation Service Center	14	14	12	14
镇江润州高新技术创业服务中心 Zhenjiang Runzhou Hi-tech Innovation Service Center	12		12	
镇江高新技术创业服务中心 Zhenjiang Hi-tech Innovation Service Center	20	4	20	2
泰州市高新技术创业服务中心 Taizhou Hi-tech Innovation Service Center	15	6	15	
姜堰市高新技术创业中心 Jiangyan Hi-tech Innovation Center	19	8	15	
无锡市科技创业服务中心 Wuxi Hi-tech Innovation Service Center	30	17	26	1
无锡惠山高新技术创业服务中心(无锡惠山留学人员创业园 Wuxi Huishan Hi-tech Technology Innovation Service Center	14	3	14	
无锡(国家)工业设计园创业服务中心 Wuxi(National) Industrial Design Park Innovation Service Center	17	4	17	

4-4 续表 5 continued

单位：人 (person)

科技企业孵化器 Technology Business Incubator	管理机构人员总数 Total Number of Management Personnel	专业技术 Number of Professional and Technical Personnel	大专以上 Number of Emptoyee with College and Higher Level	留学回国 Number of Returned Personnel
无锡高新技术创业发展有限公司 Wuxi Hi-tech Venture Development Ltd.	33	10	20	3
无锡微纳传感网产业孵化器管理中心 Wuxi Micro-sensor Network Industry Incubator Management Center	22	1	21	2
昆山启迪科技园发展有限公司 Kunshan Qidi Science Park Development Ltd.	25	15	25	3
江阴高新技术创业园 Jiangyin Hi-tech Technology Innovation Park	22	15	22	
南京江宁高新技术创业服务中心 Nanjing Jiangning Hi-tech Innovation Service Center	22		18	
南京科技创业服务中心 Nanjing Hi-tech Innovation Center	23	2	12	1
江苏省高新技术创业服务中心 Jiangsu Hi-tech Innovation Center	70	65	70	
南京金港科技创业中心 Nanjing Jingang Technology Innovation Center	25	10	24	
南京鼎业百泰生物科技有限公司 Nanjing Dingye Baitai Biomedical Science and Technology Ltd.	22	12	22	1
杭州高新技术产业开发区科技创业服务中心 Hangzhou Science and Technology Industrial Park Technology Innovation Service Center	32	32	32	
杭州市拱墅区科技创业中心 Hangzhou Gongshu District Technology Innovation Center	11	5	11	
杭州市上城区科技创业中心 Hangzhou Shangcheng District Technology Innovation Center	9	6	7	
杭州东部软件园有限公司 Hangzhou Dongbu Software Park Ltd.	42		42	
杭州数字娱乐园有限公司 Hangzhou Digital Entertainment Park Ltd.	12	5	12	
浙江大学科技园发展有限公司 Zhejiang University Science Park Ltd.	20	20	19	1
浙大科技园宁波发展有限公司 Zhejiang University Science Park Ningbo Development Ltd.	12		11	1
临安市科技孵化中心 Lin'an Science and Technology Incubation Center	9	8	9	1
温州高新技术产业园区创业服务中心 Wenzhou Hi-tech Technology Innovation Park Innovation Center	18		18	
嘉兴科技创业服务中心 Jiaxing Technology Innovation Service Center	16		14	
嘉兴市南湖科技创业服务中心 Jiaxing Nanhu Science and Technology Innovation Service Center	13	1	12	
嘉善县科技创业服务中心 Jiashan County Technology Innovation Service Center	12		11	
湖州科技创业服务中心 Huzhou Technology Innovation Service Center	20	3	18	
长兴民营科技园发展有限公司 Changxing Private Science and Technology Park Ltd.	18	10	16	
绍兴市高新技术创业服务中心 Shaoxing Hi-tech Innovation Service Center	12	2	10	
金华科技园创业服务中心有限公司 Jinhua Science Park Innovation Service Center Ltd.	14		12	

4-4 续表 6 continued

单位：人 (person)

科技企业孵化器 Technology Business Incubator	管理机构人员总数 Total Number of Management Personnel	专业技术 Number of Professional and Technical Personnel	大专以上 Number of Emptoyee with College and Higher Level	留学回国 Number of Returned Personnel
台州市高新技术创业服务中心有限公司 Taizhou Hi-tech Innovation Service Center Ltd.	16	16	16	
宁波市科技创业中心 Ningbo City Technology Business Incubator Center	14		14	1
宁波保税区(出口加工区)科技促进中心 Ningbo Free Tvade Zone (Export Processing Zone) Science and Technology Promotion Center	11		11	
宁波经济技术开发区科技创业园服务中心 Ningbo Development Zone Technology Park Service Center	8	1	8	1
宁波市鄞创科技孵化器管理服务有限公司 Ningbo Yinchuang Technology Incubator Management Services Ltd.	13	5	13	
合肥高新技术创业服务中心 Hefei Hi-tech Innovation Service Center	20	14	20	
合肥国家大学科技园创业孵化中心 Hefei National University Science Park Innovation Center	17	8	7	2
合肥民营科技企业园管理服务中心 Hefei Private Science and Technology Enterprise Park Management Service Center	7	4	6	
芜湖高新技术创业服务中心 Wuhu Hi-tech Innovation Center	38	20	38	
蚌埠高新技术创业服务中心 Bengbu Hi-tech Innovation Service Center	17	7	16	
马鞍山市高新技术创业服务中心 Ma'anshan City Hi-tech Innovation Service Center	17	10	9	
铜陵市高新技术创业服务中心 Tongling Hi-tech Innovation Service Center	15	8	7	
福建省高新技术创业服务中心 Fujian Hi-tech Innovation Service Center	43	15	43	1
福州市高新技术产业创业服务中心 Fuzhou City Hi-tech Innovation Service Center	16	14	13	
福州863软件专业孵化器服务中心 Fuzhou 863 Software Incubator Service Center	19	6	19	
厦门高新技术创业中心 Xiamen Hi-tech Innovation Center	32	5	32	1
厦门海峡科技创业促进有限公司(厦门台湾科技企业育成中心) Xiamen Haixia Technology Entrepreneurship Promotion Ltd. (Xiamen Taiwan Hi-tech Enterprise Incubation Center)	6	1	6	
厦门软件产业投资发展有限公司 Xiamen Software Industrial Investment Development Ltd.	34	14	30	
泉州市高新技术创业服务中心 Quanzhou City Hi-tech Innovation Service Center	41	4	38	
江西省高新技术创业服务中心 Jiangxi Province Hi-tech Innovation Service Center	48	40	35	
江西高技术产业发展有限责任公司 Jiangxi Hi-tech Industry Development Ltd.	13		11	
南昌高新开发区创业服务中心 Nanchang Science and Technology Industrial Park Innovation Service Center	16		16	

4-4 续表 7 continued

单位：人 (person)

科技企业孵化器 Technology Business Incubator	管理机构人员总数 Total Number of Management Personnel	专业技术 Number of Professional and Technical Personnel	大专以上 Number of Emptoyee with College and Higher Level	留学回国 Number of Returned Personnel
南昌大学科技园发展有限公司 Nanchang University Science Park Development Ltd.	17	17	17	
济南高新技术创业报务中心 Jinan Hi-tech Innovation Service Center	38	13	38	1
青岛高新技术创业服务中心 Qingdao Hi-tech Innovation Service Center	19	14	18	
淄博高新技术创业服务中心 Zibo Hi-tech Innovation Service Center	36	9	30	2
潍坊高新技术创业服务中心 Weifang Hi-tech Innovation Service Center	11	5	11	
潍坊高新区生物医药科技产业园管理办公室 Weifang Hi-tech Zone Biomedical Park Management Office	20	12	20	1
东营市黄河口高新技术企业创业园 Dongying City Huanghekou Hi-tech Business Incubator Park	8	8	8	
临沂高新技术创业服务中心 Linyi Hi-tech Innovation Service Center	18	10	15	
东营高新技术创业服务中心 Dongying Hi-tech Innovation Service Center	12	7	12	
济南历下软件创业服务中心 Jinan Lixia Software Innovation Service Center	20	8	16	
东营市高新技术创业服务中心 Dongying City Hi-tech Innovation Service Center	15	5	15	
威海市高技术创业服务中心 Weihai Hi-tech Innovation Service Center	11	10	10	
济宁高新技术创业服务中心 Jining Hi-tech Innovation Service Center	17		17	
泰安高新技术创业服务中心 Tai'an Hi-tech Innovation Service Center	7	2	7	
烟台高新技术创业服务中心 Yantai Hi-tech Innovation Service Center	15	7	14	
威海火炬高技术产业开发区高新技术创业服务中心 Weihai Torch Hi-tech Industrial Park Hi-tech Innovation Service Center	15		15	
德州金田高新技术创业发展有限公司 Dezhou Jintian Hi-Tech Venture Development Ltd.	15	5	15	
济南腊山高新技术创业服务中心 Jinan Lashan Hi-tech Innovation Service Center	15	5	14	
济南民营科技企业孵化器 Jinan Private Technology Business Incubator	9		9	
烟台留学人员创业园区 Yantai Overseas Scholars Innovation Park	16	16	16	
垦利县高新技术创业服务中心 Kenli Hi-Tech Innovation Service Center	7		7	
聊城市高新技术创业服务中心 Liaocheng Hi-Tech Innovation Service Center	17		17	
青岛经济技术开发区高科技创业服务中心 Qingdao Technological Development Park Hi-tech Innovation Service Center	8	3	8	
青岛软件园发展有限公司 Qingdao Software Park Development Ltd.	60	42	60	1
青岛高新技术产业开发区新产业团地创业中心 Qingdao Science and Technology Industrial Innovation Center	19	13	19	1

4-4 续表 8 continued

单位：人 (person)

科技企业孵化器 Technology Business Incubator	管理机构人员总数 Total Number of Management Personnel	专业技术 Number of Professional and Technical Personnel	大专以上 Number of Emptoyee with College and Higher Level	留学回国 Number of Returned Personnel
郑州市高新技术创业中心 Zhengzhou City Hi-tech Innovation Center	15	2	14	1
郑州高新技术产业开发区创业中心 Zhengzhou Hi-tech Innovation Center	28	5	23	
洛阳高技术创业服务中心 Luoyang Hi-tech Innovation Service Center	10	10		
南阳高新技术创业服务中心 Nanyang Hi-tech Innovation Service Center	16	2	16	
河南省新乡高新技术创业服务中心 Henan Xinxiang Hi-tech Innovation Service Center	22	3	20	
安阳高新技术创业服务中心 Anyang Hi-tech Innovation Service Center	15		15	
漯河高新技术创业服务中心 Luohe Hi-tech Innovation Service Center	16	3	16	1
焦作高新技术创业服务中心 Jiaozuo Hi-tech Innovation Service Center	28	13	15	
河南省大学科技园发展有限公司 Henan Province University Science Park Development Ltd.	32	23	32	
河南专利孵化转移中心有限公司 Henan Patent Incubation Transfer Center Ltd.	15	5	15	
宜昌高新技术产业园区创业服业中心 Yichang Hi-tech Innovation Service Center	8	3	5	
荆州高新技术产业开发区创业服务中心 Jinzhou Hi-tech Development Zone Innovation Center	10	5	10	
黄石磁湖科技创业服务中心 Huangshi Cihu Technology Innovation Service Center	7	2	7	
襄樊高新技术创业服务中心 Xiangfan Hi-tech Innovation Service Center	12	6	12	1
十堰高新技术产业开发区创业服务中心 Shiyan Hi-tech Industrial Development Zone Innovation Service Center	9	5	9	
武汉市洪山高新技术创业服务中心 Wuhan Hongshan Hi-tech Innovation Service Center	16	2	16	
武汉市青山区高新技术创业服务中心 Wuhan City Qingshan District Hi-tech Innovation Service Center	29	5	27	
武汉新材料科技企业孵化器 Wuhan New Material Technology Business Incubator	13		11	1
武汉华工科技企业孵化器有限责任公司 Wuhan Huagong Technology Business Incubator Ltd.	11	2	11	
汉口高新技术创业服务中心 Hankou Hi-tech Innovation Service Center	10	2	7	
湖北武汉国家农业科技园创业中心 Hubei Wuhan National Agriculture Science Park Innovation Center	18	9	18	
武汉市武昌科技创业中心 Wuhan City Wuchang Technology Innovation Center	8	3	6	
武汉华创源科技企业孵化器有限公司 Wuhan Huachuangyuan Technology Business Incubator	7		7	
武汉海峡高新技术创业服务中心 Wuhan Strait Hi-tech Innovation Service Center	15		15	
武汉东湖新技术创业中心 Wuhan Eastlake Hi-tech Innovation Center	105	27	75	3

4-4 续表 9 continued

单位：人 (person)

科技企业孵化器 Technology Business Incubator	管理机构人员总数 Total Number of Management Personnel	专业技术 Number of Professional and Technical Personnel	大专以上 Number of Emptoyee with College and Higher Level	留学回国 Number of Returned Personnel
武汉留学生创业管理中心 Wuhan Overseas Scholars Innovation Park Management Center	12		11	1
长沙高新技术创业服务中心 Changsha Hi-tech Innovation Service Center	28	22	27	
长沙高新技术产业开发区创业服务中心 Changsha Hi-tech Industrial Park Innovation Service Center	33	18	33	
长沙新技术创业中心 Changsha New Technology Innovation Center	28	22	27	
株洲高新技术产业开发区创业服务中心(株洲留学生创业园) Zhuzhou Hi-tech Innovation Service Center(Zhuzhou Overseas Scholars Innovation Park)	36	16	28	
湘潭国家高新技术创业服务中心 Xiangtan National Hi-tech Innovation Service Center	21	10	21	1
岳阳火炬创业服务中心 Yueyang Torch Business Service Center	10	2	8	
东莞市留学人员创业园 Dongguan City Overseas Scholars Innovation Park	17	5	17	3
广州火炬高新技术创业服务中心 Guangzhou Torch Hi-tech Innovation Service Center	19	7	19	3
广州国际企业孵化器有限公司 Guangzhou International Business Incubator Ltd.	26	13	19	1
广东拓思软件科学园有限公司 Guangdong Tuosi Software Science Park Ltd.	20		20	
广州市高新技术创业服务中心 Guangzhou City Hi-tech Innovation Service Center	34	27	31	
广州市海珠高新技术创业服务中心 Guangzhou City Haizhu Hi-tech Innovation Service Center	14	4	14	
广州联炬科技企业孵化器有限公司 Guangzhou Lianju Technology Business Incubator Ltd.	15	7	8	
中山火炬高技术创业中心有限公司 Zhongshan Torch Hi-tech Innovation Center Ltd.	35	12	35	1
华南理工大学国家大学科技园 Huanan Science and Technology University Science Park	12	6	10	
珠海高新技术创业服务中心 Zhuhai Hi-tech Innovation Service Center	19		17	1
深圳虚拟大学园管理服务中心 Shenzhen Virtual University Science Park Innovation Center	16		16	
深圳市科技创业中心 Shenzhen City Hi-tech Innovation Service Center	9		9	
深圳市宝安区科技创业服务中心 Shenzhen City Bao'an District Technology Innovation Service Center	10	1	10	2
深圳市南山区科技创业服务中心 Shenzhen City Nanshan District Technology Innovation Service Center	22	18	18	1
深圳市龙岗区科技创业服务中心 Shenzhen City Longgang District Technology Innovation Service Center	13		13	2
深圳市北科创业有限公司 Shenzhen City Beike Innovation Ltd.	27		25	

4-4 续表 10 continued

单位：人 (person)

科技企业孵化器 Technology Business Incubator	管理机构人员总数 Total Number of Management Personnel	专业技术 Number of Professional and Technical Personnel	大专以上 Number of Emptoyee with College and Higher Level	留学回国 Number of Returned Personnel
深圳市福田区高新技术创业中心 Shenzhen City Futian District Hi-tech Innovation Center	27	4	23	1
深圳市留学生创业园有限公司 Shenzhen Overseas Scholars Innovation Park Ltd.	8	5	8	3
深港产学研基地 PKU-HKUST ShenZhen-HongKong Institution Base	40	20	40	6
南宁新技术创业者中心 Nanning New Technology Venture Center	19	12	19	1
桂林科技企业发展中心 Guilin Technology Innovation Service Center	21	5	21	2
北海市高新技术创业服务中心 Beihai Hi-tech Innovation Service Center	24	22	22	
柳州高新技术创业服务中心 Liuzhou Hi-tech Innovation Service Center	12	11	12	1
重庆高技术创业中心(中国重庆国际企业孵化器) Chongqing Hi-tech Innovation Center(Chongqing International Business Incubator)	52	41	42	
重庆大学科技园孵化器有限责任公司 Chongqing University Science Park Business Incubator Ltd.	6	4	6	
重庆市涪陵区金渠企业孵化器有限责任公司 Chongqing Fuling District Jinqu Incubator Ltd.	28	13	25	
重庆高新技术产业开发区创新服务中心 Chongqing Science and Technology Park Technology Innovation Service Center	20		19	1
四川川大科技园发展有限公司 Sichuan University Science Park Development Ltd.	32	4	26	2
四川中物技术有限责任公司 Sichuan Zhongwu Technology Ltd.	32	21	32	
成都数字娱乐软件园管理投资有限公司 Chengdu Digital Entertainment Software Park Management Investment Ltd.	27		27	
成都武侯高新技术创业服务中心 Chengdu Wuhou Hi-tech Innovation Service Center	6		6	
成都高新技术产业开发区技术创新服务中心 Chengdu Hi-Tech Industrial Development Zone of Technology Innovation Service Center	45	15	43	
成都天河中西医科技保育有限公司 Chengdu Tianhe Traditional Chinese and Western Medicine Science and Technology Ltd.	44	22	44	
成都高新区教育科技园孵化器有限公司 Chengdu Science and Technology Park Education Science Park Business Incubator Ltd.	26	4	22	
成都高新技术创业服务中心 Chengdu Hi-tech Innovation Service Center	16	10	15	
绵阳高新区创业服务中心 Mianyang Science and Technology Innovation Service Center	16	10	16	
贵阳高新技术创业服务中心 Guiyang Hi-tech Innovation Service Center	13	9	13	1
昆明创新园科技发展有限公司 Kunming Innovation Park Science and Technology Development Ltd.	31	24	29	
云南省新材料孵化器 Yunnan Province Advanced Material Business Incubator	14	4	10	

4-4 续表 11 continued

单位：人 (person)

科技企业孵化器 Technology Business Incubator	管理机构人员总数 Total Number of Management Personnel	专业技术 Number of Professional and Technical Personnel	大专以上 Number of Emptoyee with College and Higher Level	留学回国 Number of Returned Personnel
昆明高新五华科技园创业服务中心 Kunming Hi-tech Wuhua Science and Technology Park of Innovation Service Center	14	6	14	
昆明经济技术开发区新兴产业孵化区管理有限公司 Kunming Development Zone New Industry Incubator District Management Ltd.	21	8	20	
昆明高新技术创业服务中心 Kunming Hi-tech Innovation Service Center	16	10	15	
西安航空科技创新服务中心 Xi'an Aviation Science and Technology Service Center	10	4	10	
西安交大科技园高新技术创业服务中心 Xi'an Jiaotong University Science Park Hi-tech Innovation Service Center	23	5	23	1
西安伟盛电子信息发展有限公司 Xi'an Weisheng Electronic Information Development Ltd.	13	8	11	1
西安航天基地国际孵化器有限公司 Xi'an International Incubator Space Base Ltd.	22	11	22	3
西安集成电路设计专业孵化器有限公司 Xi'an IC Design Incubator Ltd.	18	5	18	
西安光电子专业孵化器有限责任公司 Xi'an Professional Photoelectron Business Incubator Ltd.	23	18	23	
西安高新技术产业开发区创业园发展中心 Xi'an Hi-Tech Industry Development Zone Innovation Park Development Center	47	47	47	
西安联创生物医药孵化器有限公司 Xi'an Lianchuang Biological Medicine Business Incubator Ltd.	10	6	10	
西安先进制造专业孵化器 Xi'an Advanced Manufacturing Incubator	15	6	15	
西安软件园发展中心 Xi'an Software Park Development Center	29	23	27	2
陕西启迪科技园发展有限公司 Shaanxi Qidi Science and Technology Park Development Ltd.	18	12	15	
宝鸡高新技术产业开发区高技术创业服务中心 Baoji Hi-Tech Industry Development Zone of High-tech Innovation Service Center	25	15	22	
杨凌农业高新技术产业示范区创业服务中心 Yangling Agricultural Hi-teck Industry Demonstration Zone Innovation Service Center	15	12	15	
甘肃省高新技术创业服务中心 Gansu Province Hi-tech Innovation Service Center	23	11	20	
兰州高新技术产业开发区创业服务中心 Lanzhou Hi-tech Industry Development Zone Innovation Service Center	19		13	1
国家高新技术创业服务中心(青海中小企业创业发展有限公司) National Hi-tech Innovation Service Center (Qinghai SMEs Development Ltd.)	12	3	9	
宁夏高新技术创业服务中心 Ningxia Hi-tech Innovation Service Center	9	7	9	
乌鲁木齐高新技术创业开发区高新技术创业服务中心 Urumqi Hi-tech Innovation Service Center	8	3	5	

4-5 国家级科技企业孵化器孵化场地情况

Space Stastistics of State Level TBIs

单位：平方米 (sq.m)

科技企业孵化器 Technology Business Incubator	总面积 Total Space Area	办公用房 Space for Office	企业用房 Space for Tenants	服务用房 Space for Service	其他 Others
合　计 Total	**13540074**	**335538**	**11159956**	**1454951**	**592628**
北京赛欧科园科技孵化中心有限公司 Beijing Sai'ou Keyuan Technology Business Incubation Center Ltd.	12428	203	9941	1500	784
北京奥宇科技企业孵化器有限责任公司 Beijing Aoyu Technology Business Incubator Ltd.	12500	196	9400	2704	200
北京北航天汇科技孵化器有限公司 Beijing Beihang Tianhui Technology Business Incubator Ltd.	16500	365	13016	1500	1619
北京高技术创业服务中心 Beijing Hi-tech Innovation Service Center	30880		25020	4260	1600
北京华海基业科技有限公司 Beijing Huahai Jiye Technology Business Incubator Ltd.	20000	127	15540	1500	2833
北京均大高科科技孵化器有限公司 Beijing Junda Hi-tech Technology Business Incubator Ltd.	12000	640	9100	660	1600
北京科大方兴科技孵化器有限责任公司 Beijing Keda Fangxing Technology Business Incubator Ltd.	25000	1000	20000	2500	1500
北京普天德胜科技孵化器有限公司 Beijing Putian Desheng Technology Business Incubator Ltd.	12100	400	9000	800	1900
北京望京科技孵化器有限公司 Beijing Wangjing Technology Business Incubator Ltd.	13400	400	10500	2000	500
中关村科技园区海淀园创业服务中心 Zhongguancun Science and Technology Park Haidian Park Science and Technology Innovation Service Center	76330	858	42383	9532	23557
北京中关村国际孵化器有限公司 Beijing Zhongguancun International Business Incubator Ltd.	13000	840	10800	640	720
北京中关村京蒙高科企业孵化器有限责任公司 Beijing Zhongguancun Jingmeng Hi-tech Business Incubator Ltd.	21098	600	15821	1382	3295
北京中关村软件园孵化服务有限公司 Beijing Zhongguancun Software Park Incubation Service Ltd.	28657	270	15000	8887	4500
汇龙森国际企业孵化(北京)有限公司 Huilongsen International Enterprise Incubation (Beijing) Ltd.	58700	800	48100	2900	6900
北京启迪创业孵化器有限公司 Beijing Qidi Technology Business Incubator Ltd.	28000	900	16700	1120	9280
中关村科技园区丰台科技创业服务中心 Zhongguancun Science and Technology Park Fengtai Park Science and Technology Innovation Service Center	13000	1005	7693	2258	2044
北京康华伟业孵化器有限公司 Beijing Kanghua Weiye Technology Business Incubator Ltd.	15600	500	12759	1400	941
北京汉潮大成科技孵化器有限公司 Beijing Hanchao Dacheng Technology Business Incubator Ltd.	27329	500	17500	5829	3500
北京博奥联创科技孵化器有限公司 Beijing Bo'ao Lianchuang Technology Business Incubator Ltd.	20000	400	13640	1600	4360
北京神舟空间科技孵化器有限公司 Beijing Shenzhou Kongjian Technology Business Incubator Ltd.	27000	200	20460	5040	1300
北京中关村上地生物科技发展有限公司 Beijing Zhongguancun Shangdi Biological Technology Business Incubator Ltd.	20397	273	14794	3914	1416
北京瀚海润泽科技孵化器有限公司 Beijing Hanhai Runze Technology Incubator Ltd.	30600	460	23600	3040	3500
北京理工创新高科技孵化器有限公司 Beijing Institute of Technology Innovation and High-tech Incubator Ltd.	5626	400	4220	536	470

4-5 续表 1 continued

单位：平方米 (sq.m)

科技企业孵化器 Technology Business Incubator	总面积 Total Space Area	办公用房 Space for Office	企业用房 Space for Tenants	服务用房 Space for Service	其他 Others
北京中关村生命科学园生物医药科技孵化有限公司 Beijing Zhongguancun Life Science Park Biological Medicine Technology Business Incubation Ltd.	50000	300	39000	2200	8500
天津市科技创业服务中心 Tianjin Technology Innovation Service Center	14000	300	11900	1800	
天津新技术产业园区国际创业中心 Tianjin Hi-tech Industrial Park of Technology Innovation Service Center	30823	443	28500	1523	357
天津泰达国际创业中心 Tianjin Taida International Innovation Center	22728		21690	640	397
天津海泰企业孵化服务有限公司 Tianjin Haitai Business Incubator Service Ltd.	18791	100	18031	660	
天津火炬鑫茂创业服务有限公司 Tianjin Torch Xinmao Innovation Service Ltd.	29984	60	23534	6389	
天津华科企业孵化服务有限公司 Tianjin Huake Business Incubator Service Ltd.	41971		40771	1200	
天津科丽泰科技企业孵化器有限公司 Tianjin Kelitai Technology Business Incubator Ltd.	19140	100	15384	1554	2102
石家庄高新技术创业服务中心 Shijiazhuang Hi-tech Innovation Service Center	95000	2000	91000	2000	
保定高新技术创业服务中心 Baoding Hi-tech Innovation Service Center	61000	500	56000	2000	2500
唐山高新技术创业中心 Tangshan Hi-tech Innovation Center	60000	400	50000	2000	7600
三河燕郊东湖孵化器有限公司 Sanhe Yanjiao Donghu Technology Business Incubator Ltd.	22600	800	16990	4603	207
秦皇岛经济技术开发区高新技术企业创业服务中心 Qinhuangdao Development Zone Hi-tech Innovation Service Center	26962	2500	19462	5000	
邯郸高新技术创业服务中心 Handan Hi-tech Innovation Service Center	40210	450	36960	2800	
沧州市科技创业中心 Cangzhou Technology Innovation Center	16077	410	13466	2201	
山西科伟通新技术发展有限公司 Shanxi Keweitong New Technology Development Ltd.	13200	200	10740	2260	
山西省高新技术创业中心 Shanxi Hi-tech Innovation Center	39800	660	31792	7348	
包头稀土高新技术产业开发区科技创业服务中心 Baotou Rare Earths Science and Technology Park Innovation Service Center	84179	1628	75255	6628	669
辽宁药都发展有限公司 Liaoning Yaodu development Ltd.	45000		41000	4000	
丹东高新技术创业服务中心 Dandong Hi-tech Innovation Service Center	21711	280	19679	229	1523
锦州高新技术创业服务中心 Jinzhou Hi-tech Innovation Service Center	32200	500	30000	1000	700
营口市高新技术创业服务中心 Yingkou Hi-tech Innovation Service Center	15000		14000	1000	
阜新高新技术创业服务中心 Fuxin Hi-tech Innovation Service Center	26000	6400	17000	2600	

4-5 续表 2 continued

单位：平方米 (sq.m)

科技企业孵化器 Technology Business Incubator	总面积 Total Space Area	办公用房 Space for Office	企业用房 Space for Tenants	服务用房 Space for Service	其他 Others
沈阳东大科技企业孵化器有限公司 Shenyang Dongda Technology Business Incubator Ltd.	22000	1000	20000	1000	
沈阳市高科技创业中心 Shenyang Hi-tech Innovation Center	10000	300	9300	400	
沈阳高新技术产业区科技创业服务中心 Shenyang Hi-tech Industrial Development Zone Technology Innovation Service Center	119800	2300	98700	18100	700
沈阳动漫研发与软件外包孵化器 Shenyang Animation Innovation and Software Outsourcing Incubator	73000	2500	61500	6000	3000
沈阳先进制造技术产业有限公司 Shenyang Advanced Manufacturing Technology Industrial Ltd.	20000	410	15533	4057	
大连市高新技术创业服务中心 Dalian Hi-tech Innovation Service Center	115000	2100	94600	5372	12928
大连市沙河口区天河科技创业服务中心 Dalian Shahekou District Tianhe Technology Innovation Service Center	10678	80	8436	1413	749
大连市民营科技企业创业中心 Dalian Private Science and Technology Enterprises Innovation Center	18000	320	14100	1580	2000
大连双D港创业孵化有限公司 Dalian Double D Innovation Incubator Ltd.	20000	300	18000	1700	
大连市理想光电技术孵化创业中心有限公司 Dalian Lixiang photoelectric Technology Business Incubation Center Ltd.	13000	400	11400	600	600
大连科技创业大厦管理有限公司 Dalian Technology Venture Building Management Ltd.	21500	650	17200	1700	1950
大连旅顺民营科技企业创业中心有限公司 Dalian Lvshun Private Scientific and Technological Enterprises Innovation Center Ltd.	14034	400	12000	1000	634
大连北方科技企业孵化基地 Dalian Beifang Technology Enterprises Incubation Base	19953	333	17885	1735	
鞍山高新技术创业服务中心 Anshan Hi-tech Innovation Service Center	120000	2221	113593	2578	1608
吉林高新技术创业服务中心 Jilin Hi-tech Innovation Service Center	102000	2500	95000	4500	
长春科技创业服务中心 Changchun Technology Innovation Service Center	85030	4800	64980	13650	1600
延吉高新技术创业中心 Yanji High-tech Business Center	96000	25000	55890	15110	
哈尔滨金华科技企业孵化器有限公司 Harbin Jinhua Technology Business Incubator Ltd.	13400	300	10600	500	2000
哈尔滨龙计电子技术创业中心 Harbin Longji Electronic Technology Innovation Center	7000	48	5500	1452	
哈尔滨高科科技企业孵化器有限公司 Harbin Technology Business Incubator Ltd.	16600	325	15475	800	
哈尔滨工业大学国家大学科技园发展有限公司 Harbin Industry University Science Park Ltd.	40000	500	26000	9500	4000
哈尔滨市动力科技创业中心 Harbin Hi-tech Driver Technology Innovation Center	18000	300	13700	4000	
哈尔滨高科技创业中心 Harbin Hi-tech Innovation Center	110240	1500	82800	16500	9440
大庆高新技术创业服务中心 Daqing Hi-tech Innovation Service Center	55138	2750	46413	4230	1745

4-5 续表 3 continued

单位：平方米 (sq.m)

科技企业孵化器 Technology Business Incubator	总面积 Total Space Area	办公用房 Space for Office	企业用房 Space for Tenants	服务用房 Space for Service	其他 Others
上海上大科技园发展有限公司 Shanghai University Science Park Development Ltd.	11600	1669	6706	1020	2205
上海漕河泾新兴技术开发区科技创业中心 Shanghai Caohejing New Park Technology Development Technology Innovation Center	37000	600	28363	6077	1960
上海同济科技园孵化器有限公司 Shanghai Tongji Science Park Business Incubator Ltd.	13769	431	8880	2498	1960
上海杨浦科技创业中心有限公司 Shanghai Yangpu Technology Innovation Center Ltd.	38908	1358	28465	7369	1715
上海微电子设计有限公司 Shanghai Microelectronics Design Ltd.	20243	312	15492	2724	1715
上海市科技创业中心 Shanghai Science and Technology Innovation Center	34000	3000	25074	3966	1960
上海八六三信息安全产业基地有限公司 Shanghai 863 Information Security Industry Base Ltd.	35200	600	24930	8200	1470
上海张江高新技术创业服务中心 Shanghai Zhangjiang Hi-tech Innovation Service Center	17451	600	13851	3000	
上海慧谷高科技创业中心 Shanghai Huigu Hi-tech Innovation Center	33574	289	30007	1318	1960
上海复旦科技园高新技术创业服务有限公司 Shanghai Fudan Science Park Hi-tech Innovation Service Ltd.	16900	700	10685	3800	1715
上海都市工业设计中心有限公司 Shanghai Urban Industrial Design Center Ltd.	10188	400	8397	901	490
上海聚科生物园区有限责任公司 Shanghai Juke Biology Park Ltd.	12000	400	7895	1990	1715
虹口区科技创业中心 Hongkou District Technology Innovation Center	13119	246	11066	337	1470
上海市青浦区科技创业中心 Shanghai Qingpu District Technology Innovation Center	11444	766	8275	2403	
上海莘闵高新技术开发有限公司 Shanghai Xinmin Hi-tech Development Ltd.	23827	280	17250	3500	2797
上海张江药谷公共服务平台有限公司 Shanghai Zhangjiang Medicine Valley Public Service Platform Ltd.	10579	380	6957	2017	1225
上海市闸北区科技创业中心 Shanghai Zhabei District Technology Innovation Center	22485	1500	18146	1800	1039
苏州市沧浪科技创业园管理有限公司 Suzhou Canglang Technology Innovafion Park Management Ltd.	16000	500	10000	3000	2500
苏州市吴中科技创业园 Suzhou Wuzhong Technology Innovation Park	75309	1500	66000	7000	809
苏州工投科技创业园有限公司 Suzhou Gongtou Technology Innovation Park Ltd.	19400	170	16275	1230	1725
苏州高新技术创业服务中心(含本部、微系统园、苏高新软件园等) Suzhou Hi-tech Innovation Service Center(Including the Department, Microsystems Park, Suzhou High-tech Software Park, etc.)	181622	3500	137152	39970	1000
苏州国环节能环保创业园管理有限公司 Suzhou Guohuan tnergy-saving and Environmental Protection Park Management Ltd.	20200	1000	16140	2500	560

4-5 续表 4 continued

单位：平方米 (sq.m)

科技企业孵化器 Technology Business Incubator	总面积 Total Space Area	办公用房 Space for Office	企业用房 Space for Tenants	服务用房 Space for Service	其他 Others
苏州火炬创新创业孵化管理有限公司(苏州博济科技创业园) Suzhou Torch Innovation Incubation Management Ltd. (Suzhou Boji Science and Technology Park)	43226	200	37352	5074	600
苏州留学人员创业园 Suzhou Overseas Scholars Incubation Park	22927	200	17196	4385	1146
苏州工业园科技企业孵化器 Suzhou Industrial Park Technology Business Incubator	33497	2982	23636	4879	2000
张家港市高新技术创业服务中心 Zhangjiagang Hi-tech Innovation Service Center	60000	800	52000	7000	200
昆山高新技术创业服务中心 Kunshan Hi-tech Innovation Service Center	30900	950	25690	3400	860
昆山留学人员创业园 Kunshan Overseas Scholars Innovation Park	138800	2600	116080	12920	7200
太仓市科技创业园有限公司 Taicang Technology Innovation Park Ltd.	30159	160	22704	1500	5795
海安高新技术创业服务中心 Hai'an Hi-tech Innovation Service Center	46162	945	38669	6548	
南通高新技术创业中心有限公司 Nantong Hi-tech Innovation Service Center Ltd.	23000	1044	19186	2256	514
南通市崇川科技创业服务中心有限公司 Nantong Chongchuan Technology Innovation Service Center Ltd.	29710	500	23338	3975	1897
淮安市高新技术创新中心 Huai'an Hi-tech Innovation Center	40600	2000	32800	5200	600
扬州高新技术创业服务中心 Yangzhou Hi-tech Innovation Service Center	65000	500	47000	10000	7500
武进高新技术创业服务中心 Wujin Hi-tech Innovation Service Center	38900	500	36400	2000	
盐城高新技术创业园有限公司 Yancheng Hi-tech Innovation Park Ltd.	28700	220	25000	2650	830
江苏省常州钟楼高新技术创业服务中心 Changzhou Zhonglou Hi-tech Innovation Service Center	42970	200	38570	1200	3000
常州高新技术创业服务中心 Changzhou Hi-tech Innovation Service Center	39400	308	32308	6784	
镇江润州高新技术创业服务中心 Zhenjiang Runzhou Hi-tech Innovation Service Center	17817	1400	11417	5000	
镇江高新技术创业服务中心 Zhenjiang Hi-tech Innovation Service Center	41600	760	30500	8000	2340
泰州市高新技术创业服务中心 Taizhou Hi-tech Innovation Service Center	28428	300	27328	350	450
姜堰市高新技术创业中心 Jiangyan Hi-tech Innovation Center	43000	1000	37550	4000	450
无锡市科技创业服务中心 Wuxi Hi-tech Innovation Service Center	78800	2000	72300	4500	
无锡惠山高新技术创业服务中心(无锡惠山留学人员创业园 Wuxi Huishan Hi-tech Technology Innovation Service Center	32700	500	25000	6200	1000
无锡(国家)工业设计园创业服务中心 Wuxi(National) Industrial Design Park Innovation Service Center	37000	500	31663	4000	837
无锡高新技术创业发展有限公司 Wuxi Hi-tech Venture Development Ltd.	143100	5000	130100	8000	

4-5 续表 5 continued

单位：平方米 (sq.m)

科技企业孵化器 Technology Business Incubator	总面积 Total Space Area	办公用房 Space for Office	企业用房 Space for Tenants	服务用房 Space for Service	其他 Others
无锡微纳传感网产业孵化器管理中心 Wuxi Micro-sensor Network Industry Incubator Management Center	58000	3000	44000	8500	2500
昆山启迪科技园发展有限公司 Kunshan Qidi Science Park Development Ltd.	47868	700	40000	5057	2111
江阴高新技术创业园 Jiangyin Hi-tech Technology Innovation Park	85000	991	63009	18000	3000
南京江宁高新技术创业服务中心 Nanjing Jiangning Hi-tech Innovation Service Center	21713	2700	18713	300	
南京科技创业服务中心 Nanjing Hi-tech Innovation Center	45000	500	42800	500	1200
江苏省高新技术创业服务中心 Jiangsu Hi-tech Innovation Center	30000	1100	26720	1700	480
南京金港科技创业中心 Nanjing Jingang Technology Innovation Center	38631	1015	29745	1580	6291
南京鼎业百泰生物科技有限公司 Nanjing Dingye Baitai Biomedical Science and Technology Ltd.	26000	1000	19500	4800	700
杭州高新技术产业开发区科技创业服务中心 Hangzhou Science and Technology Industrial Park Technology Innovation Service Center	76480	600	65470	10410	
杭州市拱墅区科技创业中心 Hangzhou Gongshu District Technology Innovation Center	16500	200	12800	2500	1000
杭州市上城区科技创业中心 Hangzhou Shangcheng District Technology Innovation Center	28000	100	26000	300	1600
杭州东部软件园有限公司 Hangzhou Dongbu Software Park Ltd.	13420	412	11849	1047	112
杭州数字娱乐园有限公司 Hangzhou Digital Entertainment Park Ltd.	16000	200	12200	1700	1900
浙江大学科技园发展有限公司 Zhejiang University Science Park Ltd.	47970	1400	37960	4610	4000
浙大科技园宁波发展有限公司 Zhejiang University Science Park Ningbo Development Ltd.	18000	1300	13400	3000	300
临安市科技孵化中心 Lin'an Science and Technology Incubation Center	11000	1000	8500	1500	
温州高新技术产业园区创业服务中心 Wenzhou Hi-tech Technology Innovation Park Innovation Center	103734	500	101000	2000	234
嘉兴科技创业服务中心 Jiaxing Technology Innovation Service Center	31000	1600	24260	5140	
嘉兴市南湖科技创业服务中心 Jiaxing Nanhu Science and Technology Innovation Service Center	27482	1031	22954	755	2742
嘉善县科技创业服务中心 Jiashan County Technology Innovation Service Center	32601	835	24878	3656	3232
湖州科技创业服务中心 Huzhou Technology Innovation Service Center	83540	341	68806	12995	1398
长兴民营科技园发展有限公司 Changxing Private Science and Technology Park Ltd.	32000	1500	28000	2500	
绍兴市高新技术创业服务中心 Shaoxing Hi-tech Innovation Service Center	65000	1000	60000	4000	
金华科技园创业服务中心有限公司 Jinhua Science Park Innovation Service Center Ltd.	51914	400	40622	10000	892
台州市高新技术创业服务中心有限公司 Taizhou Hi-tech Innovation Service Center Ltd.	20518	206	17812	2500	

4-5 续表 6 continued

单位：平方米 (sq.m)

科技企业孵化器 Technology Business Incubator	总面积 Total Space Area	办公用房 Space for Office	企业用房 Space for Tenants	服务用房 Space for Service	其他 Others
宁波市科技创业中心 Ningbo City Technology Business Incubator Center	40700	2380	31000	6813	507
宁波保税区(出口加工区)科技促进中心 Ningbo Free Tvade Zone (Export Processing Zone) Science and Technology Promotion Center	45809	600	43061	2148	
宁波经济技术开发区科技创业园服务中心 Ningbo Development Zone Technology Park Service Center	36600	600	33600	2400	
宁波市鄞创科技孵化器管理服务有限公司 Ningbo Yinchuang Technology Incubator Management Services Ltd.	36000	600	30000	2000	3400
合肥高新技术创业服务中心 Hefei Hi-tech Innovation Service Center	87843	600	86243	1000	
合肥国家大学科技园创业孵化中心 Hefei National University Science Park Innovation Center	21300	1600	17300	2000	400
合肥民营科技企业园管理服务中心 Hefei Private Science and Technology Enterprise Park Management Service Center	20400	263	18000	1500	637
芜湖高新技术创业服务中心 Wuhu Hi-tech Innovation Center	74000	2100	62000	7200	2700
蚌埠高新技术创业服务中心 Bengbu Hi-tech Innovation Service Center	93000	9000	28000	21000	35000
马鞍山市高新技术创业服务中心 Ma'anshan City Hi-tech Innovation Service Center	47000	660	31987	5450	8903
铜陵市高新技术创业服务中心 Tongling Hi-tech Innovation Service Center	31600	500	25500	5000	600
福建省高新技术创业服务中心 Fujian Hi-tech Innovation Service Center	27000	455	21145	5400	
福州市高新技术产业创业服务中心 Fuzhou City Hi-tech Innovation Service Center	64000	700	56800	6500	
福州863软件专业孵化器服务中心 Fuzhou 863 Software Incubator Service Center	20000	140	19460	300	100
厦门高新技术创业中心 Xiamen Hi-tech Innovation Center	93557	900	74846	11318	6493
厦门海峡科技创业促进有限公司(厦门台湾科技企业育成中心) Xiamen Haixia Technology Entrepreneurship Promotion Ltd. (Xiamen Taiwan Hi-tech Enterprise Incubation Center)	54000	230	44020	9270	480
厦门软件产业投资发展有限公司 Xiamen Software Industrial Investment Development Ltd.	80000	800	75000	3000	1200
泉州市高新技术创业服务中心 Quanzhou City Hi-tech Innovation Service Center	33500	1000	27000	1000	4500
江西省高新技术创业服务中心 Jiangxi Province Hi-tech Innovation Service Center	7746	1256	6490		
江西高技术产业发展有限责任公司 Jiangxi Hi-tech Industry Development Ltd.	22320	700	20800	500	320
南昌高新开发区创业服务中心 Nanchang Science and Technology Industrial Park Innovation Service Center	21000	500	19300	1000	200
南昌大学科技园发展有限公司 Nanchang University Science Park Development Ltd.	31980	600	26350	5030	
济南高新技术创业报务中心 Jinan Hi-tech Innovation Service Center	126000	22486	93300	9614	600

4-5 续表 7 continued

单位: 平方米 (sq.m)

科技企业孵化器 Technology Business Incubator	总面积 Total Space Area	办公用房 Space for Office	企业用房 Space for Tenants	服务用房 Space for Service	其他 Others
青岛高新技术创业服务中心 Qingdao Hi-tech Innovation Service Center	73049	1200	55200	11693	7956
淄博高新技术创业服务中心 Zibo Hi-tech Innovation Service Center	87000	600	67893	16105	2402
潍坊高新技术创业服务中心 Weifang Hi-tech Innovation Service Center	43086	420	35374	6640	652
潍坊高新区生物医药科技产业园管理办公室 Weifang Hi-tech Zone Biomedical Park Management Office	11235	1800	5435	4000	
东营市黄河口高新技术企业创业园 Dongying City Huanghekou Hi-tech Business Incubator Park	110000	500	104500	5000	
临沂高新技术创业服务中心 Linyi Hi-tech Innovation Service Center	57800	290	55450	2060	
东营高新技术创业服务中心 Dongying Hi-tech Innovation Service Center	86000	100	84900	1000	
济南历下软件创业服务中心 Jinan Lixia Software Innovation Service Center	7882	177	7385	320	
东营市高新技术创业服务中心 Dongying City Hi-tech Innovation Service Center	58000	1000	50000	1000	6000
威海市高技术创业服务中心 Weihai Hi-tech Innovation Service Center	11000	500	9000	1500	
济宁高新技术创业服务中心 Jining Hi-tech Innovation Service Center	26520	5000	20520	1000	
泰安高新技术创业服务中心 Tai'an Hi-tech Innovation Service Center	100500	380	87091	9200	3829
烟台高新技术创业服务中心 Yantai Hi-tech Innovation Service Center	40000	440	33285	1023	5252
威海火炬高技术产业开发区高新技术创业服务中心 Weihai Torch Hi-tech Industrial Park Hi-tech Innovation Service Center	89000	700	69300	19000	
德州金田高新技术创业发展有限公司 Dezhou Jintian Hi-Tech Venture Development Ltd.	90000	5000	65000	20000	
济南腊山高新技术创业服务中心 Jinan Lashan Hi-tech Innovation Service Center	13000	100	12000	900	
济南民营科技企业孵化器 Jinan Private Technology Business Incubator	81000	7000	70000	2000	2000
烟台留学人员创业园区 Yantai Overseas Scholars Innovation Park	76000	1000	51000	7000	17000
垦利县高新技术创业服务中心 Kenli Hi-Tech Innovation Service Center	45320	2000	38000	5320	
聊城市高新技术创业服务中心 Liaocheng Hi-Tech Innovation Service Center	41600	1500	36000	1500	2600
青岛经济技术开发区高科技创业服务中心 Qingdao Technological Development Park Hi-tech Innovation Service Center	55650	400	50700	4550	
青岛软件园发展有限公司 Qingdao Software Park Development Ltd.	73794	2437	59100	12257	
青岛高新技术产业开发区新产业团地创业中心 Qingdao Science and Technology Industrial Innovation Center	13000		9755	3245	
郑州市高新技术创业中心 Zhengzhou City Hi-tech Innovation Center	19061	404	14780	404	3473

4-5 续表 8 continued

单位：平方米 (sq.m)

科技企业孵化器 Technology Business Incubator	总面积 Total Space Area	办公用房 Space for Office	企业用房 Space for Tenants	服务用房 Space for Service	其他 Others
郑州高新技术产业开发区创业中心 Zhengzhou Hi-tech Innovation Center	201845	1523	182385	16398	1539
洛阳高技术创业服务中心 Luoyang Hi-tech Innovation Service Center	75930	900	66610	8420	
南阳高新技术创业服务中心 Nanyang Hi-tech Innovation Service Center	26000	2000	23500	350	150
河南省新乡高新技术创业服务中心 Henan Xinxiang Hi-tech Innovation Service Center	196500	220	195510	770	
安阳高新技术创业服务中心 Anyang Hi-tech Innovation Service Center	180000	1000	178400	600	
漯河高新技术创业服务中心 Luohe Hi-tech Innovation Service Center	67100	10650	50330	6120	
焦作高新技术创业服务中心 Jiaozuo Hi-tech Innovation Service Center	41700	6400	27100	6300	1900
河南省大学科技园发展有限公司 Henan Province University Science Park Development Ltd.	136000	2000	133574	426	
河南专利孵化转移中心有限公司 Henan Patent Incubation Transfer Center Ltd.	62000	412	47600	12000	1988
宜昌高新技术产业园区创业服业中心 Yichang Hi-tech Innovation Service Center	16000	500	13000	2300	200
荆州高新技术产业开发区创业服务中心 Jinzhou Hi-tech Development Zone Innovation Center	22900	200	21200	1500	
黄石磁湖科技创业服务中心 Huangshi Cihu Technology Innovation Service Center	28000	150	24800	2000	1050
襄樊高新技术创业服务中心 Xiangfan Hi-tech Innovation Service Center	40000	1202	33275	3723	1800
十堰高新技术产业开发区创业服务中心 Shiyan Hi-tech Industrial Development Zone Innovation Service Center	12000	600	10400	1000	
武汉市洪山高新技术创业服务中心 Wuhan Hongshan Hi-tech Innovation Service Center	30450	650	24600	5200	
武汉市青山区高新技术创业服务中心 Wuhan City Qingshan District Hi-tech Innovation Service Center	11000	150	10420	230	200
武汉新材料科技企业孵化器 Wuhan New Material Technology Business Incubator	38132	580	37000	49	503
武汉华工科技企业孵化器有限责任公司 Wuhan Huagong Technology Business Incubator Ltd.	18000	460	16382	802	356
汉口高新技术创业服务中心 Hankou Hi-tech Innovation Service Center	80000	300	74000	5200	500
湖北武汉国家农业科技园创业中心 Hubei Wuhan National Agriculture Science Park Innovation Center	45300	1909	38000	3243	2148
武汉市武昌科技创业中心 Wuhan City Wuchang Technology Innovation Center	34000	200	32000	1800	
武汉华创源科技企业孵化器有限公司 Wuhan Huachuangyuan Technology Business Incubator	6600	60	6300	200	40
武汉海峡高新技术创业服务中心 Wuhan Strait Hi-tech Innovation Service Center	33500	1200	27608	1150	3542
武汉东湖新技术创业中心 Wuhan Eastlake Hi-tech Innovation Center	173345	1153	131009	41033	150

单位：平方米 (sq.m)

科技企业孵化器 Technology Business Incubator	总面积 Total Space Area	办公用房 Space for Office	企业用房 Space for Tenants	服务用房 Space for Service	其他 Others
武汉留学生创业管理中心 Wuhan Overseas Scholars Innovation Park Management Center	43477	200	42000	579	698
长沙高新技术创业服务中心 Changsha Hi-tech Innovation Service Center	39032	1000	33816	4016	200
长沙高新技术产业开发区创业服务中心 Changsha Hi-tech Industrial Park Innovation Service Center	192484	680	156464	23780	11560
长沙新技术创业中心 Changsha New Technology Innovation Center	28551	1000	23477	3174	900
株洲高新技术产业开发区创业服务中心(株洲留学生创业园) Zhuzhou Hi-tech Innovation Service Center(Zhuzhou Overseas Scholars Innovation Park)	148700	480	106800	15220	26200
湘潭国家高新技术创业服务中心 Xiangtan National Hi-tech Innovation Service Center	154820	1950	130049	21801	1020
岳阳火炬创业服务中心 Yueyang Torch Business Service Center	26000	1000	22000	900	2100
东莞市留学人员创业园 Dongguan City Overseas Scholars Innovation Park	40360	550	33310	6500	
广州火炬高新技术创业服务中心 Guangzhou Torch Hi-tech Innovation Service Center	394420	870	275940	117610	
广州国际企业孵化器有限公司 Guangzhou International Business Incubator Ltd.	76000	1200	57353	17447	
广东拓思软件科学园有限公司 Guangdong Tuosi Software Science Park Ltd.	55000	4000	45000	6000	
广州市高新技术创业服务中心 Guangzhou City Hi-tech Innovation Service Center	10396	691	8260	445	1000
广州市海珠高新技术创业服务中心 Guangzhou City Haizhu Hi-tech Innovation Service Center	10353	297	8257	799	1000
广州联炬科技企业孵化器有限公司 Guangzhou Lianju Technology Business Incubator Ltd.	35111	370	30950	2791	1000
中山火炬高技术创业中心有限公司 Zhongshan Torch Hi-tech Innovation Center Ltd.	69090	2350	60580	5510	650
华南理工大学国家大学科技园 Huanan Science and Technology University Science Park	31500	1000	28500	1000	1000
珠海高新技术创业服务中心 Zhuhai Hi-tech Innovation Service Center	25000	200	23800	1000	
深圳虚拟大学园管理服务中心 Shenzhen Virtual University Science Park Innovation Center	19000	500	16000	2500	
深圳市科技创业中心 Shenzhen City Hi-tech Innovation Service Center	11700		11000	700	
深圳市宝安区科技创业服务中心 Shenzhen City Bao'an District Technology Innovation Service Center	78000	2000	70800	5200	
深圳市南山区科技创业服务中心 Shenzhen City Nanshan District Technology Innovation Service Center	31720	380	24125	7215	
深圳市龙岗区科技创业服务中心 Shenzhen City Longgang District Technology Innovation Service Center	38330	300	34836	3195	
深圳市北科创业有限公司 Shenzhen City Beike Innovation Ltd.	55000	500	49000	5000	500
深圳市福田区高新技术创业中心 Shenzhen City Futian District Hi-tech Innovation Center	19449	1700	17008	741	

4-5 续表 10 continued

单位：平方米 (sq.m)

科技企业孵化器 Technology Business Incubator	总面积 Total Space Area	办公用房 Space for Office	企业用房 Space for Tenants	服务用房 Space for Service	其他 Others
深圳市留学生创业园有限公司 Shenzhen Overseas Scholars Innovation Park Ltd.	33364	485	32268	611	
深港产学研基地 PKU-HKUST ShenZhen-HongKong Institution Base	32000	500	25000	6500	
南宁新技术创业者中心 Nanning New Technology Venture Center	126000	750	123000	2000	250
桂林科技企业发展中心 Guilin Technology Innovation Service Center	67000	1016	64132	1852	
北海市高新技术创业服务中心 Beihai Hi-tech Innovation Service Center	14800	1000	10000	1300	2500
柳州高新技术创业服务中心 Liuzhou Hi-tech Innovation Service Center	35869	200	29669	6000	
重庆高技术创业中心(中国重庆国际企业孵化器) Chongqing Hi-tech Innovation Center(Chongqing International Business Incubator)	54889	1971	46659	6259	
重庆大学科技园孵化器有限责任公司 Chongqing University Science Park Business Incubator Ltd.	16443	800	12993	2650	
重庆市涪陵区金渠企业孵化器有限责任公司 Chongqing Fuling District Jinqu Incubator Ltd.	25271	350	23046	1875	
重庆高新技术产业开发区创新服务中心 Chongqing Science and Technology Park Technology Innovation Service Center	478740	280	335118	40793	102549
四川川大科技园发展有限公司 Sichuan University Science Park Development Ltd.	28185	544	24659	2472	510
四川中物技术有限责任公司 Sichuan Zhongwu Technology Ltd.	19940	1860	15250	2830	
成都数字娱乐软件园管理投资有限公司 Chengdu Digital Entertainment Software Park Management Investment Ltd.	29650	365	28580	600	105
成都武侯高新技术创业服务中心 Chengdu Wuhou Hi-tech Innovation Service Center	31727	199	31093	435	
成都高新技术产业开发区技术创新服务中心 Chengdu Hi-Tech Industrial Development Zone of Technology Innovation Service Center	113498	1602	88429	23467	
成都天河中西医科技保育有限公司 Chengdu Tianhe Traditional Chinese and Western Medicine Science and Technology Ltd.	49512	720	44498	4294	
成都高新区教育科技园孵化器有限公司 Chengdu Science and Technology Park Education Science Park Business Incubator Ltd.	112000	2300	93200	12000	4500
成都高新技术创业服务中心 Chengdu Hi-tech Innovation Service Center	20000	600	16606	2725	69
绵阳高新区创业服务中心 Mianyang Science and Technology Innovation Service Center	42289	960	39529	1800	
贵阳高新技术创业服务中心 Guiyang Hi-tech Innovation Service Center	69000	7500	53000	3000	5500
昆明创新园科技发展有限公司 Kunming Innovation Park Science and Technology Development Ltd.	33820	350	31089	2381	
云南省新材料孵化器 Yunnan Province Advanced Material Business Incubator	9236	80	8807	349	

4-5 续表 11 continued

单位：平方米 (sq.m)

科技企业孵化器 Technology Business Incubator	总面积 Total Space Area	办公用房 Space for Office	企业用房 Space for Tenants	服务用房 Space for Service	其他 Others
昆明高新五华科技园创业服务中心 Kunming Hi-tech Wuhua Science and Technology Park of Innovation Service Center	12598	452	11926	198	22
昆明经济技术开发区新兴产业孵化区管理有限公司 Kunming Development Zone New Industry Incubator District Management Ltd.	46000	1000	39000	6000	
昆明高新技术创业服务中心 Kunming Hi-tech Innovation Service Center	53600	800	50600	2200	
西安航空科技创新服务中心 Xi'an Aviation Science and Technology Service Center	66320	480	56576	6350	2914
西安交大科技园高新技术创业服务中心 Xi'an Jiaotong University Science Park Hi-tech Innovation Service Center	31000		26600	4400	
西安伟盛电子信息发展有限公司 Xi'an Weisheng Electronic Information Development Ltd.	20000	1000	15800	3000	200
西安航天基地国际孵化器有限公司 Xi'an International Incubator Space Base Ltd.	16200	500	13900	1800	
西安集成电路设计专业孵化器有限公司 Xi'an IC Design Incubator Ltd.	19178	900	14646	2000	1632
西安光电子专业孵化器有限责任公司 Xi'an Professional Photoelectron Business Incubator Ltd.	24785	600	17835	6350	
西安高新技术产业开发区创业园发展中心 Xi'an Hi-Tech Industry Development Zone Innovation Park Development Center	210000	1600	160000	39900	8500
西安联创生物医药孵化器有限公司 Xi'an Lianchuang Biological Medicine Business Incubator Ltd.	16700	200	12400	3500	600
西安先进制造专业孵化器 Xi'an Advanced Manufacturing Incubator	58000	6620	39000	7380	5000
西安软件园发展中心 Xi'an Software Park Development Center	60000	1115	34160	12050	12675
陕西启迪科技园发展有限公司 Shaanxi Qidi Science and Technology Park Development Ltd.	28167	284	23933	1850	2100
宝鸡高新技术产业开发区高技术创业服务中心 Baoji Hi-Tech Industry Development Zone of High-tech Innovation Service Center	121000	1500	110140	7500	1860
杨凌农业高新技术产业示范区创业服务中心 Yangling Agricultural Hi-teck Industry Demonstration Zone Innovation Service Center	63000	1000	58000	4000	
甘肃省高新技术创业服务中心 Gansu Province Hi-tech Innovation Service Center	30100	1700	22135	6265	
兰州高新技术产业开发区创业服务中心 Lanzhou Hi-tech Industry Development Zone Innovation Service Center	131176	400	124776	5000	1000
国家高新技术创业服务中心(青海中小企业创业发展有限公司) National Hi-tech Innovation Service Center (Qinghai SMEs Development Ltd.)	76000	985	61019	5200	8796
宁夏高新技术创业服务中心 Ningxia Hi-tech Innovation Service Center	13450	300	12450	700	
乌鲁木齐高新技术创业开发区高新技术创业服务中心 Urumqi Hi-tech Innovation Service Center	19442	310	14699	2913	1520

4-6 国家级科技企业孵化器当年在孵企业情况
General Statistics of Tenants of State Level TBIs

科技企业孵化器 Technology Business Incubator	人员数 (人) Number of Employees of Tenants (person)	大专以上 (人) Number of Employee with College and Higher Level (person)	批准知识产权数 (个) Number of Approved Intellectual Property (piece)	发明专利数 (个) Number of Invention Patent (piece)	创业导师人数 (人) Number of Innovation Instructors (person)
合 计 Total	**684344**	**502320**	**14547**	**4252**	**120**
北京赛欧科园科技孵化中心有限公司 Beijing Sai'ou Keyuan Technology Business Incubation Center Ltd.	1627	1403	13	7	1
北京奥宇科技企业孵化器有限责任公司 Beijing Aoyu Technology Business Incubator Ltd.	761	586	2		
北京北航天汇科技孵化器有限公司 Beijing Beihang Tianhui Technology Business Incubator Ltd.	2078	1907	82	12	
北京高技术创业服务中心 Beijing Hi-tech Innovation Service Center	831	730	7	1	
北京华海基业科技有限公司 Beijing Huahai Jiye Technology Business Incubator Ltd.	1930	1060	60	1	
北京均大高科科技孵化器有限公司 Beijing Junda Hi-tech Technology Business Incubator Ltd.	1518	926	16	11	2
北京科大方兴科技孵化器有限责任公司 Beijing Keda Fangxing Technology Business Incubator Ltd.	1680	1348	19	12	
北京普天德胜科技孵化器有限公司 Beijing Putian Desheng Technology Business Incubator Ltd.	1670	1460	118	6	
北京望京科技孵化器有限公司 Beijing Wangjing Technology Business Incubator Ltd.	2362	2012	26	25	
中关村科技园区海淀园创业服务中心 Zhongguancun Science and Technology Park Haidian Park Science and Technology Innovation Service Center	1548	1138	53	13	1
北京中关村国际孵化器有限公司 Beijing Zhongguancun International Business Incubator Ltd.	1125	1028	110	39	2
北京中关村京蒙高科企业孵化器有限责任公司 Beijing Zhongguancun Jingmeng Hi-tech Business Incubator Ltd.	1003	999	18	3	
北京中关村软件园孵化服务有限公司 Beijing Zhongguancun Software Park Incubation Service Ltd.	1421	1379	85	3	
汇龙森国际企业孵化(北京)有限公司 Huilongsen International Enterprise Incubation (Beijing) Ltd.	2730	288	10	3	
北京启迪创业孵化器有限公司 Beijing Qidi Technology Business Incubator Ltd.	2523	2480	125	26	
中关村科技园区丰台科技创业服务中心 Zhongguancun Science and Technology Park Fengtai Park Science and Technology Innovation Service Center	3744	2883	85	22	
北京康华伟业孵化器有限公司 Beijing Kanghua Weiye Technology Business Incubator Ltd.	2618	1793	101	12	
北京汉潮大成科技孵化器有限公司 Beijing Hanchao Dacheng Technology Business Incubator Ltd.	617	610	45	2	
北京博奥联创科技孵化器有限公司 Beijing Bo'ao Lianchuang Technology Business Incubator Ltd.	674	516	80	53	
北京神舟空间科技孵化器有限公司 Beijing Shenzhou Kongjian Technology Business Incubator Ltd.	917	642	35	8	2
北京中关村上地生物科技发展有限公司 Beijing Zhongguancun Shangdi Biological Technology Business Incubator Ltd.	532	508	8	7	
北京瀚海润泽科技孵化器有限公司 Beijing Hanhai Runze Technology Incubator Ltd.	1308	1260	18	2	

4-6 续表 1 continued

科技企业孵化器 Technology Business Incubator	人员数 (人) Number of Employees of Tenants (person)	大专以上 (人) Number of Employee with College and Higher Level (person)	批准知识产权数 (个) Number of Approved Intellectual Property (piece)	发明专利数 (个) Number of Invention Patent (piece)	创业导师人数 (人) Number of Innovation Instructors (person)
北京理工创新高科技孵化器有限公司 Beijing Institute of Technology Innovation and High-tech Incubator Ltd.	556	500	56		
北京中关村生命科学园生物医药科技孵化有限公司 Beijing Zhongguancun Life Science Park Biological Medicine Technology Business Incubation Ltd.	1095	1075	29	28	
天津市科技创业服务中心 Tianjin Technology Innovation Service Center	893	821	15	14	1
天津新技术产业园区国际创业中心 Tianjin Hi-tech Industrial Park of Technology Innovation Service Center	3256	3038	186	79	1
天津泰达国际创业中心 Tianjin Taida International Innovation Center	3072	2722	44	26	1
天津海泰企业孵化服务有限公司 Tianjin Haitai Business Incubator Service Ltd.	3000	1800	28	9	4
天津火炬鑫茂创业服务有限公司 Tianjin Torch Xinmao Innovation Service Ltd.	3257	2518	73	28	
天津华科企业孵化服务有限公司 Tianjin Huake Business Incubator Service Ltd.	2700		44	6	
天津科丽泰科技企业孵化器有限公司 Tianjin Kelitai Technology Business Incubator Ltd.	320	319	23	12	
石家庄高新技术创业服务中心 Shijiazhuang Hi-tech Innovation Service Center	3424	2357	141	52	
保定高新技术创业服务中心 Baoding Hi-tech Innovation Service Center	3250	2910	21	10	
唐山高新技术创业中心 Tangshan Hi-tech Innovation Center	3217	2559	57	7	
三河燕郊东湖孵化器有限公司 Sanhe Yanjiao Donghu Technology Business Incubator Ltd.	942	706	3	1	
秦皇岛经济技术开发区高新技术企业创业服务中心 Qinhuangdao Development Zone Hi-tech Innovation Service Center	2013	1153	11	9	
邯郸高新技术创业服务中心 Handan Hi-tech Innovation Service Center	1815	1022	2	1	
沧州市科技创业中心 Cangzhou Technology Innovation Center	1492	387	39	11	
山西科伟通新技术发展有限公司 Shanxi Keweitong New Technology Development Ltd.	2811	2746	21	3	
山西省高新技术创业中心 Shanxi Hi-tech Innovation Center	1304	1060	66	17	
包头稀土高新技术产业开发区科技创业服务中心 Baotou Rare Earths Science and Technology Park Innovation Service Center	17162	12805	127	38	
辽宁药都发展有限公司 Liaoning Yaodu development Ltd.	847	846	52	12	
丹东高新技术创业服务中心 Dandong Hi-tech Innovation Service Center	2167	1632	14	7	
锦州高新技术创业服务中心 Jinzhou Hi-tech Innovation Service Center	1910	1154	8	2	
营口市高新技术创业服务中心 Yingkou Hi-tech Innovation Service Center	2650	1350	75	45	
阜新高新技术创业服务中心 Fuxin Hi-tech Innovation Service Center	242	240	15	2	

4-6 续表 2 continued

科技企业孵化器 Technology Business Incubator	人员数 (人) Number of Employees of Tenants (person)	大专以上 (人) Number of Employee with College and Higher Level (person)	批准知识产权数 (个) Number of Approved Intellectual Property (piece)	发明专利数 (个) Number of Invention Patent (piece)	创业导师人数 (人) Number of Innovation Instructors (person)
沈阳东大科技企业孵化器有限公司 Shenyang Dongda Technology Business Incubator Ltd.	1316	1088	2	1	4
沈阳市高科技创业中心 Shenyang Hi-tech Innovation Center	3204	1838	119	44	
沈阳高新技术产业区科技创业服务中心 Shenyang Hi-tech Industrial Development Zone Technology Innovation Service Center	4995	4770	113	52	
沈阳动漫研发与软件外包孵化器 Shenyang Animation Innovation and Software Outsourcing Incubator	2817	2566	21	2	
沈阳先进制造技术产业有限公司 Shenyang Advanced Manufacturing Technology Industrial Ltd.	1395	1039	46	11	
大连市高新技术创业服务中心 Dalian Hi-tech Innovation Service Center	7123	6767	156	30	
大连市沙河口区天河科技创业服务中心 Dalian Shahekou District Tianhe Technology Innovation Service Center	1688	1134	15	3	
大连市民营科技企业创业中心 Dalian Private Science and Technology Enterprises Innovation Center	765	612	18	3	
大连双D港创业孵化有限公司 Dalian Double D Innovation Incubator Ltd.	725	506	84	69	
大连市理想光电技术孵化创业中心有限公司 Dalian Lixiang photoelectric Technology Business Incubation Center Ltd.	550	516	128	24	
大连科技创业大厦管理有限公司 Dalian Technology Venture Building Management Ltd.	1953	1888	68	3	1
大连旅顺民营科技企业创业中心有限公司 Dalian Lvshun Private Scientific and Technological Enterprises Innovation Center Ltd.	2134	951	38	21	
大连北方科技企业孵化基地 Dalian Beifang Technology Enterprises Incubation Base	2708	2280	18	5	
鞍山高新技术创业服务中心 Anshan Hi-tech Innovation Service Center	10875	10664	43	19	
吉林高新技术创业服务中心 Jilin Hi-tech Innovation Service Center	3840	2304	9	5	3
长春科技创业服务中心 Changchun Technology Innovation Service Center	4261	4106	32	8	2
延吉高新技术创业中心 Yanji High-tech Business Center	2350	920			
哈尔滨金华科技企业孵化器有限公司 Harbin Jinhua Technology Business Incubator Ltd.	1059	1017	4	3	
哈尔滨龙计电子技术创业中心 Harbin Longji Electronic Technology Innovation Center	621	494	10	1	
哈尔滨高科科技企业孵化器有限公司 Harbin Technology Business Incubator Ltd.	1050	800	15	12	
哈尔滨工业大学国家大学科技园发展有限公司 Harbin Industry University Science Park Ltd.	2156	2026	11	3	
哈尔滨市动力科技创业中心 Harbin Hi-tech Driver Technology Innovation Center	1534	1073	11	1	
哈尔滨高科技创业中心 Harbin Hi-tech Innovation Center	5800	4880	80	11	

4-6 续表 3 continued

科技企业孵化器 Technology Business Incubator	人员数(人) Number of Employees of Tenants (person)	大专以上(人) Number of Employee with College and Higher Level (person)	批准知识产权数(个) Number of Approved Intellectual Property (piece)	发明专利数(个) Number of Invention Patent (piece)	创业导师人数(人) Number of Innovation Instructors (person)
大庆高新技术创业服务中心 Daqing Hi-tech Innovation Service Center	3131	1517	38	15	
上海上大科技园发展有限公司 Shanghai University Science Park Development Ltd.	723	650	45	24	
上海漕河泾新兴技术开发区科技创业中心 Shanghai Caohejing New Park Technology Development Technology Innovation Center	2440	1956	83	9	1
上海同济科技园孵化器有限公司 Shanghai Tongji Science Park Business Incubator Ltd.	753	661	37	23	
上海杨浦科技创业中心有限公司 Shanghai Yangpu Technology Innovation Center Ltd.	1654	1452	61	17	3
上海微电子设计有限公司 Shanghai Microelectronics Design Ltd.	1111	1019	147	27	
上海市科技创业中心 Shanghai Science and Technology Innovation Center	1091	971	105	35	
上海八六三信息安全产业基地有限公司 Shanghai 863 Information Security Industry Base Ltd.	3056	2632	70	44	
上海张江高新技术创业服务中心 Shanghai Zhangjiang Hi-tech Innovation Service Center	1576	1306	98	31	
上海慧谷高科技创业中心 Shanghai Huigu Hi-tech Innovation Center	3525	2677	65	18	
上海复旦科技园高新技术创业服务有限公司 Shanghai Fudan Science Park Hi-tech Innovation Service Ltd.	1377	1278	65	7	3
上海都市工业设计中心有限公司 Shanghai Urban Industrial Design Center Ltd.	702	684	12	5	1
上海聚科生物园区有限责任公司 Shanghai Juke Biology Park Ltd.	445	395	1		
虹口区科技创业中心 Hongkou District Technology Innovation Center	997	641	13	8	
上海市青浦区科技创业中心 Shanghai Qingpu District Technology Innovation Center	1217	731	23	9	
上海莘闵高新技术开发有限公司 Shanghai Xinmin Hi-tech Development Ltd.	1196	973	84	47	
上海张江药谷公共服务平台有限公司 Shanghai Zhangjiang Medicine Valley Public Service Platform Ltd.	611	480	9	6	
上海市闸北区科技创业中心 Shanghai Zhabei District Technology Innovation Center	1354	1032	35	17	
苏州市沧浪科技创业园管理有限公司 Suzhou Canglang Technology Innovafion Park Management Ltd.	655	574	37	3	
苏州市吴中科技创业园 Suzhou Wuzhong Technology Innovation Park	1602	1209	21	1	
苏州工投科技创业园有限公司 Suzhou Gongtou Technology Innovation Park Ltd.	1600	736	7	3	
苏州高新技术创业服务中心(含本部、微系统园、苏高新软件园等) Suzhou Hi-tech Innovation Service Center(Including the Department, Microsystems Park, Suzhou High-tech Software Park, etc.)	4263	3557	87	5	
苏州国环节能环保创业园管理有限公司 Suzhou Guohuan tnergy-saving and Environmental Protection Park Management Ltd.	899	757	4	3	2

4-6 续表 4 continued

科技企业孵化器 Technology Business Incubator	人员数 （人） Number of Employees of Tenants (person)	大专以上 （人） Number of Employee with College and Higher Level (person)	批准知识产权数 （个） Number of Approved Intellectual Property (piece)	发明专利数 （个） Number of Invention Patent (piece)	创业导师人数 （人） Number of Innovation Instructors (person)
苏州火炬创新创业孵化管理有限公司(苏州博济科技创业园) Suzhou Torch Innovation Incubation Management Ltd. (Suzhou Boji Science and Technology Park)	1815	1130	21	5	
苏州留学人员创业园 Suzhou Overseas Scholars Incubation Park	867	651	52		
苏州工业园科技企业孵化器 Suzhou Industrial Park Technology Business Incubator	2231	1727	97	20	
张家港市高新技术创业服务中心 Zhangjiagang Hi-tech Innovation Service Center	1060	788	48	14	
昆山高新技术创业服务中心 Kunshan Hi-tech Innovation Service Center	1229	398	28	4	
昆山留学人员创业园 Kunshan Overseas Scholars Innovation Park	4835	4409	264	81	1
太仓市科技创业园有限公司 Taicang Technology Innovation Park Ltd.	1135	980	54	7	
海安高新技术创业服务中心 Hai'an Hi-tech Innovation Service Center	1008	621	76	20	
南通高新技术创业中心有限公司 Nantong Hi-tech Innovation Service Center Ltd.	1193	960	25	8	
南通市崇川科技创业服务中心有限公司 Nantong Chongchuan Technology Innovation Service Center Ltd.	1092	903	82	2	
淮安市高新技术创新中心 Huai'an Hi-tech Innovation Center	2375	1866	11	4	
扬州高新技术创业服务中心 Yangzhou Hi-tech Innovation Service Center	1209	731	34	20	3
武进高新技术创业服务中心 Wujin Hi-tech Innovation Service Center	1900	1000	30	10	
盐城高新技术创业园有限公司 Yancheng Hi-tech Innovation Park Ltd.	1032	846	42	18	
江苏省常州钟楼高新技术创业服务中心 Changzhou Zhonglou Hi-tech Innovation Service Center	1033	614	15	9	
常州高新技术创业服务中心 Changzhou Hi-tech Innovation Service Center	3277	3230	32	8	
镇江润州高新技术创业服务中心 Zhenjiang Runzhou Hi-tech Innovation Service Center	1374	902	33	15	
镇江高新技术创业服务中心 Zhenjiang Hi-tech Innovation Service Center	1336	713	94	4	1
泰州市高新技术创业服务中心 Taizhou Hi-tech Innovation Service Center	1489	953	10	5	
姜堰市高新技术创业中心 Jiangyan Hi-tech Innovation Center	2095	1278	48	26	1
无锡市科技创业服务中心 Wuxi Hi-tech Innovation Service Center	575	507	18	8	
无锡惠山高新技术创业服务中心(无锡惠山留学人员创业园 Wuxi Huishan Hi-tech Technology Innovation Service Center	1008	539	67	17	1
无锡(国家)工业设计园创业服务中心 Wuxi(National) Industrial Design Park Innovation Service Center	1090	1013	120	30	4
无锡高新技术创业发展有限公司 Wuxi Hi-tech Venture Development Ltd.	5125	2850	113	33	1
无锡微纳传感网产业孵化器管理中心 Wuxi Micro-sensor Network Industry Incubator Management Center	1860	1512	6	1	

4-6 续表 5 continued

科技企业孵化器 Technology Business Incubator	人员数 (人) Number of Employees of Tenants (person)	大专以上 (人) Number of Employee with College and Higher Level (person)	批准知识产权数 (个) Number of Approved Intellectual Property (piece)	发明专利数 (个) Number of Invention Patent (piece)	创业导师人数 (人) Number of Innovation Instructors (person)
昆山启迪科技园发展有限公司 Kunshan Qidi Science Park Development Ltd.	1100	850	9	3	1
江阴高新技术创业园 Jiangyin Hi-tech Technology Innovation Park	1476	1438	54		
南京江宁高新技术创业服务中心 Nanjing Jiangning Hi-tech Innovation Service Center	2300	600	20	9	
南京科技创业服务中心 Nanjing Hi-tech Innovation Center	2600	1300	30	28	
江苏省高新技术创业服务中心 Jiangsu Hi-tech Innovation Center	1665	1584	17	5	
南京金港科技创业中心 Nanjing Jingang Technology Innovation Center	968	677	58	55	
南京鼎业百泰生物科技有限公司 Nanjing Dingye Baitai Biomedical Science and Technology Ltd.	1018	908	12		
杭州高新技术产业开发区科技创业服务中心 Hangzhou Science and Technology Industrial Park Technology Innovation Service Center	4268	3826	76	20	
杭州市拱墅区科技创业中心 Hangzhou Gongshu District Technology Innovation Center	1367	1241	52	8	
杭州市上城区科技创业中心 Hangzhou Shangcheng District Technology Innovation Center	1313	1094	11	2	
杭州东部软件园有限公司 Hangzhou Dongbu Software Park Ltd.	991	979	50	1	
杭州数字娱乐园有限公司 Hangzhou Digital Entertainment Park Ltd.	1576	1160	18		
浙江大学科技园发展有限公司 Zhejiang University Science Park Ltd.	2247	1999	15	3	1
浙大科技园宁波发展有限公司 Zhejiang University Science Park Ningbo Development Ltd.	1397	905	48	28	
临安市科技孵化中心 Lin'an Science and Technology Incubation Center	1084	488	37	9	
温州高新技术产业园区创业服务中心 Wenzhou Hi-tech Technology Innovation Park Innovation Center	2133	1107	21	5	
嘉兴科技创业服务中心 Jiaxing Technology Innovation Service Center	1380	1048	35	4	
嘉兴市南湖科技创业服务中心 Jiaxing Nanhu Science and Technology Innovation Service Center	539	397	6	5	
嘉善县科技创业服务中心 Jiashan County Technology Innovation Service Center	898	569	47	15	
湖州科技创业服务中心 Huzhou Technology Innovation Service Center	1194	847	20	3	
长兴民营科技园发展有限公司 Changxing Private Science and Technology Park Ltd.	1832	325	16	6	
绍兴市高新技术创业服务中心 Shaoxing Hi-tech Innovation Service Center	850	560	45		
金华科技园创业服务中心有限公司 Jinhua Science Park Innovation Service Center Ltd.	3570	1940	17	4	
台州市高新技术创业服务中心有限公司 Taizhou Hi-tech Innovation Service Center Ltd.	1654	854	23	5	3

4-6 续表 6 continued

科技企业孵化器 Technology Business Incubator	人员数 (人) Number of Employees of Tenants (person)	大专以上 (人) Number of Employee with College and Higher Level (person)	批准知识产权数 (个) Number of Approved Intellectual Property (piece)	发明专利数 (个) Number of Invention Patent (piece)	创业导师人数 (人) Number of Innovation Instructors (person)
宁波市科技创业中心 Ningbo City Technology Business Incubator Center	1574	1099	39	12	
宁波保税区(出口加工区)科技促进中心 Ningbo Free Tvade Zone (Export Processing Zone) Science and Technology Promotion Center	2898	662	36	6	
宁波经济技术开发区科技创业园服务中心 Ningbo Development Zone Technology Park Service Center	1480	1184	19	2	
宁波市鄞创科技孵化器管理服务有限公司 Ningbo Yinchuang Technology Incubator Management Services Ltd.	1225	889	90	16	
合肥高新技术创业服务中心 Hefei Hi-tech Innovation Service Center	6465	5160	20	2	
合肥国家大学科技园创业孵化中心 Hefei National University Science Park Innovation Center	1120	807	38	15	
合肥民营科技企业园管理服务中心 Hefei Private Science and Technology Enterprise Park Management Service Center	1200	1127	72	8	
芜湖高新技术创业服务中心 Wuhu Hi-tech Innovation Center	1942	1193	62	31	
蚌埠高新技术创业服务中心 Bengbu Hi-tech Innovation Service Center	4223	3629	12	2	
马鞍山市高新技术创业服务中心 Ma'anshan City Hi-tech Innovation Service Center	1418	715	28	22	
铜陵市高新技术创业服务中心 Tongling Hi-tech Innovation Service Center	1349	765	31	11	
福建省高新技术创业服务中心 Fujian Hi-tech Innovation Service Center	4418	3268	168	49	
福州市高新技术产业创业服务中心 Fuzhou City Hi-tech Innovation Service Center	2526	1529	199	44	
福州863软件专业孵化器服务中心 Fuzhou 863 Software Incubator Service Center	1630	910	38	4	
厦门高新技术创业中心 Xiamen Hi-tech Innovation Center	2902	146	125	27	4
厦门海峡科技创业促进有限公司(厦门台湾科技企业育成中心) Xiamen Haixia Technology Entrepreneurship Promotion Ltd. (Xiamen Taiwan Hi-tech Enterprise Incubation Center)	1352	1066	22	8	
厦门软件产业投资发展有限公司 Xiamen Software Industrial Investment Development Ltd.	4140	3363	105	14	
泉州市高新技术创业服务中心 Quanzhou City Hi-tech Innovation Service Center	1764	1213	42	15	
江西省高新技术创业服务中心 Jiangxi Province Hi-tech Innovation Service Center	275	171			
江西高技术产业发展有限责任公司 Jiangxi Hi-tech Industry Development Ltd.	1298	1238	6		
南昌高新开发区创业服务中心 Nanchang Science and Technology Industrial Park Innovation Service Center	1584	1372			
南昌大学科技园发展有限公司 Nanchang University Science Park Development Ltd.	2306	2155	27	4	
济南高新技术创业报务中心 Jinan Hi-tech Innovation Service Center	6278	4028	68	42	

4-6 续表 7 continued

科技企业孵化器 Technology Business Incubator	人员数 (人) Number of Employees of Tenants (person)	大专以上 (人) Number of Employee with College and Higher Level (person)	批准知识产权数 (个) Number of Approved Intellectual Property (piece)	发明专利数 (个) Number of Invention Patent (piece)	创业导师人数 (人) Number of Innovation Instructors (person)
青岛高新技术创业服务中心 Qingdao Hi-tech Innovation Service Center	7618	4027	69	29	
淄博高新技术创业服务中心 Zibo Hi-tech Innovation Service Center	3026	2353	164	12	1
潍坊高新技术创业服务中心 Weifang Hi-tech Innovation Service Center	1890	1536	33	5	
潍坊高新区生物医药科技产业园管理办公室 Weifang Hi-tech Zone Biomedical Park Management Office	520	503	5	4	
东营市黄河口高新技术企业创业园 Dongying City Huanghekou Hi-tech Business Incubator Park	1389	598	18	6	
临沂高新技术创业服务中心 Linyi Hi-tech Innovation Service Center	2768	1086	12	4	
东营高新技术创业服务中心 Dongying Hi-tech Innovation Service Center	1380	959	36	12	
济南历下软件创业服务中心 Jinan Lixia Software Innovation Service Center	1263	812	65	3	
东营市高新技术创业服务中心 Dongying City Hi-tech Innovation Service Center	1650	1478	38	6	
威海市高技术创业服务中心 Weihai Hi-tech Innovation Service Center	565	231	10	1	
济宁高新技术创业服务中心 Jining Hi-tech Innovation Service Center	1520	1259	10		
泰安高新技术创业服务中心 Tai'an Hi-tech Innovation Service Center	2486	1750	55	15	
烟台高新技术创业服务中心 Yantai Hi-tech Innovation Service Center	1573	1503	40	4	
威海火炬高技术产业开发区高新技术创业服务中心 Weihai Torch Hi-tech Industrial Park Hi-tech Innovation Service Center	1896	1246	111	51	
德州金田高新技术创业发展有限公司 Dezhou Jintian Hi-Tech Venture Development Ltd.	2100	1650	15		
济南腊山高新技术创业服务中心 Jinan Lashan Hi-tech Innovation Service Center	2136	979	9	8	
济南民营科技企业孵化器 Jinan Private Technology Business Incubator	1755	968	9	1	
烟台留学人员创业园区 Yantai Overseas Scholars Innovation Park	1403	989	54	8	
垦利县高新技术创业服务中心 Kenli Hi-Tech Innovation Service Center	1776	1528	4	3	
聊城市高新技术创业服务中心 Liaocheng Hi-Tech Innovation Service Center	1808	1319	12	4	
青岛经济技术开发区高科技创业服务中心 Qingdao Technological Development Park Hi-tech Innovation Service Center	1317	1040	56	50	
青岛软件园发展有限公司 Qingdao Software Park Development Ltd.	3155	3023	31		10
青岛高新技术产业开发区新产业团地创业中心 Qingdao Science and Technology Industrial Innovation Center	1200	950	92	45	
郑州市高新技术创业中心 Zhengzhou City Hi-tech Innovation Center	2290	1832	7	2	

4-6 续表 8 continued

科技企业孵化器 Technology Business Incubator	人员数 (人) Number of Employees of Tenants (person)	大专以上 (人) Number of Employee with College and Higher Level (person)	批准知识产权数 (个) Number of Approved Intellectual Property (piece)	发明专利数 (个) Number of Invention Patent (piece)	创业导师人数 (人) Number of Innovation Instructors (person)
郑州高新技术产业开发区创业中心 Zhengzhou Hi-tech Innovation Center	12472	9347	113	57	
洛阳高技术创业服务中心 Luoyang Hi-tech Innovation Service Center	2263	1320	83	12	
南阳高新技术创业服务中心 Nanyang Hi-tech Innovation Service Center	4219	1358	48	1	
河南省新乡高新技术创业服务中心 Henan Xinxiang Hi-tech Innovation Service Center	4078	2712	9		
安阳高新技术创业服务中心 Anyang Hi-tech Innovation Service Center	3411	1705	33	27	
漯河高新技术创业服务中心 Luohe Hi-tech Innovation Service Center	2880	2190	11	9	
焦作高新技术创业服务中心 Jiaozuo Hi-tech Innovation Service Center	4371	1529	13	7	
河南省大学科技园发展有限公司 Henan Province University Science Park Development Ltd.	3978	3861	80	18	
河南专利孵化转移中心有限公司 Henan Patent Incubation Transfer Center Ltd.	1898	1320	78	35	
宜昌高新技术产业园区创业服业中心 Yichang Hi-tech Innovation Service Center	2117	1639	35	16	2
荆州高新技术产业开发区创业服务中心 Jinzhou Hi-tech Development Zone Innovation Center	1331	340	17	3	1
黄石磁湖科技创业服务中心 Huangshi Cihu Technology Innovation Service Center	1898	988	7		
襄樊高新技术创业服务中心 Xiangfan Hi-tech Innovation Service Center	2164	919	24	20	
十堰高新技术产业开发区创业服务中心 Shiyan Hi-tech Industrial Development Zone Innovation Service Center	3300	2600	86	64	8
武汉市洪山高新技术创业服务中心 Wuhan Hongshan Hi-tech Innovation Service Center	1432	1227	15	3	
武汉市青山区高新技术创业服务中心 Wuhan City Qingshan District Hi-tech Innovation Service Center	1600	1400	16		
武汉新材料科技企业孵化器 Wuhan New Material Technology Business Incubator	2674	1976	19	16	
武汉华工科技企业孵化器有限责任公司 Wuhan Huagong Technology Business Incubator Ltd.	1251	1069	17	7	
汉口高新技术创业服务中心 Hankou Hi-tech Innovation Service Center	1681	1283	208		
湖北武汉国家农业科技园创业中心 Hubei Wuhan National Agriculture Science Park Innovation Center	3390	1965	10	9	
武汉市武昌科技创业中心 Wuhan City Wuchang Technology Innovation Center	1976	661	11	2	
武汉华创源科技企业孵化器有限公司 Wuhan Huachuangyuan Technology Business Incubator	1900	1800	5	2	
武汉海峡高新技术创业服务中心 Wuhan Strait Hi-tech Innovation Service Center	1387	1240	8	3	
武汉东湖新技术创业中心 Wuhan Eastlake Hi-tech Innovation Center	13792	13764	78	10	

4-6 续表 9 continued

科技企业孵化器 Technology Business Incubator	人员数（人） Number of Employees of Tenants (person)	大专以上（人） Number of Employee with College and Higher Level (person)	批准知识产权数（个） Number of Approved Intellectual Property (piece)	发明专利数（个） Number of Invention Patent (piece)	创业导师人数（人） Number of Innovation Instructors (person)
武汉留学生创业管理中心 Wuhan Overseas Scholars Innovation Park Management Center	1787	1503	44	28	
长沙高新技术创业服务中心 Changsha Hi-tech Innovation Service Center	5825	3502	62	4	
长沙高新技术产业开发区创业服务中心 Changsha Hi-tech Industrial Park Innovation Service Center	16504	16323	83	46	1
长沙新技术创业中心 Changsha New Technology Innovation Center	4136	1731	39	6	
株洲高新技术产业开发区创业服务中心(株洲留学生创业园) Zhuzhou Hi-tech Innovation Service Center(Zhuzhou Overseas Scholars Innovation Park)	4915	2975	55	22	
湘潭国家高新技术创业服务中心 Xiangtan National Hi-tech Innovation Service Center	6631	5980	27	12	
岳阳火炬创业服务中心 Yueyang Torch Business Service Center	1728	751	2		
东莞市留学人员创业园 Dongguan City Overseas Scholars Innovation Park	1529	1237	178	112	
广州火炬高新技术创业服务中心 Guangzhou Torch Hi-tech Innovation Service Center	5239	103	109	11	1
广州国际企业孵化器有限公司 Guangzhou International Business Incubator Ltd.	1966	1519	29	11	1
广东拓思软件科学园有限公司 Guangdong Tuosi Software Science Park Ltd.	1303	1026	67		
广州市高新技术创业服务中心 Guangzhou City Hi-tech Innovation Service Center	1391	1237	46	10	
广州市海珠高新技术创业服务中心 Guangzhou City Haizhu Hi-tech Innovation Service Center	900	653	17	1	
广州联炬科技企业孵化器有限公司 Guangzhou Lianju Technology Business Incubator Ltd.	2668	1979	63	46	
中山火炬高技术创业中心有限公司 Zhongshan Torch Hi-tech Innovation Center Ltd.	4130	2913	76	2	
华南理工大学国家大学科技园 Huanan Science and Technology University Science Park	2804	2154	56	24	1
珠海高新技术创业服务中心 Zhuhai Hi-tech Innovation Service Center	1343	740	55	17	
深圳虚拟大学园管理服务中心 Shenzhen Virtual University Science Park Innovation Center	1783	1590	89	18	
深圳市科技创业中心 Shenzhen City Hi-tech Innovation Service Center	1485	862	3	2	
深圳市宝安区科技创业服务中心 Shenzhen City Bao'an District Technology Innovation Service Center	3101	2081	150	32	
深圳市南山区科技创业服务中心 Shenzhen City Nanshan District Technology Innovation Service Center	2233	1641	133	59	10
深圳市龙岗区科技创业服务中心 Shenzhen City Longgang District Technology Innovation Service Center	1948	995	11	3	
深圳市北科创业有限公司 Shenzhen City Beike Innovation Ltd.	2130	1840	7	3	
深圳市福田区高新技术创业中心 Shenzhen City Futian District Hi-tech Innovation Center	2072	1835	29	7	

4-6 续表 10 continued

科技企业孵化器 Technology Business Incubator	人员数（人） Number of Employees of Tenants (person)	大专以上（人） Number of Employee with College and Higher Level (person)	批准知识产权数（个） Number of Approved Intellectual Property (piece)	发明专利数（个） Number of Invention Patent (piece)	创业导师人数（人） Number of Innovation Instructors (person)
深圳市留学生创业园有限公司 Shenzhen Overseas Scholars Innovation Park Ltd.	2284	2283	162	12	
深港产学研基地 PKU-HKUST ShenZhen-HongKong Institution Base	4148	2944	65	7	
南宁新技术创业者中心 Nanning New Technology Venture Center	3058	1529	68	16	
桂林科技企业发展中心 Guilin Technology Innovation Service Center	1530	1025	45	15	
北海市高新技术创业服务中心 Beihai Hi-tech Innovation Service Center	1954	658	56	20	
柳州高新技术创业服务中心 Liuzhou Hi-tech Innovation Service Center	1710	1021	48	7	
重庆高技术创业中心(中国重庆国际企业孵化器) Chongqing Hi-tech Innovation Center(Chongqing International Business Incubator)	2695	2136	63	59	
重庆大学科技园孵化器有限责任公司 Chongqing University Science Park Business Incubator Ltd.	1580	1250	25	6	1
重庆市涪陵区金渠企业孵化器有限责任公司 Chongqing Fuling District Jinqu Incubator Ltd.	2808	841	46	12	
重庆高新技术产业开发区创新服务中心 Chongqing Science and Technology Park Technology Innovation Service Center	12037	6311	221	42	
四川川大科技园发展有限公司 Sichuan University Science Park Development Ltd.	2594	2571	[illegible]	8	
四川中物技术有限责任公司 Sichuan Zhongwu Technology Ltd.	936	775	8	6	
成都数字娱乐软件园管理投资有限公司 Chengdu Digital Entertainment Software Park Management Investment Ltd.	2127	2079	92	2	
成都武侯高新技术创业服务中心 Chengdu Wuhou Hi-tech Innovation Service Center	2105	1880	64	8	
成都高新技术产业开发区技术创新服务中心 Chengdu Hi-Tech Industrial Development Zone of Technology Innovation Service Center	12300	10962	755	214	2
成都天河中西医科技保育有限公司 Chengdu Tianhe Traditional Chinese and Western Medicine Science and Technology Ltd.	2237	2205	84	43	
成都高新区教育科技园孵化器有限公司 Chengdu Science and Technology Park Education Science Park Business Incubator Ltd.	4078	3874	126	46	
成都高新技术创业服务中心 Chengdu Hi-tech Innovation Service Center	2638	1937	247	33	
绵阳高新区创业服务中心 Mianyang Science and Technology Innovation Service Center	1398	813	31	12	
贵阳高新技术创业服务中心 Guiyang Hi-tech Innovation Service Center	3613	3429	102	43	11
昆明创新园科技发展有限公司 Kunming Innovation Park Science and Technology Development Ltd.	1843	1210	53	26	
云南省新材料孵化器 Yunnan Province Advanced Material Business Incubator	994	473	11	2	
昆明高新五华科技园创业服务中心 Kunming Hi-tech Wuhua Science and Technology Park of Innovation Service Center	1163	849	6	3	4

4-6 续表 11 continued

科技企业孵化器 Technology Business Incubator	人员数 (人) Number of Employees of Tenants (person)	大专以上 (人) Number of Employee with College and Higher Level (person)	批准知识产权数 (个) Number of Approved Intellectual Property (piece)	发明专利数 (个) Number of Invention Patent (piece)	创业导师人数 (人) Number of Innovation Instructors (person)
昆明经济技术开发区新兴产业孵化区管理有限公司 Kunming Development Zone New Industry Incubator District Management Ltd.	2268	1356	16	13	
昆明高新技术创业服务中心 Kunming Hi-tech Innovation Service Center	3836	2601	41	13	
西安航空科技创新服务中心 Xi'an Aviation Science and Technology Service Center	2028	1811	21	3	
西安交大科技园高新技术创业服务中心 Xi'an Jiaotong University Science Park Hi-tech Innovation Service Center	1416	1216	28	8	
西安伟盛电子信息发展有限公司 Xi'an Weisheng Electronic Information Development Ltd.	2438	2036	53	10	1
西安航天基地国际孵化器有限公司 Xi'an International Incubator Space Base Ltd.	3082	2035	22	1	
西安集成电路设计专业孵化器有限公司 Xi'an IC Design Incubator Ltd.	1694	1079	28	12	
西安光电子专业孵化器有限责任公司 Xi'an Professional Photoelectron Business Incubator Ltd.	2221	1584	30	27	
西安高新技术产业开发区创业园发展中心 Xi'an Hi-Tech Industry Development Zone Innovation Park Development Center	16869	16691	175	37	2
西安联创生物医药孵化器有限公司 Xi'an Lianchuang Biological Medicine Business Incubator Ltd.	1652	1281	9	4	3
西安先进制造专业孵化器 Xi'an Advanced Manufacturing Incubator	1791	1680	18	3	2
西安软件园发展中心 Xi'an Software Park Development Center	3814	3242	87		
陕西启迪科技园发展有限公司 Shaanxi Qidi Science and Technology Park Development Ltd.	2860	1790	57	7	
宝鸡高新技术产业开发区高技术创业服务中心 Baoji Hi-Tech Industry Development Zone of High-tech Innovation Service Center	6860	2875	72	5	
杨凌农业高新技术产业示范区创业服务中心 Yangling Agricultural Hi-teck Industry Demonstration Zone Innovation Service Center	2900	1760	12	9	
甘肃省高新技术创业服务中心 Gansu Province Hi-tech Innovation Service Center	1163	783	27	22	2
兰州高新技术产业开发区创业服务中心 Lanzhou Hi-tech Industry Development Zone Innovation Service Center	3878	2774	47	28	
国家高新技术创业服务中心(青海中小企业创业发展有限公司) National Hi-tech Innovation Service Center (Qinghai SMEs Development Ltd.)	713	295	16	10	
宁夏高新技术创业服务中心 Ningxia Hi-tech Innovation Service Center	2779	1890	34	13	
乌鲁木齐高新技术创业开发区高新技术创业服务中心 Urumqi Hi-tech Innovation Service Center	1215	1175	42	17	

4-7 国家级科技企业孵化器毕业企业情况

General Statistics of Graduated Tenants of State Level TBIs

科技企业孵化器 Technology Business Incubator	累计毕业企业(个) Accumulated Number of Graduated Tenants (unit)	平均毕业时收入(千元) The Average Income of Graduated Tenants (1000 yuan)	当年毕业企业(个) Number of Graduated Tenants of the Year (unit)	收入达千万元企业数(个) Number of Tenants with Income More than 10 million yuan (unit)
合　计 Total	**24513**	**2189730**	**3086**	**910**
北京赛欧科园科技孵化中心有限公司 Beijing Sai'ou Keyuan Technology Business Incubation Center Ltd.	61	5333	6	
北京奥宇科技企业孵化器有限责任公司 Beijing Aoyu Technology Business Incubator Ltd.	44	4297	3	
北京北航天汇科技孵化器有限公司 Beijing Beihang Tianhui Technology Business Incubator Ltd.	98	534	30	4
北京高技术创业服务中心 Beijing Hi-tech Innovation Service Center	308	6130	20	
北京华海基业科技有限公司 Beijing Huahai Jiye Technology Business Incubator Ltd.	63	5000	23	5
北京均大高科科技孵化器有限公司 Beijing Junda Hi-tech Technology Business Incubator Ltd.	91	20	28	
北京科大方兴科技孵化器有限责任公司 Beijing Keda Fangxing Technology Business Incubator Ltd.	99	20000	19	13
北京普天德胜科技孵化器有限公司 Beijing Putian Desheng Technology Business Incubator Ltd.	61	23655	16	4
北京望京科技孵化器有限公司 Beijing Wangjing Technology Business Incubator Ltd.	42	4860	4	
中关村科技园区海淀园创业服务中心 Zhongguancun Science and Technology Park Haidian Park Science and Technology Innovation Service Center	198	5000	24	4
北京中关村国际孵化器有限公司 Beijing Zhongguancun International Business Incubator Ltd.	284	1008	16	
北京中关村京蒙高科企业孵化器有限责任公司 Beijing Zhongguancun Jingmeng Hi-tech Business Incubator Ltd.	42	5230	2	
北京中关村软件园孵化服务有限公司 Beijing Zhongguancun Software Park Incubation Service Ltd.	104	4000	19	6
汇龙森国际企业孵化(北京)有限公司 Huilongsen International Enterprise Incubation (Beijing) Ltd.	87	3036	13	6
北京启迪创业孵化器有限公司 Beijing Qidi Technology Business Incubator Ltd.	189	6500	20	
中关村科技园区丰台科技创业服务中心 Zhongguancun Science and Technology Park Fengtai Park Science and Technology Innovation Service Center	75	8500	15	6
北京康华伟业孵化器有限公司 Beijing Kanghua Weiye Technology Business Incubator Ltd.	70	6925	23	2
北京汉潮大成科技孵化器有限公司 Beijing Hanchao Dacheng Technology Business Incubator Ltd.	33	5600	8	1
北京博奥联创科技孵化器有限公司 Beijing Bo'ao Lianchuang Technology Business Incubator Ltd.	25	5320	12	7
北京神舟空间科技孵化器有限公司 Beijing Shenzhou Kongjian Technology Business Incubator Ltd.	29	6320	10	2
北京中关村上地生物科技发展有限公司 Beijing Zhongguancun Shangdi Biological Technology Business Incubator Ltd.	26	3000	4	2
北京瀚海润泽科技孵化器有限公司 Beijing Hanhai Runze Technology Incubator Ltd.	15	5800	10	4
北京理工创新高科技孵化器有限公司 Beijing Institute of Technology Innovation and High-tech Incubator Ltd.	74	1060	14	

4-7 续表 1 continued

科技企业孵化器 Technology Business Incubator	累计毕业企业(个) Accumulated Number of Graduated Tenants (unit)	平均毕业时收入(千元) The Average Income of Graduated Tenants (1000 yuan)	当年毕业企业(个) Number of Graduated Tenants of the Year (unit)	收入达千万元企业数(个) Number of Tenants with Income More than 10 million yuan (unit)
北京中关村生命科学园生物医药科技孵化有限公司 Beijing Zhongguancun Life Science Park Biological Medicine Technology Business Incubation Ltd.	11	2736		
天津市科技创业服务中心 Tianjin Technology Innovation Service Center	103	5264	6	
天津新技术产业园区国际创业中心 Tianjin Hi-tech Industrial Park of Technology Innovation Service Center	252	4012	26	22
天津泰达国际创业中心 Tianjin Taida International Innovation Center	75	916	5	
天津海泰企业孵化服务有限公司 Tianjin Haitai Business Incubator Service Ltd.	28	3371	10	
天津火炬鑫茂创业服务有限公司 Tianjin Torch Xinmao Innovation Service Ltd.	111	12541	18	4
天津华科企业孵化服务有限公司 Tianjin Huake Business Incubator Service Ltd.	39	6000	19	5
天津科丽泰科技企业孵化器有限公司 Tianjin Kelitai Technology Business Incubator Ltd.	35	2315	10	1
石家庄高新技术创业服务中心 Shijiazhuang Hi-tech Innovation Service Center	100	5217	5	1
保定高新技术创业服务中心 Baoding Hi-tech Innovation Service Center	93	6000	8	3
唐山高新技术创业中心 Tangshan Hi-tech Innovation Center	74	6000	10	
三河燕郊东湖孵化器有限公司 Sanhe Yanjiao Donghu Technology Business Incubator Ltd.	46	7250	10	2
秦皇岛经济技术开发区高新技术企业创业服务中心 Qinhuangdao Development Zone Hi-tech Innovation Service Center	78	4400	9	1
邯郸高新技术创业服务中心 Handan Hi-tech Innovation Service Center	47	2062	6	
沧州市科技创业中心 Cangzhou Technology Innovation Center	41	5988	5	
山西科伟通新技术发展有限公司 Shanxi Keweitong New Technology Development Ltd.	38	6830	8	3
山西省高新技术创业中心 Shanxi Hi-tech Innovation Center	111	2452	20	
包头稀土高新技术产业开发区科技创业服务中心 Baotou Rare Earths Science and Technology Park Innovation Service Center	160	7100	25	10
辽宁药都发展有限公司 Liaoning Yaodu development Ltd.	16	8000	16	
丹东高新技术创业服务中心 Dandong Hi-tech Innovation Service Center	32	11300	5	4
锦州高新技术创业服务中心 Jinzhou Hi-tech Innovation Service Center	87	5480	13	1
营口市高新技术创业服务中心 Yingkou Hi-tech Innovation Service Center	40	18000	15	10
阜新高新技术创业服务中心 Fuxin Hi-tech Innovation Service Center	23	3000		

4-7 续表 2 continued

科技企业孵化器 Technology Business Incubator	累计毕业企业(个) Accumulated Number of Graduated Tenants (unit)	平均毕业时收入(千元) The Average Income of Graduated Tenants (1000 yuan)	当年毕业企业(个) Number of Graduated Tenants of the Year (unit)	收入达千万元企业数(个) Number of Tenants with Income More than 10 million yuan (unit)
沈阳东大科技企业孵化器有限公司 Shenyang Dongda Technology Business Incubator Ltd.	51	7500		
沈阳市高科技创业中心 Shenyang Hi-tech Innovation Center	223	8500	2	
沈阳高新技术产业区科技创业服务中心 Shenyang Hi-tech Industrial Development Zone Technology Innovation Service Center	166	5350	21	13
沈阳动漫研发与软件外包孵化器 Shenyang Animation Innovation and Software Outsourcing Incubator	17	2230	1	
沈阳先进制造技术产业有限公司 Shenyang Advanced Manufacturing Technology Industrial Ltd.	19	6500	2	1
大连市高新技术创业服务中心 Dalian Hi-tech Innovation Service Center	210	5429	29	8
大连市沙河口区天河科技创业服务中心 Dalian Shahekou District Tianhe Technology Innovation Service Center	103	6420	15	3
大连市民营科技企业创业中心 Dalian Private Science and Technology Enterprises Innovation Center	125	7500	17	8
大连双D港创业孵化有限公司 Dalian Double D Innovation Incubator Ltd.	16	5360	3	
大连市理想光电技术孵化创业中心有限公司 Dalian Lixiang photoelectric Technology Business Incubation Center Ltd.	22	3021	5	1
大连科技创业大厦管理有限公司 Dalian Technology Venture Building Management Ltd.	54	2870	7	3
大连旅顺民营科技企业创业中心有限公司 Dalian Lvshun Private Scientific and Technological Enterprises Innovation Center Ltd.	38	5881	10	1
大连北方科技企业孵化基地 Dalian Beifang Technology Enterprises Incubation Base	33	2452	7	4
鞍山高新技术创业服务中心 Anshan Hi-tech Innovation Service Center	139	6200	5	
吉林高新技术创业服务中心 Jilin Hi-tech Innovation Service Center	370	5200	50	
长春科技创业服务中心 Changchun Technology Innovation Service Center	292	2351	20	
延吉高新技术创业中心 Yanji High-tech Business Center	32	5600	2	1
哈尔滨金华科技企业孵化器有限公司 Harbin Jinhua Technology Business Incubator Ltd.	55	7930	4	
哈尔滨龙计电子技术创业中心 Harbin Longji Electronic Technology Innovation Center	20	5157	2	
哈尔滨高科科技企业孵化器有限公司 Harbin Technology Business Incubator Ltd.	25	3200	4	
哈尔滨工业大学国家大学科技园发展有限公司 Harbin Industry University Science Park Ltd.	46	7346	3	
哈尔滨市动力科技创业中心 Harbin Hi-tech Driver Technology Innovation Center	25	4036	2	1
哈尔滨高科技创业中心 Harbin Hi-tech Innovation Center	380	3700	24	5

4-7 续表 3 continued

科技企业孵化器 Technology Business Incubator	累计毕业企业(个) Accumulated Number of Graduated Tenants (unit)	平均毕业时收入(千元) The Average Income of Graduated Tenants (1000 yuan)	当年毕业企业(个) Number of Graduated Tenants of the Year (unit)	收入达千万元企业数(个) Number of Tenants with Income More than 10 million yuan (unit)
大庆高新技术创业服务中心 Daqing Hi-tech Innovation Service Center	224	5470	31	3
上海上大科技园发展有限公司 Shanghai University Science Park Development Ltd.	57	1777	2	
上海漕河泾新兴技术开发区科技创业中心 Shanghai Caohejing New Park Technology Development Technology Innovation Center	98	20332	9	7
上海同济科技园孵化器有限公司 Shanghai Tongji Science Park Business Incubator Ltd.	43	9953	7	1
上海杨浦科技创业中心有限公司 Shanghai Yangpu Technology Innovation Center Ltd.	52	8120	7	2
上海微电子设计有限公司 Shanghai Microelectronics Design Ltd.	36	41895	2	
上海市科技创业中心 Shanghai Science and Technology Innovation Center	32	10242	6	2
上海八六三信息安全产业基地有限公司 Shanghai 863 Information Security Industry Base Ltd.	30	460	2	
上海张江高新技术创业服务中心 Shanghai Zhangjiang Hi-tech Innovation Service Center	56	2731	6	
上海慧谷高科技创业中心 Shanghai Huigu Hi-tech Innovation Center	72	17810	15	8
上海复旦科技园高新技术创业服务有限公司 Shanghai Fudan Science Park Hi-tech Innovation Service Ltd.	53	7052	7	
上海都市工业设计中心有限公司 Shanghai Urban Industrial Design Center Ltd.	31	4343	4	
上海聚科生物园区有限责任公司 Shanghai Juke Biology Park Ltd.	23	13343	7	2
虹口区科技创业中心 Hongkou District Technology Innovation Center	36	8423	6	2
上海市青浦区科技创业中心 Shanghai Qingpu District Technology Innovation Center	42	7947	6	1
上海莘闵高新技术开发有限公司 Shanghai Xinmin Hi-tech Development Ltd.	35	6030	5	1
上海张江药谷公共服务平台有限公司 Shanghai Zhangjiang Medicine Valley Public Service Platform Ltd.	30	12044	5	1
上海市闸北区科技创业中心 Shanghai Zhabei District Technology Innovation Center	30	23877	5	4
苏州市沧浪科技创业园管理有限公司 Suzhou Canglang Technology Innovafion Park Management Ltd.	38	7600	5	
苏州市吴中科技创业园 Suzhou Wuzhong Technology Innovation Park	66	15034	12	7
苏州工投科技创业园有限公司 Suzhou Gongtou Technology Innovation Park Ltd.	29	7500	11	
苏州高新技术创业服务中心(含本部、微系统园、苏高新软件园等) Suzhou Hi-tech Innovation Service Center(Including the Department, Microsystems Park, Suzhou High-tech Software Park, etc.)	141	6250	8	4
苏州国环节能环保创业园管理有限公司 Suzhou Guohuan tnergy-saving and Environmental Protection Park Management Ltd.	25	10500	7	5

4-7 续表 4 continued

科技企业孵化器 Technology Business Incubator	累计毕业企业(个) Accumulated Number of Graduated Tenants (unit)	平均毕业时收入(千元) The Average Income of Graduated Tenants (1000 yuan)	当年毕业企业(个) Number of Graduated Tenants of the Year (unit)	收入达千万元企业数(个) Number of Tenants with Income More than 10 million yuan (unit)
苏州火炬创新创业孵化管理有限公司(苏州博济科技创业园) Suzhou Torch Innovation Incubation Management Ltd. (Suzhou Boji Science and Technology Park)	28	6580	8	7
苏州留学人员创业园 Suzhou Overseas Scholars Incubation Park	97	5500	7	3
苏州工业园科技企业孵化器 Suzhou Industrial Park Technology Business Incubator	114	19201	7	5
张家港市高新技术创业服务中心 Zhangjiagang Hi-tech Innovation Service Center	50	4850	6	2
昆山高新技术创业服务中心 Kunshan Hi-tech Innovation Service Center	153	6582	5	
昆山留学人员创业园 Kunshan Overseas Scholars Innovation Park	91	6430	15	
太仓市科技创业园有限公司 Taicang Technology Innovation Park Ltd.	26	5347	5	
海安高新技术创业服务中心 Hai'an Hi-tech Innovation Service Center	32	5600	2	1
南通高新技术创业中心有限公司 Nantong Hi-tech Innovation Service Center Ltd.	39	4231	5	3
南通市崇川科技创业服务中心有限公司 Nantong Chongchuan Technology Innovation Service Center Ltd.	27	24050	5	4
淮安市高新技术创新中心 Huai'an Hi-tech Innovation Center	36	6500	9	
扬州高新技术创业服务中心 Yangzhou Hi-tech Innovation Service Center	42	12440	5	2
武进高新技术创业服务中心 Wujin Hi-tech Innovation Service Center	60	5000	10	3
盐城高新技术创业园有限公司 Yancheng Hi-tech Innovation Park Ltd.	32	8762	16	
江苏省常州钟楼高新技术创业服务中心 Changzhou Zhonglou Hi-tech Innovation Service Center	30	16380	10	1
常州高新技术创业服务中心 Changzhou Hi-tech Innovation Service Center	168	3200	20	4
镇江润州高新技术创业服务中心 Zhenjiang Runzhou Hi-tech Innovation Service Center	25	6000	5	2
镇江高新技术创业服务中心 Zhenjiang Hi-tech Innovation Service Center	38	8020	3	1
泰州市高新技术创业服务中心 Taizhou Hi-tech Innovation Service Center	121	6140	20	5
姜堰市高新技术创业中心 Jiangyan Hi-tech Innovation Center	103	8200	31	5
无锡市科技创业服务中心 Wuxi Hi-tech Innovation Service Center	86	5120	17	
无锡惠山高新技术创业服务中心(无锡惠山留学人员创业园 Wuxi Huishan Hi-tech Technology Innovation Service Center	25	12580	4	3
无锡(国家)工业设计园创业服务中心 Wuxi(National) Industrial Design Park Innovation Service Center	25	8000	4	3
无锡高新技术创业发展有限公司 Wuxi Hi-tech Venture Development Ltd.	201	6820	21	7

4-7 续表 5 continued

科技企业孵化器 Technology Business Incubator	累计毕业企业(个) Accumulated Number of Graduated Tenants (unit)	平均毕业时收入(千元) The Average Income of Graduated Tenants (1000 yuan)	当年毕业企业(个) Number of Graduated Tenants of the Year (unit)	收入达千万元企业数(个) Number of Tenants with Income More than 10 million yuan (unit)
无锡微纳传感网产业孵化器管理中心 Wuxi Micro-sensor Network Industry Incubator Management Center	19	5320	12	8
昆山启迪科技园发展有限公司 Kunshan Qidi Science Park Development Ltd.	25	6300	10	4
江阴高新技术创业园 Jiangyin Hi-tech Technology Innovation Park	45	5800	11	2
南京江宁高新技术创业服务中心 Nanjing Jiangning Hi-tech Innovation Service Center	126	8000	33	10
南京科技创业服务中心 Nanjing Hi-tech Innovation Center	21	6300	3	2
江苏省高新技术创业服务中心 Jiangsu Hi-tech Innovation Center	97	6450	6	5
南京金港科技创业中心 Nanjing Jingang Technology Innovation Center	104	5350	13	4
南京鼎业百泰生物科技有限公司 Nanjing Dingye Baitai Biomedical Science and Technology Ltd.	16	6000	15	
杭州高新技术产业开发区科技创业服务中心 Hangzhou Science and Technology Industrial Park Technology Innovation Service Center	72	7937	8	1
杭州市拱墅区科技创业中心 Hangzhou Gongshu District Technology Innovation Center	36		7	
杭州市上城区科技创业中心 Hangzhou Shangcheng District Technology Innovation Center	56	5119	8	2
杭州东部软件园有限公司 Hangzhou Dongbu Software Park Ltd.	24	14901	5	2
杭州数字娱乐园有限公司 Hangzhou Digital Entertainment Park Ltd.	21	18310	9	7
浙江大学科技园发展有限公司 Zhejiang University Science Park Ltd.	207	5515	21	6
浙大科技园宁波发展有限公司 Zhejiang University Science Park Ningbo Development Ltd.	29	18943	14	8
临安市科技孵化中心 Lin'an Science and Technology Incubation Center	40	18315	9	5
温州高新技术产业园区创业服务中心 Wenzhou Hi-tech Technology Innovation Park Innovation Center	37	6500	2	
嘉兴科技创业服务中心 Jiaxing Technology Innovation Service Center	45	8578	5	1
嘉兴市南湖科技创业服务中心 Jiaxing Nanhu Science and Technology Innovation Service Center	21	28956	9	3
嘉善县科技创业服务中心 Jiashan County Technology Innovation Service Center	40	7360	6	4
湖州科技创业服务中心 Huzhou Technology Innovation Service Center	104	6480	27	3
长兴民营科技园发展有限公司 Changxing Private Science and Technology Park Ltd.	48	6120	25	7
绍兴市高新技术创业服务中心 Shaoxing Hi-tech Innovation Service Center	315	300	20	
金华科技园创业服务中心有限公司 Jinhua Science Park Innovation Service Center Ltd.	118	28110	27	4
台州市高新技术创业服务中心有限公司 Taizhou Hi-tech Innovation Service Center Ltd.	32	8441	8	6

4-7 续表 6 continued

科技企业孵化器 Technology Business Incubator	累计毕业企业(个) Accumulated Number of Graduated Tenants (unit)	平均毕业时收入(千元) The Average Income of Graduated Tenants (1000 yuan)	当年毕业企业(个) Number of Graduated Tenants of the Year (unit)	收入达千万元企业数(个) Number of Tenants with Income More than 10 million yuan (unit)
宁波市科技创业中心 Ningbo City Technology Business Incubator Center	106	6702	16	5
宁波保税区(出口加工区)科技促进中心 Ningbo Free Tvade Zone (Export Processing Zone) Science and Technology Promotion Center	62	5889	5	2
宁波经济技术开发区科技创业园服务中心 Ningbo Development Zone Technology Park Service Center	19	5890	4	1
宁波市鄞创科技孵化器管理服务有限公司 Ningbo Yinchuang Technology Incubator Management Services Ltd.	28	7623	14	8
合肥高新技术创业服务中心 Hefei Hi-tech Innovation Service Center	110	7895	11	4
合肥国家大学科技园创业孵化中心 Hefei National University Science Park Innovation Center	34	5000	4	2
合肥民营科技企业园管理服务中心 Hefei Private Science and Technology Enterprise Park Management Service Center	54	8189	6	1
芜湖高新技术创业服务中心 Wuhu Hi-tech Innovation Center	78	5239	6	2
蚌埠高新技术创业服务中心 Bengbu Hi-tech Innovation Service Center	81	6500	2	1
马鞍山市高新技术创业服务中心 Ma'anshan City Hi-tech Innovation Service Center	51	4963	5	
铜陵市高新技术创业服务中心 Tongling Hi-tech Innovation Service Center	55	3670	10	
福建省高新技术创业服务中心 Fujian Hi-tech Innovation Service Center	30	8561	9	5
福州市高新技术产业创业服务中心 Fuzhou City Hi-tech Innovation Service Center	114	5600	11	1
福州863软件专业孵化器服务中心 Fuzhou 863 Software Incubator Service Center	43	6500	17	
厦门高新技术创业中心 Xiamen Hi-tech Innovation Center	292	7946	28	12
厦门海峡科技创业促进有限公司(厦门台湾科技企业育成中心) Xiamen Haixia Technology Entrepreneurship Promotion Ltd. (Xiamen Taiwan Hi-tech Enterprise Incubation Center)	46	6608	15	2
厦门软件产业投资发展有限公司 Xiamen Software Industrial Investment Development Ltd.	288	6850	32	3
泉州市高新技术创业服务中心 Quanzhou City Hi-tech Innovation Service Center	107	6750	2	
江西省高新技术创业服务中心 Jiangxi Province Hi-tech Innovation Service Center	38	1969	5	
江西高技术产业发展有限责任公司 Jiangxi Hi-tech Industry Development Ltd.	68	1100	11	
南昌高新开发区创业服务中心 Nanchang Science and Technology Industrial Park Innovation Service Center	61	4211	8	
南昌大学科技园发展有限公司 Nanchang University Science Park Development Ltd.	106	5473	37	1
济南高新技术创业报务中心 Jinan Hi-tech Innovation Service Center	448	9800	20	7

4-7 续表 7 continued

科技企业孵化器 Technology Business Incubator	累计毕业企业(个) Accumulated Number of Graduated Tenants (unit)	平均毕业时收入(千元) The Average Income of Graduated Tenants (1000 yuan)	当年毕业企业(个) Number of Graduated Tenants of the Year (unit)	收入达千万元企业数(个) Number of Tenants with Income More than 10 million yuan (unit)
青岛高新技术创业服务中心 Qingdao Hi-tech Innovation Service Center	113	40100	13	9
淄博高新技术创业服务中心 Zibo Hi-tech Innovation Service Center	123	14769	16	11
潍坊高新技术创业服务中心 Weifang Hi-tech Innovation Service Center	69	6977	5	1
潍坊高新区生物医药科技产业园管理办公室 Weifang Hi-tech Zone Biomedical Park Management Office	20	5700	2	1
东营市黄河口高新技术企业创业园 Dongying City Huanghekou Hi-tech Business Incubator Park	55	10801	11	9
临沂高新技术创业服务中心 Linyi Hi-tech Innovation Service Center	38	8260	6	4
东营高新技术创业服务中心 Dongying Hi-tech Innovation Service Center	104	15793	27	12
济南历下软件创业服务中心 Jinan Lixia Software Innovation Service Center	54	4981	15	
东营市高新技术创业服务中心 Dongying City Hi-tech Innovation Service Center	85	8594	8	3
威海市高技术创业服务中心 Weihai Hi-tech Innovation Service Center	130	3000		
济宁高新技术创业服务中心 Jining Hi-tech Innovation Service Center	82	3627	15	
泰安高新技术创业服务中心 Tai'an Hi-tech Innovation Service Center	44	13955	8	6
烟台高新技术创业服务中心 Yantai Hi-tech Innovation Service Center	63	7500	3	
威海火炬高技术产业开发区高新技术创业服务中心 Weihai Torch Hi-tech Industrial Park Hi-tech Innovation Service Center	36	6529	9	2
德州金田高新技术创业发展有限公司 Dezhou Jintian Hi-Tech Venture Development Ltd.	41	5260	23	
济南腊山高新技术创业服务中心 Jinan Lashan Hi-tech Innovation Service Center	53	5926	1	
济南民营科技企业孵化器 Jinan Private Technology Business Incubator	19	5000	3	2
烟台留学人员创业园区 Yantai Overseas Scholars Innovation Park	179	7044	21	6
垦利县高新技术创业服务中心 Kenli Hi-Tech Innovation Service Center	56	6098	11	
聊城市高新技术创业服务中心 Liaocheng Hi-Tech Innovation Service Center	34	3215	8	
青岛经济技术开发区高科技创业服务中心 Qingdao Technological Development Park Hi-tech Innovation Service Center	54	10031	6	
青岛软件园发展有限公司 Qingdao Software Park Development Ltd.	30	3059	5	4
青岛高新技术产业开发区新产业团地创业中心 Qingdao Science and Technology Industrial Innovation Center	30	9100	1	
郑州市高新技术创业中心 Zhengzhou City Hi-tech Innovation Center	104	4011	3	1

4-7 续表 8 continued

科技企业孵化器 Technology Business Incubator	累计毕业企业(个) Accumulated Number of Graduated Tenants (unit)	平均毕业时收入(千元) The Average Income of Graduated Tenants (1000 yuan)	当年毕业企业(个) Number of Graduated Tenants of the Year (unit)	收入达千万元企业数(个) Number of Tenants with Income More than 10 million yuan (unit)
郑州高新技术产业开发区创业中心 Zhengzhou Hi-tech Innovation Center	293	6238	30	14
洛阳高技术创业服务中心 Luoyang Hi-tech Innovation Service Center	81	5000	10	6
南阳高新技术创业服务中心 Nanyang Hi-tech Innovation Service Center	54	5240	5	1
河南省新乡高新技术创业服务中心 Henan Xinxiang Hi-tech Innovation Service Center	20	5500	4	
安阳高新技术创业服务中心 Anyang Hi-tech Innovation Service Center	125	2520	10	4
漯河高新技术创业服务中心 Luohe Hi-tech Innovation Service Center	71	5870	7	5
焦作高新技术创业服务中心 Jiaozuo Hi-tech Innovation Service Center	66	6725	4	
河南省大学科技园发展有限公司 Henan Province University Science Park Development Ltd.	108	4330	30	23
河南专利孵化转移中心有限公司 Henan Patent Incubation Transfer Center Ltd.	87	4150	28	5
宜昌高新技术产业园区创业服业中心 Yichang Hi-tech Innovation Service Center	60	5500	9	5
荆州高新技术产业开发区创业服务中心 Jinzhou Hi-tech Development Zone Innovation Center	50	10000	5	3
黄石磁湖科技创业服务中心 Huangshi Cihu Technology Innovation Service Center	119	9744	13	4
襄樊高新技术创业服务中心 Xiangfan Hi-tech Innovation Service Center	93	32760	6	
十堰高新技术产业开发区创业服务中心 Shiyan Hi-tech Industrial Development Zone Innovation Service Center	49	10000	9	3
武汉市洪山高新技术创业服务中心 Wuhan Hongshan Hi-tech Innovation Service Center	171	8460	8	3
武汉市青山区高新技术创业服务中心 Wuhan City Qingshan District Hi-tech Innovation Service Center	63	5100	12	7
武汉新材料科技企业孵化器 Wuhan New Material Technology Business Incubator	59	4000	4	2
武汉华工科技企业孵化器有限责任公司 Wuhan Huagong Technology Business Incubator Ltd.	50	5130	5	2
汉口高新技术创业服务中心 Hankou Hi-tech Innovation Service Center	98	6100	15	5
湖北武汉国家农业科技园创业中心 Hubei Wuhan National Agriculture Science Park Innovation Center	87	6400	20	16
武汉市武昌科技创业中心 Wuhan City Wuchang Technology Innovation Center	37	7980	3	2
武汉华创源科技企业孵化器有限公司 Wuhan Huachuangyuan Technology Business Incubator	27	8000	7	2
武汉海峡高新技术创业服务中心 Wuhan Strait Hi-tech Innovation Service Center	53	5239	5	
武汉东湖新技术创业中心 Wuhan Eastlake Hi-tech Innovation Center	681	8500	70	35
武汉留学生创业管理中心 Wuhan Overseas Scholars Innovation Park Management Center	114	37	15	3

4-7 续表 9 continued

科技企业孵化器 Technology Business Incubator	累计毕业企业(个) Accumulated Number of Graduated Tenants (unit)	平均毕业时收入(千元) The Average Income of Graduated Tenants (1000 yuan)	当年毕业企业(个) Number of Graduated Tenants of the Year (unit)	收入达千万元企业数(个) Number of Tenants with Income More than 10 million yuan (unit)
长沙高新技术创业服务中心 Changsha Hi-tech Innovation Service Center	105	8497	18	11
长沙高新技术产业开发区创业服务中心 Changsha Hi-tech Industrial Park Innovation Service Center	117	15981	27	18
长沙新技术创业中心 Changsha New Technology Innovation Center	33	8940	7	3
株洲高新技术产业开发区创业服务中心(株洲留学生创业园) Zhuzhou Hi-tech Innovation Service Center(Zhuzhou Overseas Scholars Innovation Park)	58	3900	2	1
湘潭国家高新技术创业服务中心 Xiangtan National Hi-tech Innovation Service Center	155	5367	11	4
岳阳火炬创业服务中心 Yueyang Torch Business Service Center	45	5967	8	3
东莞市留学人员创业园 Dongguan City Overseas Scholars Innovation Park	53	156	15	1
广州火炬高新技术创业服务中心 Guangzhou Torch Hi-tech Innovation Service Center	276	18835	15	7
广州国际企业孵化器有限公司 Guangzhou International Business Incubator Ltd.	39	19181	3	2
广东拓思软件科学园有限公司 Guangdong Tuosi Software Science Park Ltd.	49		9	
广州市高新技术创业服务中心 Guangzhou City Hi-tech Innovation Service Center	479	9158	5	3
广州市海珠高新技术创业服务中心 Guangzhou City Haizhu Hi-tech Innovation Service Center	41	5502	2	
广州联炬科技企业孵化器有限公司 Guangzhou Lianju Technology Business Incubator Ltd.	32	38336	6	5
中山火炬高技术创业中心有限公司 Zhongshan Torch Hi-tech Innovation Center Ltd.	174	9117	33	16
华南理工大学国家大学科技园 Huanan Science and Technology University Science Park	84	15000	13	12
珠海高新技术创业服务中心 Zhuhai Hi-tech Innovation Service Center	56	11976	7	2
深圳虚拟大学园管理服务中心 Shenzhen Virtual University Science Park Innovation Center	51	5186	5	1
深圳市科技创业中心 Shenzhen City Hi-tech Innovation Service Center	536	10000	10	
深圳市宝安区科技创业服务中心 Shenzhen City Bao'an District Technology Innovation Service Center	43	44758	5	4
深圳市南山区科技创业服务中心 Shenzhen City Nanshan District Technology Innovation Service Center	128	8500	23	15
深圳市龙岗区科技创业服务中心 Shenzhen City Longgang District Technology Innovation Service Center	56	9890	5	
深圳市北科创业有限公司 Shenzhen City Beike Innovation Ltd.	49	8674	5	
深圳市福田区高新技术创业中心 Shenzhen City Futian District Hi-tech Innovation Center	77	16000	10	
深圳市留学生创业园有限公司 Shenzhen Overseas Scholars Innovation Park Ltd.	350	2000	18	2

4-7 续表 10 continued

科技企业孵化器 Technology Business Incubator	累计毕业企业(个) Accumulated Number of Graduated Tenants (unit)	平均毕业时收入(千元) The Average Income of Graduated Tenants (1000 yuan)	当年毕业企业(个) Number of Graduated Tenants of the Year (unit)	收入达千万元企业数(个) Number of Tenants with Income More than 10 million yuan (unit)
深港产学研基地 PKU-HKUST ShenZhen-HongKong Institution Base	66	10000	3	2
南宁新技术创业者中心 Nanning New Technology Venture Center	380	7500	32	
桂林科技企业发展中心 Guilin Technology Innovation Service Center	135	6000	11	3
北海市高新技术创业服务中心 Beihai Hi-tech Innovation Service Center	31	5000	3	
柳州高新技术创业服务中心 Liuzhou Hi-tech Innovation Service Center	80	5013	10	1
重庆高技术创业中心(中国重庆国际企业孵化器) Chongqing Hi-tech Innovation Center(Chongqing International Business Incubator)	357	7610	5	3
重庆大学科技园孵化器有限责任公司 Chongqing University Science Park Business Incubator Ltd.	37		1	
重庆市涪陵区金渠企业孵化器有限责任公司 Chongqing Fuling District Jinqu Incubator Ltd.	33	11139	10	2
重庆高新技术产业开发区创新服务中心 Chongqing Science and Technology Park Technology Innovation Service Center	301	6780	35	8
四川川大科技园发展有限公司 Sichuan University Science Park Development Ltd.	51	2170	3	3
四川中物技术有限责任公司 Sichuan Zhongwu Technology Ltd.	15	5210	4	1
成都数字娱乐软件园管理投资有限公司 Chengdu Digital Entertainment Software Park Management Investment Ltd.	14	1819		
成都武侯高新技术创业服务中心 Chengdu Wuhou Hi-tech Innovation Service Center	17	7564	2	1
成都高新技术产业开发区技术创新服务中心 Chengdu Hi-Tech Industrial Development Zone of Technology Innovation Service Center	331	7621	43	14
成都天河中西医科技保育有限公司 Chengdu Tianhe Traditional Chinese and Western Medicine Science and Technology Ltd.	85	7531	21	7
成都高新区教育科技园孵化器有限公司 Chengdu Science and Technology Park Education Science Park Business Incubator Ltd.	53	6700	8	6
成都高新技术创业服务中心 Chengdu Hi-tech Innovation Service Center	238	6781	15	6
绵阳高新区创业服务中心 Mianyang Science and Technology Innovation Service Center	61	821	5	
贵阳高新技术创业服务中心 Guiyang Hi-tech Innovation Service Center	45	13120	3	
昆明创新园科技发展有限公司 Kunming Innovation Park Science and Technology Development Ltd.	54	6408	12	1
云南省新材料孵化器 Yunnan Province Advanced Material Business Incubator	13	11236	2	

4-7 续表 11 continued

科技企业孵化器 Technology Business Incubator	累计毕业企业(个) Accumulated Number of Graduated Tenants (unit)	平均毕业时收入(千元) The Average Income of Graduated Tenants (1000 yuan)	当年毕业企业(个) Number of Graduated Tenants of the Year (unit)	收入达千万元企业数(个) Number of Tenants with Income More than 10 million yuan (unit)
昆明高新五华科技园创业服务中心 Kunming Hi-tech Wuhua Science and Technology Park of Innovation Service Center	61	11134	34	10
昆明经济技术开发区新兴产业孵化区管理有限公司 Kunming Development Zone New Industry Incubator District Management Ltd.	37	7150	9	3
昆明高新技术创业服务中心 Kunming Hi-tech Innovation Service Center	135	3865	5	3
西安航空科技创新服务中心 Xi'an Aviation Science and Technology Service Center	51	10639	26	9
西安交大科技园高新技术创业服务中心 Xi'an Jiaotong University Science Park Hi-tech Innovation Service Center	72		15	
西安伟盛电子信息发展有限公司 Xi'an Weisheng Electronic Information Development Ltd.	17	2200	5	2
西安航天基地国际孵化器有限公司 Xi'an International Incubator Space Base Ltd.	23	6950	6	1
西安集成电路设计专业孵化器有限公司 Xi'an IC Design Incubator Ltd.	20	7845	2	1
西安光电子专业孵化器有限责任公司 Xi'an Professional Photoelectron Business Incubator Ltd.	65	6280	8	5
西安高新技术产业开发区创业园发展中心 Xi'an Hi-Tech Industry Development Zone Innovation Park Development Center	395	10200	38	25
西安联创生物医药孵化器有限公司 Xi'an Lianchuang Biological Medicine Business Incubator Ltd.	37	5058	5	
西安先进制造专业孵化器 Xi'an Advanced Manufacturing Incubator	39	22847	6	
西安软件园发展中心 Xi'an Software Park Development Center	88	526	13	7
陕西启迪科技园发展有限公司 Shaanxi Qidi Science and Technology Park Development Ltd.	34	7300	4	2
宝鸡高新技术产业开发区高技术创业服务中心 Baoji Hi-Tech Industry Development Zone of High-tech Innovation Service Center	120	5000	15	3
杨凌农业高新技术产业示范区创业服务中心 Yangling Agricultural Hi-teck Industry Demonstration Zone Innovation Service Center	42	5890		
甘肃省高新技术创业服务中心 Gansu Province Hi-tech Innovation Service Center	41	8200	2	
兰州高新技术产业开发区创业服务中心 Lanzhou Hi-tech Industry Development Zone Innovation Service Center	119	25320	5	3
国家高新技术创业服务中心(青海中小企业创业发展有限公司) National Hi-tech Innovation Service Center (Qinghai SMEs Development Ltd.)	12	5000	6	
宁夏高新技术创业服务中心 Ningxia Hi-tech Innovation Service Center	81	1343	7	2
乌鲁木齐高新技术创业开发区高新技术创业服务中心 Urumqi Hi-tech Innovation Service Center	45	10493	2	1

4-8 非国家级科技企业孵化器基本情况

General Statistics of Non State Level TBIs

科技企业孵化器 Technology Business Incubator	人员总数（人） Total Number of Employees (person)	孵化器总收入（千元） Total Income of TBIs (1000 yuan)	服务性收入（千元） Service Income (1000 yuan)	孵化基金总额（千元） Incubator Fund (1000 yuan)	场地面积（平方米） Space Area (sq.m)	累计公共服务平台投资总额（千元） Accumulated Investment of the Public Service Platform (1000 yuan)
合　计 Total	**7817**	**14259376**	**1113074**	**3013458**	**15472656**	**2080733**
北京奥科兴源科技企业孵化器有限公司 Beijing Aoke Xingyuan Technology Business Incubator Ltd.	10	7800	7800	9530	50000	
北京八六三信息安全科技发展有限公司 Beijing 863 Information Security Technology Development Ltd.	25	8284	115		13000	322
北京北达燕园科技孵化器有限公司 Beijing Beida Yanyuan Technology Business Incubator Ltd.	10	4223	17	4992	127602	500
北京北方车辆新技术孵化器有限公司 Beijing Northern Vehicle High Technology Incubator Ltd.	10	1000	760	1720	10399	28000
北京北控高科技孵化器有限公司 Beijing Beikong Technology Business Incubator Ltd.	11	11025	11025	32778	11949	
北京北内制造业高新技术孵化基地有限公司 Beijing Beinei Manufacturing Hi-tech Incubation Base Ltd.	9	830	830	2000	8500	
北京昌科晨宇科技企业孵化器有限公司 Beijing Changke Chenyu Science and Technology Business Incubator Ltd.	10	2378	304	3000	13051	100
北京昌科航星科技开发有限公司 Beijing Changke Hangxing Technology Development Ltd.	37	2774			8140	
北京超导园科技企业孵化器有限公司 Beijing Superconductor Park Science and Technology Business Incubator Ltd.	36	26000	18750	60000	11000	3000
中关村东升科技园孵化器 Zhongguancun Dongsheng Science Park Incubator	11				6400	
北京方和正圆科技企业孵化器有限公司 Beijing Fanghe Zhengyuan Business Incubator Ltd.	18	2954	64	2000	10300	4800
北京富丰实业发展公司 Beijing Fufeng Industrial Development Corporation	59	3600	90		10348	
北京高创天成国际企业孵化器有限公司 Beijing Gaochuang Tiancheng Technology Business Incubator Ltd.	15	3219	215	2400	2020	68
北京国丰通达科技孵化器中心 Beijing Guofeng Tongda Technology Innovation Center	10	3920	3920		9023	
北京海银科医药技术有限公司 Beijing Haiyinke Medicine Technology Ltd.	8	662			1200	1184
北京华商置业有限公司 Beijing Huashangzhiye Technology Business Incubator Ltd.	10	6900		1000	22000	
北京集成电路设计园有限责任公司 Beijing IC Design Park LLC	35	69635	16657		50000	74830
北京建科兴达科技企业孵化器有限责任公司 Beijing Jianke Xingda Technology Business Incubator Ltd.	25	789	12	1000	15000	100
北京交大科技孵化器有限公司 Beijing Jiaotong University Technology Business Incubator Ltd.	16	4392	892	3000	56000	9300
北京金丰和科技企业孵化器有限责任公司 Beijing Jinfenghe Technology Business Incubator Ltd.	17	6853	313	5000	11636	
北京京海科技企业孵化器有限公司 Beijing Jinghai Science and Technology Business Incubator Ltd.	5	448		2000	2000	

4-8 续表 1 continued

科技企业孵化器 Technology Business Incubator	人员总数(人) Total Number of Employees (person)	孵化器总收入(千元) Total Income of TBIs (1000 yuan)	服务性收入(千元) Service Income (1000 yuan)	孵化基金总额(千元) Incubator Fund (1000 yuan)	场地面积(平方米) Space Area (sq.m)	累计公共服务平台投资总额(千元) Accumulated Investment of the Public Service Platform (1000 yuan)
北京京仪科技孵化器有限公司 Beijing Jingyi Technology Incubator Ltd.	19	23511	1590		18000	4000
北京聚兴创业科技企业孵化有限公司 Beijing Juxing Incubator for Technology Entrepreneurs Venture Ltd.	6	982	982		3000	
北京竣一在线孵化器有限公司 Beijing Junyi Zaixian Incubator Ltd.	20	500	500		6000	15
北京科方创业科技企业孵化器有限公司 Beijing Kefang Chuangye Technology Business Incubator Ltd.	12	1340	590	1500	3850	6630
中关村能源与安全科技园(中国矿业大学留学人员创业园) Zhongguancun Energy and Security Science Park (CUMT Returned Student Pioneer Park)	25	6610	1200		15000	1009
北京利玛自动化专业孵化基地 Beijing Lima Automation Special Incubation Base	5	1624	1408	2000	6470	
北京绿创环保集团科技孵化器有限公司 Beijing Greentec Science Incubator Ltd.	10	1794	794	500	9772	
北京牡丹电子集团有限责任公司 Beijing Peony Electronic Group Ltd.	32	21300	1100	10000	18370	9000
北京诺飞科技孵化器有限公司 Beijing Nuofei Technology Business Incubator Ltd.	9	252	216	1900	23500	
北京首特科技孵化器有限责任公司 Beijing Shoute Technology Business Incubator Ltd.	18	6014	1085	2160	28360	7000
北京泰思特测控技术公司 Beijing Taisite Measurement and Control Technology, Inc.	26	591	272	240	7354	
北京天竺空港科技企业孵化器有限公司 Beijing Tianzhu Konggang Technology Business Incubator Ltd.	10	14550	11220	1000	40000	5200
北京信创宇轩科技孵化器有限公司 Beijing Xinchuang Yuxuan Technology Incubator Ltd.	10	2792	332	3000	26000	120
北京颐安鑫鼎科技企业孵化器有限公司 Beijing Yi'an Xinding Science and Technology Business Incubator Ltd.	6	8632		1000	13000	
北京永同昌丰益科技孵化器有限公司 Beijing Yongtong Changfengyi Technology Incubator Ltd.	12	5000			10803	
北京中都创业科技孵化器有限公司 Beijing Zhongdu Science and Technology Incubator Venture Ltd.	9	2280	2280		3500	
中关村动漫游戏孵化器 Zhongguancun Cartoon Games Incubator	15	393	208		6178	2380
北京中农大科技企业孵化器有限公司 Beijing CAU Technology Business Incubator Ltd.	12	3840	3120	1500	6300	3500
北京中自科技产业孵化器有限公司 CASIA Incubator Park	13	657	627		5000	874
中关村兴业(北京)高科技孵化器股份有限公司 Zhongguancun Xingye (Beijing) Hi-tech Incubator Ltd.	25	58676	137	1084	25000	1000
中国环境保护公司北京环保科技开发中心 China Environmental Protection Company Environmental Science and Technology Development Center of Beijing	10	5706	5190		13406	

4-8 续表 2 continued

科技企业孵化器 Technology Business Incubator	人员总数(人) Total Number of Employees (person)	孵化器总收入(千元) Total Income of TBIs (1000 yuan)	服务性收入(千元) Service Income (1000 yuan)	孵化基金总额(千元) Incubator Fund (1000 yuan)	场地面积(平方米) Space Area (sq.m)	累计公共服务平台投资总额(千元) Accumulated Investment of the Public Service Platform (1000 yuan)
天津市天传电气节能产业孵化器有限公司 Tianjin Tianchuan Electric Energy Saving Incubator Ltd.	8	430	430		5000	
天津塘沽海洋高新区创业服务中心 Tianjin Tanggu Marine Science Park Innovation Service Center	6	3065	3065		23035	
津滨科技园 Jinbin Science and Technology Park	15	2041	1178		7000	6700
天津开泰企业孵化器有限公司 Tianjin Kaitai Technology Business Incubator Ltd.	25	10836			27841	
天津市光电子专业孵化器 Tianjin Photoelectron Industry Incubator	12	9469	8588		266400	2000
天津市帅越地热科技开发中心 Shuaiyue Geotherm Science and Technology Development Center of Tianjin	23	1262	371		8700	
中国民航大学科技企业孵化器 National Civil Aviation University Technology Business Incubator	11	11087	8200		9900	
河北区科技园 Hebei District Science and Technology Park	25	3826	1140		150000	500
河北科技风险投资有限公司创业分公司 Hebei Technology Venture Capital Ltd. Incubation Branch Company	9	6530	4814	30000	18500	
石家庄科技创业投资有限公司创业中心 Shijiazhuang Technology Venture Capital Ltd.Innovation Center	26	3439	22	8000	40000	5500
廊坊科技企业孵化器有限公司 Langfang Technology Business Incubator Ltd.	58	3080	2920		5300	
廊坊开发区科技创业服务中心 Langfang Development Zone Innovation Service Center	5	510	510	3000	4700	
河北清华发展研究院科技企业孵化器 Hebei Tsinghua Development Institute Technology Business Incubator	20	12000	8000	500	39946	
衡水经济开发区创业服务中心 Innovation Service Center of Hengshui Economic Development Zone	9	885	885		22000	
承德市高新区创业服务中心 Chengde Science and Technology Industrial Park Innovation Service Center	22	1550	450	4000	12874	200
涿鹿科技园孵化器有限公司 Zhuolu Science Park Incubator Ltd.	18	450	310	820	13966	3284
秦皇岛市育兴高新技术创业有限公司 Qinhuangdao Yuxing High-tech Innovation Ltd.	3	363	182		8000	
河北省涿州高新技术创业服务中心 Hebei Zhuozhou Hi-tech Innovation Service Center	6	176	126	181	15500	
邢台市开发区总部经济服务中心 Xingtai Development Zone Headquarter Economy Service Center	10	800	300	2000	3020	700
太原市开发区高新技术创业中心 Hi-tech Innovation Center of Taiyuan Development Zone	7	1040	1040		10000	
中辐院科技园 Zhongfu Institute Science and Technology Park	3	1300	1000		24914	
太原高新区大学科技创业园 University Technology Innovation Park of Taiyuan Science and Technology Park	5	1595	1595		6600	

4-8 续表 3 continued

科技企业孵化器 Technology Business Incubator	人员总数（人） Total Number of Employees (person)	孵化器总收入（千元） Total Income of TBIs (1000 yuan)	服务性收入（千元） Service Income (1000 yuan)	孵化基金总额（千元） Incubator Fund (1000 yuan)	场地面积（平方米） Space Area (sq.m)	累计公共服务平台投资总额（千元） Accumulated Investment of the Public Service Platform (1000 yuan)
瑞杰科技中心 Ruijie Science and Technology Center	22	11647	11133		26524	
三益电子科技专业孵化器 Sanyi Electronic Science and Technology Incubator	5	119	119		15000	
太原市杏花岭区科技孵化创业服务中心 Taiyuan Xinghualing District Technology Incubator and Innovation Center	36	250	150		20000	
科景科技企业孵化器 Kejing Technology Business Incubator	7	139	29		5600	
太原市高新技术创业服务中心 Taiyuan Hi-tech Innovation Service Center	15	6350	6280	16010	6000	420
太原市科仪科技企业孵化器 Taiyuan Keyi Technology Business Incubator	7	13	3	500	6239	
日化所科技园 Daily Chemical Institute Science and Technology Park	25	32245			21847	
太原高新区留学人员创业园 Incubation Park for Overseas Scholars of Taiyuan Science and Technology Industrial Park	5			4500	6000	
太原高新区电子数码港 Electronic and Digital Port of Taiyuan Science and Technology Industrial Park	29				53000	
内蒙古自治区留学人员创业园 Inner Mongolia Autonomous Region Overseas Scholars Incubation Park	5				11345	
辽宁科技大学资产经营有限公司 Liaoning Technology University Asset Management Ltd.	16	31773	31773		14137	
辽阳科技创业服务中心 Liaoyang Technology Innovation Service Center	11				12000	355
铁岭市高新技术创业服务中心 Tieling Hi-tech Innovation Service Center	44			3000	37000	11600
葫芦岛高新技术产业开发区创业中心 Huludao Science and Technology Industrial Park Innovation Center	12	136			13000	580
鞍山海外学子创业园 Anshan Overseas Scholars Incubation Park	6	986	729		35000	500
大连市中山区科技企业服务中心 Dalian Zhongshan District Technology Enterprises Service Center	5	147	147		1130	2
大连国际工控产品技术产权交易中心 Dalian International Industrial Control Products Property Trading Center	85	3770	1150	3000	15000	15240
大连集成电路设计产业基地管理股份有限公司 Dalian IC Design Industrial Base Management Ltd.	12	2358	78	3000	17000	3000
大连九龙高新技术创业服务有限公司 Dalian Jiulong High-tech Venture Services Ltd.	20	92	92		10000	
科技创新大厦 Technology Innovation Mansion Incubation Center	16	4284	350		10800	

4-8 续表 4 continued

科技企业孵化器 Technology Business Incubator	人员总数(人) Total Number of Employees (person)	孵化器总收入(千元) Total Income of TBIs (1000 yuan)	服务性收入(千元) Service Income (1000 yuan)	孵化基金总额(千元) Incubator Fund (1000 yuan)	场地面积(平方米) Space Area (sq.m)	累计公共服务平台投资总额(千元) Accumulated Investment of the Public Service Platform (1000 yuan)
大连市西岗区高科技发展中心 Xigang District Hi-tech Development Center of Dalian	5	2110		13500	8300	
大连航运物流软件园 Dalian Maritime Logistics Software Park	15				1051	
大连市留学人员创业园 Dalian Overseas Scholars Incubation Park	44	17507	13394	157199	92000	11000
大连中山区科技园 Dalian Zhongshan District Science and Technology Park	59	10223	6043		17400	
吉林大学科技园发展中心 Jilin University Science Park Development Center	14	480		19182	30200	1000
长春理工大学大学科技园科技企业孵化器 CUST Science and Technology Park Business Incubator	21	8500	100	1000	42000	12000
中俄科技企业孵化器(长春中俄科技园有限公司) Sino-Russia Science and Technology Business Incubator (Changchun Sino-Russian Science Park Ltd.)	20	186	150	2000	67060	1900
四平红嘴大学科技园 Siping Hongzui University Science and Technology Park	50			19800	8000	
珲春高新技术创业服务中心 Hunchun high-tech Innovation Service Center	8	6500	600	5000	30648	900
北华大学科技园 Beihua University Science Park	16	650	650	2000	2800	
留学生创业园 Overseas Scholars Innovation Park	13	260	260	8200	4223	650
吉林省民营科技园 Jilin Province Private Science and Technology Park	16	2600	2600	3000	12400	
吉林省高新创业孵化产业园有限公司 Jilin Hi-tech Industry Park Incubation Ltd.	21	2161	279		14780	9900
齐齐哈尔市科技企业孵化中心 Qiqihar Technology Enterprises Incubation Center	11	164	65	200	3452	1300
富拉尔基科技企业创业中心 Fulaerji Technology Enterprises Innovation Center	8	25	25		4340	
鹤岗市科技企业创业中心 Hegang Technology Enterprises Innovation Center	13				1000	
双鸭山市弘科高新技术服务中心 Hongke Hi-tech Service Center of Shuangyashan	19	690	360	720	4400	
大庆精细化工科技园科技企业孵化器 Daqing Fine Chemical Science and Technology Park Technology Business Incubator	15	778			9600	2400
大庆新型复合材料及制品特色产业基地 Daqing New Type Composite Material and Products Industrial Base	7			308	1200	
铁力松涛科技创业园区 Tieli Songtao Science and Technology Innovation Park	5	15424	15424	6010	4169	150
佳木斯新运化工高新技术孵化器有限公司 Kiamusze Xinyun Chemical Hi-tech Business Incubator Ltd.	21	768			17000	
佳木斯高新技术创业服务中心 Jiamusze Hi tech Innovation Service Center	3	111			68800	

4-8 续表 5 continued

科技企业孵化器 Technology Business Incubator	人员总数(人) Total Number of Employees (person)	孵化器总收入(千元) Total Income of TBIs (1000 yuan)	服务性收入(千元) Service Income (1000 yuan)	孵化基金总额(千元) Incubator Fund (1000 yuan)	场地面积(平方米) Space Area (sq.m)	累计公共服务平台投资总额(千元) Accumulated Investment of the Public Service Platform (1000 yuan)
牡丹江市高新技术创业服务中心 Mudanjiang Hi-tech Innovation Service Center	12	7800	3300	5500	6000	80
哈尔滨七〇三科技创业中心 Harbin 703 Technology Innovation Center	7	1000	980	630	8392	
黑龙江省林业科技创业中心 Heilongjiang Forestry Technology Innovation Center	18	260	80	630	12300	588
哈尔滨现代农业科技创业中心 Harbin Modern Agriculture Technology Innovation Center	15	494	482	52	23100	
黑龙江省地理信息科技企业孵化器 Heilongjiang Geography Information Technology Business Incubator	27	2400	2400		11000	800
哈尔滨市道里区均信高科技创业中心 Harbin Daoli District Junxin Technology Innovation Center	14	11			6408	
黑龙江省动漫产业(平房)发展基地管理办公室 Heilongjiang Animation Industry Development Base Management Office	14	2200	2000		36000	14000
哈尔滨市平房区高新技术创业中心 Harbin Pingfang District Hi-tech Innovation Center	9	638	24	3240	10000	106
华崴科技创业中心 Huawei Technology Innovation Center	10	88475	50	1000	7000	120
黑龙江省六环科技企业创业中心 Heilongjiang Province Liuhuan Technology Companies Innovation Center	8	1712	612		7700	
东北亚对俄科技合作发展中心 Northeast Asia Cooperation Science and Technology Development Center with Russia	8	100	100	35750	3550	
黑龙江创业科技园 Heilongjiang Innovation Science Park	5	2100		3005	11856	300
黑龙江大学软件园 Heilongjiang University Software Park	19	1094			10000	
哈尔滨理工大学科技企业创业中心 Harbin Science and Technology University Innovation Center	18	9581	8344	500	18000	230
哈尔滨海格孵化器有限公司 Harbin Haige Business Incubator Ltd.	16	1260			12000	
哈尔滨市起亚科技企业孵化器有限公司 Harbin Qiya Technology Business Incubator Ltd.	14	638		390	3300	
哈尔滨电工仪表研究所科技企业孵化器 Harbin Electrical Engineering Instruments Institute Technology Enterprises Incubator	23	18000	10000	3000	12833	
哈开发区富阳创业中心 Harbin Development Zone Fuyang Innovation Center	30	7983			30000	
哈尔滨赛达科技园有限公司 Harbin Saida Science and Technology Park Ltd.	3	145			3535	
黑龙江省自动化企业孵化器 Heilongjiang Province Automation Business Incubator	10	18900	18130		4400	
哈尔滨龙软科技开发有限责任公司 Harbin Longruan Science and Technology Development Ltd.	24	3050	3050		9300	

4-8 续表 6 continued

科技企业孵化器 Technology Business Incubator	人员总数(人) Total Number of Employees (person)	孵化器总收入(千元) Total Income of TBIs (1000 yuan)	服务性收入(千元) Service Income (1000 yuan)	孵化基金总额(千元) Incubator Fund (1000 yuan)	场地面积(平方米) Space Area (sq.m)	累计公共服务平台投资总额(千元) Accumulated Investment of the Public Service Platform (1000 yuan)
哈尔滨市三强信息技术有限责任公司 Harbin Sanqiang Information Technology Ltd.	15	480	100		3800	2000
黑龙江省佳路高科技开发总公司 Heilongjiang Province Jialu Development Corporation	7	1283	1283		5776	365
上海多媒体产业园创业有限公司 Shanghai Multimedia Industrial Park Innovation Ltd.	15			8750	5104	
上海科汇高新技术创业服务中心 Shanghai Kehui Hi-tech Innovation Service Center	14	5827	354	3000	12835	3736
上海互联网创业投资有限公司 Shanghai Internet Venture Capital Ltd.	8	1010		1322	5500	8000
上海嘉定高新技术创业服务有限公司 Shanghai Jiading Hi-tech Venture Service Ltd.	12	1364		5000	14730	
上海市黄浦区科技创业中心 Huangpu District Technology Innovation Center	8	2000	1438	8321	5000	1500
上海静安科技企业孵化器管理有限公司 Shanghai Jing'an Technology Business Incubator Management Ltd.	7	3567	181	200	3452	
上海市科技创业中心卢湾分中心 Luwan Subcenter of Shanghai Technology Innovation Center	9	6960	2140		6265	
上海未来岛科技创业中心 Shanghai Future Island Technology Innovation Center	5	561	150	1200	6000	
国家863软件专业孵化器(上海)基地 National 863 Software Industry Business Incubator (shanghai) Base	15	8774	7913		25000	
上海奉浦现代农业专业孵化器 Shanghai Fengpu Modern Agriculture Industry Business Incubator	7	3196	3416		5000	
东华大学国家大学科技园创业中心 Donghua University National University Science and Technology Park Innovation Center	8	2967	2214	6300	12000	
上海中纺科技创业有限公司 Shanghai Zhongfang Technology Venture Ltd.	6	14			2526	1
上海金山化工孵化器发展有限公司 Shanghai Jinshan Chemical Industry Incubator Development Ltd.	29	7062	498	3500	35779	490
上海中科大研究发展中心 Shanghai R&D Center of China Science and Technology University	12	7879	282	5000	11621	
上海市松江科技创业中心 Shanghai Songjiang Technology Innovation Center	8	1650	200	1000	10960	
上海康桥先进制造技术创业园有限公司 Shanghai Kangqiao Advanced Manufacturing Technology Venture Park Ltd.	23	4145	4145	3000	13200	3000
上海英科创业投资管理有限公司 Shanghai Yingke Venture Capital Management Ltd.	7	1864		1000	3000	
上海漕河泾开发区创新创业园发展有限公司 Shanghai Caohejing Development Park Innovation and Venture Ltd.	12	10056	3000		21315	
上海能高半导体照明发展有限公司 Shanghai Nenggao Semiconductor Lighting Ltd.	12				1651	
上海宝山科技控股有限公司 Shanghai Baoshan Technology Holdings Ltd.	10	1852		4000	11000	6250

4-8 续表 7 continued

科技企业孵化器 Technology Business Incubator	人员总数（人） Total Number of Employees (person)	孵化器总收入（千元） Total Income of TBIs (1000 yuan)	服务性收入（千元） Service Income (1000 yuan)	孵化基金总额（千元） Incubator Fund (1000 yuan)	场地面积（平方米） Space Area (sq.m)	累计公共服务平台投资总额（千元） Accumulated Investment of the Public Service Platform (1000 yuan)
上海张江企业孵化器经营管理有限公司 Shanghai Zhangjiang Business Incubator Management Ltd.	3	600	600		6020	
上海紫竹创业投资有限公司 Shanghai Zizhu Venture Capital Ltd.	10	2317	117	5000	7000	
上海浦东软件园创业投资管理有限公司 Shanghai Pudong Software Park Venture Investment Management Ltd.	10	634	11		15000	
上海聚能湾企业服务有限公司 Shanghai Junengwan Business Service Ltd.	10	120	120	3000	10000	
上海张江文化科技创意产业发展有限公司 Shanghai Zhangjiang Creative Industry Development Ltd.	20	2080	755		9364	5870
国家留学人员嘉定创业园 Jiading National Overseas Scholars Innovation Park	10	101		5000	4178	
苏州生物纳米科技园 Suzhou Industrial Nano Science and Technology Park	46	19319	1530		175845	14810
独墅湖科教创业园 Dushu Lake Science and Education Pioneer Park	25	850	30	20000	53000	88000
江苏苏州大学科技创业园 Jiangsu Suzhou University Science and Technology Park	6	3780	1820		11500	7420
苏州东弘商务管理有限公司 Suzhou Donghong Business Management Ltd.	23	4478	312		12000	
苏州市新吴城集团有限公司盘门科技创业园 Suzhou Xinwucheng Corporative Ltd. Panmen Technology Innovation Park	8	6000			13540	400
苏州市创新科技创业园管理有限公司 Suzhou Innovation and Technology Pioneering Park	16	1110	1110	800	10460	
苏州市平江科技创业园管理有限公司 Suzhou Pingjiang Technology Innovation Park Management Ltd.	12	470	470		9000	2000
苏州创元科技创业园管理有限公司 Suzhou Chuangyuan Science and Technology Park Management Ltd.	5	1990	1800		10515	80
苏州市金阊区科技创业园 Suzhou Jinchang Technology Innovation Park	7	2148	1218	2000	9000	1861
苏州高新区狮山科技创业中心 Suzhou Hi-tech Zone Shishan Technology Innovation Center	23	42000	29500	3200	26753	2300
苏州科技城微系统园 Suzhou Science and Technology City Microsystems Park	20	3980	430		22000	20000
苏州高新区优康信息谷科技创业园 SND Youkang Information Valley Technology Park	23	1189	521		10082	300
苏州吴中科技园服务中心有限公司 Suzhou Wuzhong Science and Technology Park Service Center Ltd.	30	2850	2380		19860	
苏州市相城区科技创业园有限公司 Suzhou Xiangcheng District Technology Innovation Park Ltd.	23	92980			29200	386
苏州市相城区脱颖科技创业园有限公司 Suzhou Xiangcheng Tuoyin Technology Innovation Park Ltd.	18	1230			17000	
常熟高新技术创业服务中心 Changshu Hi-tech Innovation Service Center	15	2210	650		3200	

4-8 续表 8 continued

科技企业孵化器 Technology Business Incubator	人员总数（人） Total Number of Employees (person)	孵化器总收入（千元） Total Income of TBIs (1000 yuan)	服务性收入（千元） Service Income (1000 yuan)	孵化基金总额（千元） Incubator Fund (1000 yuan)	场地面积（平方米） Space Area (sq.m)	累计公共服务平台投资总额（千元） Accumulated Investment of the Public Service Platform (1000 yuan)
常熟大学科技园 Changshu University Science and Technology Park	13	100	100	30000	38000	
张家港市凤凰科技创业园 Zhangjiagang Fenghuang Science and Technology Park	9			1000	11278	
中科昆山高科技创业服务中心 Zhongke Kunshan Hi-tech Innovation Service Center	22				5000	
吴江科技创业园 Wujiang Science and Technology Innovation Park	6	1550			70000	
吴江汾湖科技创业投资发展有限公司 Wujiang Fenhu Technology Venture Capital Development Ltd.	12	157		108800	28000	4250
江苏(太仓)LOFT工业设计园 Jiangsu (Taicang) LOFT Industrial Design Park	56	280	60	37000	36000	1500
太仓软件园有限公司 Taicang Software Park Ltd.					75096	
如皋市科技创业园 Technology Innovation Park of Rugao	11			1000	22300	127
南通综艺科技孵化器有限公司 Nantong Zongyi Technology Business Incubator Ltd.	8	2750	170	1000	11000	
南通北城科技创业中心 Nantong Beicheng Technology Innovation Center	10	100			15695	
南通高新技术创业服务中心 Nantong Hi-tech Innovation Service Center	8	1420	320	4500	10385	5980
江苏鹏飞科技创业有限公司 Jiangsu Pengfei Technology Venture Ltd.	15	1240	580	6000	38500	5000
江苏华新高新技术创业有限公司 Jiangsu Huaxin Hi-Tech Venture Ltd.	20	1089	1012	10000	87000	200
如东城南科技创业园 Rudong Chengnan Science and Technology Park	11	800			19223	
江苏海安软件科技园 Jiangsu Haian Software Technology Park	11	1580	400	5000	33239	2000
启东高新技术创业中心有限公司 Qidong Hi-tech Innovation Center Ltd.	8	1100	650		47500	450
启东创业科技园 Qidong Science and Technology Pioneering Park	19	345		300	57200	2050
海门都市科技创业园有限公司 Haimen City Science and Technology Park Ltd.	10	2000	50		40712	6000
启东市金凤凰创业园科技有限公司 Qidong Golden Phoenix Pioneer Park Technology Ltd.	12	55			9324	
江苏省如皋软件园 Jiangsu Rugao Software Park	32				15743	
南通港闸高科技创业中心 Nantong Gangzha Hi-tech Innovation Center	3			1000	2000	
东海新秀科技创业园 Donghai Xinxiu Science and Technology Park	10	6000	100	10000	42000	

4-8 续表 9 continued

科技企业孵化器 Technology Business Incubator	人员总数（人） Total Number of Employees (person)	孵化器总收入（千元） Total Income of TBIs (1000 yuan)	服务性收入（千元） Service Income (1000 yuan)	孵化基金总额（千元） Incubator Fund (1000 yuan)	场地面积（平方米） Space Area (sq.m)	累计公共服务平台投资总额（千元） Accumulated Investment of the Public Service Platform (1000 yuan)
连云港高新技术产业开发区创业中心 Lianyungang Hi-tech Innovation Center	12	905	905		20200	
连云港云港高新技术创业园有限公司 Lianyungang Yungang Hi-tech Venture Park Ltd.	17	425	286	300	62420	320
江苏省金湖科技创业园 Jiangsu Jinhu Science and Technology Park	14	300	260		2000	
洪泽科技创业园 Hongze Science and Technology Park	8	185	110	2600	6000	1530
淮安市淮阴区科技创业中心 Huaian Huaiyin District Technology Innovation Center	8	10			3300	
涟水科技创业园 Lianshui Science and Technology Park	15	106			24100	
宝应县高新技术创业中心 Baoying Hi-tech Innovation Center	9	2710	950	5000	50000	
江苏省高邮市科技创业中心 Jiangsu Gaoyou Science and Technology Innovation Center	7	2050	600	4000	62000	1800
扬州市邗江区高新技术创业服务中心 Yangzhou Hanjiang Hi-tech Innovation Service Center	15	2850	1950	8000	35000	1850
扬州市维扬区高新技术创业服务中心 Yangzhou Weiyang Hi-tech Innovation Service Center	15	1100	150	1200	13540	200
扬州广陵高新技术创业服务中心 Yangzhou Guangling Hi-tech Innovation Service Center	12	700	130	1000	21073	
江都市高新技术创业服务中心 Jiangdu Hi-tech Innovation Service Center	16	15	12		11247	
仪征市科技创业服务中心 Yizheng Science and Technology Innovation Service Center	13	650	500		14200	25650
金坛红太阳高新技术创业服务中心 Jintan Red Sun of Hi-tech Innovation Service Center	10	1600	1600	3000	52716	
金坛高新技术创业服务中心 Jintan High-Tech Innovation Service Center	8				12800	150
常州加州科技港电子软件专业孵化器 Changzhou California Electronic Software Professional Incubator	10	42	2		31200	150
扬中市科技创业中心 Yangzhong Technology Innovation Center	10	1250	870	8000	30000	
镇江京口高新技术创业服务中心 Zhenjiang Jingkou Hi-tech Innovation Service Center					25000	
句容市高新技术创业服务中心 Jurong Hi-tech Innovation Service Center	9	300		3000	29900	
丹阳市高新技术创业园 Danyang Hi-tech Venture Park	7	3000	3000	8000	32000	
镇江市丹徒环保科技创业服务中心 Zhenjiang Dantu Environmental Science and Technology Innovation Service Center	10	30	10		12000	100
镇江国家大学科技园 Zhenjiang National University Science Park	13	1110	200	10000	67000	7000

4-8 续表 10 continued

科技企业孵化器 Technology Business Incubator	人员总数（人） Total Number of Employees (person)	孵化器总收入（千元） Total Income of TBIs (1000 yuan)	服务性收入（千元） Service Income (1000 yuan)	孵化基金总额（千元） Incubator Fund (1000 yuan)	场地面积（平方米） Space Area (sq.m)	累计公共服务平台投资总额（千元） Accumulated Investment of the Public Service Platform (1000 yuan)
镇江软件园 Zhenjiang Software Park	20	139	10	10000	41600	
镇江慧谷快鹿科技园 Zhenjiang Huigu Kuailu Science and Technology Park	8			500	50636	
靖江市华信科技创业园有限公司 Jingjiang Huaxin Technology Innovation Park Ltd.	18	1980		3000	30000	12600
兴化市科技创业中心 Xinghua Technology Innovation Center	10	80			14100	6100
泰兴市科隆科技创业园有限公司 Taixing Kelong Science and Technology Park Ltd.	16	1260	120	500	28600	460
泰州市高港区高新技术创业服务中心 Taizhou Gaogang Hi-tech Service Center	18	1080	390	1500	12000	350
泰州市海陵区高新技术创业服务中心 Taizhou Hailing Hi-tech Innovation Service Center	8	400	240	2000	8461	
宿迁市科技创业服务中心 Suqian Technology Innovation Service Center	7	300	300	5000		
宿豫区创业服务中心 Suyu Business Service Center	14	200	200		6000	
泗阳县科技创业服务中心 Siyang Technology Innovation Service Center	6				8200	
沭阳县科技创业服务中心 Shuyang Innovation Service Center	26	14504	13434		127000	
江苏江阴软件园 Jiangsu Jiangyin Software Park	30	1675		3000	49679	
无锡市崇安区北仓门文化创意园区 Chong'an Beicangmen Cultural and Creative Park	8	35000	27500		6000	3500
崇安区科技创业服务中心 Chong'an Technology Innovation Service Center	5	35000	2100		10000	
无锡市惠山区洛社镇科技创业服务中心 Wuxi Huishan District Luoshe Technology Innovation Service Center	5	70	48	200	21000	2000
无锡市惠山区堰桥街道科技创业中心 Wuxi Huishan Yanqiao Street Technology Innovation Center	8	20		5000	33414	400
无锡市南长区科技创业服务中心 Wuxi Nanchang Technology Innovation Service Center	16	4800	3500	100000	41820	
宜兴卓易创业软件园 Yixing Zhuoyi Pioneering Software Park	10	1700	500		25000	3000
宜兴市科技创业服务中心 Yixing Technology-based Business Service Center	6	200	50		10000	300
宜兴创业园 Yixing Pioneer Park	12	160	20	100000	290000	32000
江苏省留学人员创业园 Jiangsu Province Overseas Scholars Innovation Park	6	200	150	6000	36000	
无锡市金山北科技创业服务中心 Wuxi Jinshanbei Science and Technology Innovation Service Center	21	6139	76		33638	
无锡索立得国际科技合作园 Wuxi Suolide International Science and Technology Cooperation Park	17	870	460		19660	

4-8 续表 11 continued

科技企业孵化器 Technology Business Incubator	人员总数(人) Total Number of Employees (person)	孵化器总收入(千元) Total Income of TBIs (1000 yuan)	服务性收入(千元) Service Income (1000 yuan)	孵化基金总额(千元) Incubator Fund (1000 yuan)	场地面积(平方米) Space Area (sq.m)	累计公共服务平台投资总额(千元) Accumulated Investment of the Public Service Platform (1000 yuan)
无锡锡山科技创业园有限公司(无锡同方创业园有限公司) Wuxi Xishan Science and Technology Park Ltd.(Wuxi Tongfang Innovation Park Ltd.)	14	1741			18056	325
江苏省锡山经济开发区科技创业服务中心 Jiangsu Xishan Economic Development Zone Technology Innovation Service Center	14	488			49008	3245
无锡马山生物医药科技园 Wuxi Mashan Bio-medical Technology Park	44	10800	500	3000	23986	25000
无锡太湖科技中心 Wuxi Taihu Technology Center	23	8930	5012	5008	29000	
无锡江南工业设计园有限公司 Wuxi Jiangnan Industrial Design Park Ltd.	13	13000	12942		15732	
无锡蠡湖科技创业服务中心 Wuxi Lihu Technology-based Business Service Center	8	910	810	3000	8600	5000
无锡太湖新城科技创业服务中心 Wuxi Taihu New Town Science and Technology Innovation Service Center	25	1900	1200	3000	38421	12000
无锡软件园 Wuxi Software Park	44	70983	33139		390621	15370
无锡留学人员创业园 Wuxi Overseas Scholars Innovation Park	7	3450	3450		67200	
常州市武进科创服务中心 Changzhou Wujin Kechuang Service Center	14	290			20527	
常州三晶信息技术孵化器 Changzhou Sanjing Information Technology Incubator	20	7920			119813	
江苏长三角模具专业技术孵化器 Jiangsu Yangtze River Delta Mold Expertise Incubator	38	1700	200		45000	
江苏武进经济开发区湖滨科技园孵化器 Jiangsu Wujin Economic Development Zone Hubin Science and Technology Park Incubator	18	4800	1000		42744	
江苏津通信息技术孵化器 Jiangsu Jintong Information Technology Incubator	15	655	546		30342	15510
湖塘科技创业园 Hutang Technology Park	12	3060	220	35000	35000	185
江苏省淮安软件园 Jiangsu Huai'an Software Park	8				31200	
盐城亭湖高新技术创业园 Yancheng Tinghu Hi-tech Venture Park	15	3000	1000	300	45000	3000
滨海县科技创业园 Binhai County Venture Park	11	143	45		15000	
盐城市盐都高新技术创业园 Yancheng Yandu Hi-tech Venture Park	12	320	100		77293	3900
江苏省射阳县高新科技创业园有限公司 Jiangsu Province Sheyang County Hi-tech Venture Park Ltd.	12	2200	1200		8800	

4-8 续表 12 continued

科技企业孵化器 Technology Business Incubator	人员总数(人) Total Number of Employees (person)	孵化器总收入(千元) Total Income of TBIs (1000 yuan)	服务性收入(千元) Service Income (1000 yuan)	孵化基金总额(千元) Incubator Fund (1000 yuan)	场地面积(平方米) Space Area (sq.m)	累计公共服务平台投资总额(千元) Accumulated Investment of the Public Service Platform (1000 yuan)
响水县灌江科技创业园 Xiangshui County Guanjiang Technology Pioneer Park	21	4500	1500		3200000	
东台市高新技术创业园 Dongtai City Hi-tech Venture Park	8	610	550		17093	1500
大丰市科技创业园 Dafeng Technology Pioneer Park	11	312	32	5000	23500	1700
溧阳市高新技术创业中心 Liyang Hi-tech Innovation Center	10	473		11800	40000	
常州天宁新动力高新技术创业服务中心 Changzhou Tianning Xindongli Hi-tech Innovation Service Center	10	920	30	1000	41645	1130
常州市天宁高新技术创业服务中心 Changzhou Tianning Hi-tech Innovation Service Center	12	48			21064	11600
沛县高新技术创业服务中心 Peixian Hi-tech Innovation Service Center	6	100	50		5000	
徐州市高新技术创业服务中心 Xuzhou Hi-tech Innovation Service Center	9	1690		2513	14000	
徐州高新技术创业服务中心 Xuzhou Hi-tech Innovation Service Center	5	192	143		21000	
新沂市高新技术创业服务中心 Xinyi Hi-tech Innovation Service Center	8	989	933	1000	18000	2000
睢宁科技创业园 Suining Science and Technology Park	8	3150	3000		18000	60000
丰县科技创业中心 Fengxian Technology Innovation Center	8	650	540		20000	
徐州市泉山区高新技术创业服务中心 Xuzhou Quanshan Hi-tech Innovation Service Center	10	2100	300	3000	14000	
徐州留学人员创业园 Xuzhou Overseas Scholars Innovation Park	9	1690		2513	14000	
徐州科创软件园管理有限公司 Xuzhou Kechuang Software Park Management Ltd.	12	1560	1200		13254	200
南京财经大学科技园 Nanjing University of Finance and Economics Science and Technology Park	3				980	
南京中医药大学科技园 Nanjing University of Chinese Medicine Science and Technology Park	24	1490	200	20000	20000	650
南京数码动漫创业管理有限公司 Nanjing Digital Carton Innovation Management Ltd.	4	1235	1090		7000	1671
南京智工微光电子产业孵化中心 Nanjing Zhigong Low-light-level Electronic Industrial Incubation Center	8	480	303		30000	13000
南京信息技术科技创业服务中心 Nanjing Information Technology Innovation Service Center	12	3829	273		15000	1149
南京农业生物高新技术创业中心 Nanjing Agriculture Biology Hi-tech Innovation Center	16	6210	30	3000	15000	
南京环保科技创业中心 Nanjing Environment Protection Technology Innovation Center	36	8029	960	690	31000	5000

4-8 续表 13 continued

科技企业孵化器 Technology Business Incubator	人员总数(人) Total Number of Employees (person)	孵化器总收入(千元) Total Income of TBIs (1000 yuan)	服务性收入(千元) Service Income (1000 yuan)	孵化基金总额(千元) Incubator Fund (1000 yuan)	场地面积(平方米) Space Area (sq.m)	累计公共服务平台投资总额(千元) Accumulated Investment of the Public Service Platform (1000 yuan)
南京黄埔IT科技创业园 Nanjing Huangpu IT Technology Park	20	8200	7530		15564	7000
南京市白下区科技创业服务中心 Nanjing Baixia Technology Innovation Service Center	7	205	205		8800	
南京光机电科技创业中心有限公司 Nanjing Mechatronic Technology Innovation Center	11	800			10743	
南京市雨花台区科技创业中心 Nanjing Yuhuatai District Innovation Center	16	2509	3530	5000	124200	5000
南京秦淮科技创业发展有限公司 Nanjing Qinhuai Technology Venture Development Ltd.	6	3600	300		16545	275
南京滨江科技创业中心 Nanjing Binjiang Technology Innovation Center	4				8300	
南京红意创业园有限公司 Nanjing Hongyi Pioneer Park Ltd.	15	12345		2100	42000	2338
南京市建邺长江高新技术创业服务中心 Nanjing Jianye Yangtze River Hi-tech Innovation Service Center		63	61		18140	30
南京六合区科技孵化器 Nanjing Liuhe Innovation Service Center	6				4920	20
南京新城化工科技创业中心 Nanjing Xincheng Chemical Science and Technology Innovation Center	4	59			1000	
高淳县科技创业服务中心 Gaochun Technology Innovation Service Center	5			300	92000	300
溧水县科技创业服务中心 Sushui Technology Innovation Service Center	7	2700			80000	250
中国南京留学人员创业园 China Nanjing Overseas Scholars Innovation Park	21	2932	1590	320	73000	1250
杭州高新区留学人员创业园 Hangzhou Science and Technology Park Overseas Scholars Innovation Park	5				81500	
杭州萧山创业服务中心 Hangzhou Xiaoshan Innovation Service Center	6	290			9200	
杭州国家集成电路设计企业孵化器有限公司 Hangzhou National IC Design Technology Business Incubator Ltd.	5	209	209		8800	28810
浙江省国家大学科技园 Zhejiang National University Science Park	17	478		5000	17700	7500
杭州西湖科技创业有限公司 Hangzhou West Lake Technology Innovation Ltd.	35	13657	3551	8300	22000	280
杭州余杭高新技术产业园区创业中心 Hangzhou Yuhang Hi-tech Industrial Park Venture Center	22	65	62		9797	
杭州市下城区科技创业中心 Hangzhou Xiacheng District Science and Technology Innovation Center	5	260	143	1145	13000	
杭州市西湖区高新技术创业服务中心 Xihu District Hi-tech Innovation Service Center	4	29	29		1000	
万向高科技孵化中心 Wanxiang Hi-tech Incubation Center	70	32308	32308	40000	20000	

4-8 续表 14 continued

科技企业孵化器 Technology Business Incubator	人员总数(人) Total Number of Employees (person)	孵化器总收入(千元) Total Income of TBIs (1000 yuan)	服务性收入(千元) Service Income (1000 yuan)	孵化基金总额(千元) Incubator Fund (1000 yuan)	场地面积(平方米) Space Area (sq.m)	累计公共服务平台投资总额(千元) Accumulated Investment of the Public Service Platform (1000 yuan)
中国科学院杭州科技园 China Academy of Science Hangzhou Science and Technology Park	30	1819	1819		28000	
杭州高新节能物业管理有限公司 Hangzhou Hi-tech Energy-Saving Property Management Ltd.	320	3700	3700		8319	
杭州西湖数源软件园有限公司 Hangzhou West Lake Soyea Software Park Ltd.	21	37938	35245		3000	400
浙江银江孵化器有限公司 Zhejiang Yinjiang Technology Business Incubator Ltd.	9	4704		6000	25559	34480
杭州临安太湖源观赏竹种园有限公司 Hangzhou Lin'an Taihuyuan Bamboo Seed Garden Ltd.	7				3000	1000
建德市有机硅科技企业孵化器 Jiande Organic Silicon Technology Business Incubator	5	440	110	300	12400	6000
杭州市余杭高新农业示范中心 Yuhang Hi-tech Agriculture Model Center of Hangzhou	20	18500	3600	1000	20560	980
杭州市埃八劳夫特艺术社有限公司 Hangzhou Aibalaofute Art Company Ltd.	8	4086	4080		35000	
乐富智汇园科技创业中心 Lefu Zhihui Park Science and Technology Innovation Center	11	5500	5000		13300	4140
杭州汇丰生化创业服务有限公司 Hangzhou Huifeng Biochemical Business Service Ltd.	21	121	116	900	43220	
桐庐裕华科技企业孵化器有限公司 Tonglu Yuhua Business Incubator Ltd.	13	130	130		8237	
杭州市高科技企业孵化器有限公司 Hangzhou Hi-tech Business Incubator Ltd.	14	3282	1735		19126	
杭州天盛科技创业服务有限公司 Hangzhou Tiansheng Technology Innovation Service Ltd.	5	463	342		3500	
江干区科技创业服务中心 Jinggan Technology Industrial Service Center	11	520		2000	5000	
乐清市科技孵化创业中心 Yueqing Technology Innovation and Incubation Center	12	2513	2093		46000	
浙江秀洲慧谷科技创中心 Zhejiang Xiuzhou Huigu Science and Technology Innovation Center	11	2052		200	43592	
海盐县科技创业服务中心 Haiyan Technology Innovation Service Center	4	280			11191	2500
桐乡市科技创业服务中心有限公司 Tongxiang Technology Innovation Service Center		355	355	766	32000	
海宁市科技创业中心 Haining Technology Innovation Center	3	379	277		7000	
德清县科技创业服务有限公司 Deqing County Science and Technology Innovation Service Ltd.	15	2476	1860	6850	46512	628
新昌高新技术孵化器 Xinchang Hi-tech Business Incubator	3	6662	6662		6800	
上虞市高新技术产业发展有限公司 Shangyu Hi-tech Industrial Development Ltd.	11	3010	3010		50250	142
绍兴市科技创业中心 Shaoxing Technology Innovation Center	5	1639	1639		38000	12000

4-8 续表 15 continued

科技企业孵化器 Technology Business Incubator	人员总数（人） Total Number of Employees (person)	孵化器总收入（千元） Total Income of TBIs (1000 yuan)	服务性收入（千元） Service Income (1000 yuan)	孵化基金总额（千元） Incubator Fund (1000 yuan)	场地面积（平方米） Space Area (sq.m)	累计公共服务平台投资总额（千元） Accumulated Investment of the Public Service Platform (1000 yuan)
浙江衢州高新技术产业园区科技孵化器 Zhejiang Quzhou Hi-tech Industrial Park Technology Business Incubator	5	110	110		37124	
衢州高科农业创新服务有限公司 Quzhou Hi-tech Agriculture Innovation Service Ltd.	21	65	65	2300	38200	
宁波市江北区科技创业中心 Ningbo Jiangbei District Technology Innovation Center	5	1563	40	3000	5447	
慈溪市生产力促进中心 Cixi Productivity Promotion Center	8	1777	780	8171	7992	
宁海县模具科技企业创业服务中心 Ninghai Module Technology Innovation Service Center	16	500	260	10000	8500	
象山科技创业发展有限公司 Xiangshan Technology Innovation Development Ltd.	3	189	189	12500	6500	250
宁波市镇海区科技创业服务中心 Ningbo Zhenhai District Innovation Service Center	11	4425550		980	35052	21000
宁波东方现代农业投资开发有限公司孵化器 Ningbo Oriental Modern Agricultural Investment and Development Ltd. Incubator	20	1620	1620	6800	10090	
宁波市江东科技创业服务中心 Ningbo Jiangdong Technology Innovation Service Center	8	1468	1204	5200	15760	2500
湖州吴兴区科技发展有限公司 Huzhou WuXing District Technology Development Ltd.	14	1411	91	5000	63314	2900
合肥桃花科技创业服务中心 Hefei Peach Technology Business Incubation Center	5	250	100		10000	340
合肥蜀山经济开发区科技创业中心(民营科技园蜀山分中心) Hefei Shushan Economic Development Zone Innovation Center (Technology Park Shushan Sub-Center)	18	6500	2500	58000	23000	
安徽省科技创业服务中心 Anhui Technology Innovation Service Center	13	1018	404		13700	
合肥市原创动漫园 Hefei Original Animation Park	11				10220	
繁昌县科技企业孵化中心 Fanchang County Technology Business Incubation Center	15	536	504	7298	6300	
蚌埠市科技创业服务中心 Bengbu Technology Innovation Service Center	10	450	68		16000	
淮北新兴创业服务有限责任公司 Huaibei New Business Service LLC	6	840	40	2000	8000	
宿州科技企业创业服务中心 Suzhou Technology Innovation Service Center	7	200	120		7500	
灵璧科技创业服务中心 Lingbi Technology Innovation Service Center	6			2000	3000	300
阜阳科技创业服务中心 Fuyang Technology Innovation Service Center	5	142	118	9732	7000	
淮南高新技术创业服务中心 Huainan Hi-tech Innovation Service Center	6	153	153	500	5000	

4-8 续表 16 continued

科技企业孵化器 Technology Business Incubator	人员总数(人) Total Number of Employees (person)	孵化器总收入(千元) Total Income of TBIs (1000 yuan)	服务性收入(千元) Service Income (1000 yuan)	孵化基金总额(千元) Incubator Fund (1000 yuan)	场地面积(平方米) Space Area (sq.m)	累计公共服务平台投资总额(千元) Accumulated Investment of the Public Service Platform (1000 yuan)
滁州市高新技术创业服务中心 Chuzhou Hi-tech Innovation Service Center	8	303	8		17600	280
天长市高新技术创业服务中心 Tianchang Hi-tech Innovation Service Center	15	1950	1300	2800	24200	27500
六安市科技创业服务中心 Lu'an Innovation Service Center	12	96			13000	880
霍山县科技创业服务中心 Huoshan Technology-based Business Service Center	9	224			73360	
霍邱县矿业科技服务中心 Huoqiu County Mining Technology Service Center	9	51		300	6240	3000
舒城县科技创业园 Shucheng Technology Innovation Park	23	4760	4760		52000	
马鞍山市花山软件企业服务中心 Maanshan Huashan Software Enterprise Service Center	10			1000	11000	
马鞍山视聆通游戏动漫企业服务中心 Maanshan Shilingtong Game Animation Business Service Center	30	1000	1000	10000	33000	
池州市贵池创业科技服务有限公司 Chizhou City Guichi Venture Technology Service Ltd.	7				5000	1000
安庆市高新技术创业服务中心 Anqing Hi-tech Innovation Service Center	8	571	256	3037	17720	845
黄山科创高新技术创业服务有限公司 Huangshan Kechuang Hi-tech Venture Service Ltd.	7	193	47	3000	1500	200
歙县科技创业服务中心 Xixian Technology Innovation Service Center	2	290		400	5680	30
黄山区科技创业服务中心 Huangshan Technology Innovation Service Center		600	550		23000	
安徽大学资产经营有限公司 Anhui University Asset Management Ltd.	5	1732	1429		12786	
合肥高新创业园管理有限公司 Hefei Hi-tech Pioneering Park Management Ltd.	16	10626	3980	1000	67718	362
安徽省科园创业中心 Anhui Keyuan Innovation Center	8	2995	357	1150	18137	
安徽循环经济技术工程院 Anhui Cyclic Economy Technology Academy	19	3447	1088		22161	4800
厦门留学人员创业园 Xiamen Overseas Scholars Innovation Park	14	31094	2582	20000	88640	4010
厦门光电子孵化器 Xiamen Photoelectron Incubator	6	3550	120	5000	27456	5160
宁德市高新技术创业服务中心 Ningde Hi-tech Business Service Center	5	230	230		10000	1770
莆田市高新技术创业服务中心 Putian Hi-tech Innovation Service Center	4	115	115	39	4000	
龙岩市高新技术创业服务中心 Longyan Hi-tech Innovation Service Center	8				23000	
三明市高新技术创业服务中心 Sanming Hi-tech Innovation Service Center	5	334			16040	2860

4-8 续表 17 continued

科技企业孵化器 Technology Business Incubator	人员总数（人） Total Number of Employees (person)	孵化器总收入（千元） Total Income of TBIs (1000 yuan)	服务性收入（千元） Service Income (1000 yuan)	孵化基金总额（千元） Incubator Fund (1000 yuan)	场地面积（平方米） Space Area (sq.m)	累计公共服务平台投资总额（千元） Accumulated Investment of the Public Service Platform (1000 yuan)
南平高新技术创业服务中心 Nanping Hi-tech Innovation Service Center	10	190			9600	
泉州市鲤城区生产力促进中心 Quanzhou Licheng District Productivity Promotion Center	21	2130	1330		12000	59750
泉州市丰泽区高新技术企业孵化基地 Quanzhou Fengze District Hi-tech Enterprise Incubator Base	12	738			91821	
泉州市洛江区生产力促进中心 Quanzhou Luojiang District Productivity Promotion Center	7				1500	
泉港区石化高新技术孵化基地 Quangang District Petrochemical Hi-tech Incubator Base	7	500	350	1500	7500	
石狮市海峡两岸科技孵化基地 Shishi Cross-strait Science and Technology Incubator Base	6	320			31461	33854
泉州(南安)高新技术企业孵化基地 Quanzhou (Nan'an) Hi-tech Business Incubator Base	12				12900	
惠安县第一高新技术孵化基地 Huian County the First Hi-tech Incubator Base	2	800			20310	
莆田高新区液晶显示(LCD)科技孵化器 Putian Hi-tech Zone Liquid Crystal Display (LCD) Technology Incubator	22	661	205		9600	
福州开发区火炬高新技术创业园 Fuzhou Development Zone Torch Hi-tech Venture Park	7	717			10252	
福建留学人员创业园管理中心 Fujian Overseas Scholars Innovation Park Management Center	6			33512	35617	
江西师范大学科技园 Jiangxi Normal University Science Park	9	2100	2100	1113	6810	
龙口市高新技术创业服务中心 Longkou Hi-tech Innovation Service Center	7	85	85	1650	7300	1500
烟台市芝罘区科技创业服务中心 Yantai Zhifu District Technology Innovation Service Center	6			830	17000	
新泰高新技术创业服务中心 Xintai Hi-tech Innovation Service Center	6	662	630		18000	
中国泰山留学人员创业园 Taishan Overseas Scholars Innovation Park China	7	510	297	3000	9600	220
肥城市高新技术创业服务中心 Feicheng Hi-tech Innovation Service Certer	6	960	360		3480	
威海湖西创业保育有限公司 Weihai Huxi Innovation and Incubation Ltd.	5	780	780		12000	
威海经济技术开发区科技创业服务中心 Weihai Economic Technological Development Zone Technology Innovation Center Ltd.	5				8000	750
乳山市高新技术创业服务中心 Rushan Hi-tech Innovation Service Center	10	190	100	320	6080	
德州市高新技术创业服务中心 Dezhou Hi-tech Innovation Service Center	7			3000	13000	600

4-8 续表 18 continued

科技企业孵化器 Technology Business Incubator	人员总数 (人) Total Number of Employees (person)	孵化器总收入 (千元) Total Income of TBIs (1000 yuan)	服务性收入 (千元) Service Income (1000 yuan)	孵化基金总额 (千元) Incubator Fund (1000 yuan)	场地面积 (平方米) Space Area (sq.m)	累计公共服务平台投资总额 (千元) Accumulated Investment of the Public Service Platform (1000 yuan)
乐陵市高新技术创业服务中心 Leling Hi-tech Business Service Center	7			5000	60000	4000
山东力创科技企业孵化器 Shandong Lichuang Technology Business Incubator	18	4352	4185	4324	12000	
青岛科大都市科技园集团有限公司 Qingdao Science University Urban Science and Technology Park Development Ltd.	25	609	455		81533	8000
四方区建筑创意产业园创新创业服务中心 Sifang Building Originality Industrial Park Innovation Service Center	8	587	483		5268	
青岛前哨都市科技园 Qingdao Qianshao City Science and Technology Park	11	6940	1300	4000	57276	100
青岛市新材料科技企业孵化器 Qingdao New Material Technology Business Incubator	16	11960	2300	36000	7000	3700
青岛中联U谷2.5产业园创业服务中心 Qingdao Zhonglian U Valley 2.5 Industrial Park Innovation Service Center	6	4000	1000	3000	15000	1000
潍坊软件园 Weifang Software Park	11	867	453		18210	10384
郑州高新技术产业开发区留学人员创业园 Zhengzhou Science and Technology Industrial Park Overseas Scholars Incubation Park	13	18		1050	4700	
郑州空港科技创业服务中心 Zhengzhou Airport Innovation Service Center	6	615			10890	
河南省濮阳高新技术创业服务中心 Henan Province Puyang Science and Technology Industrial Park Innovation Service Center	12	325		1000	30000	5000
郑州电子信息专业孵化器 Zhengzhou Electronic Information Industry Incubator	6			75	21000	
郑州市科技企业孵化器 Zhengzhou Technology Business Incubator	16	2640	1040	2701	75000	750
河南省平顶山高新技术创业服务中心 Pingdingshan Hi-tech Innovation Service Center	39	1660	220	242	13000	
许昌市高新技术创业服务中心 Xuchang Hi-tech Business Service Center	10	1287	1287	1000	6100	
郑州市经济技术开发区留学人员创业园 Zhengzhou Economic and Technological Development Zone Overseas Scholars Incubation Park	11	2	1	10950	10429	
开封高新技术创业服务中心 Kaifeng Hi-tech Innovation Service Center	15	1200	100	120	15000	200
襄樊市樊城区科技创业服务中心 Xiangfan Fancheng District Technology Innovation Service Center	5	256	66	1500	8500	
湖北省孝感市高新技术创业服务中心 Hubei Xiaogan Hi-tech Innovation Service Center	8	7986			11557	164
葛店高新技术产业开发区创业服务中心 Gedian Hi-tech Industrial Development Zone Business Service Center	4	73			7200	500

4-8 续表 19 continued

科技企业孵化器 Technology Business Incubator	人员总数(人) Total Number of Employees (person)	孵化器总收入(千元) Total Income of TBIs (1000 yuan)	服务性收入(千元) Service Income (1000 yuan)	孵化基金总额(千元) Incubator Fund (1000 yuan)	场地面积(平方米) Space Area (sq.m)	累计公共服务平台投资总额(千元) Accumulated Investment of the Public Service Platform (1000 yuan)
湖北国知专利创业孵化器 Hubei Guozhi Patent Business Incubator	15	1370	465	3100	12500	1845
武汉光通科技企业孵化器管理有限公司 Wuhan Optic Technology Business Incubator Management Ltd.	13	354	53		8000	1500
武汉现代制造业创业服务中心有限公司 Wuhan Modern Manufacturing Business Service Center Ltd.	12	7660	7660	3000	131709	
武汉华成创业服务有限公司 Wuhan Huacheng Innovation Service Ltd.	10	1077	1031	100	5800	84
武汉洪山国际企业孵化器有限公司 Wuhan Hongshan International Business Incubator Ltd.	18	23	23		13000	5000
武汉宏伟达创新孵化器管理有限公司 Wuhan Hongweida Innovation Incubator Management Ltd.	8	623	56	800	30000	102
武汉市科研院所高新技术创业服务中心 Wuhan Hi-tech Innovation Service Center Research Institute	6	1929	147		5000	195
武汉聚合化工科技孵化器有限公司 Wuhan Polymerization Chemical Technology Incubator Ltd.	4	110	40	2000	6100	80
武汉市江岸区高新技术创业服务中心 Hi-tech Innovation Center of Wuhan Jiang'an District	4	220			10000	
武汉市江夏区高新技术企业创业服务中心 Wuhan Jiangxia District Hi-tech Innovation Service Center	6	120		200	2000	1200
武汉岱家山科技企业孵化器有限公司 Wuhan Daijiashan Science and Technology Business Incubator Ltd.	3	3390	1680	2000	22000	150
武汉市蔡甸区科技创业服务中心 Wuhan Caixun District Technology Innovation Service Center	8	30			1500	
武汉黄金口科技企业孵化基地 Wuhan Huangjinkou Technology Incubation Base	15	650	283		40000	1500
湖南省火炬创业中心 Hunan Torch Innovation Center	7	430	140	3000	1665	
湖南隆平火炬创业中心 Hunan Longping Torch Innovation Center	160	11220	5280	3300	370000	200000
湖南麓谷科技孵化器有限公司 Hunan Lugu Technology Incubator Ltd.	33	8846	140		55961	
长沙湘能科技企业孵化器有限公司 Changsha Xiangneng Technology Business Incubator Ltd.	16	3439			38488	
长沙市金台创业服务有限公司(湖南环保科技产业园金台创业孵化) Changsha Jintai Venture Service Ltd.(Hunan Environmental Science and Technology Industrial Park Jintai Venture Incubation)	20	1885	554		21700	1300
浏阳留学人员创业园 Liuyang Overseas Scholars Innovation Park	24	820	580	9300	5200	11630
佛山市高明沧江工业园科技企业创业中心 Foshan Gaoming Cangjiang Industrial Park Technology Business Innovation Center	27	8500	7771	3000	46668	1250
惠州市生产力促进中心 Huizhou Productivity Promotion Center	12		80		270	
东莞市软件企业孵化园 Dongguan Software Business Incubator	10	14102		2313	6102	1441

4-8 续表 20 continued

科技企业孵化器 Technology Business Incubator	人员总数 (人) Total Number of Employees (person)	孵化器总收入 (千元) Total Income of TBIs (1000 yuan)	服务性收入 (千元) Service Income (1000 yuan)	孵化基金总额 (千元) Incubator Fund (1000 yuan)	场地面积 (平方米) Space Area (sq.m)	累计公共服务平台投资总额 (千元) Accumulated Investment of the Public Service Platform (1000 yuan)
广东电子工业研究院有限公司 Guangdong Electronic Industrial Institute Ltd.	14	6950	5765		8000	952
佛山市三水高新创业中心有限公司 Sanshui Hi-tech Innovation Center Ltd. of Foshan						
广东省纺织服装开平基地技术创新中心 Guangdong Textile Fashion Kaiping Base Technology Innovation Center	10	707	164	225	11508	16633
江门市科技创业服务中心 Jiangmen Technology Innovation Service Center	9	34508	34168		7900	1600
肇庆高新技术产业开发区创业服务中心 Zhaoqing Science and Technology Industrial Park Innovation Service Center	8	819			65000	300
惠州软件科学园 Huizhou Software Science Park	313	120000			4830	100
惠州高新区科技创业服务中心(惠州高新区留学生创业服务中心) Huizhou Hi-Tech Zone Innovation Service Center (Huizhou Hi-tech Zone Oversea Scholars Innovation Service Center)	9	560	560	3000	12200	200
广东惠州工业园创新服务中心 Guangdong Huizhou Industrial Park Innovation Service Center	11	45664	3	50	11000	110
河源市高新技术创业服务中心 Heyuan High-Tech Innovation Service Center	5			42	19996	
虎门富民服装创意设计孵化器 Humen Fumin Clothing Creative Design Incubator	33	38453			12000	16674
大朗创意产业园 Dalang Creative Industry Park	43	19899	244		22000	
广州市番禺节能科技园 Guangzhou Panyu Energy-saving Science and Technology Park	52	25069	21633		222315	
广州市荔湾区生产力促进中心 Guangzhou Liwan District Productivity Promotion Center	8	1633	1633		27000	4678
广州市花都区高新技术创业服务中心 Guangzhou Huadu District Hi-tech Innovation Service Center	15			4300	6000	
广州暨南大学科技园管理有限公司 Guangzhou Jinan University Science Park Management Ltd.	18	2041			18000	
深圳清华大学研究院 Shenzhen Tsinghua University Institute	133	86528	6260	560283	30824	229558
中国科技开发院有限公司 China Science and Technology Development Institute Ltd.	32	23586	23238	50000	37500	710
深圳航天科技创新研究院 Shenzhen Aerospace Science and Technology Innovation Institute	25	58090	3333	18000	38365	8000
深圳市罗湖区高新技术创业中心 Shenzhen Luohu District Hi-tech Innovation Center	8	5159		8150	11000	6000
深圳市佳利泰孵化器管理有限公司 Shenzhen Jialitai Incubator Management Ltd.	12	1025	1025		10000	3770
深圳集成电路设计产业化基地管理中心 Shenzhen IC Design Industrial Base Management Center	15	442	89		9600	

4-8 续表 21 continued

科技企业孵化器 Technology Business Incubator	人员总数(人) Total Number of Employees (person)	孵化器总收入(千元) Total Income of TBIs (1000 yuan)	服务性收入(千元) Service Income (1000 yuan)	孵化基金总额(千元) Incubator Fund (1000 yuan)	场地面积(平方米) Space Area (sq.m)	累计公共服务平台投资总额(千元) Accumulated Investment of the Public Service Platform (1000 yuan)
深圳天安数码城有限公司 Shenzhen Tian'an Digital City Ltd.	10	270000	270000	42980	30268	
珠海清华科技园创业投资有限公司 Zhuhai Tsinghua Science Park Venture Capital Ltd.	33	82474		166000	68000	7100
珠海南方软件园发展有限公司 Zhuhai South Software Park Development Ltd.	12	5140	181		42163	6443
惠州仲恺高新区科技创业服务中心 Huizhou Zhongkai Hi-tech Zone Technology Innovation Service Center	12	185		3000	12200	
佛山国家火炬创新创业园 Foshan National Torch Innovation Park	9	4560		10000	27817	2000
南宁留学人员创业园 Nanning Overseas Scholars Innovation Park	4	1210	870	16000	7800	
绵阳高新区生物医药孵化器有限公司 Mianyang Hi-tech Zone Biomedical Incubator Ltd.	8	102	102	500	10000	500
四川省乐山高新区创业服务中心 Sichuan Leshan Hi-tech Zone Business Service Center	15	3500			45000	
自贡市高新技术创业服务中心 Zigong Hi-tech Innovation Service Center	5	100			11500	5000
泸州酒业集中发展区 Luzhou Liquor Industry Development Zone	120	50000	20000	5000	100000	350000
四川眉山美倍建设发展有限公司 Sichuan Meishan Meibei Construction Development Ltd.	27	1767	500	2000	20333	
德阳高新技术产业园区创业服务中心 Deyang Hi-tech Industrial Park Business Service Center	10	714	640	1500	10100	120
四川大科星智能交通有限公司 Sichuan Dakexing Intelligent Transportation Ltd.	14	6256	5760	29089	15129	
成都东创科技园投资有限公司 Chengdu Dongchuang Science and Technology Park Investment Ltd.	24	53	53	1000	4852	100
成都青羊工业投资有限公司 Chengdu Qingyang Industrial Investment Ltd.	14	1062		3000	32450	
中国大学生创业园(成都) China University Students Innovation Park(Chengdu)	6	4375		1000	10000	
中国成都留学人员创业园 Chengdu Overseas Scholars Incubation Park of China	9	5905	121	20000	26320	22000
中国成都博士创业园 Chengdu Doctor Innovation Park of China	11	8858	182	30000	28900	12000
成都大一高新技术孵化器投资管理有限公司 Chengdu Dayi Hi-tech Incubator Investment Management Ltd.	6	6206	39	20000	23714	
成都高新区创新中心府河孵化基地 Chengdu Hi-tech Zone Innovation Center Fuhe Incubator Base	5	4255			13300	
四川海特高新技术股份有限公司 Sichuan Haite Hi-tech Ltd.	10	6949775			16803	

4-8 续表 22 continued

科技企业孵化器 Technology Business Incubator	人员总数(人) Total Number of Employees (person)	孵化器总收入(千元) Total Income of TBIs (1000 yuan)	服务性收入(千元) Service Income (1000 yuan)	孵化基金总额(千元) Incubator Fund (1000 yuan)	场地面积(平方米) Space Area (sq.m)	累计公共服务平台投资总额(千元) Accumulated Investment of the Public Service Platform (1000 yuan)
贵州军转民高新技术创业服务中心 Guizhou Military-to-Civilian Hi-tech Innovation Service Center	18	17884	7662	30300	24525	43830
昆明北理工科技企业孵化器有限公司 Kunming Northern Institute of Technology Business Incubator Ltd.	13	981	981	3000	12769	1870
国家863软件专业孵化器昆明基地 National 863 Software Industry Incubator Kunming Base	16	72	72		1100	
云南海归创业园 Yunnan Overseas Scholars Innovation Park	50	4140	800	3000	67710	2500
云南留学人员创业园管理办公室 Yunnan Overseas Scholars Innovation Park Management Office	15	2720			14000	
西藏(成都)科技孵化器 Tibet (Chengdu)Technology Business Incubator	6			6720	2394	
西安市高新区创业服务中心(西安高新区留学生企业孵化器) Xi'an Hi-tech Zone Business Service Center (Students in Xi'an Hi-tech Zone Business Incubator)	24	38377	17318	8000	177600	11420
西安高新区能源新技术孵化器 Xi'an Science and Technology Park Advanced Energy Technology Business Incubator	8	2690	1800		8300	109
西安高新区现代服务企业专业孵化器 Xi'an Science and Technology Park Modern Service Business Incubator	4	6039	4039		3000	800
西安莲湖科技产业园区创业服务中心 Xi'an Lianhu Science and Technology Industrial Park Innovation Service Center	12	1187	679	3000	10000	500
西安易创军民两用科技工业孵化器 Xi'an Yichuang Military and Civil Dual-use Technology Industry Incubator	13			4000	3000	390
西安三元数字媒体科技企业孵化器 Xi'an Sanyuan Digital Media Technology Business Incubator	24	1585	407	350	12691	1650
西安工业设计孵化器 Xi'an Industrial Design Incubator	15			2000	7250	200
西安亿荣达电子技术服务有限责任公司 Xi'an Yirongda Electronic Technology Service LLC	10	12658	500	10000	42000	10000
宝鸡市金华水利科技服务中心 Baoji City Jinhua Water Resource Technology Service Center	6	885	48		6600	
宝桥科贸大厦孵化中心 Baoqiao Technology Trade Incubation Center	8	2563	178		10000	
秦明电子园 Qinming Electronic Park	81	145776	240	315052	9300	10000
甘肃省兰州留学人员创业园区 Gansu Province Lanzhou Overseas Scholars Innovation Park	3	1650	750		8965	
兰州理工大学科技园兰州科技企业孵化器 Lanzhou Science and Technology University Science Park Technology Business Incubator	27	322			18542	

4-9 非国家级科技企业孵化器孵化企业情况

Tenants Statistics of Non-State Level TBIs

科技企业孵化器 Technology Business Incubator	在孵企业数(个) Number of Tenants (unit)	累计获投融资企业数(个) Accumulated Number of Tenants by Investing and Financing (unit)	在孵企业累计获风险投资额(千元) Accumulated Amount of Venture Capital for Tenants (1000 yuan)	承担国家级科技计划项目数(个) Number of National Science and Technology Projects (item)
合　计 Total	**18103**	**6206**	**2113927**	**567**
北京奥科兴源科技企业孵化器有限公司 Beijing Aoke Xingyuan Technology Business Incubator Ltd.	18		16000	
北京八六三信息安全科技发展有限公司 Beijing 863 Information Security Technology Development Ltd.	15	5	170	
北京北达燕园科技孵化器有限公司 Beijing Beida Yanyuan Technology Business Incubator Ltd.	59		5000	
北京北方车辆新技术孵化器有限公司 Beijing Northern Vehicle High Technology Incubator Ltd.	12			
北京北控高科技孵化器有限公司 Beijing Beikong Technology Business Incubator Ltd.	34			1
北京北内制造业高新技术孵化基地有限公司 Beijing Beinei Manufacturing Hi-tech Incubation Base Ltd.	20			
北京昌科晨宇科技企业孵化器有限公司 Beijing Changke Chenyu Science and Technology Business Incubator Ltd.	48			
北京昌科航星科技开发有限公司 Beijing Changke Hangxing Technology Development Ltd.				
北京超导园科技企业孵化器有限公司 Beijing Superconductor Park Science and Technology Business Incubator Ltd.	18	2	15000	3
中关村东升科技园孵化器 Zhongguancun Dongsheng Science Park Incubator				
北京方和正圆科技企业孵化器有限公司 Beijing Fanghe Zhengyuan Business Incubator Ltd.	10			
北京富丰实业发展公司 Beijing Fufeng Industrial Development Corporation	50	1	2000	1
北京高创天成国际企业孵化器有限公司 Beijing Gaochuang Tiancheng Technology Business Incubator Ltd.	40	1	10000	1
北京国丰通达科技孵化器中心 Beijing Guofeng Tongda Technology Innovation Center	60			
北京海银科医药技术有限公司 Beijing Haiyinke Medicine Technology Ltd.	12	10	120000	
北京华商置业有限公司 Beijing Huashangzhiye Technology Business Incubator Ltd.	15			
北京集成电路设计园有限责任公司 Beijing IC Design Park LLC	30	3	30000	4
北京建科兴达科技企业孵化器有限责任公司 Beijing Jianke Xingda Technology Business Incubator Ltd.	110	5		
北京交大科技孵化器有限公司 Beijing Jiaotong University Technology Business Incubator Ltd.	36	4	130000	3
北京金丰和科技企业孵化器有限责任公司 Beijing Jinfenghe Technology Business Incubator Ltd.	130	2		1
北京京海科技企业孵化器有限公司 Beijing Jinghai Science and Technology Business Incubator Ltd.	21	2		

4-9 续表 1 continued

科技企业孵化器 Technology Business Incubator	在 孵企业数(个) Number of Tenants (unit)	累计获投融资企业数(个) Accumulated Number of Tenants by Investing and Financing (unit)	在孵企业累计获风险投资额(千元) Accumulated Amount of Venture Capital for Tenants (1000 yuan)	承担国家级科技计划项目数(个) Number of National Science and Technology Projects (item)
北京京仪科技孵化器有限公司 Beijing Jingyi Technology Incubator Ltd.	15			
北京聚兴创业科技企业孵化有限公司 Beijing Juxing Incubator for Technology Entrepreneurs Venture Ltd.	52			
北京竣一在线孵化器有限公司 Beijing Junyi Zaixian Incubator Ltd.	404			
北京科方创业科技企业孵化器有限公司 Beijing Kefang Chuangye Technology Business Incubator Ltd.	22	1	12000	7
中关村能源与安全科技园(中国矿业大学留学人员创业园) Zhongguancun Energy and Security Science Park (CUMT Returned Student Pioneer Park)	65			
北京利玛自动化专业孵化基地 Beijing Lima Automation Special Incubation Base	17	1	30000	
北京绿创环保集团科技孵化器有限公司 Beijing Greentec Science Incubator Ltd.	50			
北京牡丹电子集团有限责任公司 Beijing Peony Electronic Group Ltd.	32	5	8300	
北京诺飞科技孵化器有限公司 Beijing Nuofei Technology Business Incubator Ltd.	9			
北京首特科技孵化器有限责任公司 Beijing Shoute Technology Business Incubator Ltd.	46			
北京泰思特测控技术公司 Beijing Taisite Measurement and Control Technology, Inc.	19			1
北京天竺空港科技企业孵化器有限公司 Beijing Tianzhu Konggang Technology Business Incubator Ltd.	37	9	720	3
北京信创宇轩科技孵化器有限公司 Beijing Xinchuang Yuxuan Technology Incubator Ltd.	42			
北京颐安鑫鼎科技企业孵化器有限公司 Beijing Yi'an Xinding Science and Technology Business Incubator Ltd.	64			
北京永同昌丰益科技孵化器有限公司 Beijing Yongtong Changfengyi Technology Incubator Ltd.	44			
北京中都创业科技孵化器有限公司 Beijing Zhongdu Science and Technology Incubator Venture Ltd.	104			
中关村动漫游戏孵化器 Zhongguancun Cartoon Games Incubator	21	1	500	
北京中农大科技企业孵化器有限公司 Beijing CAU Technology Business Incubator Ltd.	38	5	39500	2
北京中自科技产业孵化器有限公司 CASIA Incubator Park	47			
中关村兴业(北京)高科技孵化器股份有限公司 Zhongguancun Xingye (Beijing) Hi-tech Incubator Ltd.	42	1		
中国环境保护公司北京环保科技开发中心 China Environmental Protection Company Environmental Science and Technology Development Center of Beijing	12			

4-9 续表 2 continued

科技企业孵化器 Technology Business Incubator	在孵企业数（个） Number of Tenants (unit)	累计获投融资企业数（个） Accumulated Number of Tenants by Investing and Financing (unit)	在孵企业累计获风险投资额（千元） Accumulated Amount of Venture Capital for Tenants (1000 yuan)	承担国家级科技计划项目数（个） Number of National Science and Technology Projects (item)
天津市天传电气节能产业孵化器有限公司 Tianjin Tianchuan Electric Energy Saving Incubator Ltd.	25			
天津塘沽海洋高新区创业服务中心 Tianjin Tanggu Marine Science Park Innovation Service Center	21	1	300	1
津滨科技园 Jinbin Science and Technology Park	43			
天津开泰企业孵化器有限公司 Tianjin Kaitai Technology Business Incubator Ltd.	16			1
天津市光电子专业孵化器 Tianjin Photoelectron Industry Incubator	50	2	300	2
天津市帅越地热科技开发中心 Shuaiyue Geotherm Science and Technology Development Center of Tianjin	1	1	300	
中国民航大学科技企业孵化器 National Civil Aviation University Technology Business Incubator				
河北区科技园 Hebei District Science and Technology Park	72			
河北科技风险投资有限公司创业分公司 Hebei Technology Venture Capital Ltd. Incubation Branch Company	41	20	8500	
石家庄科技创业投资有限公司创业中心 Shijiazhuang Technology Venture Capital Ltd.Innovation Center	36	2	2000	1
廊坊科技企业孵化器有限公司 Langfang Technology Business Incubator Ltd.	30			
廊坊开发区科技创业服务中心 Langfang Development Zone Innovation Service Center	7	1	300	3
河北清华发展研究院科技企业孵化器 Hebei Tsinghua Development Institute Technology Business Incubator	2		20000	
衡水经济开发区创业服务中心 Innovation Service Center of Hengshui Economic Development Zone	29			
承德市高新区创业服务中心 Chengde Science and Technology Industrial Park Innovation Service Center	42	7	4200	
涿鹿科技园孵化器有限公司 Zhuolu Science Park Incubator Ltd.	18			
秦皇岛市育兴高新技术创业有限公司 Qinhuangdao Yuxing High-tech Innovation Ltd.	46			
河北省涿州高新技术创业服务中心 Hebei Zhuozhou Hi-tech Innovation Service Center	8			
邢台市开发区总部经济服务中心 Xingtai Development Zone Headquarter Economy Service Center	22	6		
太原市开发区高新技术创业中心 Hi-tech Innovation Center of Taiyuan Development Zone	22	1	20	
中辐院科技园 Zhongfu Institute Science and Technology Park	5			
太原高新区大学科技创业园 University Technology Innovation Park of Taiyuan Science and Technology Park	11			

4-9 续表 3 continued

科技企业孵化器 Technology Business Incubator	在孵企业数（个） Number of Tenants (unit)	累计获投融资企业数（个） Accumulated Number of Tenants by Investing and Financing (unit)	在孵企业累计获风险投资额（千元） Accumulated Amount of Venture Capital for Tenants (1000 yuan)	承担国家级科技计划项目数（个） Number of National Science and Technology Projects (item)
瑞杰科技中心 Ruijie Science and Technology Center	13			
三益电子科技专业孵化器 Sanyi Electronic Science and Technology Incubator	25			
太原市杏花岭区科技孵化创业服务中心 Taiyuan Xinghualing District Technology Incubator and Innovation Center	38			
科景科技企业孵化器 Kejing Technology Business Incubator	12		360	
太原市高新技术创业服务中心 Taiyuan Hi-tech Innovation Service Center	60	36	700	1
太原市科仪科技企业孵化器 Taiyuan Keyi Technology Business Incubator	8			
日化所科技园 Daily Chemical Institute Science and Technology Park	4			11
太原高新区留学人员创业园 Incubation Park for Overseas Scholars of Taiyuan Science and Technology Industrial Park	16			
太原高新区电子数码港 Electronic and Digital Port of Taiyuan Science and Technology Industrial Park	26			4
内蒙古自治区留学人员创业园 Inner Mongolia Autonomous Region Overseas Scholars Incubation Park	132	3		1
辽宁科技大学资产经营有限公司 Liaoning Technology University Asset Management Ltd.	2			
辽阳科技创业服务中心 Liaoyang Technology Innovation Service Center	10			
铁岭市高新技术创业服务中心 Tieling Hi-tech Innovation Service Center	63			1
葫芦岛高新技术产业开发区创业中心 Huludao Science and Technology Industrial Park Innovation Center	204			
鞍山海外学子创业园 Anshan Overseas Scholars Incubation Park	62			
大连市中山区科技企业服务中心 Dalian Zhongshan District Technology Enterprises Service Center	9			
大连国际工控产品技术产权交易中心 Dalian International Industrial Control Products Property Trading Center	76			
大连集成电路设计产业基地管理股份有限公司 Dalian IC Design Industrial Base Management Ltd.	18			3
大连九龙高新技术创业服务有限公司 Dalian Jiulong High-tech Venture Services Ltd.	31			
科技创新大厦 Technology Innovation Mansion Incubation Center	25			

4-9 续表 4 continued

科技企业孵化器 Technology Business Incubator	在孵企业数(个) Number of Tenants (unit)	累计获投融资企业数(个) Accumulated Number of Tenants by Investing and Financing (unit)	在孵企业累计获风险投资额(千元) Accumulated Amount of Venture Capital for Tenants (1000 yuan)	承担国家级科技计划项目数(个) Number of National Science and Technology Projects (item)
大连市西岗区高科技发展中心 Xigang District Hi-tech Development Center of Dalian	36	5		1
大连航运物流软件园 Dalian Maritime Logistics Software Park	2	1		
大连市留学人员创业园 Dalian Overseas Scholars Incubation Park	262	15	120000	14
大连中山区科技园 Dalian Zhongshan District Science and Technology Park	14			
吉林大学科技园发展中心 Jilin University Science Park Development Center	53	3		4
长春理工大学大学科技园科技企业孵化器 CUST Science and Technology Park Business Incubator	6			2
中俄科技企业孵化器(长春中俄科技园有限公司) Sino-Russia Science and Technology Business Incubator (Changchun Sino-Russian Science Park Ltd.)	19			2
四平红嘴大学科技园 Siping Hongzui University Science and Technology Park	13			3
珲春高新技术创业服务中心 Hunchun high-tech Innovation Service Center	5	5		2
北华大学科技园 Beihua University Science Park	32			
留学生创业园 Overseas Scholars Innovation Park	58			
吉林省民营科技园 Jilin Province Private Science and Technology Park	58			
吉林省高新创业孵化产业园有限公司 Jilin Hi-tech Industry Park Incubation Ltd.	19			
齐齐哈尔市科技企业孵化中心 Qiqihar Technology Enterprises Incubation Center	23			1
富拉尔基科技企业创业中心 Fulaerji Technology Enterprises Innovation Center	32			
鹤岗市科技企业创业中心 Hegang Technology Enterprises Innovation Center	21			
双鸭山市弘科高新技术服务中心 Hongke Hi-tech Service Center of Shuangyashan	58			
大庆精细化工科技园科技企业孵化器 Daqing Fine Chemical Science and Technology Park Technology Business Incubator	100			
大庆新型复合材料及制品特色产业基地 Daqing New Type Composite Material and Products Industrial Base	20			
铁力松涛科技创业园区 Tieli Songtao Science and Technology Innovation Park	10			
佳木斯新运化工高新技术孵化器有限公司 Kiamusze Xinyun Chemical Hi-tech Business Incubator Ltd.	40			
佳木斯高新技术创业服务中心 Jiamusze Hi tech Innovation Service Center	20			

4-9 续表 5 continued

科技企业孵化器 Technology Business Incubator	在孵企业数 (个) Number of Tenants (unit)	累计获投融资企业数 (个) Accumulated Number of Tenants by Investing and Financing (unit)	在孵企业累计获风险投资额 (千元) Accumulated Amount of Venture Capital for Tenants (1000 yuan)	承担国家级科技计划项目数 (个) Number of National Science and Technology Projects (item)
牡丹江市高新技术创业服务中心 Mudanjiang Hi-tech Innovation Service Center	49			
哈尔滨七〇三科技创业中心 Harbin 703 Technology Innovation Center	21			
黑龙江省林业科技创业中心 Heilongjiang Forestry Technology Innovation Center	19			
哈尔滨现代农业科技创业中心 Harbin Modern Agriculture Technology Innovation Center	23			
黑龙江省地理信息科技企业孵化器 Heilongjiang Geography Information Technology Business Incubator	15			
哈尔滨市道里区均信高科技创业中心 Harbin Daoli District Junxin Technology Innovation Center	28			
黑龙江省动漫产业(平房)发展基地管理办公室 Heilongjiang Animation Industry Development Base Management Office	45			
哈尔滨市平房区高新技术创业中心 Harbin Pingfang District Hi-tech Innovation Center	51		1	
华崴科技创业中心 Huawei Technology Innovation Center	15			
黑龙江省六环科技企业创业中心 Heilongjiang Province Liuhuan Technology Companies Innovation Center	43			
东北亚对俄科技合作发展中心 Northeast Asia Cooperation Science and Technology Development Center with Russia	12			
黑龙江创业科技园 Heilongjiang Innovation Science Park	38			
黑龙江大学软件园 Heilongjiang University Software Park	24			
哈尔滨理工大学科技企业创业中心 Harbin Science and Technology University Innovation Center	78			
哈尔滨海格孵化器有限公司 Harbin Haige Business Incubator Ltd.	19			
哈尔滨市起亚科技企业孵化器有限公司 Harbin Qiya Technology Business Incubator Ltd.	18			
哈尔滨电工仪表研究所科技企业孵化器 Harbin Electrical Engineering Instruments Institute Technology Enterprises Incubator	49			
哈开发区富阳创业中心 Harbin Development Zone Fuyang Innovation Center	26			
哈尔滨赛达科技园有限公司 Harbin Saida Science and Technology Park Ltd.	5			
黑龙江省自动化企业孵化器 Heilongjiang Province Automation Business Incubator	30			
哈尔滨龙软科技开发有限责任公司 Harbin Longruan Science and Technology Development Ltd.	76			

4-9 续表 6 continued

科技企业孵化器 Technology Business Incubator	在孵企业数(个) Number of Tenants (unit)	累计获投融资企业数(个) Accumulated Number of Tenants by Investing and Financing (unit)	在孵企业累计获风险投资额(千元) Accumulated Amount of Venture Capital for Tenants (1000 yuan)	承担国家级科技计划项目数(个) Number of National Science and Technology Projects (item)
哈尔滨市三强信息技术有限责任公司 Harbin Sanqiang Information Technology Ltd.	48			4
黑龙江省佳路高科技开发总公司 Heilongjiang Province Jialu Development Corporation	40	1		
上海多媒体产业园创业有限公司 Shanghai Multimedia Industrial Park Innovation Ltd.	76	10	350000	
上海科汇高新技术创业服务中心 Shanghai Kehui Hi-tech Innovation Service Center	42	2	4870	
上海互联网创业投资有限公司 Shanghai Internet Venture Capital Ltd.	22	12	960	
上海嘉定高新技术创业服务有限公司 Shanghai Jiading Hi-tech Venture Service Ltd.	50	5		
上海市黄浦区科技创业中心 Huangpu District Technology Innovation Center	35			2
上海静安科技企业孵化器管理有限公司 Shanghai Jing'an Technology Business Incubator Management Ltd.	29			
上海市科技创业中心卢湾分中心 Luwan Subcenter of Shanghai Technology Innovation Center	28			
上海未来岛科技创业中心 Shanghai Future Island Technology Innovation Center	16			1
国家863软件专业孵化器(上海)基地 National 863 Software Industry Business Incubator (shanghai) Base	48	3	1850	
上海奉浦现代农业专业孵化器 Shanghai Fengpu Modern Agriculture Industry Business Incubator	63	4	1012	2
东华大学国家大学科技园创业中心 Donghua University National University Science and Technology Park Innovation Center	22			
上海中纺科技创业有限公司 Shanghai Zhongfang Technology Venture Ltd.	1			
上海金山化工孵化器发展有限公司 Shanghai Jinshan Chemical Industry Incubator Development Ltd.	47			
上海中科大研究发展中心 Shanghai R&D Center of China Science and Technology University	31	10	1860	
上海市松江科技创业中心 Shanghai Songjiang Technology Innovation Center	27	2	6500	
上海康桥先进制造技术创业园有限公司 Shanghai Kangqiao Advanced Manufacturing Technology Venture Park Ltd.	46			
上海英科创业投资管理有限公司 Shanghai Yingke Venture Capital Management Ltd.	39	6		
上海漕河泾开发区创新创业园发展有限公司 Shanghai Caohejing Development Park Innovation and Venture Ltd.	30			
上海能高半导体照明发展有限公司 Shanghai Nenggao Semiconductor Lighting Ltd.	4			
上海宝山科技控股有限公司 Shanghai Baoshan Technology Holdings Ltd.	8			

4-9 续表 7 continued

科技企业孵化器 Technology Business Incubator	在 孵企业数（个） Number of Tenants (unit)	累计获投融资企业数（个） Accumulated Number of Tenants by Investing and Financing (unit)	在孵企业累计获风险投资额（千元） Accumulated Amount of Venture Capital for Tenants (1000 yuan)	承担国家级科技计划项目数（个） Number of National Science and Technology Projects (item)
上海张江企业孵化器经营管理有限公司 Shanghai Zhangjiang Business Incubator Management Ltd.	14			3
上海紫竹创业投资有限公司 Shanghai Zizhu Venture Capital Ltd.	46	1	2000	10
上海浦东软件园创业投资管理有限公司 Shanghai Pudong Software Park Venture Investment Management Ltd.	60	8	2140	
上海聚能湾企业服务有限公司 Shanghai Junengwan Business Service Ltd.	22			
上海张江文化科技创意产业发展有限公司 Shanghai Zhangjiang Creative Industry Development Ltd.	14			
国家留学人员嘉定创业园 Jiading National Overseas Scholars Innovation Park	6			
苏州生物纳米科技园 Suzhou Industrial Nano Science and Technology Park	58	19	105940	17
独墅湖科教创业园 Dushu Lake Science and Education Pioneer Park	76	2	7500	4
江苏苏州大学科技创业园 Jiangsu Suzhou University Science and Technology Park	32			1
苏州东弘商务管理有限公司 Suzhou Donghong Business Management Ltd.	14			
苏州市新吴城集团有限公司盘门科技创业园 Suzhou Xinwucheng Corporative Ltd. Panmen Technology Innovation Park	40			
苏州市创新科技创业园管理有限公司 Suzhou Innovation and Technology Pioneering Park	61			
苏州市平江科技创业园管理有限公司 Suzhou Pingjiang Technology Innovation Park Management Ltd.	77			
苏州创元科技创业园管理有限公司 Suzhou Chuangyuan Science and Technology Park Management Ltd.	52			
苏州市金阊区科技创业园 Suzhou Jinchang Technology Innovation Park	30	5		
苏州高新区狮山科技创业中心 Suzhou Hi-tech Zone Shishan Technology Innovation Center	27			
苏州科技城微系统园 Suzhou Science and Technology City Microsystems Park	31	3	80000	
苏州高新区优康信息谷科技创业园 SND Youkang Information Valley Technology Park	15			2
苏州吴中科技园服务中心有限公司 Suzhou Wuzhong Science and Technology Park Service Center Ltd.	36			
苏州市相城区科技创业园有限公司 Suzhou Xiangcheng District Technology Innovation Park Ltd.	52			
苏州市相城区脱颖科技创业园有限公司 Suzhou Xiangcheng Tuoyin Technology Innovation Park Ltd.	32			
常熟高新技术创业服务中心 Changshu Hi-tech Innovation Service Center	18			

4-9 续表 8 continued

科技企业孵化器 Technology Business Incubator	在孵企业数（个） Number of Tenants (unit)	累计获投融资企业数（个） Accumulated Number of Tenants by Investing and Financing (unit)	在孵企业累计获风险投资额（千元） Accumulated Amount of Venture Capital for Tenants (1000 yuan)	承担国家级科技计划项目数（个） Number of National Science and Technology Projects (item)
常熟大学科技园 Changshu University Science and Technology Park	20	2		
张家港市凤凰科技创业园 Zhangjiagang Fenghuang Science and Technology Park	11	5		
中科昆山高科技创业服务中心 Zhongke Kunshan Hi-tech Innovation Service Center	4			
吴江科技创业园 Wujiang Science and Technology Innovation Park	25			1
吴江汾湖科技创业投资发展有限公司 Wujiang Fenhu Technology Venture Capital Development Ltd.	23			
江苏(太仓)LOFT工业设计园 Jiangsu (Taicang) LOFT Industrial Design Park	33	10	1500	
太仓软件园有限公司 Taicang Software Park Ltd.	11			
如皋市科技创业园 Technology Innovation Park of Rugao	58		2000	1
南通综艺科技孵化器有限公司 Nantong Zongyi Technology Business Incubator Ltd.	8			
南通北城科技创业中心 Nantong Beicheng Technology Innovation Center	24			
南通高新技术创业服务中心 Nantong Hi-tech Innovation Service Center	22	6	51000	
江苏鹏飞科技创业有限公司 Jiangsu Pengfei Technology Venture Ltd.	22			
江苏华新高新技术创业有限公司 Jiangsu Huaxin Hi-Tech Venture Ltd.	28			
如东城南科技创业园 Rudong Chengnan Science and Technology Park	14			
江苏海安软件科技园 Jiangsu Haian Software Technology Park	56	3	2700	
启东高新技术创业中心有限公司 Qidong Hi-tech Innovation Center Ltd.	26			
启东创业科技园 Qidong Science and Technology Pioneering Park	18			
海门都市科技创业园有限公司 Haimen City Science and Technology Park Ltd.	32	4	2000	1
启东市金凤凰创业园科技有限公司 Qidong Golden Phoenix Pioneer Park Technology Ltd.	21			
江苏省如皋软件园 Jiangsu Rugao Software Park	7			
南通港闸高科技创业中心 Nantong Gangzha Hi-tech Innovation Center				
东海新秀科技创业园 Donghai Xinxiu Science and Technology Park	2			

4-9 续表 9 continued

科技企业孵化器 Technology Business Incubator	在孵企业数（个） Number of Tenants (unit)	累计获投融资企业数（个） Accumulated Number of Tenants by Investing and Financing (unit)	在孵企业累计获风险投资额（千元） Accumulated Amount of Venture Capital for Tenants (1000 yuan)	承担国家级科技计划项目数（个） Number of National Science and Technology Projects (item)
连云港高新技术产业开发区创业中心 Lianyungang Hi-tech Innovation Center	52			2
连云港云港高新技术创业园有限公司 Lianyungang Yungang Hi-tech Venture Park Ltd.	20			
江苏省金湖科技创业园 Jiangsu Jinhu Science and Technology Park	5	3	15000	
洪泽科技创业园 Hongze Science and Technology Park	8			
淮安市淮阴区科技创业中心 Huaian Huaiyin District Technology Innovation Center				
涟水科技创业园 Lianshui Science and Technology Park	15			
宝应县高新技术创业中心 Baoying Hi-tech Innovation Center	23			2
江苏省高邮市科技创业中心 Jiangsu Gaoyou Science and Technology Innovation Center	27			
扬州市邗江区高新技术创业服务中心 Yangzhou Hanjiang Hi-tech Innovation Service Center	60			
扬州市维扬区高新技术创业服务中心 Yangzhou Weiyang Hi-tech Innovation Service Center	26	3	3300	3
扬州广陵高新技术创业服务中心 Yangzhou Guangling Hi-tech Innovation Service Center	26			1
江都市高新技术创业服务中心 Jiangdu Hi-tech Innovation Service Center	16			
仪征市科技创业服务中心 Yizheng Science and Technology Innovation Service Center	30			1
金坛红太阳高新技术创业服务中心 Jintan Red Sun of Hi-tech Innovation Service Center	14		550	
金坛高新技术创业服务中心 Jintan High-Tech Innovation Service Center	14		3500	
常州加州科技港电子软件专业孵化器 Changzhou California Electronic Software Professional Incubator	6			
扬中市科技创业中心 Yangzhong Technology Innovation Center	12	3000		
镇江京口高新技术创业服务中心 Zhenjiang Jingkou Hi-tech Innovation Service Center	33			
句容市高新技术创业服务中心 Jurong Hi-tech Innovation Service Center	10	1	300	
丹阳市高新技术创业园 Danyang Hi-tech Venture Park				
镇江市丹徒环保科技创业服务中心 Zhenjiang Dantu Environmental Science and Technology Innovation Service Center	12	1000		
镇江国家大学科技园 Zhenjiang National University Science Park	58	3	6500	4

4-9 续表 10 continued

科技企业孵化器 Technology Business Incubator	在孵企业数（个） Number of Tenants (unit)	累计获投融资企业数（个） Accumulated Number of Tenants by Investing and Financing (unit)	在孵企业累计获风险投资额（千元） Accumulated Amount of Venture Capital for Tenants (1000 yuan)	承担国家级科技计划项目数（个） Number of National Science and Technology Projects (item)
镇江软件园 Zhenjiang Software Park	39	2	2500	2
镇江慧谷快鹿科技园 Zhenjiang Huigu Kuailu Science and Technology Park	13			
靖江市华信科技创业园有限公司 Jingjiang Huaxin Technology Innovation Park Ltd.	28	4		
兴化市科技创业中心 Xinghua Technology Innovation Center	31			
泰兴市科隆科技创业园有限公司 Taixing Kelong Science and Technology Park Ltd.	34	3	1400	
泰州市高港区高新技术创业服务中心 Taizhou Gaogang Hi-tech Service Center	31			1
泰州市海陵区高新技术创业服务中心 Taizhou Hailing Hi-tech Innovation Service Center	18	1	200	
宿迁市科技创业服务中心 Suqian Technology Innovation Service Center	15	6	1500	
宿豫区创业服务中心 Suyu Business Service Center	9			1
泗阳县科技创业服务中心 Siyang Technology Innovation Service Center	18			
沭阳县科技创业服务中心 Shuyang Innovation Service Center	69	3	900	
江苏江阴软件园 Jiangsu Jiangyin Software Park	103			
无锡市崇安区北仓门文化创意园区 Chong'an Beicangmen Cultural and Creative Park	10			
崇安区科技创业服务中心 Chong'an Technology Innovation Service Center	12			
无锡市惠山区洛社镇科技创业服务中心 Wuxi Huishan District Luoshe Technology Innovation Service Center	17	7		
无锡市惠山区堰桥街道科技创业中心 Wuxi Huishan Yanqiao Street Technology Innovation Center	32	1		11
无锡市南长区科技创业服务中心 Wuxi Nanchang Technology Innovation Service Center	30		500	
宜兴卓易创业软件园 Yixing Zhuoyi Pioneering Software Park	10			8
宜兴市科技创业服务中心 Yixing Technology-based Business Service Center	27			8
宜兴创业园 Yixing Pioneer Park	59	6	52615	
江苏省留学人员创业园 Jiangsu Province Overseas Scholars Innovation Park	12			
无锡市金山北科技创业服务中心 Wuxi Jinshanbei Science and Technology Innovation Service Center	39		3000	
无锡索立得国际科技合作园 Wuxi Suolide International Science and Technology Cooperation Park	20	5	8050	

4-9 续表 11 continued

科技企业孵化器 Technology Business Incubator	在 孵 企业数 (个) Number of Tenants (unit)	累计获投融资企业数 (个) Accumulated Number of Tenants by Investing and Financing (unit)	在孵企业累计获风险投资额 (千元) Accumulated Amount of Venture Capital for Tenants (1000 yuan)	承担国家级科技计划项目数 (个) Number of National Science and Technology Projects (item)
无锡锡山科技创业园有限公司(无锡同方创业园有限公司) Wuxi Xishan Science and Technology Park Ltd.(Wuxi Tongfang Innovation Park Ltd.)	17	8	13000	
江苏省锡山经济开发区科技创业服务中心 Jiangsu Xishan Economic Development Zone Technology Innovation Service Center	81	29	53400	4
无锡马山生物医药科技园 Wuxi Mashan Bio-medical Technology Park	27		31800	1
无锡太湖科技中心 Wuxi Taihu Technology Center	34		1360	
无锡江南工业设计园有限公司 Wuxi Jiangnan Industrial Design Park Ltd.	53			
无锡蠡湖科技创业服务中心 Wuxi Lihu Technology-based Business Service Center	25			
无锡太湖新城科技创业服务中心 Wuxi Taihu New Town Science and Technology Innovation Service Center	96	21	9133	2
无锡软件园 Wuxi Software Park	199	9	55210	3
无锡留学人员创业园 Wuxi Overseas Scholars Innovation Park	98	35	14315	16
常州市武进科创服务中心 Changzhou Wujin Kechuang Service Center	30			2
常州三晶信息技术孵化器 Changzhou Sanjing Information Technology Incubator	50			
江苏长三角模具专业技术孵化器 Jiangsu Yangtze River Delta Mold Expertise Incubator	46			
江苏武进经济开发区湖滨科技园孵化器 Jiangsu Wujin Economic Development Zone Hubin Science and Technology Park Incubator	46			2
江苏津通信息技术孵化器 Jiangsu Jintong Information Technology Incubator	30			
湖塘科技创业园 Hutang Technology Park	40			2
江苏省淮安软件园 Jiangsu Huai'an Software Park	20			
盐城亭湖高新技术创业园 Yancheng Tinghu Hi-tech Venture Park	19			
滨海县科技创业园 Binhai County Venture Park	20			
盐城市盐都高新技术创业园 Yancheng Yandu Hi-tech Venture Park	26	3	2100	
江苏省射阳县高新科技创业园有限公司 Jiangsu Province Sheyang County Hi-tech Venture Park Ltd.	25			

4-9 续表 12 continued

科技企业孵化器 Technology Business Incubator	在孵企业数 (个) Number of Tenants (unit)	累计获投融资企业数 (个) Accumulated Number of Tenants by Investing and Financing (unit)	在孵企业累计获风险投资额 (千元) Accumulated Amount of Venture Capital for Tenants (1000 yuan)	承担国家级科技计划项目数 (个) Number of National Science and Technology Projects (item)
响水县灌江科技创业园 Xiangshui County Guanjiang Technology Pioneer Park	15			
东台市高新技术创业园 Dongtai City Hi-tech Venture Park	10			
大丰市科技创业园 Dafeng Technology Pioneer Park	14	8		
溧阳市高新技术创业中心 Liyang Hi-tech Innovation Center	26			
常州天宁新动力高新技术创业服务中心 Changzhou Tianning Xindongli Hi-tech Innovation Service Center	33			
常州市天宁高新技术创业服务中心 Changzhou Tianning Hi-tech Innovation Service Center	18			
沛县高新技术创业服务中心 Peixian Hi-tech Innovation Service Center	2			
徐州市高新技术创业服务中心 Xuzhou Hi-tech Innovation Service Center	46			
徐州高新技术创业服务中心 Xuzhou Hi-tech Innovation Service Center	21			12
新沂市高新技术创业服务中心 Xinyi Hi-tech Innovation Service Center	23		5600	2
睢宁科技创业园 Suining Science and Technology Park	13			
丰县科技创业中心 Fengxian Technology Innovation Center	21			
徐州市泉山区高新技术创业服务中心 Xuzhou Quanshan Hi-tech Innovation Service Center	38			3
徐州留学人员创业园 Xuzhou Overseas Scholars Innovation Park	4			
徐州科创软件园管理有限公司 Xuzhou Kechuang Software Park Management Ltd.	44			
南京财经大学科技园 Nanjing University of Finance and Economics Science and Technology Park	3			
南京中医药大学科技园 Nanjing University of Chinese Medicine Science and Technology Park	9			
南京数码动漫创业管理有限公司 Nanjing Digital Carton Innovation Management Ltd.	20			
南京智工微光电子产业孵化中心 Nanjing Zhigong Low-light-level Electronic Industrial Incubation Center	16			
南京信息技术科技创业服务中心 Nanjing Information Technology Innovation Service Center	21	1	1000	
南京农业生物高新技术创业中心 Nanjing Agriculture Biology Hi-tech Innovation Center	25			
南京环保科技创业中心 Nanjing Environment Protection Technology Innovation Center	35			2

4-9 续表 13 continued

科技企业孵化器 Technology Business Incubator	在孵企业数（个） Number of Tenants (unit)	累计获投融资企业数（个） Accumulated Number of Tenants by Investing and Financing (unit)	在孵企业累计获风险投资额（千元） Accumulated Amount of Venture Capital for Tenants (1000 yuan)	承担国家级科技计划项目数（个） Number of National Science and Technology Projects (item)
南京黄埔IT科技创业园 Nanjing Huangpu IT Technology Park	15			
南京市白下区科技创业服务中心 Nanjing Baixia Technology Innovation Service Center	19			
南京光机电科技创业中心有限公司 Nanjing Mechatronic Technology Innovation Center	6	3	14800	
南京市雨花台区科技创业中心 Nanjing Yuhuatai District Innovation Center	170	5		
南京秦淮科技创业发展有限公司 Nanjing Qinhuai Technology Venture Development Ltd.	58	2	8800	1
南京滨江科技创业中心 Nanjing Binjiang Technology Innovation Center	79			
南京红意创业园有限公司 Nanjing Hongyi Pioneer Park Ltd.	25	1	5000	
南京市建邺长江高新技术创业服务中心 Nanjing Jianye Yangtze River Hi-tech Innovation Service Center	38		8000	
南京六合区科技孵化器 Nanjing Liuhe Innovation Service Center	46			
南京新城化工科技创业中心 Nanjing Xincheng Chemical Science and Technology Innovation Center	14			
高淳县科技创业服务中心 Gaochun Technology Innovation Service Center	9			
溧水县科技创业服务中心 Sushui Technology Innovation Service Center	22	16		1
中国南京留学人员创业园 China Nanjing Overseas Scholars Innovation Park	36	10	10000	5
杭州高新区留学人员创业园 Hangzhou Science and Technology Park Overseas Scholars Innovation Park	31		5000	
杭州萧山创业服务中心 Hangzhou Xiaoshan Innovation Service Center	42	2		
杭州国家集成电路设计企业孵化器有限公司 Hangzhou National IC Design Technology Business Incubator Ltd.	16		88960	
浙江省国家大学科技园 Zhejiang National University Science Park	145			1
杭州西湖科技创业有限公司 Hangzhou West Lake Technology Innovation Ltd.	60	3	2560	7
杭州余杭高新技术产业园区创业中心 Hangzhou Yuhang Hi-tech Industrial Park Venture Center	16			
杭州市下城区科技创业中心 Hangzhou Xiacheng District Science and Technology Innovation Center	132			
杭州市西湖区高新技术创业服务中心 Xihu District Hi-tech Innovation Service Center	11			
万向高科技孵化中心 Wanxiang Hi-tech Incubation Center				

4-9 续表 14 continued

科技企业孵化器 Technology Business Incubator	在 孵 企业数 (个) Number of Tenants (unit)	累计获投融资企业数 (个) Accumulated Number of Tenants by Investing and Financing (unit)	在孵企业累计获风险投资额 (千元) Accumulated Amount of Venture Capital for Tenants (1000 yuan)	承担国家级科技计划项目数 (个) Number of National Science and Technology Projects (item)
中国科学院杭州科技园 China Academy of Science Hangzhou Science and Technology Park	11			
杭州高新节能物业管理有限公司 Hangzhou Hi-tech Energy-Saving Property Management Ltd.	4			
杭州西湖数源软件园有限公司 Hangzhou West Lake Soyea Software Park Ltd.	14	2		
浙江银江孵化器有限公司 Zhejiang Yinjiang Technology Business Incubator Ltd.	52	5	3000	
杭州临安太湖源观赏竹种园有限公司 Hangzhou Lin'an Taihuyuan Bamboo Seed Garden Ltd.	10			
建德市有机硅科技企业孵化器 Jiande Organic Silicon Technology Business Incubator	4	1		
杭州市余杭高新农业示范中心 Yuhang Hi-tech Agriculture Model Center of Hangzhou	19	19	1000	
杭州市埃八劳夫特艺术社有限公司 Hangzhou Aibalaofute Art Company Ltd.	17			
乐富智汇园科技创业中心 Lefu Zhihui Park Science and Technology Innovation Center	38			
杭州汇丰生化创业服务有限公司 Hangzhou Huifeng Biochemical Business Service Ltd.	2			
桐庐裕华科技企业孵化器有限公司 Tonglu Yuhua Business Incubator Ltd.	9			
杭州市高科技企业孵化器有限公司 Hangzhou Hi-tech Business Incubator Ltd.	49			
杭州天盛科技创业服务有限公司 Hangzhou Tiansheng Technology Innovation Service Ltd.	13			1
江干区科技创业服务中心 Jinggan Technology Industrial Service Center				
乐清市科技孵化创业中心 Yueqing Technology Innovation and Incubation Center	40			
浙江秀洲慧谷科技创中心 Zhejiang Xiuzhou Huigu Science and Technology Innovation Center	50			1
海盐县科技创业服务中心 Haiyan Technology Innovation Service Center	19			
桐乡市科技创业服务中心有限公司 Tongxiang Technology Innovation Service Center	47			1
海宁市科技创业中心 Haining Technology Innovation Center	14	1		1
德清县科技创业服务有限公司 Deqing County Science and Technology Innovation Service Ltd.	81	2	2211	2
新昌高新技术孵化器 Xinchang Hi-tech Business Incubator	3			
上虞市高新技术产业发展有限公司 Shangyu Hi-tech Industrial Development Ltd.	17		12000	2

4-9 续表 15 continued

科技企业孵化器 Technology Business Incubator	在孵企业数（个） Number of Tenants (unit)	累计获投融资企业数（个） Accumulated Number of Tenants by Investing and Financing (unit)	在孵企业累计获风险投资额（千元） Accumulated Amount of Venture Capital for Tenants (1000 yuan)	承担国家级科技计划项目数（个） Number of National Science and Technology Projects (item)
绍兴市科技创业中心 Shaoxing Technology Innovation Center	58	4		
浙江衢州高新技术产业园区科技孵化器 Zhejiang Quzhou Hi-tech Industrial Park Technology Business Incubator	9			
衢州高科农业创新服务有限公司 Quzhou Hi-tech Agriculture Innovation Service Ltd.	4			
宁波市江北区科技创业中心 Ningbo Jiangbei District Technology Innovation Center	57			
慈溪市生产力促进中心 Cixi Productivity Promotion Center	16			
宁海县模具科技企业创业服务中心 Ninghai Module Technology Innovation Service Center	8			
象山科技创业发展有限公司 Xiangshan Technology Innovation Development Ltd.	32	18		1
宁波市镇海区科技创业服务中心 Ningbo Zhenhai District Innovation Service Center	61			1
宁波东方现代农业投资开发有限公司孵化器 Ningbo Oriental Modern Agricultural Investment and Development Ltd. Incubator	10			
宁波市江东科技创业服务中心 Ningbo Jiangdong Technology Innovation Service Center	92	2	3500	
湖州吴兴区科技发展有限公司 Huzhou WuXing District Technology Development Ltd.	88	4		13
合肥桃花科技创业服务中心 Hefei Peach Technology Business Incubation Center	22			8
合肥蜀山经济开发区科技创业中心(民营科技园蜀山分中心) Hefei Shushan Economic Development Zone Innovation Center (Technology Park Shushan Sub-Center)	31			
安徽省科技创业服务中心 Anhui Technology Innovation Service Center	20	3		
合肥市原创动漫园 Hefei Original Animation Park	19	2	1800	4
繁昌县科技企业孵化中心 Fanchang County Technology Business Incubation Center	5			
蚌埠市科技创业服务中心 Bengbu Technology Innovation Service Center	23			3
淮北新兴创业服务有限责任公司 Huaibei New Business Service LLC	2			
宿州科技企业创业服务中心 Suzhou Technology Innovation Service Center	20			4
灵璧科技创业服务中心 Lingbi Technology Innovation Service Center	5	2	500	
阜阳科技创业服务中心 Fuyang Technology Innovation Service Center	14			
淮南高新技术创业服务中心 Huainan Hi-tech Innovation Service Center	21			6

4-9 续表 16 continued

科技企业孵化器 Technology Business Incubator	在孵企业数(个) Number of Tenants (unit)	累计获投融资企业数(个) Accumulated Number of Tenants by Investing and Financing (unit)	在孵企业累计获风险投资额(千元) Accumulated Amount of Venture Capital for Tenants (1000 yuan)	承担国家级科技计划项目数(个) Number of National Science and Technology Projects (item)
滁州市高新技术创业服务中心 Chuzhou Hi-tech Innovation Service Center	17			
天长市高新技术创业服务中心 Tianchang Hi-tech Innovation Service Center	32			
六安市科技创业服务中心 Lu'an Innovation Service Center	38	11	850	1
霍山县科技创业服务中心 Huoshan Technology-based Business Service Center	10			
霍邱县矿业科技服务中心 Huoqiu County Mining Technology Service Center	15			1
舒城县科技创业园 Shucheng Technology Innovation Park	13			
马鞍山市花山软件企业服务中心 Maanshan Huashan Software Enterprise Service Center	31			
马鞍山视聆通游戏动漫企业服务中心 Maanshan Shilingtong Game Animation Business Service Center	11			
池州市贵池创业科技服务有限公司 Chizhou City Guichi Venture Technology Service Ltd.	12	10		1
安庆市高新技术创业服务中心 Anqing Hi-tech Innovation Service Center	43			1
黄山科创高新技术创业服务有限公司 Huangshan Kechuang Hi-tech Venture Service Ltd.	17			
歙县科技创业服务中心 Xixian Technology Innovation Service Center	8			1
黄山区科技创业服务中心 Huangshan Technology Innovation Service Center	8		400	
安徽大学资产经营有限公司 Anhui University Asset Management Ltd.	26			2
合肥高新创业园管理有限公司 Hefei Hi-tech Pioneering Park Management Ltd.	98	7	23000	8
安徽省科园创业中心 Anhui Keyuan Innovation Center	52	5	17000	1
安徽循环经济技术工程院 Anhui Cyclic Economy Technology Academy	31	3	7000	
厦门留学人员创业园 Xiamen Overseas Scholars Innovation Park	160	4	23000	5
厦门光电子孵化器 Xiamen Photoelectron Incubator	35	2	2000	3
宁德市高新技术创业服务中心 Ningde Hi-tech Business Service Center				
莆田市高新技术创业服务中心 Putian Hi-tech Innovation Service Center	3			
龙岩市高新技术创业服务中心 Longyan Hi-tech Innovation Service Center				

4-9 续表 17 continued

科技企业孵化器 Technology Business Incubator	在孵企业数(个) Number of Tenants (unit)	累计获投融资企业数(个) Accumulated Number of Tenants by Investing and Financing (unit)	在孵企业累计获风险投资额(千元) Accumulated Amount of Venture Capital for Tenants (1000 yuan)	承担国家级科技计划项目数(个) Number of National Science and Technology Projects (item)
三明市高新技术创业服务中心 Sanming Hi-tech Innovation Service Center	18			5
南平高新技术创业服务中心 Nanping Hi-tech Innovation Service Center	8			
泉州市鲤城区生产力促进中心 Quanzhou Licheng District Productivity Promotion Center	10			
泉州市丰泽区高新技术企业孵化基地 Quanzhou Fengze District Hi-tech Enterprise Incubator Base	6	1	100	2
泉州市洛江区生产力促进中心 Quanzhou Luojiang District Productivity Promotion Center	2			1
泉港区石化高新技术孵化基地 Quangang District Petrochemical Hi-tech Incubator Base	1			
石狮市海峡两岸科技孵化基地 Shishi Cross-strait Science and Technology Incubator Base	11			
泉州(南安)高新技术企业孵化基地 Quanzhou (Nan'an) Hi-tech Business Incubator Base	10			
惠安县第一高新技术孵化基地 Huian County the First Hi-tech Incubator Base	2			
莆田高新区液晶显示(LCD)科技孵化器 Putian Hi-tech Zone Liquid Crystal Display (LCD) Technology Incubator				
福州开发区火炬高新技术创业园 Fuzhou Development Zone Torch Hi-tech Venture Park	23			
福建留学人员创业园管理中心 Fujian Overseas Scholars Innovation Park Management Center	77			
江西师范大学科技园 Jiangxi Normal University Science Park	47	3	3000	1
龙口市高新技术创业服务中心 Longkou Hi-tech Innovation Service Center	6			
烟台市芝罘区科技创业服务中心 Yantai Zhifu District Technology Innovation Service Center	13			
新泰高新技术创业服务中心 Xintai Hi-tech Innovation Service Center	2			
中国泰山留学人员创业园 Taishan Overseas Scholars Innovation Park China	3			
肥城市高新技术创业服务中心 Feicheng Hi-tech Innovation Service Certer	2			
威海湖西创业保育有限公司 Weihai Huxi Innovation and Incubation Ltd.	8			
威海经济技术开发区科技创业服务中心 Weihai Economic Technological Development Zone Technology Innovation Center Ltd.	42			1
乳山市高新技术创业服务中心 Rushan Hi-tech Innovation Service Center	8			
德州市高新技术创业服务中心 Dezhou Hi-tech Innovation Service Center	53			

4-9 续表 18 continued

科技企业孵化器 Technology Business Incubator	在孵企业数(个) Number of Tenants (unit)	累计获投融资企业数(个) Accumulated Number of Tenants by Investing and Financing (unit)	在孵企业累计获风险投资额(千元) Accumulated Amount of Venture Capital for Tenants (1000 yuan)	承担国家级科技计划项目数(个) Number of National Science and Technology Projects (item)
乐陵市高新技术创业服务中心 Leling Hi-tech Business Service Center	53	36	11000	
山东力创科技企业孵化器 Shandong Lichuang Technology Business Incubator	2			
青岛科大都市科技园集团有限公司 Qingdao Science University Urban Science and Technology Park Development Ltd.	17			1
四方区建筑创意产业园创新创业服务中心 Sifang Building Originality Industrial Park Innovation Service Center	15			
青岛前哨都市科技园 Qingdao Qianshao City Science and Technology Park	11			
青岛市新材料科技企业孵化器 Qingdao New Material Technology Business Incubator	52	9	6000	3
青岛中联U谷2.5产业园创业服务中心 Qingdao Zhonglian U Valley 2.5 Industrial Park Innovation Service Center	30	8	2000	
潍坊软件园 Weifang Software Park	53			
郑州高新技术产业开发区留学人员创业园 Zhengzhou Science and Technology Industrial Park Overseas Scholars Incubation Park	77			2
郑州空港科技创业服务中心 Zhengzhou Airport Innovation Service Center	5			
河南省濮阳高新技术创业服务中心 Henan Province Puyang Science and Technology Industrial Park Innovation Service Center	27			
郑州电子信息专业孵化器 Zhengzhou Electronic Information Industry Incubator	102			3
郑州市科技企业孵化器 Zhengzhou Technology Business Incubator	129			3
河南省平顶山高新技术创业服务中心 Pingdingshan Hi-tech Innovation Service Center	40			
许昌市高新技术创业服务中心 Xuchang Hi-tech Business Service Center	46			
郑州市经济技术开发区留学人员创业园 Zhengzhou Economic and Technological Development Zone Overseas Scholars Incubation Park	265			
开封高新技术创业服务中心 Kaifeng Hi-tech Innovation Service Center	62			
襄樊市樊城区科技创业服务中心 Xiangfan Fancheng District Technology Innovation Service Center	23			2
湖北省孝感市高新技术创业服务中心 Hubei Xiaogan Hi-tech Innovation Service Center	76	3	900	
葛店高新技术产业开发区创业服务中心 Gedian Hi-tech Industrial Development Zone Business Service Center	5	2		

4-9 续表 19 continued

科技企业孵化器 Technology Business Incubator	在孵企业数（个） Number of Tenants (unit)	累计获投融资企业数（个） Accumulated Number of Tenants by Investing and Financing (unit)	在孵企业累计获风险投资额（千元） Accumulated Amount of Venture Capital for Tenants (1000 yuan)	承担国家级科技计划项目数（个） Number of National Science and Technology Projects (item)
湖北国知专利创业孵化器 Hubei Guozhi Patent Business Incubator	51	1		16
武汉光通科技企业孵化器管理有限公司 Wuhan Optic Technology Business Incubator Management Ltd.	22	5	4000	
武汉现代制造业创业服务中心有限公司 Wuhan Modern Manufacturing Business Service Center Ltd.	72			
武汉华成创业服务有限公司 Wuhan Huacheng Innovation Service Ltd.	9	1		
武汉洪山国际企业孵化器有限公司 Wuhan Hongshan International Business Incubator Ltd.	78			
武汉宏伟达创新孵化器管理有限公司 Wuhan Hongweida Innovation Incubator Management Ltd.	102			
武汉市科研院所高新技术创业服务中心 Wuhan Hi-tech Innovation Service Center Research Institute	7			1
武汉聚合化工科技孵化器有限公司 Wuhan Polymerization Chemical Technology Incubator Ltd.	35			5
武汉市江岸区高新技术创业服务中心 Hi-tech Innovation Center of Wuhan Jiang'an District	30			
武汉市江夏区高新技术企业创业服务中心 Wuhan Jiangxia District Hi-tech Innovation Service Center	7	3	150	
武汉岱家山科技企业孵化器有限公司 Wuhan Daijiashan Science and Technology Business Incubator Ltd.	60	6		
武汉市蔡甸区科技创业服务中心 Wuhan Caixun District Technology Innovation Service Center	11			2
武汉黄金口科技企业孵化基地 Wuhan Huangjinkou Technology Incubation Base	76	13	732	2
湖南省火炬创业中心 Hunan Torch Innovation Center	9			
湖南隆平火炬创业中心 Hunan Longping Torch Innovation Center	96			1
湖南麓谷科技孵化器有限公司 Hunan Lugu Technology Incubator Ltd.	8			
长沙湘能科技企业孵化器有限公司 Changsha Xiangneng Technology Business Incubator Ltd.	60			1
长沙市金台创业服务有限公司(湖南环保科技产业园金台创业孵化) Changsha Jintai Venture Service Ltd.(Hunan Environmental Science and Technology Industrial Park Jintai Venture Incubation)	20	10	40	
浏阳留学人员创业园 Liuyang Overseas Scholars Innovation Park	12	7	12000	3
佛山市高明沧江工业园科技企业创业中心 Foshan Gaoming Cangjiang Industrial Park Technology Business Innovation Center	96	2	140000	2
惠州市生产力促进中心 Huizhou Productivity Promotion Center				

4-9 续表 20 continued

科技企业孵化器 Technology Business Incubator	在孵企业数(个) Number of Tenants (unit)	累计获投融资企业数(个) Accumulated Number of Tenants by Investing and Financing (unit)	在孵企业累计获风险投资额(千元) Accumulated Amount of Venture Capital for Tenants (1000 yuan)	承担国家级科技计划项目数(个) Number of National Science and Technology Projects (item)
东莞市软件企业孵化园 Dongguan Software Business Incubator	25			
广东电子工业研究院有限公司 Guangdong Electronic Industrial Institute Ltd.	2			
佛山市三水高新创业中心有限公司 Sanshui Hi-tech Innovation Center Ltd. of Foshan				
广东省纺织服装开平基地技术创新中心 Guangdong Textile Fashion Kaiping Base Technology Innovation Center	1	1	50	1
江门市科技创业服务中心 Jiangmen Technology Innovation Service Center	52	23		2
肇庆高新技术产业开发区创业服务中心 Zhaoqing Science and Technology Industrial Park Innovation Service Center	4			
惠州软件科学园 Huizhou Software Science Park	19	1		
惠州高新区科技创业服务中心(惠州高新区留学生创业服务中心) Huizhou Hi-Tech Zone Innovation Service Center (Huizhou Hi-tech Zone Oversea Scholars Innovation Service Center)	65	1		
广东惠州工业园创新服务中心 Guangdong Huizhou Industrial Park Innovation Service Center	5	3		
河源市高新技术创业服务中心 Heyuan High-Tech Innovation Service Center	4			
虎门富民服装创意设计孵化器 Humen Fumin Clothing Creative Design Incubator	16	3		
大朗创意产业园 Dalang Creative Industry Park	41			
广州市番禺节能科技园 Guangzhou Panyu Energy-saving Science and Technology Park	423			
广州市荔湾区生产力促进中心 Guangzhou Liwan District Productivity Promotion Center	53	15	19950	5
广州市花都区高新技术创业服务中心 Guangzhou Huadu District Hi-tech Innovation Service Center	17			
广州暨南大学科技园管理有限公司 Guangzhou Jinan University Science Park Management Ltd.	12	2	2250	10
深圳清华大学研究院 Shenzhen Tsinghua University Institute	160			2
中国科技开发院有限公司 China Science and Technology Development Institute Ltd.	81	9	69830	10
深圳航天科技创新研究院 Shenzhen Aerospace Science and Technology Innovation Institute	29	12	8464	
深圳市罗湖区高新技术创业中心 Shenzhen Luohu District Hi-tech Innovation Center	30			2
深圳市佳利泰孵化器管理有限公司 Shenzhen Jialitai Incubator Management Ltd.	30			2
深圳集成电路设计产业化基地管理中心 Shenzhen IC Design Industrial Base Management Center	26	3	3500	5

4-9 续表 21 continued

科技企业孵化器 Technology Business Incubator	在孵企业数(个) Number of Tenants (unit)	累计获投融资企业数(个) Accumulated Number of Tenants by Investing and Financing (unit)	在孵企业累计获风险投资额(千元) Accumulated Amount of Venture Capital for Tenants (1000 yuan)	承担国家级科技计划项目数(个) Number of National Science and Technology Projects (item)
深圳天安数码城有限公司 Shenzhen Tian'an Digital City Ltd.	15			
珠海清华科技园创业投资有限公司 Zhuhai Tsinghua Science Park Venture Capital Ltd.	75			6
珠海南方软件园发展有限公司 Zhuhai South Software Park Development Ltd.	50			
惠州仲恺高新区科技创业服务中心 Huizhou Zhongkai Hi-tech Zone Technology Innovation Service Center	33	13		1
佛山国家火炬创新创业园 Foshan National Torch Innovation Park	12			
南宁留学人员创业园 Nanning Overseas Scholars Innovation Park	56	2	20000	3
绵阳高新区生物医药孵化器有限公司 Mianyang Hi-tech Zone Biomedical Incubator Ltd.	16	1		
四川省乐山高新区创业服务中心 Sichuan Leshan Hi-tech Zone Business Service Center	40			
自贡市高新技术创业服务中心 Zigong Hi-tech Innovation Service Center	41	2	2000	2
泸州酒业集中发展区 Luzhou Liquor Industry Development Zone	10	6	20000	2
四川眉山美倍建设发展有限公司 Sichuan Meishan Meibei Construction Development Ltd.	41			
德阳高新技术产业园区创业服务中心 Deyang Hi-tech Industrial Park Business Service Center	40			
四川大科星智能交通有限公司 Sichuan Dakexing Intelligent Transportation Ltd.	49			
成都东创科技园投资有限公司 Chengdu Dongchuang Science and Technology Park Investment Ltd.	15	1000		1
成都青羊工业投资有限公司 Chengdu Qingyang Industrial Investment Ltd.	34			
中国大学生创业园(成都) China University Students Innovation Park(Chengdu)	70	20	1300	13
中国成都留学人员创业园 Chengdu Overseas Scholars Incubation Park of China	293	162	17000	13
中国成都博士创业园 Chengdu Doctor Innovation Park of China	285	169	3309	27
成都大一高新技术孵化器投资管理有限公司 Chengdu Dayi Hi-tech Incubator Investment Management Ltd.	19			
成都高新区创新中心府河孵化基地 Chengdu Hi-tech Zone Innovation Center Fuhe Incubator Base	43			
四川海特高新技术股份有限公司 Sichuan Haite Hi-tech Ltd.	10			
贵州军转民高新技术创业服务中心 Guizhou Military-to-Civilian Hi-tech Innovation Service Center	30			

4-9 续表 22 continued

科技企业孵化器 Technology Business Incubator	在孵企业数（个） Number of Tenants (unit)	累计获投融资企业数（个） Accumulated Number of Tenants by Investing and Financing (unit)	在孵企业累计获风险投资额（千元） Accumulated Amount of Venture Capital for Tenants (1000 yuan)	承担国家级科技计划项目数（个） Number of National Science and Technology Projects (item)
昆明北理工科技企业孵化器有限公司 Kunming Northern Institute of Technology Business Incubator Ltd.	87	3		3
国家863软件专业孵化器昆明基地 National 863 Software Industry Incubator Kunming Base	35			4
云南海归创业园 Yunnan Overseas Scholars Innovation Park	89	6	240	
云南留学人员创业园管理办公室 Yunnan Overseas Scholars Innovation Park Management Office	66	12		
西藏(成都)科技孵化器 Tibet (Chengdu)Technology Business Incubator	19			34
西安市高新区创业服务中心(西安高新区留学生企业孵化器) Xi'an Hi-tech Zone Business Service Center (Students in Xi'an Hi-tech Zone Business Incubator)	412	7	36000	28
西安高新区能源新技术孵化器 Xi'an Science and Technology Park Advanced Energy Technology Business Incubator	40			5
西安高新区现代服务企业专业孵化器 Xi'an Science and Technology Park Modern Service Business Incubator	38			
西安莲湖科技产业园区创业服务中心 Xi'an Lianhu Science and Technology Industrial Park Innovation Service Center	86	3	760	2
西安易创军民两用科技工业孵化器 Xi'an Yichuang Military and Civil Dual-use Technology Industry Incubator	67	12	667	3
西安三元数字媒体科技企业孵化器 Xi'an Sanyuan Digital Media Technology Business Incubator	54		19	4
西安工业设计孵化器 Xi'an Industrial Design Incubator	5			
西安亿荣达电子技术服务有限责任公司 Xi'an Yirongda Electronic Technology Service LLC	12	3		
宝鸡市金华水利科技服务中心 Baoji City Jinhua Water Resource Technology Service Center	10		570	
宝桥科贸大厦孵化中心 Baoqiao Technology Trade Incubation Center	16		980	
秦明电子园 Qinming Electronic Park	6			
甘肃省兰州留学人员创业园区 Gansu Province Lanzhou Overseas Scholars Innovation Park	36			2
兰州理工大学科技园兰州科技企业孵化器 Lanzhou Science and Technology University Science Park Technology Business Incubator	72			2

4-10 非国家级科技企业孵化器人员情况

Personnel Statistics of Non-State Level TBIs

单位：人 (person)

科技企业孵化器 Technology Business Incubator	管理机构人员总数 Total Number of Management Personnel	专业技术 Number of Professional and Technical Personnel	大专以上 Number of Employee with College and Higher Level	留学回国 Number of Returned Personnel
合　计 Total	**7817**	**3032**	**6234**	**140**
北京奥科兴源科技企业孵化器有限公司 Beijing Aoke Xingyuan Technology Business Incubator Ltd.	10	6	10	
北京八六三信息安全科技发展有限公司 Beijing 863 Information Security Technology Development Ltd.	25	18	25	
北京北达燕园科技孵化器有限公司 Beijing Beida Yanyuan Technology Business Incubator Ltd.	10	3	10	
北京北方车辆新技术孵化器有限公司 Beijing Northern Vehicle High Technology Incubator Ltd.	10	2	8	
北京北控高科技孵化器有限公司 Beijing Beikong Technology Business Incubator Ltd.	11	6	5	2
北京北内制造业高新技术孵化基地有限公司 Beijing Beinei Manufacturing Hi-tech Incubation Base Ltd.	9	5		
北京昌科晨宇科技企业孵化器有限公司 Beijing Changke Chenyu Science and Technology Business Incubator Ltd.	10	4	8	
北京昌科航星科技开发有限公司 Beijing Changke Hangxing Technology Development Ltd.	37	8	10	
北京超导园科技企业孵化器有限公司 Beijing Superconductor Park Science and Technology Business Incubator Ltd.	36	36	36	2
中关村东升科技园孵化器 Zhongguancun Dongsheng Science Park Incubator	11	4	11	
北京方和正圆科技企业孵化器有限公司 Beijing Fanghe Zhengyuan Business Incubator Ltd.	18	6	10	2
北京富丰实业发展公司 Beijing Fufeng Industrial Development Corporation	59	13	30	
北京高创天成国际企业孵化器有限公司 Beijing Gaochuang Tiancheng Technology Business Incubator Ltd.	15	8	15	4
北京国丰通达科技孵化器中心 Beijing Guofeng Tongda Technology Innovation Center	10	1	9	
北京海银科医药技术有限公司 Beijing Haiyinke Medicine Technology Ltd.	8	5	8	
北京华商置业有限公司 Beijing Huashangzhiye Technology Business Incubator Ltd.	10		10	
北京集成电路设计园有限责任公司 Beijing IC Design Park LLC	35	15	30	
北京建科兴达科技企业孵化器有限责任公司 Beijing Jianke Xingda Technology Business Incubator Ltd.	25	5	20	
北京交大科技孵化器有限公司 Beijing Jiaotong University Technology Business Incubator Ltd.	16		16	
北京金丰和科技企业孵化器有限责任公司 Beijing Jinfenghe Technology Business Incubator Ltd.	17		16	
北京京海科技企业孵化器有限公司 Beijing Jinghai Science and Technology Business Incubator Ltd.	5	2	5	
北京京仪科技孵化器有限公司 Beijing Jingyi Technology Incubator Ltd.	19		16	

4-10 续表 1 continued

单位：人 (person)

科技企业孵化器 Technology Business Incubator	管理机构人员总数 Total Number of Management Personnel	专业技术 Number of Professional and Technical Personnel	大专以上 Number of Employee with College and Higher Level	留学回国 Number of Returned Personnel
北京聚兴创业科技企业孵化有限公司 Beijing Juxing Incubator for Technology Entrepreneurs Venture Ltd.	6		4	
北京竣一在线孵化器有限公司 Beijing Junyi Zaixian Incubator Ltd.	20		20	
北京科方创业科技企业孵化器有限公司 Beijing Kefang Chuangye Technology Business Incubator Ltd.	12	10	10	
中关村能源与安全科技园(中国矿业大学留学人员创业园) Zhongguancun Energy and Security Science Park (CUMT Returned Student Pioneer Park)	25	9	25	
北京利玛自动化专业孵化基地 Beijing Lima Automation Special Incubation Base	5	5	5	
北京绿创环保集团科技孵化器有限公司 Beijing Greentec Science Incubator Ltd.	10	2	8	
北京牡丹电子集团有限责任公司 Beijing Peony Electronic Group Ltd.	32	10	32	
北京诺飞科技孵化器有限公司 Beijing Nuofei Technology Business Incubator Ltd.	9	7	7	
北京首特科技孵化器有限责任公司 Beijing Shoute Technology Business Incubator Ltd.	18	8	15	
北京泰思特测控技术公司 Beijing Taisite Measurement and Control Technology, Inc.	26	20	6	
北京天竺空港科技企业孵化器有限公司 Beijing Tianzhu Konggang Technology Business Incubator Ltd.	10	6	10	
北京信创宇轩科技孵化器有限公司 Beijing Xinchuang Yuxuan Technology Incubator Ltd.	10	5	8	
北京颐安鑫鼎科技企业孵化器有限公司 Beijing Yi'an Xinding Science and Technology Business Incubator Ltd.	6		6	
北京永同昌丰益科技孵化器有限公司 Beijing Yongtong Changfengyi Technology Incubator Ltd.	12			
北京中都创业科技孵化器有限公司 Beijing Zhongdu Science and Technology Incubator Venture Ltd.	9		7	
中关村动漫游戏孵化器 Zhongguancun Cartoon Games Incubator	15	4	15	2
北京中农大科技企业孵化器有限公司 Beijing CAU Technology Business Incubator Ltd.	12	5	10	1
北京中自科技产业孵化器有限公司 CASIA Incubator Park	13	6	13	
中关村兴业(北京)高科技孵化器股份有限公司 Zhongguancun Xingye (Beijing) Hi-tech Incubator Ltd.	25	3	21	
中国环境保护公司北京环保科技开发中心 China Environmental Protection Company Environmental Science and Technology Development Center of Beijing	10	3	7	
天津市天传电气节能产业孵化器有限公司 Tianjin Tianchuan Electric Energy Saving Incubator Ltd.	8	8	8	
天津塘沽海洋高新区创业服务中心 Tianjin Tanggu Marine Science Park Innovation Service Center	6		6	

4-10 续表 2 continued

单位：人 (person)

科技企业孵化器 Technology Business Incubator	管理机构人员总数 Total Number of Management Personnel	专业技术 Number of Professional and Technical Personnel	大专以上 Number of Employee with College and Higher Level	留学回国 Number of Returned Personnel
津滨科技园 Jinbin Science and Technology Park	15		15	
天津开泰企业孵化器有限公司 Tianjin Kaitai Technology Business Incubator Ltd.	25		9	
天津市光电子专业孵化器 Tianjin Photoelectron Industry Incubator	12	10	12	
天津市帅越地热科技开发中心 Shuaiyue Geotherm Science and Technology Development Center of Tianjin	23	19	4	
中国民航大学科技企业孵化器 National Civil Aviation University Technology Business Incubator	11	5	5	1
河北区科技园 Hebei District Science and Technology Park	25		20	
河北科技风险投资有限公司创业分公司 Hebei Technology Venture Capital Ltd. Incubation Branch Company	9	9	9	
石家庄科技创业投资有限公司创业中心 Shijiazhuang Technology Venture Capital Ltd.Innovation Center	26	20	24	1
廊坊科技企业孵化器有限公司 Langfang Technology Business Incubator Ltd.	58	58	58	
廊坊开发区科技创业服务中心 Langfang Development Zone Innovation Service Center	5	3	5	
河北清华发展研究院科技企业孵化器 Hebei Tsinghua Development Institute Technology Business Incubator	20	2	18	
衡水经济开发区创业服务中心 Innovation Service Center of Hengshui Economic Development Zone	9		8	
承德市高新区创业服务中心 Chengde Science and Technology Industrial Park Innovation Service Center	22	3	19	
涿鹿科技园孵化器有限公司 Zhuolu Science Park Incubator Ltd.	18	15	11	1
秦皇岛市育兴高新技术创业有限公司 Qinhuangdao Yuxing High-tech Innovation Ltd.	3		3	
河北省涿州高新技术创业服务中心 Hebei Zhuozhou Hi-tech Innovation Service Center	6	4	6	
邢台市开发区总部经济服务中心 Xingtai Development Zone Headquarter Economy Service Center	10	3	7	
太原市开发区高新技术创业中心 Hi-tech Innovation Center of Taiyuan Development Zone	7	1	7	
中辐院科技园 Zhongfu Institute Science and Technology Park	3	3		
太原高新区大学科技创业园 University Technology Innovation Park of Taiyuan Science and Technology Park	5	2	3	

4-10 续表 3 continued

单位：人 (person)

科技企业孵化器 Technology Business Incubator	管理机构人员总数 Total Number of Management Personnel	专业技术 Number of Professional and Technical Personnel	大专以上 Number of Employee with College and Higher Level	留学回国 Number of Returned Personnel
瑞杰科技中心 Ruijie Science and Technology Center	22		10	
三益电子科技专业孵化器 Sanyi Electronic Science and Technology Incubator	5	2	5	
太原市杏花岭区科技孵化创业服务中心 Taiyuan Xinghualing District Technology Incubator and Innovation Center	36	18		
科景科技企业孵化器 Kejing Technology Business Incubator	7	4	4	
太原市高新技术创业服务中心 Taiyuan Hi-tech Innovation Service Center	15	12	14	
太原市科仪科技企业孵化器 Taiyuan Keyi Technology Business Incubator	7	5	5	
日化所科技园 Daily Chemical Institute Science and Technology Park	25	25	25	1
太原高新区留学人员创业园 Incubation Park for Overseas Scholars of Taiyuan Science and Technology Industrial Park	5		5	
太原高新区电子数码港 Electronic and Digital Port of Taiyuan Science and Technology Industrial Park	29		29	
内蒙古自治区留学人员创业园 Inner Mongolia Autonomous Region Overseas Scholars Incubation Park	5	2	5	
辽宁科技大学资产经营有限公司 Liaoning Technology University Asset Management Ltd.	16	7	9	
辽阳科技创业服务中心 Liaoyang Technology Innovation Service Center	11	2	9	
铁岭市高新技术创业服务中心 Tieling Hi-tech Innovation Service Center	44		44	
葫芦岛高新技术产业开发区创业中心 Huludao Science and Technology Industrial Park Innovation Center	12	3	12	
鞍山海外学子创业园 Anshan Overseas Scholars Incubation Park	6	1	5	
大连市中山区科技企业服务中心 Dalian Zhongshan District Technology Enterprises Service Center	5	1	5	
大连国际工控产品技术产权交易中心 Dalian International Industrial Control Products Property Trading Center	85	50	72	3
大连集成电路设计产业基地管理股份有限公司 Dalian IC Design Industrial Base Management Ltd.	12	3	12	
大连九龙高新技术创业服务有限公司 Dalian Jiulong High-tech Venture Services Ltd.	20		20	
科技创新大厦 Technology Innovation Mansion Incubation Center	16	6	10	
大连市西岗区高科技发展中心 Xigang District Hi-tech Development Center of Dalian	5		5	

4-10 续表 4 continued

单位：人 (person)

科技企业孵化器 Technology Business Incubator	管理机构人员总数 Total Number of Management Personnel	专业技术 Number of Professional and Technical Personnel	大专以上 Number of Employee with College and Higher Level	留学回国 Number of Returned Personnel
大连航运物流软件园 Dalian Maritime Logistics Software Park	15	6	9	
大连市留学人员创业园 Dalian Overseas Scholars Incubation Park	44	44	42	2
大连中山区科技园 Dalian Zhongshan District Science and Technology Park	59	3	20	
吉林大学科技园发展中心 Jilin University Science Park Development Center	14		14	
长春理工大学大学科技园科技企业孵化器 CUST Science and Technology Park Business Incubator	21	15	17	5
中俄科技企业孵化器(长春中俄科技园有限公司) Sino-Russia Science and Technology Business Incubator (Changchun Sino-Russian Science Park Ltd.)	20	15	20	
四平红嘴大学科技园 Siping Hongzui University Science and Technology Park	50	35	40	
珲春高新技术创业服务中心 Hunchun high-tech Innovation Service Center	8	8	8	
北华大学科技园 Beihua University Science Park	16	16	16	
留学生创业园 Overseas Scholars Innovation Park	13	10	10	1
吉林省民营科技园 Jilin Province Private Science and Technology Park	16	6	6	
吉林省高新创业孵化产业园有限公司 Jilin Hi-tech Industry Park Incubation Ltd.	21	18	21	
齐齐哈尔市科技企业孵化中心 Qiqihar Technology Enterprises Incubation Center	11		11	
富拉尔基科技企业创业中心 Fulaerji Technology Enterprises Innovation Center	8		8	
鹤岗市科技企业创业中心 Hegang Technology Enterprises Innovation Center	13		13	
双鸭山市弘科高新技术服务中心 Hongke Hi-tech Service Center of Shuangyashan	19	9	10	
大庆精细化工科技园科技企业孵化器 Daqing Fine Chemical Science and Technology Park Technology Business Incubator	15	15	15	
大庆新型复合材料及制品特色产业基地 Daqing New Type Composite Material and Products Industrial Base	7		5	
铁力松涛科技创业园区 Tieli Songtao Science and Technology Innovation Park	5	3	3	
佳木斯新运化工高新技术孵化器有限公司 Kiamusze Xinyun Chemical Hi-tech Business Incubator Ltd.	21	4	16	
佳木斯高新技术创业服务中心 Kiamusze Hi tech Innovation Service Center	3		3	
牡丹江市高新技术创业服务中心 Mudanjiang Hi-tech Innovation Service Center	12	10	10	

4-10 续表 5 continued

单位：人 (person)

科技企业孵化器 Technology Business Incubator	管理机构人员总数 Total Number of Management Personnel	专业技术 Number of Professional and Technical Personnel	大专以上 Number of Employee with College and Higher Level	留学回国 Number of Returned Personnel
哈尔滨七〇三科技创业中心 Harbin 703 Technology Innovation Center	7	7	7	
黑龙江省林业科技创业中心 Heilongjiang Forestry Technology Innovation Center	18	2	16	
哈尔滨现代农业科技创业中心 Harbin Modern Agriculture Technology Innovation Center	15	2	13	
黑龙江省地理信息科技企业孵化器 Heilongjiang Geography Information Technology Business Incubator	27	23	27	
哈尔滨市道里区均信高科技创业中心 Harbin Daoli District Junxin Technology Innovation Center	14		14	
黑龙江省动漫产业(平房)发展基地管理办公室 Heilongjiang Animation Industry Development Base Management Office	14	5	9	
哈尔滨市平房区高新技术创业中心 Harbin Pingfang District Hi-tech Innovation Center	9		7	
华崴科技创业中心 Huawei Technology Innovation Center	10	8	2	
黑龙江省六环科技企业创业中心 Heilongjiang Province Liuhuan Technology Companies Innovation Center	8	8	8	
东北亚对俄科技合作发展中心 Northeast Asia Cooperation Science and Technology Development Center with Russia	8			
黑龙江创业科技园 Heilongjiang Innovation Science Park	5	3	5	
黑龙江大学软件园 Heilongjiang University Software Park	19	4	13	
哈尔滨理工大学科技企业创业中心 Harbin Science and Technology University Innovation Center	18		18	
哈尔滨海格孵化器有限公司 Harbin Haige Business Incubator Ltd.	16	4	11	
哈尔滨市起亚科技企业孵化器有限公司 Harbin Qiya Technology Business Incubator Ltd.	14	8	10	
哈尔滨电工仪表研究所科技企业孵化器 Harbin Electrical Engineering Instruments Institute Technology Enterprises Incubator	23	22	22	
哈开发区富阳创业中心 Harbin Development Zone Fuyang Innovation Center	30	12	24	1
哈尔滨赛达科技园有限公司 Harbin Saida Science and Technology Park Ltd.	3		3	
黑龙江省自动化企业孵化器 Heilongjiang Province Automation Business Incubator	10	6	8	
哈尔滨龙软科技开发有限责任公司 Harbin Longruan Science and Technology Development Ltd.	24	20	18	
哈尔滨市三强信息技术有限责任公司 Harbin Sanqiang Information Technology Ltd.	15	12	12	

4-10 续表 6 continued

单位：人 (person)

科技企业孵化器 Technology Business Incubator	管理机构人员总数 Total Number of Management Personnel	专业技术 Number of Professional and Technical Personnel	大专以上 Number of Employee with College and Higher Level	留学回国 Number of Returned Personnel
黑龙江省佳路高科技开发总公司 Heilongjiang Province Jialu Development Corporation	7		6	
上海多媒体产业园创业有限公司 Shanghai Multimedia Industrial Park Innovation Ltd.	15	11	13	
上海科汇高新技术创业服务中心 Shanghai Kehui Hi-tech Innovation Service Center	14	5	9	
上海互联网创业投资有限公司 Shanghai Internet Venture Capital Ltd.	8	8	8	
上海嘉定高新技术创业服务有限公司 Shanghai Jiading Hi-tech Venture Service Ltd.	12	3		
上海市黄浦区科技创业中心 Huangpu District Technology Innovation Center	8	2	6	
上海静安科技企业孵化器管理有限公司 Shanghai Jing'an Technology Business Incubator Management Ltd.	7		6	
上海市科技创业中心卢湾分中心 Luwan Subcenter of Shanghai Technology Innovation Center	9	7	7	
上海未来岛科技创业中心 Shanghai Future Island Technology Innovation Center	5	2	3	
国家863软件专业孵化器(上海)基地 National 863 Software Industry Business Incubator (shanghai) Base	15		15	
上海奉浦现代农业专业孵化器 Shanghai Fengpu Modern Agriculture Industry Business Incubator	7		7	
东华大学国家大学科技园创业中心 Donghua University National University Science and Technology Park Innovation Center	8	8		
上海中纺科技创业有限公司 Shanghai Zhongfang Technology Venture Ltd.	6	1		
上海金山化工孵化器发展有限公司 Shanghai Jinshan Chemical Industry Incubator Development Ltd.	29	10	23	
上海中科大研究发展中心 Shanghai R&D Center of China Science and Technology University	12	5	7	
上海市松江科技创业中心 Shanghai Songjiang Technology Innovation Center	8	6	8	
上海康桥先进制造技术创业园有限公司 Shanghai Kangqiao Advanced Manufacturing Technology Venture Park Ltd.	23	8	20	
上海英科创业投资管理有限公司 Shanghai Yingke Venture Capital Management Ltd.	7		7	
上海漕河泾开发区创新创业园发展有限公司 Shanghai Caohejing Development Park Innovation and Venture Ltd.	12	12	12	2
上海能高半导体照明发展有限公司 Shanghai Nenggao Semiconductor Lighting Ltd.	12	7	10	1
上海宝山科技控股有限公司 Shanghai Baoshan Technology Holdings Ltd.	10	4	6	
上海张江企业孵化器经营管理有限公司 Shanghai Zhangjiang Business Incubator Management Ltd.	3		3	

4-10 续表 7 continued

单位：人 (person)

科技企业孵化器 Technology Business Incubator	管理机构人员总数 Total Number of Management Personnel	专业技术 Number of Professional and Technical Personnel	大专以上 Number of Employee with College and Higher Level	留学回国 Number of Returned Personnel
上海紫竹创业投资有限公司 Shanghai Zizhu Venture Capital Ltd.	10	8	10	
上海浦东软件园创业投资管理有限公司 Shanghai Pudong Software Park Venture Investment Management Ltd.	10	6	10	4
上海聚能湾企业服务有限公司 Shanghai Junengwan Business Service Ltd.	10	3	10	
上海张江文化科技创意产业发展有限公司 Shanghai Zhangjiang Creative Industry Development Ltd.	20		17	1
国家留学人员嘉定创业园 Jiading National Overseas Scholars Innovation Park	10	2	7	1
苏州生物纳米科技园 Suzhou Industrial Nano Science and Technology Park	46	24	46	7
独墅湖科教创业园 Dushu Lake Science and Education Pioneer Park	25	9	25	3
江苏苏州大学科技创业园 Jiangsu Suzhou University Science and Technology Park	6		6	1
苏州东弘商务管理有限公司 Suzhou Donghong Business Management Ltd.	23	5	18	
苏州市新吴城集团有限公司盘门科技创业园 Suzhou Xinwucheng Corporative Ltd. Panmen Technology Innovation Park	8	3	5	
苏州市创新科技创业园管理有限公司 Suzhou Innovation and Technology Pioneering Park	16		7	
苏州市平江科技创业园管理有限公司 Suzhou Pingjiang Technology Innovation Park Management Ltd.	12	2	7	
苏州创元科技创业园管理有限公司 Suzhou Chuangyuan Science and Technology Park Management Ltd.	5	3	4	
苏州市金阊区科技创业园 Suzhou Jinchang Technology Innovation Park	7	2	5	
苏州高新区狮山科技创业中心 Suzhou Hi-tech Zone Shishan Technology Innovation Center	23	16	22	
苏州科技城微系统园 Suzhou Science and Technology City Microsystems Park	20	17	20	
苏州高新区优康信息谷科技创业园 SND Youkang Information Valley Technology Park	23	13	22	1
苏州吴中科技园服务中心有限公司 Suzhou Wuzhong Science and Technology Park Service Center Ltd.	30		30	6
苏州市相城区科技创业园有限公司 Suzhou Xiangcheng District Technology Innovation Park Ltd.	23	4	12	
苏州市相城区脱颖科技创业园有限公司 Suzhou Xiangcheng Tuoyin Technology Innovation Park Ltd.	18	4	11	
常熟高新技术创业服务中心 Changshu Hi-tech Innovation Service Center	15		15	
常熟大学科技园 Changshu University Science and Technology Park	13		13	

4-10 续表 8 continued

单位：人 (person)

科技企业孵化器 Technology Business Incubator	管理机构人员总数 Total Number of Management Personnel	专业技术 Number of Professional and Technical Personnel	大专以上 Number of Employee with College and Higher Level	留学回国 Number of Returned Personnel
张家港市凤凰科技创业园 Zhangjiagang Fenghuang Science and Technology Park	9			
中科昆山高科技创业服务中心 Zhongke Kunshan Hi-tech Innovation Service Center	22	2	10	
吴江科技创业园 Wujiang Science and Technology Innovation Park	6		5	
吴江汾湖科技创业投资发展有限公司 Wujiang Fenhu Technology Venture Capital Development Ltd.	12	2	12	
江苏(太仓)LOFT工业设计园 Jiangsu (Taicang) LOFT Industrial Design Park	56	16	37	3
太仓软件园有限公司 Taicang Software Park Ltd.				
如皋市科技创业园 Technology Innovation Park of Rugao	11	11	11	
南通综艺科技孵化器有限公司 Nantong Zongyi Technology Business Incubator Ltd.	8			
南通北城科技创业中心 Nantong Beicheng Technology Innovation Center	10		10	
南通高新技术创业服务中心 Nantong Hi-tech Innovation Service Center	8	2	7	
江苏鹏飞科技创业有限公司 Jiangsu Pengfei Technology Venture Ltd.	15	15	15	
江苏华新高新技术创业有限公司 Jiangsu Huaxin Hi-Tech Venture Ltd.	20	16	20	
如东城南科技创业园 Rudong Chengnan Science and Technology Park	11	2	9	
江苏海安软件科技园 Jiangsu Haian Software Technology Park	11	9	10	
启东高新技术创业中心有限公司 Qidong Hi-tech Innovation Center Ltd.	8	5	5	
启东创业科技园 Qidong Science and Technology Pioneering Park	19	14	15	
海门都市科技创业园有限公司 Haimen City Science and Technology Park Ltd.	10	10	10	
启东市金凤凰创业园科技有限公司 Qidong Golden Phoenix Pioneer Park Technology Ltd.	12	6	5	1
江苏省如皋软件园 Jiangsu Rugao Software Park	32	6	32	
南通港闸高科技创业中心 Nantong Gangzha Hi-tech Innovation Center	3		3	
东海新秀科技创业园 Donghai Xinxiu Science and Technology Park	10		8	
连云港高新技术产业开发区创业中心 Lianyungang Hi-tech Innovation Center	12	8	12	

4-10 续表 9 continued

单位：人 (person)

科技企业孵化器 Technology Business Incubator	管理机构人员总数 Total Number of Management Personnel	专业技术 Number of Professional and Technical Personnel	大专以上 Number of Employee with College and Higher Level	留学回国 Number of Returned Personnel
连云港云港高新技术创业园有限公司 Lianyungang Yungang Hi-tech Venture Park Ltd.	17	13	13	
江苏省金湖科技创业园 Jiangsu Jinhu Science and Technology Park	14	12	14	
洪泽科技创业园 Hongze Science and Technology Park	8	3	4	
淮安市淮阴区科技创业中心 Huaian Huaiyin District Technology Innovation Center	8	7	7	
涟水科技创业园 Lianshui Science and Technology Park	15	7	8	
宝应县高新技术创业中心 Baoying Hi-tech Innovation Center	9	3	9	
江苏省高邮市科技创业中心 Jiangsu Gaoyou Science and Technology Innovation Center	7	2	5	
扬州市邗江区高新技术创业服务中心 Yangzhou Hanjiang Hi-tech Innovation Service Center	15		11	
扬州市维扬区高新技术创业服务中心 Yangzhou Weiyang Hi-tech Innovation Service Center	15	3	12	
扬州广陵高新技术创业服务中心 Yangzhou Guangling Hi-tech Innovation Service Center	12	6	12	
江都市高新技术创业服务中心 Jiangdu Hi-tech Innovation Service Center	16			
仪征市科技创业服务中心 Yizheng Science and Technology Innovation Service Center	13	8	10	
金坛红太阳高新技术创业服务中心 Jintan Red Sun of Hi-tech Innovation Service Center	10	3	7	
金坛高新技术创业服务中心 Jintan Hi-Tech Innovation Service Center	8	8	8	
常州加州科技港电子软件专业孵化器 Changzhou California Electronic Software Professional Incubator	10	2	10	
扬中市科技创业中心 Yangzhong Technology Innovation Center	10	8	10	
镇江京口高新技术创业服务中心 Zhenjiang Jingkou Hi-tech Innovation Service Center				
句容市高新技术创业服务中心 Jurong Hi-tech Innovation Service Center	9	8	9	
丹阳市高新技术创业园 Danyang Hi-tech Venture Park	7	4	7	
镇江市丹徒环保科技创业服务中心 Zhenjiang Dantu Environmental Science and Technology Innovation Service Center	10		10	
镇江国家大学科技园 Zhenjiang National University Science Park	13	4	13	1
镇江软件园 Zhenjiang Software Park	20	4	20	2

4-10 续表 10 continued

单位：人 (person)

科技企业孵化器 Technology Business Incubator	管理机构人员总数 Total Number of Management Personnel	专业技术 Number of Professional and Technical Personnel	大专以上 Number of Employee with College and Higher Level	留学回国 Number of Returned Personnel
镇江慧谷快鹿科技园 Zhenjiang Huigu Kuailu Science and Technology Park	8	1	7	
靖江市华信科技创业园有限公司 Jingjiang Huaxin Technology Innovation Park Ltd.	18	12	12	
兴化市科技创业中心 Xinghua Technology Innovation Center	10	10	9	
泰兴市科隆科技创业园有限公司 Taixing Kelong Science and Technology Park Ltd.	16	3	16	
泰州市高港区高新技术创业服务中心 Taizhou Gaogang Hi-tech Service Center	18	12	15	
泰州市海陵区高新技术创业服务中心 Taizhou Hailing Hi-tech Innovation Service Center	8	5	7	
宿迁市科技创业服务中心 Suqian Technology Innovation Service Center	7		6	
宿豫区创业服务中心 Suyu Business Service Center	14	10	10	
泗阳县科技创业服务中心 Siyang Technology Innovation Service Center	6	6	6	
沭阳县科技创业服务中心 Shuyang Innovation Service Center	26	14	26	1
江苏江阴软件园 Jiangsu Jiangyin Software Park	30	5	30	
无锡市崇安区北仓门文化创意园区 Chong'an Beicangmen Cultural and Creative Park	8		8	
崇安区科技创业服务中心 Chong'an Technology Innovation Service Center	5		5	
无锡市惠山区洛社镇科技创业服务中心 Wuxi Huishan District Luoshe Technology Innovation Service Center	5	1	5	
无锡市惠山区堰桥街道科技创业中心 Wuxi Huishan Yanqiao Street Technology Innovation Center	8		6	
无锡市南长区科技创业服务中心 Wuxi Nanchang Technology Innovation Service Center	16		16	
宜兴卓易创业软件园 Yixing Zhuoyi Pioneering Software Park	10	8	10	3
宜兴市科技创业服务中心 Yixing Technology-based Business Service Center	6	2	3	1
宜兴创业园 Yixing Pioneer Park	12	9	12	3
江苏省留学人员创业园 Jiangsu Province Overseas Scholars Innovation Park	6	1	4	1
无锡市金山北科技创业服务中心 Wuxi Jinshanbei Science and Technology Innovation Service Center	21	5	15	
无锡索立得国际科技合作园 Wuxi Suolide International Science and Technology Cooperation Park	17	9	9	
无锡锡山科技创业园有限公司(无锡同方创业园有限公司) Wuxi Xishan Science and Technology Park Ltd.(Wuxi Tongfang Innovation Park Ltd.)	14	14	14	

4-10 续表 11 continued

单位：人 (person)

科技企业孵化器 Technology Business Incubator	管理机构人员总数 Total Number of Management Personnel	专业技术 Number of Professional and Technical Personnel	大专以上 Number of Employee with College and Higher Level	留学回国 Number of Returned Personnel
江苏省锡山经济开发区科技创业服务中心 Jiangsu Xishan Economic Development Zone Technology Innovation Service Center	14	14	14	
无锡马山生物医药科技园 Wuxi Mashan Bio-medical Technology Park	44	20	24	
无锡太湖科技中心 Wuxi Taihu Technology Center	23	2	23	
无锡江南工业设计园有限公司 Wuxi Jiangnan Industrial Design Park Ltd.	13		13	
无锡蠡湖科技创业服务中心 Wuxi Lihu Technology-based Business Service Center	8	3	8	1
无锡太湖新城科技创业服务中心 Wuxi Taihu New Town Science and Technology Innovation Service Center	25	5	25	2
无锡软件园 Wuxi Software Park	44		44	1
无锡留学人员创业园 Wuxi Overseas Scholars Innovation Park	7		7	
常州市武进科创服务中心 Changzhou Wujin Kechuang Service Center	14	10	14	
常州三晶信息技术孵化器 Changzhou Sanjing Information Technology Incubator	20	7	20	
江苏长三角模具专业技术孵化器 Jiangsu Yangtze River Delta Mold Expertise Incubator	38		12	
江苏武进经济开发区湖滨科技园孵化器 Jiangsu Wujin Economic Development Zone Hubin Science and Technology Park Incubator	18		18	
江苏津通信息技术孵化器 Jiangsu Jintong Information Technology Incubator	15	5	10	3
湖塘科技创业园 Hutang Technology Park	12	6	12	
江苏省淮安软件园 Jiangsu Huai'an Software Park	8		8	
盐城亭湖高新技术创业园 Yancheng Tinghu Hi-tech Venture Park	15	2	15	
滨海县科技创业园 Binhai County Venture Park	11		11	
盐城市盐都高新技术创业园 Yancheng Yandu Hi-tech Venture Park	12	5	10	
江苏省射阳县高新科技创业园有限公司 Jiangsu Province Sheyang County Hi-tech Venture Park Ltd.	12	3	6	
响水县灌江科技创业园 Xiangshui County Guanjiang Technology Pioneer Park	21	15	21	

4-10 续表 12 continued

单位：人 (person)

科技企业孵化器 Technology Business Incubator	管理机构人员总数 Total Number of Management Personnel	专业技术 Number of Professional and Technical Personnel	大专以上 Number of Employee with College and Higher Level	留学回国 Number of Returned Personnel
东台市高新技术创业园 Dongtai City Hi-tech Venture Park	8	7	7	
大丰市科技创业园 Dafeng Technology Pioneer Park	11	6	8	
溧阳市高新技术创业中心 Liyang Hi-tech Innovation Center	10	7	10	
常州天宁新动力高新技术创业服务中心 Changzhou Tianning Xindongli Hi-tech Innovation Service Center	10	8	10	
常州市天宁高新技术创业服务中心 Changzhou Tianning Hi-tech Innovation Service Center	12		9	
沛县高新技术创业服务中心 Peixian Hi-tech Innovation Service Center	6	2	4	
徐州市高新技术创业服务中心 Xuzhou Hi-tech Innovation Service Center	9		9	
徐州高新技术创业服务中心 Xuzhou Hi-tech Innovation Service Center	5		5	
新沂市高新技术创业服务中心 Xinyi Hi-tech Innovation Service Center	8	4	8	
睢宁科技创业园 Suining Science and Technology Park	8		8	
丰县科技创业中心 Fengxian Technology Innovation Center	8	3	7	
徐州市泉山区高新技术创业服务中心 Xuzhou Quanshan Hi-tech Innovation Service Center	10	1	8	
徐州留学人员创业园 Xuzhou Overseas Scholars Innovation Park	9		9	
徐州科创软件园管理有限公司 Xuzhou Kechuang Software Park Management Ltd.	12	1	9	
南京财经大学科技园 Nanjing University of Finance and Economics Science and Technology Park	3	3	3	
南京中医药大学科技园 Nanjing University of Chinese Medicine Science and Technology Park	24	6	20	
南京数码动漫创业管理有限公司 Nanjing Digital Carton Innovation Management Ltd.	4	4	4	
南京智工微光电子产业孵化中心 Nanjing Zhigong Low-light-level Electronic Industrial Incubation Center	8	3	8	
南京信息技术科技创业服务中心 Nanjing Information Technology Innovation Service Center	12	7	11	
南京农业生物高新技术创业中心 Nanjing Agriculture Biology Hi-tech Innovation Center	16	5	16	
南京环保科技创业中心 Nanjing Environment Protection Technology Innovation Center	36	12	24	
南京黄埔IT科技创业园 Nanjing Huangpu IT Technology Park	20	10	14	

4-10 续表 13 continued

单位：人 (person)

科技企业孵化器 Technology Business Incubator	管理机构人员总数 Total Number of Management Personnel	专业技术 Number of Professional and Technical Personnel	大专以上 Number of Employee with College and Higher Level	留学回国 Number of Returned Personnel
南京市白下区科技创业服务中心 Nanjing Baixia Technology Innovation Service Center	7		7	
南京光机电科技创业中心有限公司 Nanjing Mechatronic Technology Innovation Center	11	11	11	
南京市雨花台区科技创业中心 Nanjing Yuhuatai District Innovation Center	16	8	16	
南京秦淮科技创业发展有限公司 Nanjing Qinhuai Technology Venture Development Ltd.	6		6	
南京滨江科技创业中心 Nanjing Binjiang Technology Innovation Center	4		4	
南京红意创业园有限公司 Nanjing Hongyi Pioneer Park Ltd.	15	6	15	
南京市建邺长江高新技术创业服务中心 Nanjing Jianye Yangtze River Hi-tech Innovation Service Center				
南京六合区科技孵化器 Nanjing Liuhe Innovation Service Center	6	2	5	
南京新城化工科技创业中心 Nanjing Xincheng Chemical Science and Technology Innovation Center	4		4	
高淳县科技创业服务中心 Gaochun Technology Innovation Service Center	5	4	5	
溧水县科技创业服务中心 Sushui Technology Innovation Service Center	7		7	
中国南京留学人员创业园 China Nanjing Overseas Scholars Innovation Park	21	3	15	1
杭州高新区留学人员创业园 Hangzhou Science and Technology Park Overseas Scholars Innovation Park	5		5	
杭州萧山创业服务中心 Hangzhou Xiaoshan Innovation Service Center	6		3	
杭州国家集成电路设计企业孵化器有限公司 Hangzhou National IC Design Technology Business Incubator Ltd.	5	3	4	
浙江省国家大学科技园 Zhejiang National University Science Park	17	16	16	
杭州西湖科技创业有限公司 Hangzhou West Lake Technology Innovation Ltd.	35	7	33	
杭州余杭高新技术产业园区创业中心 Hangzhou Yuhang Hi-tech Industrial Park Venture Center	22		22	
杭州市下城区科技创业中心 Hangzhou Xiacheng District Science and Technology Innovation Center	5	4	1	
杭州市西湖区高新技术创业服务中心 Xihu District Hi-tech Innovation Service Center	4	2	4	
万向高科技孵化中心 Wanxiang Hi-tech Incubation Center	70	61	67	
中国科学院杭州科技园 China Academy of Science Hangzhou Science and Technology Park	30	11	8	

4-10 续表 14 continued

单位：人 (person)

科技企业孵化器 Technology Business Incubator	管理机构人员总数 Total Number of Management Personnel	专业技术 Number of Professional and Technical Personnel	大专以上 Number of Employee with College and Higher Level	留学回国 Number of Returned Personnel
杭州高新节能物业管理有限公司 Hangzhou Hi-tech Energy-Saving Property Management Ltd.	320		150	1
杭州西湖数源软件园有限公司 Hangzhou West Lake Soyea Software Park Ltd.	21	13	16	
浙江银江孵化器有限公司 Zhejiang Yinjiang Technology Business Incubator Ltd.	9		9	
杭州临安太湖源观赏竹种园有限公司 Hangzhou Lin'an Taihuyuan Bamboo Seed Garden Ltd.	7	4	3	
建德市有机硅科技企业孵化器 Jiande Organic Silicon Technology Business Incubator	5	3	5	
杭州市余杭高新农业示范中心 Yuhang Hi-tech Agriculture Model Center of Hangzhou	20	5	15	
杭州市埃八劳夫特艺术社有限公司 Hangzhou Aibalaofute Art Company Ltd.	8	1	7	
乐富智汇园科技创业中心 Lefu Zhihui Park Science and Technology Innovation Center	11	2	9	
杭州汇丰生化创业服务有限公司 Hangzhou Huifeng Biochemical Business Service Ltd.	21	20	19	
桐庐裕华科技企业孵化器有限公司 Tonglu Yuhua Business Incubator Ltd.	13	5	12	
杭州市高科技企业孵化器有限公司 Hangzhou Hi-tech Business Incubator Ltd.	14		14	
杭州天盛科技创业服务有限公司 Hangzhou Tiansheng Technology Innovation Service Ltd.	5	5	5	
江干区科技创业服务中心 Jinggan Technology Industrial Service Center	11	4	3	4
乐清市科技孵化创业中心 Yueqing Technology Innovation and Incubation Center	12		12	
浙江秀洲慧谷科技创中心 Zhejiang Xiuzhou Huigu Science and Technology Innovation Center	11		9	2
海盐县科技创业服务中心 Haiyan Technology Innovation Service Center	4	3	3	
桐乡市科技创业服务中心有限公司 Tongxiang Technology Innovation Service Center				
海宁市科技创业中心 Haining Technology Innovation Center	3	2	3	
德清县科技创业服务有限公司 Deqing County Science and Technology Innovation Service Ltd.	15	5	14	
新昌高新技术孵化器 Xinchang Hi-tech Business Incubator	3		3	
上虞市高新技术产业发展有限公司 Shangyu Hi-tech Industrial Development Ltd.	11	4	4	
绍兴市科技创业中心 Shaoxing Technology Innovation Center	5	3	4	

4-10 续表 15 continued

单位：人 (person)

科技企业孵化器 Technology Business Incubator	管理机构人员总数 Total Number of Management Personnel	专业技术 Number of Professional and Technical Personnel	大专以上 Number of Employee with College and Higher Level	留学回国 Number of Returned Personnel
浙江衢州高新技术产业园区科技孵化器 Zhejiang Quzhou Hi-tech Industrial Park Technology Business Incubator	5		2	
衢州高科农业创新服务有限公司 Quzhou Hi-tech Agriculture Innovation Service Ltd.	21	18	16	1
宁波市江北区科技创业中心 Ningbo Jiangbei District Technology Innovation Center	5	2	2	5
慈溪市生产力促进中心 Cixi Productivity Promotion Center	8		8	1
宁海县模具科技企业创业服务中心 Ninghai Module Technology Innovation Service Center	16	6	10	
象山科技创业发展有限公司 Xiangshan Technology Innovation Development Ltd.	3	1	2	
宁波市镇海区科技创业服务中心 Ningbo Zhenhai District Innovation Service Center	11	1	11	
宁波东方现代农业投资开发有限公司孵化器 Ningbo Oriental Modern Agricultural Investment and Development Ltd. Incubator	20	10	15	
宁波市江东科技创业服务中心 Ningbo Jiangdong Technology Innovation Service Center	8	4	6	
湖州吴兴区科技发展有限公司 Huzhou WuXing District Technology Development Ltd.	14	4	13	
合肥桃花科技创业服务中心 Hefei Peach Technology Business Incubation Center	5		4	
合肥蜀山经济开发区科技创业中心(民营科技园蜀山分中心) Hefei Shushan Economic Development Zone Innovation Center (Technology Park Shushan Sub-Center)	18	8	18	
安徽省科技创业服务中心 Anhui Technology Innovation Service Center	13		10	
合肥市原创动漫园 Hefei Original Animation Park	11		11	
繁昌县科技企业孵化中心 Fanchang County Technology Business Incubation Center	15	5	12	
蚌埠市科技创业服务中心 Bengbu Technology Innovation Service Center	10	2	7	
淮北新兴创业服务有限责任公司 Huaibei New Business Service LLC	6	6	6	
宿州科技企业创业服务中心 Suzhou Technology Innovation Service Center	7	1	4	
灵璧科技创业服务中心 Lingbi Technology Innovation Service Center	6	2	6	
阜阳科技创业服务中心 Fuyang Technology Innovation Service Center	5		5	
淮南高新技术创业服务中心 Huainan Hi-tech Innovation Service Center	6	1	5	
滁州市高新技术创业服务中心 Chuzhou Hi-tech Innovation Service Center	8		8	

4-10 续表 16 continued

单位：人 (person)

科技企业孵化器 Technology Business Incubator	管理机构人员总数 Total Number of Management Personnel	专业技术 Number of Professional and Technical Personnel	大专以上 Number of Employee with College and Higher Level	留学回国 Number of Returned Personnel
天长市高新技术创业服务中心 Tianchang Hi-tech Innovation Service Center	15	5	12	
六安市科技创业服务中心 Lu'an Innovation Service Center	12	10	12	
霍山县科技创业服务中心 Huoshan Technology-based Business Service Center	9	6	9	
霍邱县矿业科技服务中心 Huoqiu County Mining Technology Service Center	9	7	7	
舒城县科技创业园 Shucheng Technology Innovation Park	23	11	16	
马鞍山市花山软件企业服务中心 Maanshan Huashan Software Enterprise Service Center	10	3	10	
马鞍山视聆通游戏动漫企业服务中心 Maanshan Shilingtong Game Animation Business Service Center	30	9	20	1
池州市贵池创业科技服务有限公司 Chizhou City Guichi Venture Technology Service Ltd.	7	3	7	
安庆市高新技术创业服务中心 Anqing Hi-tech Innovation Service Center	8	6	8	
黄山科创高新技术创业服务有限公司 Huangshan Kechuang Hi-tech Venture Service Ltd.	7	2	6	
歙县科技创业服务中心 Xixian Technology Innovation Service Center	2		2	
黄山区科技创业服务中心 Huangshan Technology Innovation Service Center				
安徽大学资产经营有限公司 Anhui University Asset Management Ltd.	5			
合肥高新创业园管理有限公司 Hefei Hi-tech Pioneering Park Management Ltd.	16	13	16	
安徽省科园创业中心 Anhui Keyuan Innovation Center	8		8	
安徽循环经济技术工程院 Anhui Cyclic Economy Technology Academy	19	14	15	
厦门留学人员创业园 Xiamen Overseas Scholars Innovation Park	14	11	13	1
厦门光电子孵化器 Xiamen Photoelectron Incubator	6	2	6	
宁德市高新技术创业服务中心 Ningde Hi-tech Business Service Center	5	5	5	
莆田市高新技术创业服务中心 Putian Hi-tech Innovation Service Center	4	1	3	
龙岩市高新技术创业服务中心 Longyan Hi-tech Innovation Service Center	8	5	7	
三明市高新技术创业服务中心 Sanming Hi-tech Innovation Service Center	5	3	5	

4-10 续表 17 continued

单位：人 (person)

科技企业孵化器 Technology Business Incubator	管理机构人员总数 Total Number of Management Personnel	专业技术 Number of Professional and Technical Personnel	大专以上 Number of Employee with College and Higher Level	留学回国 Number of Returned Personnel
南平高新技术创业服务中心 Nanping Hi-tech Innovation Service Center	10	4	9	
泉州市鲤城区生产力促进中心 Quanzhou Licheng District Productivity Promotion Center	21	11	10	
泉州市丰泽区高新技术企业孵化基地 Quanzhou Fengze District Hi-tech Enterprise Incubator Base	12		4	
泉州市洛江区生产力促进中心 Quanzhou Luojiang District Productivity Promotion Center	7	3	5	
泉港区石化高新技术孵化基地 Quangang District Petrochemical Hi-tech Incubator Base	7	2	5	
石狮市海峡两岸科技孵化基地 Shishi Cross-strait Science and Technology Incubator Base	6	5	5	
泉州(南安)高新技术企业孵化基地 Quanzhou (Nan'an) Hi-tech Business Incubator Base	12	9	9	
惠安县第一高新技术孵化基地 Huian County the First Hi-tech Incubator Base	2	1	1	
莆田高新区液晶显示(LCD)科技孵化器 Putian Hi-tech Zone Liquid Crystal Display (LCD) Technology Incubator	22	4	22	
福州开发区火炬高新技术创业园 Fuzhou Development Zone Torch Hi-tech Venture Park	7	3	4	
福建留学人员创业园管理中心 Fujian Overseas Scholars Innovation Park Management Center	6	2	6	
江西师范大学科技园 Jiangxi Normal University Science Park	9	7	7	1
龙口市高新技术创业服务中心 Longkou Hi-tech Innovation Service Center	7		7	
烟台市芝罘区科技创业服务中心 Yantai Zhifu District Technology Innovation Service Center	6	4	6	
新泰高新技术创业服务中心 Xintai Hi-tech Innovation Service Center	6	5	5	
中国泰山留学人员创业园 Taishan Overseas Scholars Innovation Park China	7	2	7	
肥城市高新技术创业服务中心 Feicheng Hi-tech Innovation Service Certer	6	2	6	
威海湖西创业保育有限公司 Weihai Huxi Innovation and Incubation Ltd.	5	1	2	
威海经济技术开发区科技创业服务中心 Weihai Economic Technological Development Zone Technology Innovation Center Ltd.	5		5	
乳山市高新技术创业服务中心 Rushan Hi-tech Innovation Service Center	10	1	9	
德州市高新技术创业服务中心 Dezhou Hi-tech Innovation Service Center	7		7	
乐陵市高新技术创业服务中心 Leling Hi-tech Business Service Center	7	3	5	

4-10 续表 18 continued

单位：人 (person)

科技企业孵化器 Technology Business Incubator	管理机构人员总数 Total Number of Management Personnel	专业技术 Number of Professional and Technical Personnel	大专以上 Number of Employee with College and Higher Level	留学回国 Number of Returned Personnel
山东力创科技企业孵化器 Shandong Lichuang Technology Business Incubator	18	13	15	
青岛科大都市科技园集团有限公司 Qingdao Science University Urban Science and Technology Park Development Ltd.	25	5	25	
四方区建筑创意产业园创新创业服务中心 Sifang Building Originality Industrial Park Innovation Service Center	8	4	3	1
青岛前哨都市科技园 Qingdao Qianshao City Science and Technology Park	11	7	11	
青岛市新材料科技企业孵化器 Qingdao New Material Technology Business Incubator	16	11	16	3
青岛中联U谷2.5产业园创业服务中心 Qingdao Zhonglian U Valley 2.5 Industrial Park Innovation Service Center	6	1	5	
潍坊软件园 Weifang Software Park	11	2	11	
郑州高新技术产业开发区留学人员创业园 Zhengzhou Science and Technology Industrial Park Overseas Scholars Incubation Park	13		10	3
郑州空港科技创业服务中心 Zhengzhou Airport Innovation Service Center	6	1	5	
河南省濮阳高新技术创业服务中心 Henan Province Puyang Science and Technology Industrial Park Innovation Service Center	12	10	7	
郑州电子信息专业孵化器 Zhengzhou Electronic Information Industry Incubator	6	2	6	
郑州市科技企业孵化器 Zhengzhou Technology Business Incubator	16	9	7	
河南省平顶山高新技术创业服务中心 Pingdingshan Hi-tech Innovation Service Center	39	12	18	
许昌市高新技术创业服务中心 Xuchang Hi-tech Business Service Center	10	6	10	
郑州市经济技术开发区留学人员创业园 Zhengzhou Economic and Technological Development Zone Overseas Scholars Incubation Park	11		11	
开封高新技术创业服务中心 Kaifeng Hi-tech Innovation Service Center	15	4	15	
襄樊市樊城区科技创业服务中心 Xiangfan Fancheng District Technology Innovation Service Center	5	4	5	
湖北省孝感市高新技术创业服务中心 Hubei Xiaogan Hi-tech Innovation Service Center	8	2	7	
葛店高新技术产业开发区创业服务中心 Gedian Hi-tech Industrial Development Zone Business Service Center	4	1	3	
湖北国知专利创业孵化器 Hubei Guozhi Patent Business Incubator	15	6	15	

4-10　续表 19　continued

单位：人 (person)

科技企业孵化器 Technology Business Incubator	管理机构人员总数 Total Number of Management Personnel	专业技术 Number of Professional and Technical Personnel	大专以上 Number of Employee with College and Higher Level	留学回国 Number of Returned Personnel
武汉光通科技企业孵化器管理有限公司 Wuhan Optic Technology Business Incubator Management Ltd.	13	3	8	
武汉现代制造业创业服务中心有限公司 Wuhan Modern Manufacturing Business Service Center Ltd.	12		12	
武汉华成创业服务有限公司 Wuhan Huacheng Innovation Service Ltd.	10	5	9	
武汉洪山国际企业孵化器有限公司 Wuhan Hongshan International Business Incubator Ltd.	18	6	12	
武汉宏伟达创新孵化器管理有限公司 Wuhan Hongweida Innovation Incubator Management Ltd.	8	2	6	
武汉市科研院所高新技术创业服务中心 Wuhan Hi-tech Innovation Service Center Research Institute	6	3	5	
武汉聚合化工科技孵化器有限公司 Wuhan Polymerization Chemical Technology Incubator Ltd.	4	2	4	
武汉市江岸区高新技术创业服务中心 Hi-tech Innovation Center of Wuhan Jiang'an District	4	4	4	
武汉市江夏区高新技术企业创业服务中心 Wuhan Jiangxia District Hi-tech Innovation Service Center	6	2	4	
武汉岱家山科技企业孵化器有限公司 Wuhan Daijiashan Science and Technology Business Incubator Ltd.	3	2		1
武汉市蔡甸区科技创业服务中心 Wuhan Caixun District Technology Innovation Service Center	8	1		7
武汉黄金口科技企业孵化基地 Wuhan Huangjinkou Technology Incubation Base	15	7	15	
湖南省火炬创业中心 Hunan Torch Innovation Center	7	3	7	1
湖南隆平火炬创业中心 Hunan Longping Torch Innovation Center	160	25	120	3
湖南麓谷科技孵化器有限公司 Hunan Lugu Technology Incubator Ltd.	33	6	9	
长沙湘能科技企业孵化器有限公司 Changsha Xiangneng Technology Business Incubator Ltd.	16		16	
长沙市金台创业服务有限公司(湖南环保科技产业园金台创业孵化) Changsha Jintai Venture Service Ltd.(Hunan Environmental Science and Technology Industrial Park Jintai Venture Incubation)	20	6	14	
浏阳留学人员创业园 Liuyang Overseas Scholars Innovation Park	24	6	18	
佛山市高明沧江工业园科技企业创业中心 Foshan Gaoming Cangjiang Industrial Park Technology Business Innovation Center	27	2	24	
惠州市生产力促进中心 Huizhou Productivity Promotion Center	12	5	10	1
东莞市软件企业孵化园 Dongguan Software Business Incubator	10	6	6	

4-10 续表 20 continued

单位：人 (person)

科技企业孵化器 Technology Business Incubator	管理机构人员总数 Total Number of Management Personnel	专业技术 Number of Professional and Technical Personnel	大专以上 Number of Employee with College and Higher Level	留学回国 Number of Returned Personnel
广东电子工业研究院有限公司 Guangdong Electronic Industrial Institute Ltd.	14	8	14	
佛山市三水高新创业中心有限公司 Sanshui Hi-tech Innovation Center Ltd. of Foshan				
广东省纺织服装开平基地技术创新中心 Guangdong Textile Fashion Kaiping Base Technology Innovation Center	10	6	7	
江门市科技创业服务中心 Jiangmen Technology Innovation Service Center	9	4	9	
肇庆高新技术产业开发区创业服务中心 Zhaoqing Science and Technology Industrial Park Innovation Service Center	8	5	8	
惠州软件科学园 Huizhou Software Science Park	313	152	260	3
惠州高新区科技创业服务中心(惠州高新区留学生创业服务中心) Huizhou Hi-Tech Zone Innovation Service Center (Huizhou Hi-tech Zone Oversea Scholars Innovation Service Center)	9	2	9	1
广东惠州工业园创新服务中心 Guangdong Huizhou Industrial Park Innovation Service Center	11	6	11	1
河源市高新技术创业服务中心 Heyuan High-Tech Innovation Service Center	5	3	2	
虎门富民服装创意设计孵化器 Humen Fumin Clothing Creative Design Incubator	33	7	26	
大朗创意产业园 Dalang Creative Industry Park	43	8	13	1
广州市番禺节能科技园 Guangzhou Panyu Energy-saving Science and Technology Park	52		43	
广州市荔湾区生产力促进中心 Guangzhou Liwan District Productivity Promotion Center	8	4	8	
广州市花都区高新技术创业服务中心 Guangzhou Huadu District Hi-tech Innovation Service Center	15		15	
广州暨南大学科技园管理有限公司 Guangzhou Jinan University Science Park Management Ltd.	18	9	14	
深圳清华大学研究院 Shenzhen Tsinghua University Institute	133	82	132	6
中国科技开发院有限公司 China Science and Technology Development Institute Ltd.	32	20	32	1
深圳航天科技创新研究院 Shenzhen Aerospace Science and Technology Innovation Institute	25	14	24	
深圳市罗湖区高新技术创业中心 Shenzhen Luohu District Hi-tech Innovation Center	8	6	6	1
深圳市佳利泰孵化器管理有限公司 Shenzhen Jialitai Incubator Management Ltd.	12	5	8	
深圳集成电路设计产业化基地管理中心 Shenzhen IC Design Industrial Base Management Center	15	8	15	
深圳天安数码城有限公司 Shenzhen Tian'an Digital City Ltd.	10	6	8	

4-10 续表 21 continued

单位：人 (person)

科技企业孵化器 Technology Business Incubator	管理机构人员总数 Total Number of Management Personnel	专业技术 Number of Professional and Technical Personnel	大专以上 Number of Employee with College and Higher Level	留学回国 Number of Returned Personnel
珠海清华科技园创业投资有限公司 Zhuhai Tsinghua Science Park Venture Capital Ltd.	33	20	30	
珠海南方软件园发展有限公司 Zhuhai South Software Park Development Ltd.	12	5	8	
惠州仲恺高新区科技创业服务中心 Huizhou Zhongkai Hi-tech Zone Technology Innovation Service Center	12	3	12	
佛山国家火炬创新创业园 Foshan National Torch Innovation Park	9	5	9	
南宁留学人员创业园 Nanning Overseas Scholars Innovation Park	4	2	4	
绵阳高新区生物医药孵化器有限公司 Mianyang Hi-tech Zone Biomedical Incubator Ltd.	8	4	8	
四川省乐山高新区创业服务中心 Sichuan Leshan Hi-tech Zone Business Service Center	15	15	15	
自贡市高新技术创业服务中心 Zigong Hi-tech Innovation Service Center	5	5	5	
泸州酒业集中发展区 Luzhou Liquor Industry Development Zone	120	80	86	2
四川眉山美倍建设发展有限公司 Sichuan Meishan Meibei Construction Development Ltd.	27		20	1
德阳高新技术产业园区创业服务中心 Deyang Hi-tech Industrial Park Business Service Center	10	10	10	
四川大科星智能交通有限公司 Sichuan Dakexing Intelligent Transportation Ltd.	14	11	14	
成都东创科技园投资有限公司 Chengdu Dongchuang Science and Technology Park Investment Ltd.	24	10	22	1
成都青羊工业投资有限公司 Chengdu Qingyang Industrial Investment Ltd.	14	2	14	
中国大学生创业园(成都) China University Students Innovation Park(Chengdu)	6		6	
中国成都留学人员创业园 Chengdu Overseas Scholars Incubation Park of China	9		9	
中国成都博士创业园 Chengdu Doctor Innovation Park of China	11		10	
成都大一高新技术孵化器投资管理有限公司 Chengdu Dayi Hi-tech Incubator Investment Management Ltd.	6	1	5	
成都高新区创新中心府河孵化基地 Chengdu Hi-tech Zone Innovation Center Fuhe Incubator Base	5		5	
四川海特高新技术股份有限公司 Sichuan Haite Hi-tech Ltd.	10	6	4	3
贵州军转民高新技术创业服务中心 Guizhou Military-to-Civilian Hi-tech Innovation Service Center	18	4	16	1

4-10 续表 22 continued

单位：人 (person)

科技企业孵化器 Technology Business Incubator	管理机构人员总数 Total Number of Management Personnel	专业技术 Number of Professional and Technical Personnel	大专以上 Number of Employee with College and Higher Level	留学回国 Number of Returned Personnel
昆明北理工科技企业孵化器有限公司 Kunming Northern Institute of Technology Business Incubator Ltd.	13		12	
国家863软件专业孵化器昆明基地 National 863 Software Industry Incubator Kunming Base	16	10	14	
云南海归创业园 Yunnan Overseas Scholars Innovation Park	50		50	
云南留学人员创业园管理办公室 Yunnan Overseas Scholars Innovation Park Management Office	15	4	10	
西藏(成都)科技孵化器 Tibet (Chengdu)Technology Business Incubator	6	4	3	
西安市高新区创业服务中心(西安高新区留学生企业孵化器) Xi'an Hi-tech Zone Business Service Center (Students in Xi'an Hi-tech Zone Business Incubator)	24	24	24	
西安高新区能源新技术孵化器 Xi'an Science and Technology Park Advanced Energy Technology Business Incubator	8	4	8	
西安高新区现代服务企业专业孵化器 Xi'an Science and Technology Park Modern Service Business Incubator	4	2		
西安莲湖科技产业园区创业服务中心 Xi'an Lianhu Science and Technology Industrial Park Innovation Service Center	12	11	12	
西安易创军民两用科技工业孵化器 Xi'an Yichuang Military and Civil Dual-use Technology Industry Incubator	13	8	13	
西安三元数字媒体科技企业孵化器 Xi'an Sanyuan Digital Media Technology Business Incubator	24	8	14	
西安工业设计孵化器 Xi'an Industrial Design Incubator	15	10	15	
西安亿荣达电子技术服务有限责任公司 Xi'an Yirongda Electronic Technology Service LLC	10	8	10	
宝鸡市金华水利科技服务中心 Baoji City Jinhua Water Resource Technology Service Center	6	2	4	
宝桥科贸大厦孵化中心 Baoqiao Technology Trade Incubation Center	8	3	5	
秦明电子园 Qinming Electronic Park	81	6	75	
甘肃省兰州留学人员创业园区 Gansu Province Lanzhou Overseas Scholars Innovation Park	3		3	1
兰州理工大学科技园兰州科技企业孵化器 Lanzhou Science and Technology University Science Park Technology Business Incubator	27	27	27	

4-11 非国家级科技企业孵化器孵化场地情况

Space Statistics of Non-State Level TBIs

单位：平方米 (sq.m)

科技企业孵化器 Technology Business Incubator	总面积 Total Space Area	办公用房 Space for Office	企业用房 Space for Tenants	服务用房 Space for Service	其他 Others
合　计 **Total**	**15472656**	**930310**	**9163993**	**1283393**	**4094960**
北京奥科兴源科技企业孵化器有限公司 Beijing Aoke Xingyuan Technology Business Incubator Ltd.	50000	4000	45000		1000
北京八六三信息安全科技发展有限公司 Beijing 863 Information Security Technology Development Ltd.	13000	686	5597	3450	3267
北京北达燕园科技孵化器有限公司 Beijing Beida Yanyuan Technology Business Incubator Ltd.	127602	366	34201	1883	91152
北京北方车辆新技术孵化器有限公司 Beijing Northern Vehicle High Technology Incubator Ltd.	10399	135	7550	2315	399
北京北控高科技孵化器有限公司 Beijing Beikong Technology Business Incubator Ltd.	11949	379	7194	3565	811
北京北内制造业高新技术孵化基地有限公司 Beijing Beinei Manufacturing Hi-tech Incubation Base Ltd.	8500	243	8000	257	
北京昌科晨宇科技企业孵化器有限公司 Beijing Changke Chenyu Science and Technology Business Incubator Ltd.	13051	90	7761	2000	3200
北京昌科航星科技开发有限公司 Beijing Changke Hangxing Technology Development Ltd.	8140	300	5000		2840
北京超导园科技企业孵化器有限公司 Beijing Superconductor Park Science and Technology Business Incubator Ltd.	11000	300	2000	8600	100
中关村东升科技园孵化器 Zhongguancun Dongsheng Science Park Incubator	6400	152	6104	145	
北京方和正圆科技企业孵化器有限公司 Beijing Fanghe Zhengyuan Business Incubator Ltd.	10300	550	8300	1250	200
北京富丰实业发展公司 Beijing Fufeng Industrial Development Corporation	10348	168	8161	732	1287
北京高创天成国际企业孵化器有限公司 Beijing Gaochuang Tiancheng Technology Business Incubator Ltd.	2020	200	1497	200	123
北京国丰通达科技孵化器中心 Beijing Guofeng Tongda Technology Innovation Center	9023	823	6000	516	1684
北京海银科医药技术有限公司 Beijing Haiyinke Medicine Technology Ltd.	1200	100	600	500	
北京华商置业有限公司 Beijing Huashangzhiye Technology Business Incubator Ltd.	22000	500	11500	2700	7300
北京集成电路设计园有限责任公司 Beijing IC Design Park LLC	50000	800	30000	15000	4200
北京建科兴达科技企业孵化器有限责任公司 Beijing Jianke Xingda Technology Business Incubator Ltd.	15000	500	10000	3000	1500
北京交大科技孵化器有限公司 Beijing Jiaotong University Technology Business Incubator Ltd.	56000	244	47954	5600	2202
北京金丰和科技企业孵化器有限责任公司 Beijing Jinfenghe Technology Business Incubator Ltd.	11636	603	9918	625	490
北京京海科技企业孵化器有限公司 Beijing Jinghai Science and Technology Business Incubator Ltd.	2000	100	1631	120	149
北京京仪科技孵化器有限公司 Beijing Jingyi Technology Incubator Ltd.	18000	345	3110	509	14036
北京聚兴创业科技企业孵化有限公司 Beijing Juxing Incubator for Technology Entrepreneurs Venture Ltd.	3000	55	2685	260	
北京竣一在线孵化器有限公司 Beijing Junyi Zaixian Incubator Ltd.	6000	200	5000	800	
北京科方创业科技企业孵化器有限公司 Beijing Kefang Chuangye Technology Business Incubator Ltd.	3850	100	2620	380	750

4-11 续表 1 continued

单位：平方米 (sq.m)

科技企业孵化器 Technology Business Incubator	总面积 Total Space Area	办公用房 Space for Office	企业用房 Space for Tenants	服务用房 Space for Service	其他 Others
中关村能源与安全科技园(中国矿业大学留学人员创业园) Zhongguancun Energy and Security Science Park (CUMT Returned Student Pioneer Park)	15000	421	12002	845	1732
北京利玛自动化专业孵化基地 Beijing Lima Automation Special Incubation Base	6470	75	4520	125	1750
北京绿创环保集团科技孵化器有限公司 Beijing Greentec Science Incubator Ltd.	9772	4886	4286	600	
北京牡丹电子集团有限责任公司 Beijing Peony Electronic Group Ltd.	18370	450	13780	3910	230
北京诺飞科技孵化器有限公司 Beijing Nuofei Technology Business Incubator Ltd.	23500	3000	7900	1300	11300
北京首特科技孵化器有限责任公司 Beijing Shoute Technology Business Incubator Ltd.	28360	488	19872	1800	6200
北京泰思特测控技术公司 Beijing Taisite Measurement and Control Technology, Inc.	7354	596	2543	1302	2913
北京天竺空港科技企业孵化器有限公司 Beijing Tianzhu Konggang Technology Business Incubator Ltd.	40000	900	27942	8158	3000
北京信创宇轩科技孵化器有限公司 Beijing Xinchuang Yuxuan Technology Incubator Ltd.	26000	300	8570	3000	14130
北京颐安鑫鼎科技企业孵化器有限公司 Beijing Yi'an Xinding Science and Technology Business Incubator Ltd.	13000	97	7066	398	5439
北京永同昌丰益科技孵化器有限公司 Beijing Yongtong Changfengyi Technology Incubator Ltd.	10803	270	6240	358	3935
北京中都创业科技孵化器有限公司 Beijing Zhongdu Science and Technology Incubator Venture Ltd.	3500	300	3000	150	50
中关村动漫游戏孵化器 Zhongguancun Cartoon Games Incubator	6178	226	4223	1729	
北京中农大科技企业孵化器有限公司 Beijing CAU Technology Business Incubator Ltd.	6300	300	4600	1000	400
北京中自科技产业孵化器有限公司 CASIA Incubator Park	5000	200	3800	1000	
中关村兴业(北京)高科技孵化器股份有限公司 Zhongguancun Xingye (Beijing) Hi-tech Incubator Ltd.	25000	1000	20000	3000	1000
中国环境保护公司北京环保科技开发中心 China Environmental Protection Company Environmental Science and Technology Development Center of Beijing	13406	185	10428	2793	
天津市天传电气节能产业孵化器有限公司 Tianjin Tianchuan Electric Energy Saving Incubator Ltd.	5000	200	4800		
天津塘沽海洋高新区创业服务中心 Tianjin Tanggu Marine Science Park Innovation Service Center	23035	2400	14035	6600	
津滨科技园 Jinbin Science and Technology Park	7000	600	3500	2600	300
天津开泰企业孵化器有限公司 Tianjin Kaitai Technology Business Incubator Ltd.	27841	846	25798	1197	
天津市光电子专业孵化器 Tianjin Photoelectron Industry Incubator	266400	100	260000	6300	
天津市帅越地热科技开发中心 Shuaiyue Geotherm Science and Technology Development Center of Tianjin	8700	100	2700		5900
中国民航大学科技企业孵化器 National Civil Aviation University Technology Business Incubator	9900	3900	6000		

4-11 续表 2 continued

单位：平方米 (sq.m)

科技企业孵化器 Technology Business Incubator	总面积 Total Space Area	办公用房 Space for Office	企业用房 Space for Tenants	服务用房 Space for Service	其他 Others
河北区科技园 Hebei District Science and Technology Park	150000	14485	135000	515	
河北科技风险投资有限公司创业分公司 Hebei Technology Venture Capital Ltd. Incubation Branch Company	18500	500	16500	1500	
石家庄科技创业投资有限公司创业中心 Shijiazhuang Technology Venture Capital Ltd.Innovation Center	40000	2600	27000	8900	1500
廊坊科技企业孵化器有限公司 Langfang Technology Business Incubator Ltd.	5300	1500	1400	1000	1400
廊坊开发区科技创业服务中心 Langfang Development Zone Innovation Service Center	4700	220	4480		
河北清华发展研究院科技企业孵化器 Hebei Tsinghua Development Institute Technology Business Incubator	39946	20000	15946	4000	
衡水经济开发区创业服务中心 Innovation Service Center of Hengshui Economic Development Zone	22000	285	17186	379	4150
承德市高新区创业服务中心 Chengde Science and Technology Industrial Park Innovation Service Center	12874	2947	8161	1067	700
涿鹿科技园孵化器有限公司 Zhuolu Science Park Incubator Ltd.	13966	2069	3446	144	8307
秦皇岛市育兴高新技术创业有限公司 Qinhuangdao Yuxing High-tech Innovation Ltd.	8000	168	7600	200	32
河北省涿州高新技术创业服务中心 Hebei Zhuozhou Hi-tech Innovation Service Center	15500	450	10000	5000	50
邢台市开发区总部经济服务中心 Xingtai Development Zone Headquarter Economy Service Center	3020	100	2500	200	220
太原市开发区高新技术创业中心 Hi-tech Innovation Center of Taiyuan Development Zone	10000	130	9400	470	
中辐院科技园 Zhongfu Institute Science and Technology Park	24914	16080	8834		
太原高新区大学科技创业园 University Technology Innovation Park of Taiyuan Science and Technology Park	6600	40	3334	37	3189
瑞杰科技中心 Ruijie Science and Technology Center	26524	600	25924		
三益电子科技专业孵化器 Sanyi Electronic Science and Technology Incubator	15000	3200	11400	200	200
太原市杏花岭区科技孵化创业服务中心 Taiyuan Xinghualing District Technology Incubator and Innovation Center	20000		8500		11500
科景科技企业孵化器 Kejing Technology Business Incubator	5600	100	5000	500	
太原市高新技术创业服务中心 Taiyuan Hi-tech Innovation Service Center	6000	200	5600	100	100
太原市科仪科技企业孵化器 Taiyuan Keyi Technology Business Incubator	6239	90	5949	200	
日化所科技园 Daily Chemical Institute Science and Technology Park	21847	10046	10616	608	577
太原高新区留学人员创业园 Incubation Park for Overseas Scholars of Taiyuan Science and Technology Industrial Park	6000	100	4900	1000	
太原高新区电子数码港 Electronic and Digital Port of Taiyuan Science and Technology Industrial Park	53000	194	48006	4800	

4-11 续表 3 continued

单位：平方米 (sq.m)

科技企业孵化器 Technology Business Incubator	总面积 Total Space Area	办公用房 Space for Office	企业用房 Space for Tenants	服务用房 Space for Service	其他 Others
内蒙古自治区留学人员创业园 Inner Mongolia Autonomous Region Overseas Scholars Incubation Park	11345	200	8955	291	1899
辽宁科技大学资产经营有限公司 Liaoning Technology University Asset Management Ltd.	14137	500	13637		
辽阳科技创业服务中心 Liaoyang Technology Innovation Service Center	12000	200	8500	1500	1800
铁岭市高新技术创业服务中心 Tieling Hi-tech Innovation Service Center	37000	1500	24000	11500	
葫芦岛高新技术产业开发区创业中心 Huludao Science and Technology Industrial Park Innovation Center	13000	4600	8100	300	
鞍山海外学子创业园 Anshan Overseas Scholars Incubation Park	35000	131	30745	2124	2000
大连市中山区科技企业服务中心 Dalian Zhongshan District Technology Enterprises Service Center	1130	50	1000	80	
大连国际工控产品技术产权交易中心 Dalian International Industrial Control Products Property Trading Center	15000	1000	7700	3500	2800
大连集成电路设计产业基地管理股份有限公司 Dalian IC Design Industrial Base Management Ltd.	17000	385	16415	200	
大连九龙高新技术创业服务有限公司 Dalian Jiulong High-tech Venture Services Ltd.	10000	500	8000	1500	
科技创新大厦 Technology Innovation Mansion Incubation Center	10800	300	8600	700	1200
大连市西岗区高科技发展中心 Xigang District Hi-tech Development Center of Dalian	8300	800	7500		
大连航运物流软件园 Dalian Maritime Logistics Software Park	1051	306	745		
大连市留学人员创业园 Dalian Overseas Scholars Incubation Park	92000	1700	75680	4297	10323
大连中山区科技园 Dalian Zhongshan District Science and Technology Park	17400	13755	3645		
吉林大学科技园发展中心 Jilin University Science Park Development Center	30200	680	26270	2660	590
长春理工大学大学科技园科技企业孵化器 CUST Science and Technology Park Business Incubator	42000	1600	22000	2600	15800
中俄科技企业孵化器(长春中俄科技园有限公司) Sino-Russia Science and Technology Business Incubator (Changchun Sino-Russian Science Park Ltd.)	67060	240	66640	180	
四平红嘴大学科技园 Siping Hongzui University Science and Technology Park	8000	2000		6000	
珲春高新技术创业服务中心 Hunchun high-tech Innovation Service Center	30648	2648	25000	1800	1200
北华大学科技园 Beihua University Science Park	2800	100	2680		20
留学生创业园 Overseas Scholars Innovation Park	4223	350	3823		50
吉林省民营科技园 Jilin Province Private Science and Technology Park	12400	140	12000		260
吉林省高新创业孵化产业园有限公司 Jilin Hi-tech Industry Park Incubation Ltd.	14780	920	11676	2103	81
齐齐哈尔市科技企业孵化中心 Qiqihar Technology Enterprises Incubation Center	3452	148	2804	500	

4-11 续表 4 continued

单位：平方米 (sq.m)

科技企业孵化器 Technology Business Incubator	总面积 Total Space Area	办公用房 Space for Office	企业用房 Space for Tenants	服务用房 Space for Service	其他 Others
富拉尔基科技企业创业中心 Fulaerji Technology Enterprises Innovation Center	4340	1560	1280	1500	
鹤岗市科技企业创业中心 Hegang Technology Enterprises Innovation Center	1000	100	800	100	
双鸭山市弘科高新技术服务中心 Hongke Hi-tech Service Center of Shuangyashan	4400	480	2500	900	520
大庆精细化工科技园科技企业孵化器 Daqing Fine Chemical Science and Technology Park Technology Business Incubator	9600	600	9000		
大庆新型复合材料及制品特色产业基地 Daqing New Type Composite Material and Products Industrial Base	1200	1200			
铁力松涛科技创业园区 Tieli Songtao Science and Technology Innovation Park	4169	218	3051	900	
佳木斯新运化工高新技术孵化器有限公司 Kiamusze Xinyun Chemical Hi-tech Business Incubator Ltd.	17000	1500	14500	500	500
佳木斯高新技术创业服务中心 Kiamusze Hi tech Innovation Service Center	68800	500	65800	2500	
牡丹江市高新技术创业服务中心 Mudanjiang Hi-tech Innovation Service Center	6000	400	5000	500	100
哈尔滨七〇三科技创业中心 Harbin 703 Technology Innovation Center	8392	3271	5121		
黑龙江省林业科技创业中心 Heilongjiang Forestry Technology Innovation Center	12300	4500	5500	1000	1300
哈尔滨现代农业科技创业中心 Harbin Modern Agriculture Technology Innovation Center	23100	2000	9000	2000	10100
黑龙江省地理信息科技企业孵化器 Heilongjiang Geography Information Technology Business Incubator	11000	1500	7000	2500	
哈尔滨市道里区均信高科技创业中心 Harbin Daoli District Junxin Technology Innovation Center	6408	430	5978		
黑龙江省动漫产业(平房)发展基地管理办公室 Heilongjiang Animation Industry Development Base Management Office	36000		34000	2000	
哈尔滨市平房区高新技术创业中心 Harbin Pingfang District Hi-tech Innovation Center	10000	300	3200	500	6000
华崴科技创业中心 Huawei Technology Innovation Center	7000	1000	4500	1000	500
黑龙江省六环科技企业创业中心 Heilongjiang Province Liuhuan Technology Companies Innovation Center	7700	2368	4592	642	98
东北亚对俄科技合作发展中心 Northeast Asia Cooperation Science and Technology Development Center with Russia	3550	120	2950	480	
黑龙江创业科技园 Heilongjiang Innovation Science Park	11856	925	10331	600	
黑龙江大学软件园 Heilongjiang University Software Park	10000	138	4922	140	4800
哈尔滨理工大学科技企业创业中心 Harbin Science and Technology University Innovation Center	18000	470	16730	800	
哈尔滨海格孵化器有限公司 Harbin Haige Business Incubator Ltd.	12000	2000	8972	1028	
哈尔滨市起亚科技企业孵化器有限公司 Harbin Qiya Technology Business Incubator Ltd.	3300	1000	2300		
哈尔滨电工仪表研究所科技企业孵化器 Harbin Electrical Engineering Instruments Institute Technology Enterprises Incubator	12833	1863	9607	1000	363

4-11 续表 5 continued

单位：平方米 (sq.m)

科技企业孵化器 Technology Business Incubator	总面积 Total Space Area	办公用房 Space for Office	企业用房 Space for Tenants	服务用房 Space for Service	其他 Others
哈开发区富阳创业中心 Harbin Development Zone Fuyang Innovation Center	30000	1000	27850	1150	
哈尔滨赛达科技园有限公司 Harbin Saida Science and Technology Park Ltd.	3535	535	3000		
黑龙江省自动化企业孵化器 Heilongjiang Province Automation Business Incubator	4400	200	3500	700	
哈尔滨龙软科技开发有限责任公司 Harbin Longruan Science and Technology Development Ltd.	9300	500	8400	200	200
哈尔滨市三强信息技术有限责任公司 Harbin Sanqiang Information Technology Ltd.	3800	200	3400	200	
黑龙江省佳路高科技开发总公司 Heilongjiang Province Jialu Development Corporation	5776	98	5246	432	
上海多媒体产业园创业有限公司 Shanghai Multimedia Industrial Park Innovation Ltd.	5104	540	4564		
上海科汇高新技术创业服务中心 Shanghai Kehui Hi-tech Innovation Service Center	12835	280	9420	1473	1662
上海互联网创业投资有限公司 Shanghai Internet Venture Capital Ltd.	5500	1000	4000	500	
上海嘉定高新技术创业服务有限公司 Shanghai Jiading Hi-tech Venture Service Ltd.	14730	468	12436	1826	
上海市黄浦区科技创业中心 Huangpu District Technology Innovation Center	5000	70	4000	450	480
上海静安科技企业孵化器管理有限公司 Shanghai Jing'an Technology Business Incubator Management Ltd.	3452	102	3268	82	
上海市科技创业中心卢湾分中心 Luwan Subcenter of Shanghai Technology Innovation Center	6265	257	5909	99	
上海未来岛科技创业中心 Shanghai Future Island Technology Innovation Center	6000	200	3000	1323	1477
国家863软件专业孵化器(上海)基地 National 863 Software Industry Business Incubator (shanghai) Base	25000	500	17000	5000	2500
上海奉浦现代农业专业孵化器 Shanghai Fengpu Modern Agriculture Industry Business Incubator	5000	200	4000	400	400
东华大学国家大学科技园创业中心 Donghua University National University Science and Technology Park Innovation Center	12000	300	11000	700	
上海中纺科技创业有限公司 Shanghai Zhongfang Technology Venture Ltd.	2526	192	2238	97	
上海金山化工孵化器发展有限公司 Shanghai Jinshan Chemical Industry Incubator Development Ltd.	35779	5498	25635	4646	
上海中科大研究发展中心 Shanghai R&D Center of China Science and Technology University	11621	256	11030	335	
上海市松江科技创业中心 Shanghai Songjiang Technology Innovation Center	10960	460	6300	4200	
上海康桥先进制造技术创业园有限公司 Shanghai Kangqiao Advanced Manufacturing Technology Venture Park Ltd.	13200	1100	4800	2200	5100
上海英科创业投资管理有限公司 Shanghai Yingke Venture Capital Management Ltd.	3000	100	2700	200	
上海漕河泾开发区创新创业园发展有限公司 Shanghai Caohejing Development Park Innovation and Venture Ltd.	21315	756	15210	756	4593

4-11 续表 6 continued

单位：平方米 (sq.m)

科技企业孵化器 Technology Business Incubator	总面积 Total Space Area	办公用房 Space for Office	企业用房 Space for Tenants	服务用房 Space for Service	其他 Others
上海能高半导体照明发展有限公司 Shanghai Nenggao Semiconductor Lighting Ltd.	1651	285	1366		
上海宝山科技控股有限公司 Shanghai Baoshan Technology Holdings Ltd.	11000	1000	7000	3000	
上海张江企业孵化器经营管理有限公司 Shanghai Zhangjiang Business Incubator Management Ltd.	6020	50	3377	2593	
上海紫竹创业投资有限公司 Shanghai Zizhu Venture Capital Ltd.	7000	260	6080	260	400
上海浦东软件园创业投资管理有限公司 Shanghai Pudong Software Park Venture Investment Management Ltd.	15000	200	13600	1200	
上海聚能湾企业服务有限公司 Shanghai Junengwan Business Service Ltd.	10000	208	8000	1500	292
上海张江文化科技创意产业发展有限公司 Shanghai Zhangjiang Creative Industry Development Ltd.	9364	491	8000	873	
国家留学人员嘉定创业园 Jiading National Overseas Scholars Innovation Park	4178	171	1789	1990	228
苏州生物纳米科技园 Suzhou Industrial Nano Science and Technology Park	175845	3000	170845	2000	
独墅湖科教创业园 Dushu Lake Science and Education Pioneer Park	53000	5000	26000	15000	7000
江苏苏州大学科技创业园 Jiangsu Suzhou University Science and Technology Park	11500	60	11290	150	
苏州东弘商务管理有限公司 Suzhou Donghong Business Management Ltd.	12000	11000		1000	
苏州市新吴城集团有限公司盘门科技创业园 Suzhou Xinwucheng Corporative Ltd. Panmen Technology Innovation Park	13540	110	13330	100	
苏州市创新科技创业园管理有限公司 Suzhou Innovation and Technology Pioneering Park	10460	100	8160	200	2000
苏州市平江科技创业园管理有限公司 Suzhou Pingjiang Technology Innovation Park Management Ltd.	9000	150	7000	150	1700
苏州创元科技创业园管理有限公司 Suzhou Chuangyuan Science and Technology Park Management Ltd.	10515	100	8720	954	741
苏州市金阊区科技创业园 Suzhou Jinchang Technology Innovation Park	9000	200	8100	300	400
苏州高新区狮山科技创业中心 Suzhou Hi-tech Zone Shishan Technology Innovation Center	26753	3300	14993	6784	1676
苏州科技城微系统园 Suzhou Science and Technology City Microsystems Park	22000	1000	15735	2000	3265
苏州高新区优康信息谷科技创业园 SND Youkang Information Valley Technology Park	10082	250	8094	1250	488
苏州吴中科技园服务中心有限公司 Suzhou Wuzhong Science and Technology Park Service Center Ltd.	19860	1447	17433	980	
苏州市相城区科技创业园有限公司 Suzhou Xiangcheng District Technology Innovation Park Ltd.	29200	600	27250	350	1000
苏州市相城区脱颖科技创业园有限公司 Suzhou Xiangcheng Tuoyin Technology Innovation Park Ltd.	17000	4000	9000	4000	
常熟高新技术创业服务中心 Changshu Hi-tech Innovation Service Center	3200	300	2600	300	
常熟大学科技园 Changshu University Science and Technology Park	38000	1000	31000	6000	

4-11 续表 7 continued

单位: 平方米 (sq.m)

科技企业孵化器 Technology Business Incubator	总面积 Total Space Area	办公用房 Space for Office	企业用房 Space for Tenants	服务用房 Space for Service	其他 Others
张家港市凤凰科技创业园 Zhangjiagang Fenghuang Science and Technology Park	11278	1000	9278	1000	
中科昆山高科技创业服务中心 Zhongke Kunshan Hi-tech Innovation Service Center	5000	1000	3000	1000	
吴江科技创业园 Wujiang Science and Technology Innovation Park	70000	7500	32500		30000
吴江汾湖科技创业投资发展有限公司 Wujiang Fenhu Technology Venture Capital Development Ltd.	28000	1560	21077	2100	3263
江苏(太仓)LOFT工业设计园 Jiangsu (Taicang) LOFT Industrial Design Park	36000	8000	14000	10000	4000
太仓软件园有限公司 Taicang Software Park Ltd.	75096	2500	10000		62596
如皋市科技创业园 Technology Innovation Park of Rugao	22300	3000	11500	1300	6500
南通综艺科技孵化器有限公司 Nantong Zongyi Technology Business Incubator Ltd.	11000	400	8100	2500	
南通北城科技创业中心 Nantong Beicheng Technology Innovation Center	15695	800	11295	3600	
南通高新技术创业服务中心 Nantong Hi-tech Innovation Service Center	10385	182	7351	928	1924
江苏鹏飞科技创业有限公司 Jiangsu Pengfei Technology Venture Ltd.	38500	1500	35000	2000	
江苏华新高新技术创业有限公司 Jiangsu Huaxin Hi-Tech Venture Ltd.	87000	2000	81800	3200	
如东城南科技创业园 Rudong Chengnan Science and Technology Park	19223	723	17500	1000	
江苏海安软件科技园 Jiangsu Haian Software Technology Park	33239	25846	945	6448	
启东高新技术创业中心有限公司 Qidong Hi-tech Innovation Center Ltd.	47500	2500	44000	1000	
启东创业科技园 Qidong Science and Technology Pioneering Park	57200	1300	49000	3600	3300
海门都市科技创业园有限公司 Haimen City Science and Technology Park Ltd.	40712	3800	35112	1800	
启东市金凤凰创业园科技有限公司 Qidong Golden Phoenix Pioneer Park Technology Ltd.	9324	150	8674	500	
江苏省如皋软件园 Jiangsu Rugao Software Park	15743		10000	5743	
南通港闸高科技创业中心 Nantong Gangzha Hi-tech Innovation Center	2000	200	1800		
东海新秀科技创业园 Donghai Xinxiu Science and Technology Park	42000	3000	38000	1000	
连云港高新技术产业开发区创业中心 Lianyungang Hi-tech Innovation Center	20200	1107	18363	730	
连云港云港高新技术创业园有限公司 Lianyungang Yungang Hi-tech Venture Park Ltd.	62420	2000	52420	8000	
江苏省金湖科技创业园 Jiangsu Jinhu Science and Technology Park	2000	500	1000	500	
洪泽科技创业园 Hongze Science and Technology Park	6000	400	3900	1700	
淮安市淮阴区科技创业中心 Huaian Huaiyin District Technology Innovation Center	3300	300	3000		

4-11 续表 8 continued

单位：平方米 (sq.m)

科技企业孵化器 Technology Business Incubator	总面积 Total Space Area	办公用房 Space for Office	企业用房 Space for Tenants	服务用房 Space for Service	其他 Others
涟水科技创业园 Lianshui Science and Technology Park	24100	4200	11900	8000	
宝应县高新技术创业中心 Baoying Hi-tech Innovation Center	50000	300	49500	200	
江苏省高邮市科技创业中心 Jiangsu Gaoyou Science and Technology Innovation Center	62000	5000	50000	7000	
扬州市邗江区高新技术创业服务中心 Yangzhou Hanjiang Hi-tech Innovation Service Center	35000	945	24956	5429	3670
扬州市维扬区高新技术创业服务中心 Yangzhou Weiyang Hi-tech Innovation Service Center	13540	800	11736	1004	
扬州广陵高新技术创业服务中心 Yangzhou Guangling Hi-tech Innovation Service Center	21073	500	19073	1500	
江都市高新技术创业服务中心 Jiangdu Hi-tech Innovation Service Center	11247	540	8891	1816	
仪征市科技创业服务中心 Yizheng Science and Technology Innovation Service Center	14200	250	11700	2250	
金坛红太阳高新技术创业服务中心 Jintan Red Sun of Hi-tech Innovation Service Center	52716		20195	10600	21921
金坛高新技术创业服务中心 Jintan High-Tech Innovation Service Center	12800	250	3130	500	8920
常州加州科技港电子软件专业孵化器 Changzhou California Electronic Software Professional Incubator	31200	100	30980	120	
扬中市科技创业中心 Yangzhong Technology Innovation Center	30000	1000	15000	10000	4000
镇江京口高新技术创业服务中心 Zhenjiang Jingkou Hi-tech Innovation Service Center	25000	600	23000	1400	
句容市高新技术创业服务中心 Jurong Hi-tech Innovation Service Center	29900	1000	18000	10734	166
丹阳市高新技术创业园 Danyang Hi-tech Venture Park	32000		28000	4000	
镇江市丹徒环保科技创业服务中心 Zhenjiang Dantu Environmental Science and Technology Innovation Service Center	12000	1000	10800	200	
镇江国家大学科技园 Zhenjiang National University Science Park	67000	760	60900	5340	
镇江软件园 Zhenjiang Software Park	41600	760	30500	10340	
镇江慧谷快鹿科技园 Zhenjiang Huigu Kuailu Science and Technology Park	50636	500	30636	1365	18135
靖江市华信科技创业园有限公司 Jingjiang Huaxin Technology Innovation Park Ltd.	30000	240	24000	1960	3800
兴化市科技创业中心 Xinghua Technology Innovation Center	14100	200	13800	100	
泰兴市科隆科技创业园有限公司 Taixing Kelong Science and Technology Park Ltd.	28600	1500	19140	2000	5960
泰州市高港区高新技术创业服务中心 Taizhou Gaogang Hi-tech Service Center	12000	600	11400		
泰州市海陵区高新技术创业服务中心 Taizhou Hailing Hi-tech Innovation Service Center	8461	230	7620	230	381
宿迁市科技创业服务中心 Suqian Technology Innovation Service Center					
宿豫区创业服务中心 Suyu Business Service Center	6000	1000	5000		

4-11 续表 9 continued

单位：平方米 (sq.m)

科技企业孵化器 Technology Business Incubator	总面积 Total Space Area	办公用房 Space for Office	企业用房 Space for Tenants	服务用房 Space for Service	其他 Others
泗阳县科技创业服务中心 Siyang Technology Innovation Service Center	8200		7100	1100	
沭阳县科技创业服务中心 Shuyang Innovation Service Center	127000		122700	4300	
江苏江阴软件园 Jiangsu Jiangyin Software Park	49679	600	48579	200	300
无锡市崇安区北仓门文化创意园区 Chong'an Beicangmen Cultural and Creative Park	6000	50	5200	750	
崇安区科技创业服务中心 Chong'an Technology Innovation Service Center	10000	50	9500	450	
无锡市惠山区洛社镇科技创业服务中心 Wuxi Huishan District Luoshe Technology Innovation Service Center	21000	1100	14400	5500	
无锡市惠山区堰桥街道科技创业中心 Wuxi Huishan Yanqiao Street Technology Innovation Center	33414	200	25000	7514	700
无锡市南长区科技创业服务中心 Wuxi Nanchang Technology Innovation Service Center	41820	1550	35120	2350	2800
宜兴卓易创业软件园 Yixing Zhuoyi Pioneering Software Park	25000	10500	8000	5000	1500
宜兴市科技创业服务中心 Yixing Technology-based Business Service Center	10000	1000	7000	2000	
宜兴创业园 Yixing Pioneer Park	290000	73500	193200	23300	
江苏省留学人员创业园 Jiangsu Province Overseas Scholars Innovation Park	36000	2000	32000	2000	
无锡市金山北科技创业服务中心 Wuxi Jinshanbei Science and Technology Innovation Service Center	33638	700	26074	4682	2182
无锡索立得国际科技合作园 Wuxi Suolide International Science and Technology Cooperation Park	19660	300	10920	3500	4940
无锡锡山科技创业园有限公司(无锡同方创业园有限公司) Wuxi Xishan Science and Technology Park Ltd.(Wuxi Tongfang Innovation Park Ltd.)	18056		10080	3150	4826
江苏省锡山经济开发区科技创业服务中心 Jiangsu Xishan Economic Development Zone Technology Innovation Service Center	49008	787	35640	1500	11081
无锡马山生物医药科技园 Wuxi Mashan Bio-medical Technology Park	23986	8969	11989	3028	
无锡太湖科技中心 Wuxi Taihu Technology Center	29000	3000	21750	4250	
无锡江南工业设计园有限公司 Wuxi Jiangnan Industrial Design Park Ltd.	15732	500	13232	2000	
无锡蠡湖科技创业服务中心 Wuxi Lihu Technology-based Business Service Center	8600	844	6320		1436
无锡太湖新城科技创业服务中心 Wuxi Taihu New Town Science and Technology Innovation Service Center	38421		30394	3796	4231
无锡软件园 Wuxi Software Park	390621	1200	310400	79021	
无锡留学人员创业园 Wuxi Overseas Scholars Innovation Park	67200	1000	60000	6200	
常州市武进科创服务中心 Changzhou Wujin Kechuang Service Center	20527	4000	14527	2000	

4-11 续表 10 continued

单位：平方米 (sq.m)

科技企业孵化器 Technology Business Incubator	总面积 Total Space Area	办公用房 Space for Office	企业用房 Space for Tenants	服务用房 Space for Service	其他 Others
常州三晶信息技术孵化器 Changzhou Sanjing Information Technology Incubator	119813		95987	23826	
江苏长三角模具专业技术孵化器 Jiangsu Yangtze River Delta Mold Expertise Incubator	45000	4300	37700	3000	
江苏武进经济开发区湖滨科技园孵化器 Jiangsu Wujin Economic Development Zone Hubin Science and Technology Park Incubator	42744	7990	31754	3000	
江苏津通信息技术孵化器 Jiangsu Jintong Information Technology Incubator	30342	3860	21543	4234	705
湖塘科技创业园 Hutang Technology Park	35000	600	31100	3300	
江苏省淮安软件园 Jiangsu Huai'an Software Park	31200	12000	17200	2000	
盐城亭湖高新技术创业园 Yancheng Tinghu Hi-tech Venture Park	45000	500	36500	3000	5000
滨海县科技创业园 Binhai County Venture Park	15000	1300	11200	2000	500
盐城市盐都高新技术创业园 Yancheng Yandu Hi-tech Venture Park	77293		75033	2260	
江苏省射阳县高新科技创业园有限公司 Jiangsu Province Sheyang County Hi-tech Venture Park Ltd.	8800	1200	6000	800	800
响水县灌江科技创业园 Xiangshui County Guanjiang Technology Pioneer Park	3200000	6700	50000	1000	3142300
东台市高新技术创业园 Dongtai City Hi-tech Venture Park	17093	1670	12809	1284	1330
大丰市科技创业园 Dafeng Technology Pioneer Park	23500	800	22500	200	
溧阳市高新技术创业中心 Liyang Hi-tech Innovation Center	40000	400	36800	2800	
常州天宁新动力高新技术创业服务中心 Changzhou Tianning Xindongli Hi-tech Innovation Service Center	41645	1000	36608	4037	
常州市天宁高新技术创业服务中心 Changzhou Tianning Hi-tech Innovation Service Center	21064	2364	15534	3166	
沛县高新技术创业服务中心 Peixian Hi-tech Innovation Service Center	5000	2000	3000		
徐州市高新技术创业服务中心 Xuzhou Hi-tech Innovation Service Center	14000	100	11900	2000	
徐州高新技术创业服务中心 Xuzhou Hi-tech Innovation Service Center	21000	100	17900	2500	500
新沂市高新技术创业服务中心 Xinyi Hi-tech Innovation Service Center	18000		12000	6000	
睢宁科技创业园 Suining Science and Technology Park	18000	1000	13000	4000	
丰县科技创业中心 Fengxian Technology Innovation Center	20000		15000	5000	
徐州市泉山区高新技术创业服务中心 Xuzhou Quanshan Hi-tech Innovation Service Center	14000	3000	10000	1000	
徐州留学人员创业园 Xuzhou Overseas Scholars Innovation Park	14000	100	11900	2000	
徐州科创软件园管理有限公司 Xuzhou Kechuang Software Park Management Ltd.	13254	600	11894	400	360

4-11 续表 11 continued

单位：平方米 (sq.m)

科技企业孵化器 Technology Business Incubator	总面积 Total Space Area	办公用房 Space for Office	企业用房 Space for Tenants	服务用房 Space for Service	其他 Others
南京财经大学科技园 Nanjing University of Finance and Economics Science and Technology Park	980	80	610	20	270
南京中医药大学科技园 Nanjing University of Chinese Medicine Science and Technology Park	20000	115	5605	4800	9480
南京数码动漫创业管理有限公司 Nanjing Digital Carton Innovation Management Ltd.	7000	100	6000	500	400
南京智工微光电子产业孵化中心 Nanjing Zhigong Low-light-level Electronic Industrial Incubation Center	30000	100	29000	900	
南京信息技术科技创业服务中心 Nanjing Information Technology Innovation Service Center	15000	1500	12000	600	900
南京农业生物高新技术创业中心 Nanjing Agriculture Biology Hi-tech Innovation Center	15000	500	12400	700	1400
南京环保科技创业中心 Nanjing Environment Protection Technology Innovation Center	31000	14550	16000	450	
南京黄埔IT科技创业园 Nanjing Huangpu IT Technology Park	15564	1700	11104	2760	
南京市白下区科技创业服务中心 Nanjing Baixia Technology Innovation Service Center	8800	200	8100	500	
南京光机电科技创业中心有限公司 Nanjing Mechatronic Technology Innovation Center	10743	100	2743	200	7700
南京市雨花台区科技创业中心 Nanjing Yuhuatai District Innovation Center	124200	300	99360	24540	
南京秦淮科技创业发展有限公司 Nanjing Qinhuai Technology Venture Development Ltd.	16545	650	12400	700	2795
南京滨江科技创业中心 Nanjing Binjiang Technology Innovation Center	8300	900	7400		
南京红意创业园有限公司 Nanjing Hongyi Pioneer Park Ltd.	42000	560	25000	5600	10840
南京市建邺长江高新技术创业服务中心 Nanjing Jianye Yangtze River Hi-tech Innovation Service Center	18140		17600	540	
南京六合区科技孵化器 Nanjing Liuhe Innovation Service Center	4920	600	1420	2400	500
南京新城化工科技创业中心 Nanjing Xincheng Chemical Science and Technology Innovation Center	1000		700	300	
高淳县科技创业服务中心 Gaochun Technology Innovation Service Center	92000	600	90800	600	
溧水县科技创业服务中心 Sushui Technology Innovation Service Center	80000	300	78700	1000	
中国南京留学人员创业园 China Nanjing Overseas Scholars Innovation Park	73000	2000	71000		
杭州高新区留学人员创业园 Hangzhou Science and Technology Park Overseas Scholars Innovation Park	81500	500	37000	44000	
杭州萧山创业服务中心 Hangzhou Xiaoshan Innovation Service Center	9200	500	6700	1000	1000
杭州国家集成电路设计企业孵化器有限公司 Hangzhou National IC Design Technology Business Incubator Ltd.	8800	200	7950	650	
浙江省国家大学科技园 Zhejiang National University Science Park	17700	380	17320		
杭州西湖科技创业有限公司 Hangzhou West Lake Technology Innovation Ltd.	22000	1000	15000	6000	

4-11 续表 12 continued

单位：平方米 (sq.m)

科技企业孵化器 Technology Business Incubator	总面积 Total Space Area	办公用房 Space for Office	企业用房 Space for Tenants	服务用房 Space for Service	其他 Others
杭州余杭高新技术产业园区创业中心 Hangzhou Yuhang Hi-tech Industrial Park Venture Center	9797	183	9114	500	
杭州市下城区科技创业中心 Hangzhou Xiacheng District Science and Technology Innovation Center	13000	400	12000	600	
杭州市西湖区高新技术创业服务中心 Xihu District Hi-tech Innovation Service Center	1000	25	800	25	150
万向高科技孵化中心 Wanxiang Hi-tech Incubation Center	20000	3000		600	16400
中国科学院杭州科技园 China Academy of Science Hangzhou Science and Technology Park	28000	500	2300	3500	21700
杭州高新节能物业管理有限公司 Hangzhou Hi-tech Energy-Saving Property Management Ltd.	8319	3719		1000	3600
杭州西湖数源软件园有限公司 Hangzhou West Lake Soyea Software Park Ltd.	3000	350	2100	350	200
浙江银江孵化器有限公司 Zhejiang Yinjiang Technology Business Incubator Ltd.	25559		22506	3053	
杭州临安太湖源观赏竹种园有限公司 Hangzhou Lin'an Taihuyuan Bamboo Seed Garden Ltd.	3000	500	2500		
建德市有机硅科技企业孵化器 Jiande Organic Silicon Technology Business Incubator	12400	200	9000	3000	200
杭州市余杭高新农业示范中心 Yuhang Hi-tech Agriculture Model Center of Hangzhou	20560	1400	17760	1400	
杭州市埃八劳夫特艺术社有限公司 Hangzhou Aibalaofute Art Company Ltd.	35000	500	30000	3500	1000
乐富智汇园科技创业中心 Lefu Zhihui Park Science and Technology Innovation Center	13300	500	9560	1340	1900
杭州汇丰生化创业服务有限公司 Hangzhou Huifeng Biochemical Business Service Ltd.	43220	3070	39750	400	
桐庐裕华科技企业孵化器有限公司 Tonglu Yuhua Business Incubator Ltd.	8237	3700	4537		
杭州市高科技企业孵化器有限公司 Hangzhou Hi-tech Business Incubator Ltd.	19126	500	13227	1200	4199
杭州天盛科技创业服务有限公司 Hangzhou Tiansheng Technology Innovation Service Ltd.	3500	30	1920	1200	350
江干区科技创业服务中心 Jinggan Technology Industrial Service Center	5000	50	4000	500	450
乐清市科技孵化创业中心 Yueqing Technology Innovation and Incubation Center	46000		40000	6000	
浙江秀洲慧谷科技创中心 Zhejiang Xiuzhou Huigu Science and Technology Innovation Center	43592	764	41489	1340	
海盐县科技创业服务中心 Haiyan Technology Innovation Service Center	11191	300	10000	891	
桐乡市科技创业服务中心有限公司 Tongxiang Technology Innovation Service Center	32000	1700	29850	300	150
海宁市科技创业中心 Haining Technology Innovation Center	7000	100	6800	100	
德清县科技创业服务有限公司 Deqing County Science and Technology Innovation Service Ltd.	46512	512	43203	2797	
新昌高新技术孵化器 Xinchang Hi-tech Business Incubator	6800		6800		
上虞市高新技术产业发展有限公司 Shangyu Hi-tech Industrial Development Ltd.	50250	500	48850	900	

4-11 续表 13 continued

单位：平方米 (sq.m)

科技企业孵化器 Technology Business Incubator	总面积 Total Space Area	办公用房 Space for Office	企业用房 Space for Tenants	服务用房 Space for Service	其他 Others
绍兴市科技创业中心 Shaoxing Technology Innovation Center	38000	500	29000	1500	7000
浙江衢州高新技术产业园区科技孵化器 Zhejiang Quzhou Hi-tech Industrial Park Technology Business Incubator	37124	9824	27300		
衢州高科农业创新服务有限公司 Quzhou Hi-tech Agriculture Innovation Service Ltd.	38200	1200	29000	8000	
宁波市江北区科技创业中心 Ningbo Jiangbei District Technology Innovation Center	5447	132	5226	60	29
慈溪市生产力促进中心 Cixi Productivity Promotion Center	7992	980	5840	1119	53
宁海县模具科技企业创业服务中心 Ninghai Module Technology Innovation Service Center	8500	500	7500	500	
象山科技创业发展有限公司 Xiangshan Technology Innovation Development Ltd.	6500	200	6300		
宁波市镇海区科技创业服务中心 Ningbo Zhenhai District Innovation Service Center	35052	4016	21896	2200	6940
宁波东方现代农业投资开发有限公司孵化器 Ningbo Oriental Modern Agricultural Investment and Development Ltd. Incubator	10090	2000	4000	3000	1090
宁波市江东科技创业服务中心 Ningbo Jiangdong Technology Innovation Service Center	15760	150	12450	1200	1960
湖州吴兴区科技发展有限公司 Huzhou WuXing District Technology Development Ltd.	63314	933	50960	2692	8729
合肥桃花科技创业服务中心 Hefei Peach Technology Business Incubation Center	10000	100	7000	2900	
合肥蜀山经济开发区科技创业中心(民营科技园蜀山分中心) Hefei Shushan Economic Development Zone Innovation Center (Technology Park Shushan Sub-Center)	23000	500	22500		
安徽省科技创业服务中心 Anhui Technology Innovation Service Center	13700	720	1500	11480	
合肥市原创动漫园 Hefei Original Animation Park	10220	79	9386	590	165
繁昌县科技企业孵化中心 Fanchang County Technology Business Incubation Center	6300	2800	3000	500	
蚌埠市科技创业服务中心 Bengbu Technology Innovation Service Center	16000	950	10270	3600	1180
淮北新兴创业服务有限责任公司 Huaibei New Business Service LLC	8000	3000	3000	1200	800
宿州科技企业创业服务中心 Suzhou Technology Innovation Service Center	7500		5700	1800	
灵璧科技创业服务中心 Lingbi Technology Innovation Service Center	3000	60	2700	240	
阜阳科技创业服务中心 Fuyang Technology Innovation Service Center	7000	145	4900	947	1008
淮南高新技术创业服务中心 Huainan Hi-tech Innovation Service Center	5000	100	4500	200	200
滁州市高新技术创业服务中心 Chuzhou Hi-tech Innovation Service Center	17600	400	13600	3600	
天长市高新技术创业服务中心 Tianchang Hi-tech Innovation Service Center	24200	400	23000	800	
六安市科技创业服务中心 Lu'an Innovation Service Center	13000	600	9400	1500	1500

4-11 续表 14 continued

单位：平方米 (sq.m)

科技企业孵化器 Technology Business Incubator	总面积 Total Space Area	办公用房 Space for Office	企业用房 Space for Tenants	服务用房 Space for Service	其他 Others
霍山县科技创业服务中心 Huoshan Technology-based Business Service Center	73360	1150	58700	2788	10722
霍邱县矿业科技服务中心 Huoqiu County Mining Technology Service Center	6240	320	5680	240	
舒城县科技创业园 Shucheng Technology Innovation Park	52000	2250	48750	1000	
马鞍山市花山软件企业服务中心 Maanshan Huashan Software Enterprise Service Center	11000	500	9020	1350	130
马鞍山视聆通游戏动漫企业服务中心 Maanshan Shilingtong Game Animation Business Service Center	33000	16500	15000	1500	
池州市贵池创业科技服务有限公司 Chizhou City Guichi Venture Technology Service Ltd.	5000	500	2000	2000	500
安庆市高新技术创业服务中心 Anqing Hi-tech Innovation Service Center	17720	294	11240	2952	3234
黄山科创高新技术创业服务有限公司 Huangshan Kechuang Hi-tech Venture Service Ltd.	4500	210	3530	760	
歙县科技创业服务中心 Xixian Technology Innovation Service Center	5680	4600	680	400	
黄山区科技创业服务中心 Huangshan Technology Innovation Service Center	23000	1100	20000	1200	700
安徽大学资产经营有限公司 Anhui University Asset Management Ltd.	12786	500	12286		
合肥高新创业园管理有限公司 Hefei Hi-tech Pioneering Park Management Ltd.	67718	800	65718	1200	
安徽省科园创业中心 Anhui Keyuan Innovation Center	18137	185	13390	1398	3163
安徽循环经济技术工程院 Anhui Cyclic Economy Technology Academy	22161	1000	9107	2300	9754
厦门留学人员创业园 Xiamen Overseas Scholars Innovation Park	88640	376	84411	3853	
厦门光电子孵化器 Xiamen Photoelectron Incubator	27456	116	26116	1224	
宁德市高新技术创业服务中心 Ningde Hi-tech Business Service Center	10000	2000	7000	1000	
莆田市高新技术创业服务中心 Putian Hi-tech Innovation Service Center	4000	50	3750	100	100
龙岩市高新技术创业服务中心 Longyan Hi-tech Innovation Service Center	23000	300	20000	2400	300
三明市高新技术创业服务中心 Sanming Hi-tech Innovation Service Center	16040	200	14840	1000	
南平高新技术创业服务中心 Nanping Hi-tech Innovation Service Center	9600	100	9500		
泉州市鲤城区生产力促进中心 Quanzhou Licheng District Productivity Promotion Center	12000	800	9000	1500	700
泉州市丰泽区高新技术企业孵化基地 Quanzhou Fengze District Hi-tech Enterprise Incubator Base	91821	21250	13882	22456	34233
泉州市洛江区生产力促进中心 Quanzhou Luojiang District Productivity Promotion Center	1500	200	1000	100	200
泉港区石化高新技术孵化基地 Quangang District Petrochemical Hi-tech Incubator Base	7500	1500	750	500	4750
石狮市海峡两岸科技孵化基地 Shishi Cross-strait Science and Technology Incubator Base	31461	250	9413	3153	18645

4-11 续表 15 continued

单位：平方米 (sq.m)

科技企业孵化器 Technology Business Incubator	总面积 Total Space Area	办公用房 Space for Office	企业用房 Space for Tenants	服务用房 Space for Service	其他 Others
泉州(南安)高新技术企业孵化基地 Quanzhou (Nan'an) Hi-tech Business Incubator Base	12900	800	6600	3500	2000
惠安县第一高新技术孵化基地 Huian County the First Hi-tech Incubator Base	20310		13540	6770	
莆田高新区液晶显示(LCD)科技孵化器 Putian Hi-tech Zone Liquid Crystal Display (LCD) Technology Incubator	9600	1000	7000	1600	
福州开发区火炬高新技术创业园 Fuzhou Development Zone Torch Hi-tech Venture Park	10252	360	9772	120	
福建留学人员创业园管理中心 Fujian Overseas Scholars Innovation Park Management Center	35617	560	30500	2800	1757
江西师范大学科技园 Jiangxi Normal University Science Park	6810	262	6248	300	
龙口市高新技术创业服务中心 Longkou Hi-tech Innovation Service Center	7300	1200	5800	300	
烟台市芝罘区科技创业服务中心 Yantai Zhifu District Technology Innovation Service Center	17000	500	14000	2500	
新泰高新技术创业服务中心 Xintai Hi-tech Innovation Service Center	18000	600	13000	4000	400
中国泰山留学人员创业园 Taishan Overseas Scholars Innovation Park China	9600	120	7786	80	1614
肥城市高新技术创业服务中心 Feicheng Hi-tech Innovation Service Certer	3480	260	2800	420	
威海湖西创业保育有限公司 Weihai Huxi Innovation and Incubation Ltd.	12000		5517		6483
威海经济技术开发区科技创业服务中心 Weihai Economic Technological Development Zone Technology Innovation Center Ltd.	8000	158	3966	1670	2206
乳山市高新技术创业服务中心 Rushan Hi-tech Innovation Service Center	6080	80	3000	2800	200
德州市高新技术创业服务中心 Dezhou Hi-tech Innovation Service Center	13000	600	12000	400	
乐陵市高新技术创业服务中心 Leling Hi-tech Business Service Center	60000	19000	37000	3400	600
山东力创科技企业孵化器 Shandong Lichuang Technology Business Incubator	12000	5000	4000	2000	1000
青岛科大都市科技园集团有限公司 Qingdao Science University Urban Science and Technology Park Development Ltd.	81533	22314	40235	18111	873
四方区建筑创意产业园创新创业服务中心 Sifang Building Originality Industrial Park Innovation Service Center	5268	162	4806	300	
青岛前哨都市科技园 Qingdao Qianshao City Science and Technology Park	57276	410	30800	1650	24416
青岛市新材料科技企业孵化器 Qingdao New Material Technology Business Incubator	7000	600	5425	800	175
青岛中联U谷2.5产业园创业服务中心 Qingdao Zhonglian U Valley 2.5 Industrial Park Innovation Service Center	15000		12000	3000	
潍坊软件园 Weifang Software Park	18210	1200	11000	6010	

4-11 续表 16 continued

单位：平方米 (sq.m)

科技企业孵化器 Technology Business Incubator	总面积 Total Space Area	办公用房 Space for Office	企业用房 Space for Tenants	服务用房 Space for Service	其他 Others
郑州高新技术产业开发区留学人员创业园 Zhengzhou Science and Technology Industrial Park Overseas Scholars Incubation Park	4700	300	3810	168	422
郑州空港科技创业服务中心 Zhengzhou Airport Innovation Service Center	10890	3125	5039	655	2071
河南省濮阳高新技术创业服务中心 Henan Province Puyang Science and Technology Industrial Park Innovation Service Center	30000	1600	28000	400	
郑州电子信息专业孵化器 Zhengzhou Electronic Information Industry Incubator	21000	245	20675	80	
郑州市科技企业孵化器 Zhengzhou Technology Business Incubator	75000	1231	73252	517	
河南省平顶山高新技术创业服务中心 Pingdingshan Hi-tech Innovation Service Center	13000	2000	10000	200	800
许昌市高新技术创业服务中心 Xuchang Hi-tech Business Service Center	6100	500	4800	800	
郑州市经济技术开发区留学人员创业园 Zhengzhou Economic and Technological Development Zone Overseas Scholars Incubation Park	10429	429	9700	300	
开封高新技术创业服务中心 Kaifeng Hi-tech Innovation Service Center	15000	2000	11000	2000	
襄樊市樊城区科技创业服务中心 Xiangfan Fancheng District Technology Innovation Service Center	8500	60	7500	650	290
湖北省孝感市高新技术创业服务中心 Hubei Xiaogan Hi-tech Innovation Service Center	11557	1517	8016	2003	21
葛店高新技术产业开发区创业服务中心 Gedian Hi-tech Industrial Development Zone Business Service Center	7200	2100	4300	310	490
湖北国知专利创业孵化器 Hubei Guozhi Patent Business Incubator	12500	247	9861	2392	
武汉光通科技企业孵化器管理有限公司 Wuhan Optic Technology Business Incubator Management Ltd.	8000	124	6676	1200	
武汉现代制造业创业服务中心有限公司 Wuhan Modern Manufacturing Business Service Center Ltd.	131709	696	123000		8013
武汉华成创业服务有限公司 Wuhan Huacheng Innovation Service Ltd.	5800	108	4427		1265
武汉洪山国际企业孵化器有限公司 Wuhan Hongshan International Business Incubator Ltd.	13000	200	12300	300	200
武汉宏伟达创新孵化器管理有限公司 Wuhan Hongweida Innovation Incubator Management Ltd.	30000	300	27000	1800	900
武汉市科研院所高新技术创业服务中心 Wuhan Hi-tech Innovation Service Center Research Institute	5000	50	4200	750	
武汉聚合化工科技孵化器有限公司 Wuhan Polymerization Chemical Technology Incubator Ltd.	6100	420	5300	380	
武汉市江岸区高新技术创业服务中心 Hi-tech Innovation Center of Wuhan Jiang'an District	10000	400	8000		1600
武汉市江夏区高新技术企业创业服务中心 Wuhan Jiangxia District Hi-tech Innovation Service Center	2000	400	1400	200	
武汉岱家山科技企业孵化器有限公司 Wuhan Daijiashan Science and Technology Business Incubator Ltd.	22000	2000	20000		
武汉市蔡甸区科技创业服务中心 Wuhan Caixun District Technology Innovation Service Center	1500	200	500	800	

4-11 续表 17 continued

单位：平方米 (sq.m)

科技企业孵化器 Technology Business Incubator	总面积 Total Space Area	办公用房 Space for Office	企业用房 Space for Tenants	服务用房 Space for Service	其他 Others
武汉黄金口科技企业孵化基地 Wuhan Huangjinkou Technology Incubation Base	40000	40000			
湖南省火炬创业中心 Hunan Torch Innovation Center	1665	205	1220	20	220
湖南隆平火炬创业中心 Hunan Longping Torch Innovation Center	370000	68000	255000	37000	10000
湖南麓谷科技孵化器有限公司 Hunan Lugu Technology Incubator Ltd.	55961	16981	28980	800	9200
长沙湘能科技企业孵化器有限公司 Changsha Xiangneng Technology Business Incubator Ltd.	38488	12829	25659		
长沙市金台创业服务有限公司(湖南环保科技产业园金台创业孵化) Changsha Jintai Venture Service Ltd.(Hunan Environmental Science and Technology Industrial Park Jintai Venture Incubation)	21700	700	18000	2000	1000
浏阳留学人员创业园 Liuyang Overseas Scholars Innovation Park	5200	800	3200	1200	
佛山市高明沧江工业园科技企业创业中心 Foshan Gaoming Cangjiang Industrial Park Technology Business Innovation Center	46668	2000	4000	5000	35668
惠州市生产力促进中心 Huizhou Productivity Promotion Center	270	170		100	
东莞市软件企业孵化园 Dongguan Software Business Incubator	6102	80	4872	900	250
广东电子工业研究院有限公司 Guangdong Electronic Industrial Institute Ltd.	8000	1000	5000	2000	
佛山市三水高新创业中心有限公司 Sanshui Hi-tech Innovation Center Ltd. of Foshan					
广东省纺织服装开平基地技术创新中心 Guangdong Textile Fashion Kaiping Base Technology Innovation Center	11508	2016	3015	1507	4970
江门市科技创业服务中心 Jiangmen Technology Innovation Service Center	7900	65	4228	215	3392
肇庆高新技术产业开发区创业服务中心 Zhaoqing Science and Technology Industrial Park Innovation Service Center	65000	7200	49500	4500	3800
惠州软件科学园 Huizhou Software Science Park	4830	41	4789		
惠州高新区科技创业服务中心(惠州高新区留学生创业服务中心) Huizhou Hi-Tech Zone Innovation Service Center (Huizhou Hi-tech Zone Oversea Scholars Innovation Service Center)	12200	2000	9800	400	
广东惠州工业园创新服务中心 Guangdong Huizhou Industrial Park Innovation Service Center	11000	1500	6850	1000	1650
河源市高新技术创业服务中心 Heyuan High-Tech Innovation Service Center	19996	1918	3763	1605	12710
虎门富民服装创意设计孵化器 Humen Fumin Clothing Creative Design Incubator	12000	500	8000	3500	
大朗创意产业园 Dalang Creative Industry Park	22000	500	10097	4000	7403
广州市番禺节能科技园 Guangzhou Panyu Energy-saving Science and Technology Park	222315	805	192867	28643	
广州市荔湾区生产力促进中心 Guangzhou Liwan District Productivity Promotion Center	27000	300	25000	1700	
广州市花都区高新技术创业服务中心 Guangzhou Huadu District Hi-tech Innovation Service Center	6000	1560	3700	740	

4-11 续表 18 continued

单位：平方米 (sq.m)

科技企业孵化器 Technology Business Incubator	总面积 Total Space Area	办公用房 Space for Office	企业用房 Space for Tenants	服务用房 Space for Service	其他 Others
广州暨南大学科技园管理有限公司 Guangzhou Jinan University Science Park Management Ltd.	18000	1000	14000	3000	
深圳清华大学研究院 Shenzhen Tsinghua University Institute	30824	1305	20636	3704	5179
中国科技开发院有限公司 China Science and Technology Development Institute Ltd.	37500	1500	25000	10000	1000
深圳航天科技创新研究院 Shenzhen Aerospace Science and Technology Innovation Institute	38365	2000	31120	3460	1785
深圳市罗湖区高新技术创业中心 Shenzhen Luohu District Hi-tech Innovation Center	11000	160	9000	1500	340
深圳市佳利泰孵化器管理有限公司 Shenzhen Jialitai Incubator Management Ltd.	10000	176	9012	692	120
深圳集成电路设计产业化基地管理中心 Shenzhen IC Design Industrial Base Management Center	9600	500	8200	900	
深圳天安数码城有限公司 Shenzhen Tian'an Digital City Ltd.	30268		23377	6891	
珠海清华科技园创业投资有限公司 Zhuhai Tsinghua Science Park Venture Capital Ltd.	68000	8000	37000	23000	
珠海南方软件园发展有限公司 Zhuhai South Software Park Development Ltd.	42163	1630	21200	17257	2075
惠州仲恺高新区科技创业服务中心 Huizhou Zhongkai Hi-tech Zone Technology Innovation Service Center	12200	110	7573	540	3977
佛山国家火炬创新创业园 Foshan National Torch Innovation Park	27817	636	22517	4664	
南宁留学人员创业园 Nanning Overseas Scholars Innovation Park	7800	130	7150	500	20
绵阳高新区生物医药孵化器有限公司 Mianyang Hi-tech Zone Biomedical Incubator Ltd.	10000	500	7000	2000	500
四川省乐山高新区创业服务中心 Sichuan Leshan Hi-tech Zone Business Service Center	45000	5000	38000	1500	500
自贡市高新技术创业服务中心 Zigong Hi-tech Innovation Service Center	11500	2000	8000	1500	
泸州酒业集中发展区 Luzhou Liquor Industry Development Zone	100000	5000	80000	15000	
四川眉山美倍建设发展有限公司 Sichuan Meishan Meibei Construction Development Ltd.	20333	6223	1408	30	12672
德阳高新技术产业园区创业服务中心 Deyang Hi-tech Industrial Park Business Service Center	10100	300	9800		
四川大科星智能交通有限公司 Sichuan Dakexing Intelligent Transportation Ltd.	15129	347	14652	130	
成都东创科技园投资有限公司 Chengdu Dongchuang Science and Technology Park Investment Ltd.	4852	3120	882	850	
成都青羊工业投资有限公司 Chengdu Qingyang Industrial Investment Ltd.	32450	5900	13000	5550	8000
中国大学生创业园(成都) China University Students Innovation Park(Chengdu)	10000	150	9620	230	
中国成都留学人员创业园 Chengdu Overseas Scholars Incubation Park of China	26320	400	19631	314	5975
中国成都博士创业园 Chengdu Doctor Innovation Park of China	28900	883	27771	246	

4-11 续表 19 continued

单位：平方米 (sq.m)

科技企业孵化器 Technology Business Incubator	总面积 Total Space Area	办公用房 Space for Office	企业用房 Space for Tenants	服务用房 Space for Service	其他 Others
成都大一高新技术孵化器投资管理有限公司 Chengdu Dayi Hi-tech Incubator Investment Management Ltd.	23714	1066	22648		
成都高新区创新中心府河孵化基地 Chengdu Hi-tech Zone Innovation Center Fuhe Incubator Base	13300	400	11000	1900	
四川海特高新技术股份有限公司 Sichuan Haite Hi-tech Ltd.	16803		11870	4933	
贵州军转民高新技术创业服务中心 Guizhou Military-to-Civilian Hi-tech Innovation Service Center	24525	6131	17168	1226	
昆明北理工科技企业孵化器有限公司 Kunming Northern Institute of Technology Business Incubator Technology Ltd.	12769	250	11758	761	
国家863软件专业孵化器昆明基地 National 863 Software Industry Incubator Kunming Base	1100	300		800	
云南海归创业园 Yunnan Overseas Scholars Innovation Park	67710	9277	33233	23000	2200
云南留学人员创业园管理办公室 Yunnan Overseas Scholars Innovation Park Management Office	14000	504	12170		1326
西藏(成都)科技孵化器 Tibet (Chengdu)Technology Business Incubator	2394	58	1325	435	576
西安市高新区创业服务中心(西安高新区留学生企业孵化器) Xi'an Hi-tech Zone Business Service Center (Students in Xi'an Hi-tech Zone Business Incubator)	177600	1966	140114	35520	
西安高新区能源新技术孵化器 Xi'an Science and Technology Park Advanced Energy Technology Business Incubator	8300	800	7000	300	200
西安高新区现代服务企业专业孵化器 Xi'an Science and Technology Park Modern Service Business Incubator	3000	300	900	1000	800
西安莲湖科技产业园区创业服务中心 Xi'an Lianhu Science and Technology Industrial Park Innovation Service Center	10000	800	8300	840	60
西安易创军民两用科技工业孵化器 Xi'an Yichuang Military and Civil Dual-use Technology Industry Incubator	3000	400	2000	500	100
西安三元数字媒体科技企业孵化器 Xi'an Sanyuan Digital Media Technology Business Incubator	12691	300	8191	2600	1600
西安工业设计孵化器 Xi'an Industrial Design Incubator	7250	200	5550	1500	
西安亿荣达电子技术服务有限责任公司 Xi'an Yirongda Electronic Technology Service LLC	42000	5000	29000	8000	
宝鸡市金华水利科技服务中心 Baoji City Jinhua Water Resource Technology Service Center	6600	800	1800	1100	2900
宝桥科贸大厦孵化中心 Baoqiao Technology Trade Incubation Center	10000	780	4920	1500	2800
秦明电子园 Qinming Electronic Park	9300		9300		
甘肃省兰州留学人员创业园区 Gansu Province Lanzhou Overseas Scholars Innovation Park	8965	150	8515	300	
兰州理工大学科技园兰州科技企业孵化器 Lanzhou Science and Technology University Science Park Technology Business Incubator	18542	823	12878	4841	

4-12 非国家级科技企业孵化器当年在孵企业情况
General Statistics of Tenants of Non-State Level TBIs

科技企业孵化器 Technology Business Incubator	人员数（人） Number of Employees of Tenants (person)	大专以上（人） Number of Employee with College and Higher Level (person)	批准知识产权数（个） Number of Approved Intellectual Property (piece)	发明专利数（个） Number of Invention Patent (piece)	创业导师人数（人） Number of Innovation Instructors (person)
合　计 **Total**	**327339**	**207495**	**9883**	**3190**	**107**
北京奥科兴源科技企业孵化器有限公司 Beijing Aoke Xingyuan Technology Business Incubator Ltd.	85	80	2		1
北京八六三信息安全科技发展有限公司 Beijing 863 Information Security Technology Development Ltd.	650	649	5		3
北京北达燕园科技孵化器有限公司 Beijing Beida Yanyuan Technology Business Incubator Ltd.	2995	2953	7		1
北京北方车辆新技术孵化器有限公司 Beijing Northern Vehicle High Technology Incubator Ltd.	105	101			
北京北控高科技孵化器有限公司 Beijing Beikong Technology Business Incubator Ltd.	500	400	20		7
北京北内制造业高新技术孵化基地有限公司 Beijing Beinei Manufacturing Hi-tech Incubation Base Ltd.	180	130	7		2
北京昌科晨宇科技企业孵化器有限公司 Beijing Changke Chenyu Science and Technology Business Incubator Ltd.	512	405	13		
北京昌科航星科技开发有限公司 Beijing Changke Hangxing Technology Development Ltd.					
北京超导园科技企业孵化器有限公司 Beijing Superconductor Park Science and Technology Business Incubator Ltd.	310	309	7		
中关村东升科技园孵化器 Zhongguancun Dongsheng Science Park Incubator					
北京方和正圆科技企业孵化器有限公司 Beijing Fanghe Zhengyuan Business Incubator Ltd.	196	120	1		
北京富丰实业发展公司 Beijing Fufeng Industrial Development Corporation	1156		90		43
北京高创天成国际企业孵化器有限公司 Beijing Gaochuang Tiancheng Technology Business Incubator Ltd.			39		7
北京国丰通达科技孵化器中心 Beijing Guofeng Tongda Technology Innovation Center	389				
北京海银科医药技术有限公司 Beijing Haiyinke Medicine Technology Ltd.	318	295	2		
北京华商置业有限公司 Beijing Huashang Zhiye Technology Business Incubator Ltd.	51	8			
北京集成电路设计园有限责任公司 Beijing IC Design Park LLC	2500	1800	16		3
北京建科兴达科技企业孵化器有限责任公司 Beijing Jianke Xingda Technology Business Incubator Ltd.	1500	1320	10		2
北京交大科技孵化器有限公司 Beijing Jiaotong University Technology Business Incubator Ltd.	976	975	35		11
北京金丰和科技企业孵化器有限责任公司 Beijing Jinfenghe Technology Business Incubator Ltd.	518	315	2		
北京京海科技企业孵化器有限公司 Beijing Jinghai Science and Technology Business Incubator Ltd.	297	296	10		2
北京京仪科技孵化器有限公司 Beijing Jingyi Technology Incubator Ltd.	98	92	12		7

4-12 续表 1 continued

科技企业孵化器 Technology Business Incubator	人员数（人） Number of Employees of Tenants (person)	大专以上（人） Number of Employee with College and Higher Level (person)	批准知识产权数（个） Number of Approved Intellectual Property (piece)	发明专利数（个） Number of Invention Patent (piece)	创业导师人数（人） Number of Innovation Instructors (person)
北京聚兴创业科技企业孵化有限公司 Beijing Juxing Incubator for Technology Entrepreneurs Venture Ltd.	150				
北京竣一在线孵化器有限公司 Beijing Junyi Zaixian Incubator Ltd.	800	799			
北京科方创业科技企业孵化器有限公司 Beijing Kefang Chuangye Technology Business Incubator Ltd.	140	135	3	2	
中关村能源与安全科技园(中国矿业大学留学人员创业园) Zhongguancun Energy and Security Science Park (CUMT Returned Student Pioneer Park)	1300	1000	8	1	
北京利玛自动化专业孵化基地 Beijing Lima Automation Special Incubation Base	265	217	18	6	
北京绿创环保集团科技孵化器有限公司 Beijing Greentec Science Incubator Ltd.	160	150			
北京牡丹电子集团有限责任公司 Beijing Peony Electronic Group Ltd.	850	800	22	1	
北京诺飞科技孵化器有限公司 Beijing Nuofei Technology Business Incubator Ltd.	197	89			
北京首特科技孵化器有限责任公司 Beijing Shoute Technology Business Incubator Ltd.	316	234	68	17	1
北京泰思特测控技术公司 Beijing Taisite Measurement and Control Technology, Inc.	311	294	20		
北京天竺空港科技企业孵化器有限公司 Beiiing Tianzhu Konggang Technology Business Incubator Ltd.	1474	682	2	1	
北京信创宇轩科技孵化器有限公司 Beijing Xinchuang Yuxuan Technology Incubator Ltd.	417	416	13		
北京颐安鑫鼎科技企业孵化器有限公司 Beijing Yi'an Xinding Science and Technology Business Incubator Ltd.	389	356			
北京永同昌丰益科技孵化器有限公司 Beijing Yongtong Changfengyi Technology Incubator Ltd.					
北京中都创业科技孵化器有限公司 Beijing Zhongdu Science and Technology Incubator Venture Ltd.	200		4		
中关村动漫游戏孵化器 Zhongguancun Cartoon Games Incubator	623	618	22		
北京中农大科技企业孵化器有限公司 Beijing CAU Technology Business Incubator Ltd.	417	402	13	7	3
北京中自科技产业孵化器有限公司 CASIA Incubator Park	195		33	8	
中关村兴业(北京)高科技孵化器股份有限公司 Zhongguancun Xingye (Beijing) Hi-tech Incubator Ltd.	210	168	31	22	7
中国环境保护公司北京环保科技开发中心 China Environmental Protection Company Environmental Science and Technology Development Center of Beijing	237	144			
天津市天传电气节能产业孵化器有限公司 Tianjin Tianchuan Electric Energy Saving Incubator Ltd.	246	149	10	6	
天津塘沽海洋高新区创业服务中心 Tianjin Tanggu Marine Science Park Innovation Service Center	895	620	20	7	
津滨科技园 Jinbin Science and Technology Park	462	315	3	2	
天津开泰企业孵化器有限公司 Tianjin Kaitai Technology Business Incubator Ltd.	1247	644	17	16	

4-12 续表 2 continued

科技企业孵化器 Technology Business Incubator	人员数（人） Number of Employees of Tenants (person)	大专以上（人） Number of Employee with College and Higher Level (person)	批准知识产权数（个） Number of Approved Intellectual Property (piece)	发明专利数（个） Number of Invention Patent (piece)	创业导师人数（人） Number of Innovation Instructors (person)
天津市光电子专业孵化器 Tianjin Photoelectron Industry Incubator	753	502	34	13	
天津市帅越地热科技开发中心 Shuaiyue Geotherm Science and Technology Development Center of Tianjin	8	7			
中国民航大学科技企业孵化器 National Civil Aviation University Technology Business Incubator					
河北区科技园 Hebei District Science and Technology Park	1548	427	90		
河北科技风险投资有限公司创业分公司 Hebei Technology Venture Capital Ltd. Incubation Branch Company	420	320	4		
石家庄科技创业投资有限公司创业中心 Shijiazhuang Technology Venture Capital Ltd.Innovation Center	2852	961	71	12	
廊坊科技企业孵化器有限公司 Langfang Technology Business Incubator Ltd.	989	634	20	7	
廊坊开发区科技创业服务中心 Langfang Development Zone Innovation Service Center	208	131	10		
河北清华发展研究院科技企业孵化器 Hebei Tsinghua Development Institute Technology Business Incubator					
衡水经济开发区创业服务中心 Innovation Service Center of Hengshui Economic Development Zone	503	154	3	1	
承德市高新区创业服务中心 Chengde Science and Technology Industrial Park Innovation Service Center	1168	1167	9	3	
涿鹿科技园孵化器有限公司 Zhuolu Science Park Incubator Ltd.	495	254			
秦皇岛市育兴高新技术创业有限公司 Qinhuangdao Yuxing Hi-tech Innovation Ltd.	600	400	19	3	2
河北省涿州高新技术创业服务中心 Hebei Zhuozhou High-tech Innovation Service Center	343	43	1		
邢台市开发区总部经济服务中心 Xingtai Development Zone Headquarter Economy Service Center	236	181	6	3	
太原市开发区高新技术创业中心 Hi-tech Innovation Center of Taiyuan Development Zone	369	270	5	2	
中辐院科技园 Zhongfu Institute Science and Technology Park	306	157			
太原高新区大学科技创业园 University Technology Innovation Park of Taiyuan Science and Technology Park	403	249	15	14	
瑞杰科技中心 Ruijie Science and Technology Center	209	172			
三益电子科技专业孵化器 Sanyi Electronic Science and Technology Incubator	533	336	37	20	
太原市杏花岭区科技孵化创业服务中心 Taiyuan Xinghualing District Technology Incubator and Innovation Center	982	296	15	11	
科景科技企业孵化器 Kejing Technology Business Incubator	155	96	16	13	
太原市高新技术创业服务中心 Taiyuan Hi-tech Innovation Service Center	844	707	37	4	

4-12 续表 3 continued

科技企业孵化器 Technology Business Incubator	人员数(人) Number of Employees of Tenants (person)	大专以上(人) Number of Employee with College and Higher Level (person)	批准知识产权数(个) Number of Approved Intellectual Property (piece)	发明专利数(个) Number of Invention Patent (piece)	创业导师人数(人) Number of Innovation Instructors (person)
太原市科仪科技企业孵化器 Taiyuan Keyi Technology Business Incubator	116	105			
日化所科技园 Daily Chemical Institute Science and Technology Park	361	205	18	17	
太原高新区留学人员创业园 Incubation Park for Overseas Scholars of Taiyuan Science and Technology Industrial Park	500	464	6	5	
太原高新区电子数码港 Electronic and Digital Port of Taiyuan Science and Technology Industrial Park	1247	979	46	11	
内蒙古自治区留学人员创业园 Inner Mongolia Autonomous Region Overseas Scholars Incubation Park	1188	1148	28	22	
辽宁科技大学资产经营有限公司 Liaoning Technology University Asset Management Ltd.	61	54			
辽阳科技创业服务中心 Liaoyang Technology Innovation Service Center	215	125	8	2	
铁岭市高新技术创业服务中心 Tieling Hi-tech Innovation Service Center	1407	624	4	1	
葫芦岛高新技术产业开发区创业中心 Huludao Science and Technology Industrial Park Innovation Center	1700	750	41	14	
鞍山海外学子创业园 Anshan Overseas Scholars Incubation Park	686	291	3		
大连市中山区科技企业服务中心 Dalian Zhongshan District Technology Enterprises Service Center	97	65	5		
大连国际工控产品技术产权交易中心 Dalian International Industrial Control Products Property Trading Center	684	452	65	25	
大连集成电路设计产业基地管理股份有限公司 Dalian IC Design Industrial Base Management Ltd.	517	437	53	14	
大连九龙高新技术创业服务有限公司 Dalian Jiulong High-tech Venture Services Ltd.	264	137	3	2	
科技创新大厦 Technology Innovation Mansion Incubation Center	550	525	6		
大连市西岗区高科技发展中心 Xigang District Hi-tech Development Center of Dalian	417	347	14	7	
大连航运物流软件园 Dalian Maritime Logistics Software Park	78	70			
大连市留学人员创业园 Dalian Overseas Scholars Incubation Park	5698	5299	110	21	
大连中山区科技园 Dalian Zhongshan District Science and Technology Park	4366	4316	98	7	
吉林大学科技园发展中心 Jilin University Science Park Development Center	433	396	7	3	
长春理工大学大学科技园科技企业孵化器 CUST Science and Technology Park Business Incubator	88	51	5	1	
中俄科技企业孵化器(长春中俄科技园有限公司) Sino-Russia Science and Technology Business Incubator (Changchun Sino-Russian Science Park Ltd.)	1168	748	64	14	
四平红嘴大学科技园 Siping Hongzui University Science and Technology Park	362	185	1		

4-12 续表 4 continued

科技企业孵化器 Technology Business Incubator	人员数（人） Number of Employees of Tenants (person)	大专以上（人） Number of Employee with College and Higher Level (person)	批准知识产权数（个） Number of Approved Intellectual Property (piece)	发明专利数（个） Number of Invention Patent (piece)	创业导师人数（人） Number of Innovation Instructors (person)
珲春高新技术创业服务中心 Hunchun high-tech Innovation Service Center	300	102	7		4
北华大学科技园 Beihua University Science Park	190	157	3		2
留学生创业园 Overseas Scholars Innovation Park	378	257	3		2
吉林省民营科技园 Jilin Province Private Science and Technology Park	321	257	3		2
吉林省高新创业孵化产业园有限公司 Jilin Hi-tech Industry Park Incubation Ltd.	183	169	2		1
齐齐哈尔市科技企业孵化中心 Qiqihar Technology Enterprises Incubation Center	597	291	12		4
富拉尔基科技企业创业中心 Fulaerji Technology Enterprises Innovation Center	403	180			
鹤岗市科技企业创业中心 Hegang Technology Enterprises Innovation Center	168	125			
双鸭山市弘科高新技术服务中心 Hongke Hi-tech Service Center of Shuangyashan	987	230	31		3
大庆精细化工科技园科技企业孵化器 Daqing Fine Chemical Science and Technology Park Technology Business Incubator	1500	1200	1		
大庆新型复合材料及制品特色产业基地 Daqing New Type Composite Material and Products Industrial Base	1310	230	3		2
铁力松涛科技创业园区 Tieli Songtao Science and Technology Innovation Park	92	21			
佳木斯新运化工高新技术孵化器有限公司 Kiamusze Xinyun Chemical Hi-tech Business Incubator Ltd.	731	254			
佳木斯高新技术创业服务中心 Kiamusze Hi-tech Innovation Service Center	333	330			
牡丹江市高新技术创业服务中心 Mudanjiang Hi-tech Innovation Service Center	1600	220			
哈尔滨七〇三科技创业中心 Harbin 703 Technology Innovation Center	208	163	15		4
黑龙江省林业科技创业中心 Heilongjiang Forestry Technology Innovation Center	274	149			
哈尔滨现代农业科技创业中心 Harbin Modern Agriculture Technology Innovation Center	440				
黑龙江省地理信息科技企业孵化器 Heilongjiang Geography Information Technology Business Incubator	478	405	3		
哈尔滨市道里区均信高科技创业中心 Harbin Daoli District Junxin Technology Innovation Center	974	853	5		1
黑龙江省动漫产业(平房)发展基地管理办公室 Heilongjiang Animation Industry Development Base Management Office	1500	1370	146		
哈尔滨市平房区高新技术创业中心 Harbin Pingfang District Hi-tech Innovation Center	316	85	1		
华崴科技创业中心 Huawei Technology Innovation Center	215	162			
黑龙江省六环科技企业创业中心 Heilongjiang Province Liuhuan Technology Companies Innovation Center	390	130	6		5

4-12 续表 5 continued

科技企业孵化器 Technology Business Incubator	人员数（人） Number of Employees of Tenants (person)	大专以上（人） Number of Employee with College and Higher Level (person)	批准知识产权数（个） Number of Approved Intellectual Property (piece)	发明专利数（个） Number of Invention Patent (piece)	创业导师人数（人） Number of Innovation Instructors (person)
东北亚对俄科技合作发展中心 Northeast Asia Cooperation Science and Technology Development Center with Russia	115	80	3	2	
黑龙江创业科技园 Heilongjiang Innovation Science Park	380	350	1		
黑龙江大学软件园 Heilongjiang University Software Park	240	196	12	5	
哈尔滨理工大学科技企业创业中心 Harbin Science and Technology University Innovation Center	1300		17		
哈尔滨海格孵化器有限公司 Harbin Haige Business Incubator Ltd.	344	236	6	4	
哈尔滨市起亚科技企业孵化器有限公司 Harbin Qiya Technology Business Incubator Ltd.	253	172			
哈尔滨电工仪表研究所科技企业孵化器 Harbin Electrical Engineering Instruments Institute Technology Enterprises Incubator	512	380			
哈开发区富阳创业中心 Harbin Development Zone Fuyang Innovation Center	663	578			
哈尔滨赛达科技园有限公司 Harbin Saida Science and Technology Park Ltd.	18				
黑龙江省自动化企业孵化器 Heilongjiang Province Automation Business Incubator	400	358	9	8	
哈尔滨龙软科技开发有限责任公司 Harbin Longruan Science and Technology Development Ltd.	459	383			
哈尔滨市三强信息技术有限责任公司 Harbin Sanqiang Information Technology Ltd.	354	330	3	2	
黑龙江省佳路高科技开发总公司 Heilongjiang Province Jialu Development Corporation	632	388	14	13	
上海多媒体产业园创业有限公司 Shanghai Multimedia Industrial Park Innovation Ltd.	907	891			
上海科汇高新技术创业服务中心 Shanghai Kehui Hi-tech Innovation Service Center	414	352	7	1	
上海互联网创业投资有限公司 Shanghai Internet Venture Capital Ltd.	100	90	5	3	2
上海嘉定高新技术创业服务有限公司 Shanghai Jiading Hi-tech Venture Service Ltd.	915	338	37	2	
上海市黄浦区科技创业中心 Huangpu District Technology Innovation Center	438	276	39	16	
上海静安科技企业孵化器管理有限公司 Shanghai Jingan Technology Business Incubator Management Ltd.	324	279	6		
上海市科技创业中心卢湾分中心 Luwan Subcenter of Shanghai Technology Innovation Center	304	269	9	7	
上海未来岛科技创业中心 Shanghai Future Island Technology Innovation Center	1120	78	8	3	
国家863软件专业孵化器(上海)基地 National 863 Software Industry Business Incubator (shanghai) Base	782	641	15	5	
上海奉浦现代农业专业孵化器 Shanghai Fengpu Modern Agriculture Industry Business Incubator	1031	809	12	7	1
东华大学国家大学科技园创业中心 Donghua University National University Science and Technology Park Innovation Center	225	160	7	2	2

4-12 续表 6 continued

科技企业孵化器 Technology Business Incubator	人员数（人） Number of Employees of Tenants (person)	大专以上（人） Number of Employee with College and Higher Level (person)	批准知识产权数（个） Number of Approved Intellectual Property (piece)	发明专利数（个） Number of Invention Patent (piece)	创业导师人数（人） Number of Innovation Instructors (person)
上海中纺科技创业有限公司 Shanghai Zhongfang Technology Venture Ltd.	10	9			
上海金山化工孵化器发展有限公司 Shanghai Jinshan Chemical Industry Incubator Development Ltd.	372	235			
上海中科大研究发展中心 Shanghai R&D Center of China Science and Technology University	549	416	15	4	
上海市松江科技创业中心 Shanghai Songjiang Technology Innovation Center	271	181	4	2	
上海康桥先进制造技术创业园有限公司 Shanghai Kangqiao Advanced Manufacturing Technology Venture Park Ltd.	465	382	28		
上海英科创业投资管理有限公司 Shanghai Yingke Venture Capital Management Ltd.	299	232	10		1
上海漕河泾开发区创新创业园发展有限公司 Shanghai Caohejing Development Park Innovation and Venture Ltd.	356	350	27	5	
上海能高半导体照明发展有限公司 Shanghai Nenggao Semiconductor Lighting Ltd.	20	17			
上海宝山科技控股有限公司 Shanghai Baoshan Technology Holdings Ltd.	122	98	3		
上海张江企业孵化器经营管理有限公司 Shanghai Zhangjiang Business Incubator Management Ltd.	256	187	10		
上海紫竹创业投资有限公司 Shanghai Zizhu Venture Capital Ltd.	500	400	30	4	
上海浦东软件园创业投资管理有限公司 Shanghai Pudong Software Park Venture Investment Management Ltd.	920	900			
上海聚能湾企业服务有限公司 Shanghai Junengwan Business Service Ltd.	120	86	2		
上海张江文化科技创意产业发展有限公司 Shanghai Zhangjiang Creative Industry Development Ltd.	483	443	10	6	2
国家留学人员嘉定创业园 Jiading National Overseas Scholars Innovation Park	66	50			
苏州生物纳米科技园 Suzhou Industrial Nano Science and Technology Park	940	886	60	38	
独墅湖科教创业园 Dushu Lake Science and Education Pioneer Park	677	616	63	34	3
江苏苏州大学科技创业园 Jiangsu Suzhou University Science and Technology Park	356	310	5	1	
苏州东弘商务管理有限公司 Suzhou Donghong Business Management Ltd.	659	606			
苏州市新吴城集团有限公司盘门科技创业园 Suzhou Xinwucheng Corporative Ltd. Panmen Technology Innovation Park	275	220	3		
苏州市创新科技创业园管理有限公司 Suzhou Innovation and Technology Pioneering Park	238	147			
苏州市平江科技创业园管理有限公司 Suzhou Pingjiang Technology Innovation Park Management Ltd.	489	289			
苏州创元科技创业园管理有限公司 Suzhou Chuangyuan Science and Technology Park Management Ltd.	900	380			
苏州市金阊区科技创业园 Suzhou Jinchang Technology Innovation Park	219	183	5		

4-12 续表 7 continued

科技企业孵化器 Technology Business Incubator	人员数（人） Number of Employees of Tenants (person)	大专以上（人） Number of Employee with College and Higher Level (person)	批准知识产权数（个） Number of Approved Intellectual Property (piece)	发明专利数（个） Number of Invention Patent (piece)	创业导师人数（人） Number of Innovation Instructors (person)
苏州高新区狮山科技创业中心 Suzhou Hi-tech Zone Shishan Technology Innovation Center	780	406	7		
苏州科技城微系统园 Suzhou Science and Technology City Microsystems Park	483	475	45	5	
苏州高新区优康信息谷科技创业园 SND Youkang Information Valley Technology Park	300	283	12	8	
苏州吴中科技园服务中心有限公司 Suzhou Wuzhong Science and Technology Park Service Center Ltd.	950	600	6	5	
苏州市相城区科技创业园有限公司 Suzhou Xiangcheng District Technology Innovation Park Ltd.	1741	4	42	6	
苏州市相城区脱颖科技创业园有限公司 Suzhou Xiangcheng Tuoyin Technology Innovation Park Ltd.	308	228			
常熟高新技术创业服务中心 Changshu Hi-tech Innovation Service Center	450	227	6	2	
常熟大学科技园 Changshu University Science and Technology Park	357	280	1		
张家港市凤凰科技创业园 Zhangjiagang Fenghuang Science and Technology Park	119		2		
中科昆山高科技创业服务中心 Zhongke Kunshan Hi-tech Innovation Service Center	124	50			
吴江科技创业园 Wujiang Science and Technology Innovation Park	264	197	89	85	
吴江汾湖科技创业投资发展有限公司 Wujiang Fenhu Technology Venture Capital Development Ltd.	297		5	3	
江苏(太仓)LOFT工业设计园 Jiangsu (Taicang) LOFT Industrial Design Park	235	172	8	6	
太仓软件园有限公司 Taicang Software Park Ltd.	216	134	3	1	
如皋市科技创业园 Technology Innovation Park of Rugao	1092	404	12	5	2
南通综艺科技孵化器有限公司 Nantong Zongyi Technology Business Incubator Ltd.	200	147	2	1	
南通北城科技创业中心 Nantong Beicheng Technology Innovation Center	245	210	2		
南通高新技术创业服务中心 Nantong Hi-tech Innovation Service Center	417	296	180	8	
江苏鹏飞科技创业有限公司 Jiangsu Pengfei Technology Venture Ltd.	495	149	6	5	
江苏华新高新技术创业有限公司 Jiangsu Huaxin Hi-Tech Venture Ltd.	314	122	2		
如东城南科技创业园 Rudong Chengnan Science and Technology Park	528	168	39	2	
江苏海安软件科技园 Jiangsu Haian Software Technology Park	800	590	56		
启东高新技术创业中心有限公司 Qidong Hi-tech Innovation Center Ltd.	785	450	35	2	2
启东创业科技园 Qidong Science and Technology Pioneering Park	158	109	3	1	
海门都市科技创业园有限公司 Haimen City Science and Technology Park Ltd.	489	362	13	3	

4-12 续表 8 continued

科技企业孵化器 Technology Business Incubator	人员数 (人) Number of Employees of Tenants (person)	大专以上 (人) Number of Employee with College and Higher Level (person)	批准知识产权数 (个) Number of Approved Intellectual Property (piece)	发明专利数 (个) Number of Invention Patent (piece)	创业导师人数 (人) Number of Innovation Instructors (person)
启东市金凤凰创业园科技有限公司 Qidong Golden Phoenix Pioneer Park Technology Ltd.	192	188	2		
江苏省如皋软件园 Jiangsu Rugao Software Park	210	198			
南通港闸高科技创业中心 Nantong Gangzha Hi-tech Innovation Center					
东海新秀科技创业园 Donghai Xinxiu Science and Technology Park	50	39	5	1	
连云港高新技术产业开发区创业中心 Lianyungang Hi-tech Innovation Center	1305	782	54	14	
连云港云港高新技术创业园有限公司 Lianyungang Yungang High-tech Venture Park Ltd.	904	143			
江苏省金湖科技创业园 Jiangsu Jinhu Science and Technology Park	252	49	6	1	
洪泽科技创业园 Hongze Science and Technology Park	345	165	12	10	
淮安市淮阴区科技创业中心 Huaian Huaiyin District Technology Innovation Center					
涟水科技创业园 Lianshui Science and Technology Park			23	3	
宝应县高新技术创业中心 Baoying Hi-tech Innovation Center	1055	422	21	3	
江苏省高邮市科技创业中心 Jiangsu Gaoyou Science and Technology Innovation Center	710	551	37	24	
扬州市邗江区高新技术创业服务中心 Yangzhou Hanjiang Hi-tech Innovation Service Center	1181	671	72	2	
扬州市维扬区高新技术创业服务中心 Yangzhou Weiyang Hi-tech Innovation Service Center	924	644	21		
扬州广陵高新技术创业服务中心 Yangzhou Guangling Hi-tech Innovation Service Center	1043	922	22		
江都市高新技术创业服务中心 Jiangdu Hi-tech Innovation Service Center	976		4		
仪征市科技创业服务中心 Yizheng Science and Technology Innovation Service Center	770	380	11	2	1
金坛红太阳高新技术创业服务中心 Jintan Red Sun of Hi-tech Innovation Service Center	168	85	6		1
金坛高新技术创业服务中心 Jintan Hi-Tech Innovation Service Center	152	73	11	4	
常州加州科技港电子软件专业孵化器 Changzhou California Electronic Software Professional Incubator	60	50	3	2	
扬中市科技创业中心 Yangzhong Technology Innovation Center	271	270	32	13	
镇江京口高新技术创业服务中心 Zhenjiang Jingkou Hi-tech Innovation Service Center	1030	864	15	4	
句容市高新技术创业服务中心 Jurong Hi-tech Innovation Service Center	150	98			
丹阳市高新技术创业园 Danyang Hi-tech Venture Park					

4-12 续表 9 continued

科技企业孵化器 Technology Business Incubator	人员数（人） Number of Employees of Tenants (person)	大专以上（人） Number of Employee with College and Higher Level (person)	批准知识产权数（个） Number of Approved Intellectual Property (piece)	发明专利数（个） Number of Invention Patent (piece)	创业导师人数（人） Number of Innovation Instructors (person)
镇江市丹徒环保科技创业服务中心 Zhenjiang Dantu Environmental Science and Technology Innovation Service Center	110		8	2	
镇江国家大学科技园 Zhenjiang National University Science Park	739	451	61	4	
镇江软件园 Zhenjiang Software Park	658	458	8		
镇江慧谷快鹿科技园 Zhenjiang Huigu Kuailu Science and Technology Park	730	560			
靖江市华信科技创业园有限公司 Jingjiang Huaxin Technology Innovation Park Ltd.	676	331	32	7	
兴化市科技创业中心 Xinghua Technology Innovation Center	1142	447	12	2	
泰兴市科隆科技创业园有限公司 Taixing Kelong Science and Technology Park Ltd.	1477	389	49		
泰州市高港区高新技术创业服务中心 Taizhou Gaogang Hi-tech Service Center	1158	307	18	2	
泰州市海陵区高新技术创业服务中心 Taizhou Hailing Hi-tech Innovation Service Center	366	325	2		
宿迁市科技创业服务中心 Suqian Technology Innovation Service Center	167	158	6		
宿豫区创业服务中心 Suyu Business Service Center	525				
泗阳县科技创业服务中心 Siyang Technology Innovation Service Center	168	120	6	1	
沭阳县科技创业服务中心 Shuyang Innovation Service Center					
江苏江阴软件园 Jiangsu Jiangyin Software Park	1000	970			
无锡市崇安区北仓门文化创意园区 Chong'an Beicangmen Cultural and Creative Park	150	125			
崇安区科技创业服务中心 Chong'an Technology Innovation Service Center	245	220			
无锡市惠山区洛社镇科技创业服务中心 Wuxi Huishan District Luoshe Technology Innovation Service Center	283	212	21	14	
无锡市惠山区堰桥街道科技创业中心 Wuxi Huishan Yanqiao Street Technology Innovation Center	481	326	35	17	
无锡市南长区科技创业服务中心 Wuxi Nanchang Technology Innovation Service Center	307	207	16	4	
宜兴卓易创业软件园 Yixing Zhuoyi Pioneering Software Park	300	196	25		
宜兴市科技创业服务中心 Yixing Technology-based Business Service Center	554	332	19	3	
宜兴创业园 Yixing Pioneer Park	1258	818	47	36	
江苏省留学人员创业园 Jiangsu Province Overseas Scholars Innovation Park	150	140	20	7	
无锡市金山北科技创业服务中心 Wuxi Jinshanbei Science and Technology Innovation Service Center	674	651	6	5	

4-12 续表 10 continued

科技企业孵化器 Technology Business Incubator	人员数（人） Number of Employees of Tenants (person)	大专以上（人） Number of Employee with College and Higher Level (person)	批准知识产权数（个） Number of Approved Intellectual Property (piece)	发明专利数（个） Number of Invention Patent (piece)	创业导师人数（人） Number of Innovation Instructors (person)
无锡索立得国际科技合作园 Wuxi Suolide International Science and Technology Cooperation Park	388	271	31	7	
无锡锡山科技创业园有限公司(无锡同方创业园有限公司) Wuxi Xishan Science and Technology Park Ltd.(Wuxi Tongfang Innovation Park Ltd.)	138	122	13	1	
江苏省锡山经济开发区科技创业服务中心 Jiangsu Xishan Economic Development Zone Technology Innovation Service Center	534	472	9		
无锡马山生物医药科技园 Wuxi Mashan Bio-medical Technology Park	400	380	16	15	
无锡太湖科技中心 Wuxi Taihu Technology Center	318	295	9		
无锡江南工业设计园有限公司 Wuxi Jiangnan Industrial Design Park Ltd.	930	915			
无锡蠡湖科技创业服务中心 Wuxi Lihu Technology-based Business Service Center	459	65			
无锡太湖新城科技创业服务中心 Wuxi Taihu New Town Science and Technology Innovation Service Center	616	591	100	58	
无锡软件园 Wuxi Software Park	7262		272	45	
无锡留学人员创业园 Wuxi Overseas Scholars Innovation Park	1589	1008	13	8	1
常州市武进科创服务中心 Changzhou Wujin Kechuang Service Center	163		28	19	
常州三晶信息技术孵化器 Changzhou Sanjing Information Technology Incubator	583	278	46	24	
江苏长三角模具专业技术孵化器 Jiangsu Yangtze River Delta Mold Expertise Incubator	463		1		
江苏武进经济开发区湖滨科技园孵化器 Jiangsu Wujin Economic Development Zone Hubin Science and Technology Park Incubator	325	31	35	1	
江苏津通信息技术孵化器 Jiangsu Jintong Information Technology Incubator	313	303	26	7	
湖塘科技创业园 Hutang Technology Park	1190	490	78	9	
江苏省淮安软件园 Jiangsu Huai'an Software Park			10		
盐城亭湖高新技术创业园 Yancheng Tinghu Hi-tech Venture Park	412	362	22	20	
滨海县科技创业园 Binhai County Venture Park					
盐城市盐都高新技术创业园 Yancheng Yandu Hi-tech Venture Park	796	246	3	2	
江苏省射阳县高新科技创业园有限公司 Jiangsu Province Sheyang County Hi-tech Venture Park Ltd.	1400	780	24	4	3
响水县灌江科技创业园 Xiangshui County Guanjiang Technology Pioneer Park					
东台市高新技术创业园 Dongtai City Hi-tech Venture Park	172	102	6	2	

4-12 续表 11 continued

科技企业孵化器 Technology Business Incubator	人员数（人） Number of Employees of Tenants (person)	大专以上（人） Number of Employee with College and Higher Level (person)	批准知识产权数（个） Number of Approved Intellectual Property (piece)	发明专利数（个） Number of Invention Patent (piece)	创业导师人数（人） Number of Innovation Instructors (person)
大丰市科技创业园 Dafeng Technology Pioneer Park	405	262	3	2	
溧阳市高新技术创业中心 Liyang Hi-tech Innovation Center	511	278	10	7	
常州天宁新动力高新技术创业服务中心 Changzhou Tianning Xindongli Hi-tech Innovation Service Center	80	46	16	2	1
常州市天宁高新技术创业服务中心 Changzhou Tianning Hi-tech Innovation Service Center	123	68	12	11	
沛县高新技术创业服务中心 Peixian Hi-tech Innovation Service Center	30	10			
徐州市高新技术创业服务中心 Xuzhou Hi-tech Innovation Service Center	1295	1197	44	23	1
徐州高新技术创业服务中心 Xuzhou Hi-tech Innovation Service Center	453	376	24	4	
新沂市高新技术创业服务中心 Xinyi Hi-tech Innovation Service Center	313	190	23	4	
睢宁科技创业园 Suining Science and Technology Park	925	280			
丰县科技创业中心 Fengxian Technology Innovation Center	542		12		
徐州市泉山区高新技术创业服务中心 Xuzhou Quanshan Hi-tech Innovation Service Center	720	26	14	2	2
徐州留学人员创业园 Xuzhou Overseas Scholars Innovation Park	112	88	4	3	1
徐州科创软件园管理有限公司 Xuzhou Kechuang Software Park Management Ltd.	1083	885	12		20
南京财经大学科技园 Nanjing University of Finance and Economics Science and Technology Park	100	97	34	3	
南京中医药大学科技园 Nanjing University of Chinese Medicine Science and Technology Park	72	54	2	1	
南京数码动漫创业管理有限公司 Nanjing Digital Carton Innovation Management Ltd.	494	490			
南京智工微光电子产业孵化中心 Nanjing Zhigong Low-light-level Electronic Industrial Incubation Center	679	605	12	3	
南京信息技术科技创业服务中心 Nanjing Information Technology Innovation Service Center	228	146	5		
南京农业生物高新技术创业中心 Nanjing Agriculture Biology Hi-tech Innovation Center	800				
南京环保科技创业中心 Nanjing Environment Protection Technology Innovation Center	1055	879	8	6	2
南京黄埔IT科技创业园 Nanjing Huangpu IT Technology Park	530	500	27	3	
南京市白下区科技创业服务中心 Nanjing Baixia Technology Innovation Service Center	620	547	10	3	
南京光机电科技创业中心有限公司 Nanjing Mechatronic Technology Innovation Center	150	30			

4-12 续表 12 continued

科技企业孵化器 Technology Business Incubator	人员数（人） Number of Employees of Tenants (person)	大专以上（人） Number of Employee with College and Higher Level (person)	批准知识产权数（个） Number of Approved Intellectual Property (piece)	发明专利数（个） Number of Invention Patent (piece)	创业导师人数（人） Number of Innovation Instructors (person)
南京市雨花台区科技创业中心 Nanjing Yuhuatai District Innovation Center	3679	3600	40	16	
南京秦淮科技创业发展有限公司 Nanjing Qinhuai Technology Venture Development Ltd.	997	697	21	7	1
南京滨江科技创业中心 Nanjing Binjiang Technology Innovation Center	607		5		
南京红意创业园有限公司 Nanjing Hongyi Pioneer Park Ltd.	720	634	12		
南京市建邺长江高新技术创业服务中心 Nanjing Jianye Yangtze River Hi-tech Innovation Service Center	1897	1659	76	5	
南京六合区科技孵化器 Nanjing Liuhe Innovation Service Center	636	517			
南京新城化工科技创业中心 Nanjing Xincheng Chemical Science and Technology Innovation Center	200				
高淳县科技创业服务中心 Gaochun Technology Innovation Service Center	47	4			
溧水县科技创业服务中心 Sushui Technology Innovation Service Center	3034	1051	13	3	
中国南京留学人员创业园 China Nanjing Overseas Scholars Innovation Park	760	608	8	4	1
杭州高新区留学人员创业园 Hangzhou Science and Technology Park Overseas Scholars Innovation Park	485	430	46	9	
杭州萧山创业服务中心 Hangzhou Xiaoshan Innovation Service Center	630	375	4		
杭州国家集成电路设计企业孵化器有限公司 Hangzhou National IC Design Technology Business Incubator Ltd.	268	238	34	16	
浙江省国家大学科技园 Zhejiang National University Science Park	903	783	287	226	
杭州西湖科技创业有限公司 Hangzhou West Lake Technology Innovation Ltd.	1050	872	25	7	
杭州余杭高新技术产业园区创业中心 Hangzhou Yuhang Hi-tech Industrial Park Venture Center	111	107	13		
杭州市下城区科技创业中心 Hangzhou Xiacheng District Science and Technology Innovation Center					
杭州市西湖区高新技术创业服务中心 Xihu District Hi-tech Innovation Service Center	255	250	8	2	
万向高科技孵化中心 Wanxiang Hi-tech Incubation Center					
中国科学院杭州科技园 China Academy of Science Hangzhou Science and Technology Park	148	132	25	15	
杭州高新节能物业管理有限公司 Hangzhou Hi-tech Energy-Saving Property Management Ltd.	200	128			
杭州西湖数源软件园有限公司 Hangzhou West Lake Soyea Software Park Ltd.	70	63	7		
浙江银江孵化器有限公司 Zhejiang Yinjiang Technology Business Incubator Ltd.	738	526	36	8	
杭州临安太湖源观赏竹种园有限公司 Hangzhou Lin'an Taihuyuan Bamboo Seed Garden Ltd.					

4-12 续表 13 continued

科技企业孵化器 Technology Business Incubator	人员数（人） Number of Employees of Tenants (person)	大专以上（人） Number of Employee with College and Higher Level (person)	批准知识产权数（个） Number of Approved Intellectual Property (piece)	发明专利数（个） Number of Invention Patent (piece)	创业导师人数（人） Number of Innovation Instructors (person)
建德市有机硅科技企业孵化器 Jiande Organic Silicon Technology Business Incubator	22				
杭州市余杭高新农业示范中心 Yuhang Hi-tech Agriculture Model Center of Hangzhou	465	231	3	2	
杭州市埃八劳夫特艺术社有限公司 Hangzhou Aibalaofute Art Company Ltd.	480	428			
乐富智汇园科技创业中心 Lefu Zhihui Park Science and Technology Innovation Center	536	338	2	1	
杭州汇丰生化创业服务有限公司 Hangzhou Huifeng Biochemical Business Service Ltd.	36	20			
桐庐裕华科技企业孵化器有限公司 Tonglu Yuhua Business Incubator Ltd.	108		18		
杭州市高科技企业孵化器有限公司 Hangzhou Hi-tech Business Incubator Ltd.	448	440	36	28	
杭州天盛科技创业服务有限公司 Hangzhou Tiansheng Technology Innovation Service Ltd.	145	55	9		
江干区科技创业服务中心 Jinggan Technology Industrial Service Center					
乐清市科技孵化创业中心 Yueqing Technology Innovation and Incubation Center	1278	549	86	12	
浙江秀洲慧谷科技创中心 Zhejiang Xiuzhou Huigu Science and Technology Innovation Center	1190	200	7	2	
海盐县科技创业服务中心 Haiyan Technology Innovation Service Center	234	94	5		
桐乡市科技创业服务中心有限公司 Tongxiang Technology Innovation Service Center	532	311	55	3	
海宁市科技创业中心 Haining Technology Innovation Center	212	102	18	2	
德清县科技创业服务有限公司 Deqing County Science and Technology Innovation Service Ltd.	1086	482	42	5	
新昌高新技术孵化器 Xinchang Hi-tech Business Incubator	51	11			
上虞市高新技术产业发展有限公司 Shangyu Hi-tech Industrial Development Ltd.	876	261	36	8	
绍兴市科技创业中心 Shaoxing Technology Innovation Center	481	321	31	3	
浙江衢州高新技术产业园区科技孵化器 Zhejiang Quzhou Hi-tech Industrial Park Technology Business Incubator	156		2	1	
衢州高科农业创新服务有限公司 Quzhou Hi-tech Agriculture Innovation Service Ltd.	85	52			
宁波市江北区科技创业中心 Ningbo Jiangbei District Technology Innovation Center	457	403	9		
慈溪市生产力促进中心 Cixi Productivity Promotion Center	167	94	2	1	
宁海县模具科技企业创业服务中心 Ninghai Module Technology Innovation Service Center	87	28			
象山科技创业发展有限公司 Xiangshan Technology Innovation Development Ltd.	380	108	42	4	
宁波市镇海区科技创业服务中心 Ningbo Zhenhai District Innovation Service Center	560	417	71	9	

4-12 续表 14 continued

科技企业孵化器 Technology Business Incubator	人员数(人) Number of Employees of Tenants (person)	大专以上(人) Number of Employee with College and Higher Level (person)	批准知识产权数(个) Number of Approved Intellectual Property (piece)	发明专利数(个) Number of Invention Patent (piece)	创业导师人数(人) Number of Innovation Instructors (person)
宁波东方现代农业投资开发有限公司孵化器 Ningbo Oriental Modern Agricultural Investment and Development Ltd. Incubator	63	35	7		6
宁波市江东科技创业服务中心 Ningbo Jiangdong Technology Innovation Service Center	964	741	23		4
湖州吴兴区科技发展有限公司 Huzhou WuXing District Technology Development Ltd.	2455	1209	109		8
合肥桃花科技创业服务中心 Hefei Peach Technology Business Incubation Center	415	261	47		40
合肥蜀山经济开发区科技创业中心(民营科技园蜀山分中心) Hefei Shushan Economic Development Zone Innovation Center (Technology Park Shushan Sub-Center)	928	678	36		10
安徽省科技创业服务中心 Anhui Technology Innovation Service Center	133	92	4		1
合肥市原创动漫园 Hefei Original Animation Park	1078	1066	13		3
繁昌县科技企业孵化中心 Fanchang County Technology Business Incubation Center	106	76			
蚌埠市科技创业服务中心 Bengbu Technology Innovation Service Center	440	175	7		2
淮北新兴创业服务有限责任公司 Huaibei New Business Service LLC	63	48			
宿州科技企业创业服务中心 Suzhou Technology Innovation Service Center	428	282	19		9
灵璧科技创业服务中心 Lingbi Technology Innovation Service Center	103	29			
阜阳科技创业服务中心 Fuyang Technology Innovation Service Center	174	92	3		2
淮南高新技术创业服务中心 Huainan Hi-tech Innovation Service Center	1600	900	47		3
滁州市高新技术创业服务中心 Chuzhou Hi-tech Innovation Service Center	459	156	5		4
天长市高新技术创业服务中心 Tianchang Hi-tech Innovation Service Center	420	194	38		30
六安市科技创业服务中心 Lu'an Innovation Service Center	847	324	19		9
霍山县科技创业服务中心 Huoshan Technology-based Business Service Center	712	152			
霍邱县矿业科技服务中心 Huoqiu County Mining Technology Service Center	1870	340	7		
舒城县科技创业园 Shucheng Technology Innovation Park					
马鞍山市花山软件企业服务中心 Maanshan Huashan Software Enterprise Service Center	549	495	12		1
马鞍山视聆通游戏动漫企业服务中心 Maanshan Shilingtong Game Animation Business Service Center	90	89	7		2
池州市贵池创业科技服务有限公司 Chizhou City Guichi Venture Technology Service Ltd.	1211	419	13		9

4-12 续表 15 continued

科技企业孵化器 Technology Business Incubator	人员数(人) Number of Employees of Tenants (person)	大专以上(人) Number of Employee with College and Higher Level (person)	批准知识产权数(个) Number of Approved Intellectual Property (piece)	发明专利数(个) Number of Invention Patent (piece)	创业导师人数(人) Number of Innovation Instructors (person)
安庆市高新技术创业服务中心 Anqing Hi-tech Innovation Service Center	776	404	3	2	
黄山科创高新技术创业服务有限公司 Huangshan Kechuang High-tech Venture Service Ltd.	122	73			
歙县科技创业服务中心 Xixian Technology Innovation Service Center	307	83			
黄山区科技创业服务中心 Huangshan Technology Innovation Service Center	469	177	13	5	
安徽大学资产经营有限公司 Anhui University Asset Management Ltd.	406	299	7	4	
合肥高新创业园管理有限公司 Hefei Hi-tech Pioneering Park Management Ltd.	1705	1510	27	4	
安徽省科园创业中心 Anhui Keyuan Innovation Center	633	560	14	2	
安徽循环经济技术工程院 Anhui Cyclic Economy Technology Academy	480	450	10	9	
厦门留学人员创业园 Xiamen Overseas Scholars Innovation Park	2636	1522	56	16	
厦门光电子孵化器 Xiamen Photoelectron Incubator	1129	658	18	9	
宁德市高新技术创业服务中心 Ningde Hi-tech Business Service Center					
莆田市高新技术创业服务中心 Putian Hi-tech Innovation Service Center	70	60			
龙岩市高新技术创业服务中心 Longyan Hi-tech Innovation Service Center					
三明市高新技术创业服务中心 Sanming Hi-tech Innovation Service Center	300	124	24	9	
南平高新技术创业服务中心 Nanping Hi-tech Innovation Service Center	202	41			
泉州市鲤城区生产力促进中心 Quanzhou Licheng District Productivity Promotion Center	1250	938	2	1	
泉州市丰泽区高新技术企业孵化基地 Quanzhou Fengze District High-tech Enterprise Incubator Base	480	108	3	2	
泉州市洛江区生产力促进中心 Quanzhou Luojiang District Productivity Promotion Center	16	13	9	5	
泉港区石化高新技术孵化基地 Quangang District Petrochemical Hi-tech Incubator Base	30	25	8	1	
石狮市海峡两岸科技孵化基地 Shishi Cross-strait Science and Technology Incubator Base	95	65	5	1	
泉州(南安)高新技术企业孵化基地 Quanzhou (Nan'an) Hi-tech Business Incubator Base	120	85	9	2	
惠安县第一高新技术孵化基地 Huian County the First Hi-tech Incubator Base	350	10			
莆田高新区液晶显示(LCD)科技孵化器 Putian Hi-tech Zone Liquid Crystal Display (LCD) Technology Incubator					
福州开发区火炬高新技术创业园 Fuzhou Development Zone Torch Hi-tech Venture Park					

4-12 续表 16 continued

科技企业孵化器 Technology Business Incubator	人员数（人） Number of Employees of Tenants (person)	大专以上（人） Number of Employee with College and Higher Level (person)	批准知识产权数（个） Number of Approved Intellectual Property (piece)	发明专利数（个） Number of Invention Patent (piece)	创业导师人数（人） Number of Innovation Instructors (person)
福建留学人员创业园管理中心 Fujian Overseas Scholars Innovation Park Management Center	858				
江西师范大学科技园 Jiangxi Normal University Science Park	705	700	2	1	
龙口市高新技术创业服务中心 Longkou Hi-tech Innovation Service Center	117	46			
烟台市芝罘区科技创业服务中心 Yantai Zhifu District Technology Innovation Service Center	286	208	5	2	
新泰高新技术创业服务中心 Xintai Hi-tech Innovation Service Center	138	122	1		
中国泰山留学人员创业园 Taishan Overseas Scholars Innovation Park China	64	58			
肥城市高新技术创业服务中心 Feicheng Hi-tech Innovation Service Center	24	15	3	2	
威海湖西创业保育有限公司 Weihai Huxi Innovation and Incubation Ltd.	194	31	3	2	
威海经济技术开发区科技创业服务中心 Weihai Economic Technological Development Zone Technology Innovation Center Ltd.	302	210	47	27	
乳山市高新技术创业服务中心 Rushan Hi-tech Innovation Service Center	855	267	7		
德州市高新技术创业服务中心 Dezhou Hi-tech Innovation Service Center	642	361	35	6	
乐陵市高新技术创业服务中心 Leling Hi-tech Business Service Center	1360	812	15	8	
山东力创科技企业孵化器 Shandong Lichuang Technology Business Incubator	30	22			
青岛科大都市科技园集团有限公司 Qingdao Science University Urban Science and Technology Park Development Ltd.	592	368	10	3	
四方区建筑创意产业园创新创业服务中心 Sifang Building Originality Industrial Park Innovation Service Center	120	101	10	3	
青岛前哨都市科技园 Qingdao Qianshao City Science and Technology Park	233	126	10	9	
青岛市新材料科技企业孵化器 Qingdao New Material Technology Business Incubator	1064	667	33	28	
青岛中联U谷2.5产业园创业服务中心 Qingdao Zhonglian U Valley 2.5 Industrial Park Innovation Service Center	400	350	35	26	
潍坊软件园 Weifang Software Park	1568	1197	29		
郑州高新技术产业开发区留学人员创业园 Zhengzhou Science and Technology Industrial Park Overseas Scholars Incubation Park	750	590	21	8	
郑州空港科技创业服务中心 Zhengzhou Airport Innovation Service Center	105	80			
河南省濮阳高新技术创业服务中心 Henan Province Puyang Science and Technology Industrial Park Innovation Service Center	1487	352	18	16	

4-12 续表 17 continued

科技企业孵化器 Technology Business Incubator	人员数（人） Number of Employees of Tenants (person)	大专以上（人） Number of Employee with College and Higher Level (person)	批准知识产权数（个） Number of Approved Intellectual Property (piece)	发明专利数（个） Number of Invention Patent (piece)	创业导师人数（人） Number of Innovation Instructors (person)
郑州电子信息专业孵化器 Zhengzhou Electronic Information Industry Incubator	2048	1847	67	4	
郑州市科技企业孵化器 Zhengzhou Technology Business Incubator	2050	949	67	4	
河南省平顶山高新技术创业服务中心 Pingdingshan Hi-tech Innovation Service Center	1450	360			
许昌市高新技术创业服务中心 Xuchang Hi-tech Business Service Center	3500	1780	21	1	
郑州市经济技术开发区留学人员创业园 Zhengzhou Economic and Technological Development Zone Overseas Scholars Incubation Park	526				
开封高新技术创业服务中心 Kaifeng Hi-tech Innovation Service Center	2100	420	4	3	
襄樊市樊城区科技创业服务中心 Xiangfan Fancheng District Technology Innovation Service Center	460	338	8		1
湖北省孝感市高新技术创业服务中心 Hubei Xiaogan Hi-tech Innovation Service Center	796	318	75	57	1
葛店高新技术产业开发区创业服务中心 Gedian Hi-tech Industrial Development Zone Business Service Center	286	142	2	1	
湖北国知专利创业孵化器 Hubei Guozhi Patent Business Incubator	792	667	28	11	1
武汉光通科技企业孵化器管理有限公司 Wuhan Optic Technology Business Incubator Management Ltd.	253	201	3	1	2
武汉现代制造业创业服务中心有限公司 Wuhan Modern Manufacturing Business Service Center Ltd.	2200		27		
武汉华成创业服务有限公司 Wuhan Huacheng Innovation Service Ltd.	353	225	1		
武汉洪山国际企业孵化器有限公司 Wuhan Hongshan International Business Incubator Ltd.	1000	800	2	1	
武汉宏伟达创新孵化器管理有限公司 Wuhan Hongweida Innovation Incubator Management Ltd.	2200	1780	7		2
武汉市科研院所高新技术创业服务中心 Wuhan Hi-tech Innovation Service Center Research Institute	168	117	12	3	
武汉聚合化工科技孵化器有限公司 Wuhan Polymerization Chemical Technology Incubator Ltd.	387	362	5	4	
武汉市江岸区高新技术创业服务中心 Hi-tech Innovation Center of Wuhan Jiang'an District	480	450	100	80	
武汉市江夏区高新技术企业创业服务中心 Wuhan Jiangxia District Hi-tech Innovation Service Center	304	138	11	2	
武汉岱家山科技企业孵化器有限公司 Wuhan Daijiashan Science and Technology Business Incubator Ltd.	1500	600	16	8	
武汉市蔡甸区科技创业服务中心 Wuhan Caixun District Technology Innovation Service Center	539	279	12	9	
武汉黄金口科技企业孵化基地 Wuhan Huangjinkou Technology Incubation Base	3932	2021	33	28	
湖南省火炬创业中心 Hunan Torch Innovation Center	192	163	3	2	
湖南隆平火炬创业中心 Hunan Longping Torch Innovation Center	1175	832	7	4	

4-12 续表 18 continued

科技企业孵化器 Technology Business Incubator	人员数(人) Number of Employees of Tenants (person)	大专以上(人) Number of Employee with College and Higher Level (person)	批准知识产权数(个) Number of Approved Intellectual Property (piece)	发明专利数(个) Number of Invention Patent (piece)	创业导师人数(人) Number of Innovation Instructors (person)
湖南麓谷科技孵化器有限公司 Hunan Lugu Technology Incubator Ltd.	286	221	11	4	
长沙湘能科技企业孵化器有限公司 Changsha Xiangneng Technology Business Incubator Ltd.	866	706	22	9	
长沙市金台创业服务有限公司(湖南环保科技产业园金台创业孵化) Changsha Jintai Venture Service Ltd.(Hunan Environmental Science and Technology Industrial Park Jintai Venture Incubation)	784	483	19	6	
浏阳留学人员创业园 Liuyang Overseas Scholars Innovation Park	50	43	10	6	
佛山市高明沧江工业园科技企业创业中心 Foshan Gaoming Cangjiang Industrial Park Technology Business Innovation Center	3000	1800	153	23	
惠州市生产力促进中心 Huizhou Productivity Promotion Center					
东莞市软件企业孵化园 Dongguan Software Business Incubator	324	262	22		
广东电子工业研究院有限公司 Guangdong Electronic Industrial Institute Ltd.	155	34	16	1	
佛山市三水高新创业中心有限公司 Sanshui Hi-tech Innovation Center Ltd. of Foshan					
广东省纺织服装开平基地技术创新中心 Guangdong Textile Fashion Kaiping Base Technology Innovation Center	10	7			
江门市科技创业服务中心 Jiangmen Technology Innovation Service Center	578	298	22	4	
肇庆高新技术产业开发区创业服务中心 Zhaoqing Science and Technology Industrial Park Innovation Service Center	107	50	14	14	
惠州软件科学园 Huizhou Software Science Park	313				
惠州高新区科技创业服务中心(惠州高新区留学生创业服务中心) Huizhou Hi-Tech Zone Innovation Service Center (Huizhou Hi-tech Zone Oversea Scholars Innovation Service Center)	300	253	60	15	
广东惠州工业园创新服务中心 Guangdong Huizhou Industrial Park Innovation Service Center	318	141	9		
河源市高新技术创业服务中心 Heyuan High-Tech Innovation Service Center	80	35			
虎门富民服装创意设计孵化器 Humen Fumin Clothing Creative Design Incubator	477	456			
大朗创意产业园 Dalang Creative Industry Park	250	223	10	1	
广州市番禺节能科技园 Guangzhou Panyu Energy-saving Science and Technology Park	3619	3401	112	111	
广州市荔湾区生产力促进中心 Guangzhou Liwan District Productivity Promotion Center	649	520	41	12	
广州市花都区高新技术创业服务中心 Guangzhou Huadu District Hi-tech Innovation Service Center	511	312	28	5	
广州暨南大学科技园管理有限公司 Guangzhou Jinan University Science Park Management Ltd.	446	337	6	3	
深圳清华大学研究院 Shenzhen Tsinghua University Institute	3129	2667	175	55	

4-12 续表 19 continued

科技企业孵化器 Technology Business Incubator	人员数（人） Number of Employees of Tenants (person)	大专以上（人） Number of Employee with College and Higher Level (person)	批准知识产权数（个） Number of Approved Intellectual Property (piece)	发明专利数（个） Number of Invention Patent (piece)	创业导师人数（人） Number of Innovation Instructors (person)
中国科技开发院有限公司 China Science and Technology Development Institute Ltd.	4981	3853	281	53	
深圳航天科技创新研究院 Shenzhen Aerospace Science and Technology Innovation Institute	634	537	24	6	
深圳市罗湖区高新技术创业中心 Shenzhen Luohu District Hi-tech Innovation Center	488	420	17	9	
深圳市佳利泰孵化器管理有限公司 Shenzhen Jialitai Incubator Management Ltd.	466	378	59	36	
深圳集成电路设计产业化基地管理中心 Shenzhen IC Design Industrial Base Management Center	556	389	70	28	
深圳天安数码城有限公司 Shenzhen Tian'an Digital City Ltd.	640	560	5	3	
珠海清华科技园创业投资有限公司 Zhuhai Tsinghua Science Park Venture Capital Ltd.	1500	1200	31	2	
珠海南方软件园发展有限公司 Zhuhai South Software Park Development Ltd.	915	830	5		
惠州仲恺高新区科技创业服务中心 Huizhou Zhongkai Hi-tech Zone Technology Innovation Service Center	538	314	11	3	
佛山国家火炬创新创业园 Foshan National Torch Innovation Park	40	37	11	9	
南宁留学人员创业园 Nanning Overseas Scholars Innovation Park	1210	530	21	3	
绵阳高新区生物医药孵化器有限公司 Mianyang Hi-tech Zone Biomedical Incubator Ltd.	126	97	3	2	
四川省乐山高新区创业服务中心 Sichuan Leshan Hi-tech Zone Business Service Center	400	250	80	28	
自贡市高新技术创业服务中心 Zigong Hi-Tech Innovation Service Center	380	340	26	2	
泸州酒业集中发展区 Luzhou Liquor Industry Development Zone	500	400	280	120	
四川眉山美倍建设发展有限公司 Sichuan Meishan Meibei Construction Development Ltd.	533	480			
德阳高新技术产业园区创业服务中心 Deyang Hi-tech Industrial Park Business Service Center	1101	239	62	60	
四川大科星智能交通有限公司 Sichuan Dakexing Intelligent Transportation Ltd.	678	530			
成都东创科技园投资有限公司 Chengdu Dongchuang Science and Technology Park Investment Ltd.	133	110	2	1	
成都青羊工业投资有限公司 Chengdu Qingyang Industrial Investment Ltd.	420	339	4	2	26
中国大学生创业园(成都) China University Students Innovation Park(Chengdu)	1015	1013	10		1
中国成都留学人员创业园 Chengdu Overseas Scholars Incubation Park of China	4590	4320	270	112	1
中国成都博士创业园 Chengdu Doctor Innovation Park of China	6378	6024	227	35	1
成都大一高新技术孵化器投资管理有限公司 Chengdu Dayi Hi-tech Incubator Investment Management Ltd.					

4-12 续表 20 continued

科技企业孵化器 Technology Business Incubator	人员数（人） Number of Employees of Tenants (person)	大专以上（人） Number of Employee with College and Higher Level (person)	批准知识产权数（个） Number of Approved Intellectual Property (piece)	发明专利数（个） Number of Invention Patent (piece)	创业导师人数（人） Number of Innovation Instructors (person)
成都高新区创新中心府河孵化基地 Chengdu Hi-tech Zone Innovation Center Fuhe Incubator Base	643	449	21		
四川海特高新技术股份有限公司 Sichuan Haite Hi-tech Ltd.	609	461	3		1
贵州军转民高新技术创业服务中心 Guizhou Military-to-Civilian Hi-tech Innovation Service Center	2340	494	13	2	
昆明北理工科技企业孵化器有限公司 Kunming Northern Institute of Technology Business Incubator Ltd.	771	563	26	8	
国家863软件专业孵化器昆明基地 National 863 Software Industry Incubator Kunming Base	1123	909	88	4	
云南海归创业园 Yunnan Overseas Scholars Innovation Park	1305	1300	5	4	
云南留学人员创业园管理办公室 Yunnan Overseas Scholars Innovation Park Management Office	684	612	111		
西藏(成都)科技孵化器 Tibet (Chengdu)Technology Business Incubator	2158	1358	53	24	
西安市高新区创业服务中心(西安高新区留学生企业孵化器) Xi'an Hi-tech Zone Business Service Center (Students in Xi'an Hi-tech Zone Business Incubator)	5630	4913	42	28	2
西安高新区能源新技术孵化器 Xi'an Science and Technology Park Advanced Energy Technology Business Incubator	1102	692	12	8	2
西安高新区现代服务企业专业孵化器 Xi'an Science and Technology Park Modern Service Business Incubator	351	190	1		2
西安莲湖科技产业园区创业服务中心 Xi'an Lianhu Science and Technology Industrial Park Innovation Service Center	2530	2490	13	11	
西安易创军民两用科技工业孵化器 Xi'an Yichuang Military and Civil Dual-use Technology Industry Incubator	890	540	21	8	
西安三元数字媒体科技企业孵化器 Xi'an Sanyuan Digital Media Technology Business Incubator	791	13	6		
西安工业设计孵化器 Xi'an Industrial Design Incubator	145	138			1
西安亿荣达电子技术服务有限责任公司 Xi'an Yirongda Electronic Technology Service LLC	132	110	15	3	
宝鸡市金华水利科技服务中心 Baoji City Jinhua Water Resource Technology Service Center	578	377	5	1	
宝桥科贸大厦孵化中心 Baoqiao Technology Trade Incubation Center	126	100	1		
秦明电子园 Qinming Electronic Park	327	75	2		
甘肃省兰州留学人员创业园区 Gansu Province Lanzhou Overseas Scholars Innovation Park	819	476	7	4	
兰州理工大学科技园兰州科技企业孵化器 Lanzhou Science and Technology University Science Park Technology Business Incubator	1407	1168	30	29	

4-13 非国家级科技企业孵化器毕业企业情况

General Statistics of Graduated Tenants of Non-State Level TBIs

科技企业孵化器 Technology Business Incubator	累计毕业企业（个） Accumulated Number of Graduated Tenants (unit)	平均毕业时收入（千元） The Average Income of Graduated Tenants (1000yuan)	当年毕业企业（个） Number of Graduated Tenants of the Year (unit)	收入达千万元企业数（个） Number of Tenants with Income more than 10 millions yuan (unit)
合　计 Total	**22773**	**2716460**	**1733**	**365**
北京奥科兴源科技企业孵化器有限公司 Beijing Aoke Xingyuan Technology Business Incubator Ltd.	4	3000		
北京八六三信息安全科技发展有限公司 Beijing 863 Information Security Technology Development Ltd.	12	1000	1	
北京北达燕园科技孵化器有限公司 Beijing Beida Yanyuan Technology Business Incubator Ltd.	130	680	5	
北京北方车辆新技术孵化器有限公司 Beijing Northern Vehicle High Technology Incubator Ltd.	5	50	3	
北京北控高科技孵化器有限公司 Beijing Beikong Technology Business Incubator Ltd.	150	3000	25	10
北京北内制造业高新技术孵化基地有限公司 Beijing Beinei Manufacturing Hi-tech Incubation Base Ltd.	20	4600	5	2
北京昌科晨宇科技企业孵化器有限公司 Beijing Changke Chenyu Science and Technology Business Incubator Ltd.	30	1000	8	2
北京昌科航星科技开发有限公司 Beijing Changke Hangxing Technology Development Ltd.				
北京超导园科技企业孵化器有限公司 Beijing Superconductor Park Science and Technology Business Incubator Ltd.	2	34210	2	1
中关村东升科技园孵化器 Zhongguancun Dongsheng Science Park Incubator				
北京方和正圆科技企业孵化器有限公司 Beijing Fanghe Zhengyuan Business Incubator Ltd.				
北京富丰实业发展公司 Beijing Fufeng Industrial Development Corporation	8	8500	8	1
北京高创天成国际企业孵化器有限公司 Beijing Gaochuang Tiancheng Technology Business Incubator Ltd.	2	3200		
北京国丰通达科技孵化器中心 Beijing Guofeng Tongda Technology Innovation Center				
北京海银科医药技术有限公司 Beijing Haiyinke Medicine Technology Ltd.	8	1200		
北京华商置业有限公司 Beijing Huashang Zhiye Technology Business Incubator Ltd.	47	2000		
北京集成电路设计园有限责任公司 Beijing IC Design Park LLC	87	4000	17	
北京建科兴达科技企业孵化器有限责任公司 Beijing Jianke Xingda Technology Business Incubator Ltd.	120	100	20	8
北京交大科技孵化器有限公司 Beijing Jiaotong University Technology Business Incubator Ltd.	10	150000	4	
北京金丰和科技企业孵化器有限责任公司 Beijing Jinfenghe Technology Business Incubator Ltd.	20	3000	2	
北京京海科技企业孵化器有限公司 Beijing Jinghai Science and Technology Business Incubator Ltd.	60	100	4	2
北京京仪科技孵化器有限公司 Beijing Jingyi Technology Incubator Ltd.	2	5000	2	
北京聚兴创业科技企业孵化有限公司 Beijing Juxing Incubator for Technology Entrepreneurs Venture Ltd.				

4-13 续表 1 continued

科技企业孵化器 Technology Business Incubator	累计毕业企业（个） Accumulated Number of Graduated Tenants (unit)	平均毕业时收入（千元） The Average Income of Graduated Tenants (1000yuan)	当年毕业企业（个） Number of Graduated Tenants of the Year (unit)	收入达千万元企业数（个） Number of Tenants with Income more than 10 millions yuan (unit)
北京竣一在线孵化器有限公司 Beijing Junyi Zaixian Incubator Ltd.	393	100	142	
北京科方创业科技企业孵化器有限公司 Beijing Kefang Chuangye Technology Business Incubator Ltd.	16	2197	2	
中关村能源与安全科技园(中国矿业大学留学人员创业园) Zhongguancun Energy and Security Science Park (CUMT Returned Student Pioneer Park)	9	28000	9	1
北京利玛自动化专业孵化基地 Beijing Lima Automation Special Incubation Base	11	3500	1	
北京绿创环保集团科技孵化器有限公司 Beijing Greentec Science Incubator Ltd.				
北京牡丹电子集团有限责任公司 Beijing Peony Electronic Group Ltd.	7	900	4	1
北京诺飞科技孵化器有限公司 Beijing Nuofei Technology Business Incubator Ltd.	33	3870		
北京首特科技孵化器有限责任公司 Beijing Shoute Technology Business Incubator Ltd.	45	1027	4	2
北京泰思特测控技术公司 Beijing Taisite Measurement and Control Technology, Inc.	13	4832		
北京天竺空港科技企业孵化器有限公司 Beijing Tianzhu Konggang Technology Business Incubator Ltd.	26	7000	4	1
北京信创宇轩科技孵化器有限公司 Beijing Xinchuang Yuxuan Technology Incubator Ltd.	31	4000	8	
北京颐安鑫鼎科技企业孵化器有限公司 Beijing Yi'an Xinding Science and Technology Business Incubator Ltd.	27	12000	9	
北京永同昌丰益科技孵化器有限公司 Beijing Yongtong Changfengyi Technology Incubator Ltd.				
北京中都创业科技孵化器有限公司 Beijing Zhongdu Science and Technology Incubator Venture Ltd.	120		30	
中关村动漫游戏孵化器 Zhongguancun Cartoon Games Incubator	3	2744	3	
北京中农大科技企业孵化器有限公司 Beijing CAU Technology Business Incubator Ltd.	20	3800	5	1
北京中自科技产业孵化器有限公司 CASIA Incubator Park	6			
中关村兴业(北京)高科技孵化器股份有限公司 Zhongguancun Xingye (Beijing) Hi-tech Incubator Ltd.	20	1000	5	3
中国环境保护公司北京环保科技开发中心 China Environmental Protection Company Environmental Science and Technology Development Center of Beijing				
天津市天传电气节能产业孵化器有限公司 Tianjin Tianchuan Electric Energy Saving Incubator Ltd.	3		2	
天津塘沽海洋高新区创业服务中心 Tianjin Tanggu Marine Science Park Innovation Service Center	15	2400	2	
津滨科技园 Jinbin Science and Technology Park	5			
天津开泰企业孵化器有限公司 Tianjin Kaitai Technology Business Incubator Ltd.	12	19712		
天津市光电子专业孵化器 Tianjin Photoelectron Special Incubator	6	6941	2	

4-13 续表 2 continued

科技企业孵化器 Technology Business Incubator	累计毕业企业（个） Accumulated Number of Graduated Tenants (unit)	平均毕业时收入（千元） The Average Income of Graduated Tenants (1000yuan)	当年毕业企业（个） Number of Graduated Tenants of the Year (unit)	收入达千万元企业数（个） Number of Tenants with Income more than 10 millions yuan (unit)
天津市帅越地热科技开发中心 Shuaiyue Geotherm Science and Technology Development Center of Tianjin				
中国民航大学科技企业孵化器 National Civil Aviation University Technology Business Incubator				
河北区科技园 Hebei District Science and Technology Park				
河北科技风险投资有限公司创业分公司 Hebei Technology Venture Capital Ltd. Incubation Branch Company	22	1000	2	1
石家庄科技创业投资有限公司创业中心 Shijiazhuang Technology Venture Capital Ltd.Innovation Center	2	31500		
廊坊科技企业孵化器有限公司 Langfang Technology Business Incubator Ltd.				
廊坊开发区科技创业服务中心 Langfang Development Zone Innovation Service Center				
河北清华发展研究院科技企业孵化器 Hebei Tsinghua Development Institute Technology Business Incubator	1			
衡水经济开发区创业服务中心 Innovation Service Center of Hengshui Economic Development Zone	8	11500	1	
承德市高新区创业服务中心 Chengde Science and Technology Industrial Park Innovation Service Center	24	4100		
涿鹿科技园孵化器有限公司 Zhuolu Science Park Incubator Ltd.	10	58520	5	4
秦皇岛市育兴高新技术创业有限公司 Qinhuangdao Yuxing Hi-tech Innovation Ltd.	37	2250	4	
河北省涿州高新技术创业服务中心 Hebei Zhuozhou High-tech Innovation Service Center	31			
邢台市开发区总部经济服务中心 Xingtai Development Zone Headquarter Economy Service Center	3	8666	3	1
太原市开发区高新技术创业中心 Hi-tech Innovation Center of Taiyuan Development Zone	226	5200	26	
中辐院科技园 Zhongfu Institute Science and Technology Park				
太原高新区大学科技创业园 University Technology Innovation Park of Taiyuan Science and Technology Park				
瑞杰科技中心 Ruijie Science and Technology Center				
三益电子科技专业孵化器 Sanyi Electronic Science and Technology Incubator	4	1000		
太原市杏花岭区科技孵化创业服务中心 Taiyuan Xinghualing District Technology Incubator and Innovation Center	46	44000	15	1
科景科技企业孵化器 Kejing Technology Business Incubator				
太原市高新技术创业服务中心 Taiyuan Hi-tech Innovation Service Center	35	6320	9	
太原市科仪科技企业孵化器 Taiyuan Keyi Technology Business Incubator				

4-13 续表 3 continued

科技企业孵化器 Technology Business Incubator	累计毕业企业(个) Accumulated Number of Graduated Tenants (unit)	平均毕业时收入(千元) The Average Income of Graduated Tenants (1000yuan)	当年毕业企业(个) Number of Graduated Tenants of the Year (unit)	收入达千万元企业数(个) Number of Tenants with Income more than 10 millions yuan (unit)
日化所科技园 Daily Chemical Institute Science and Technology Park				
太原高新区留学人员创业园 Incubation Park for Overseas Scholars of Taiyuan Science and Technology Industrial Park	19	2000	4	
太原高新区电子数码港 Electronic and Digital Port of Taiyuan Science and Technology Industrial Park				
内蒙古自治区留学人员创业园 Inner Mongolia Autonomous Region Overseas Scholars Incubation Park	50	7800	11	10
辽宁科技大学资产经营有限公司 Liaoning Technology University Asset Management Ltd.				
辽阳科技创业服务中心 Liaoyang Technology Innovation Service Center			8	
铁岭市高新技术创业服务中心 Tieling Hi-tech Innovation Service Center	12	2454	7	
葫芦岛高新技术产业开发区创业中心 Huludao Science and Technology Industrial Park Innovation Center	3	2000	2	
鞍山海外学子创业园 Anshan Overseas Scholars Incubation Park	59	20000		
大连市中山区科技企业服务中心 Dalian Zhongshan District Technology Enterprises Service Center	26		1	
大连国际工控产品技术产权交易中心 Dalian International Industrial Control Products Property Trading Center	21	3860	6	2
大连集成电路设计产业基地管理股份有限公司 Dalian IC Design Industrial Base Management Ltd.	4	44016	4	3
大连九龙高新技术创业服务有限公司 Dalian Jiulong High-tech Venture Services Ltd.				
科技创新大厦 Technology Innovation Mansion Incubation Center			5	
大连市西岗区高科技发展中心 Xigang District Hi-tech Development Center of Dalian	37	1020	5	
大连航运物流软件园 Dalian Maritime Logistics Software Park				
大连市留学人员创业园 Dalian Overseas Scholars Incubation Park	173	5382	20	4
大连中山区科技园 Dalian Zhongshan District Science and Technology Park	13		1	
吉林大学科技园发展中心 Jilin University Science Park Development Center	10	23682	1	
长春理工大学大学科技园科技企业孵化器 CUST Science and Technology Park Business Incubator	3			
中俄科技企业孵化器(长春中俄科技园有限公司) Sino-Russia Science and Technology Business Incubator (Changchun Sino-Russian Science Park Ltd.)	8	19839	5	2
四平红嘴大学科技园 Siping Hongzui University Science and Technology Park	10	17483	5	4
珲春高新技术创业服务中心 Hunchun high-tech Innovation Service Center				

4-13 续表 4 continued

科技企业孵化器 Technology Business Incubator	累计毕业企业 (个) Accumulated Number of Graduated Tenants (unit)	平均毕业时收入 (千元) The Average Income of Graduated Tenants (1000yuan)	当年毕业企业 (个) Number of Graduated Tenants of the Year (unit)	收入达千万元企业数 (个) Number of Tenants with Income more than 10 millions yuan (unit)
北华大学科技园 Beihua University Science Park	30	2800	2	
留学生创业园 Overseas Scholars Innovation Park	42	2600	8	
吉林省民营科技园 Jilin Province Private Science and Technology Park	82	2800	4	
吉林省高新创业孵化产业园有限公司 Jilin Hi-tech Industry Park Incubation Ltd.				
齐齐哈尔市科技企业孵化中心 Qiqihar Technology Enterprises Incubation Center	14	4588	5	
富拉尔基科技企业创业中心 Fulaerji Technology Enterprises Innovation Center	4	1741		
鹤岗市科技企业创业中心 Hegang Technology Enterprises Innovation Center	8			
双鸭山市弘科高新技术服务中心 Hongke Hi-tech Service Center of Shuangyashan	5		1	
大庆精细化工科技园科技企业孵化器 Daqing Fine Chemical Science and Technology Park Technology Business Incubator	5	15200		
大庆新型复合材料及制品特色产业基地 Daqing New Type Composite Material and Products Industrial Base	2			
铁力松涛科技创业园区 Tieli Songtao Science and Technology Innovation Park	5	1605		
佳木斯新运化工高新技术孵化器有限公司 Kiamusze Xinyun Chemical Hi-tech Business Incubator Ltd.	4			
佳木斯高新技术创业服务中心 Kiamusze Hi tech Innovation Service Center	6			
牡丹江市高新技术创业服务中心 Mudanjiang Hi-tech Innovation Service Center	17	2000		
哈尔滨七〇三科技创业中心 Harbin 703 Technology Innovation Center	9	1425	1	
黑龙江省林业科技创业中心 Heilongjiang Forestry Technology Innovation Center	2	125	1	
哈尔滨现代农业科技创业中心 Harbin Modern Agriculture Technology Innovation Center	8	12000		
黑龙江省地理信息科技企业孵化器 Heilongjiang Geography Information Technology Business Incubator	2	13952	2	1
哈尔滨市道里区均信高科技创业中心 Harbin Daoli District Junxin Technology Innovation Center	6	5940	1	
黑龙江省动漫产业(平房)发展基地管理办公室 Heilongjiang Animation Industry Development Base Management Office	15	686	15	2
哈尔滨市平房区高新技术创业中心 Harbin Pingfang District Hi-tech Innovation Center	27	31	4	
华崴科技创业中心 Huawei Technology Innovation Center				
黑龙江省六环科技企业创业中心 Heilongjiang Province Liuhuan Technology Companies Innovation Center				
东北亚对俄科技合作发展中心 Northeast Asia Cooperation Science and Technology Development Center with Russia			1	

4-13 续表 5 continued

科技企业孵化器 Technology Business Incubator	累计毕业企业(个) Accumulated Number of Graduated Tenants (unit)	平均毕业时收入(千元) The Average Income of Graduated Tenants (1000yuan)	当年毕业企业(个) Number of Graduated Tenants of the Year (unit)	收入达千万元企业数(个) Number of Tenants with Income more than 10 millions yuan (unit)
黑龙江创业科技园 Heilongjiang Innovation Science Park	7		4	
黑龙江大学软件园 Heilongjiang University Software Park	10	4000	1	
哈尔滨理工大学科技企业创业中心 Harbin Science and Technology University Innovation Center	21	6000	4	
哈尔滨海格孵化器有限公司 Harbin Haige Business Incubator Ltd.				
哈尔滨市起亚科技企业孵化器有限公司 Harbin Qiya Technology Business Incubator Ltd.	3	1000	1	
哈尔滨电工仪表研究所科技企业孵化器 Harbin Electrical Engineering Instruments Institute Technology Enterprises Incubator				
哈开发区富阳创业中心 Harbin Development Zone Fuyang Innovation Center			2	1
哈尔滨赛达科技园有限公司 Harbin Saida Science and Technology Park Ltd.				
黑龙江省自动化企业孵化器 Heilongjiang Province Automation Business Incubator	20	400	3	
哈尔滨龙软科技开发有限责任公司 Harbin Longruan Science and Technology Development Ltd.	6	12000	2	
哈尔滨市三强信息技术有限责任公司 Harbin Sanqiang Information Technology Ltd.	2	16000		
黑龙江省佳路高科技开发总公司 Heilongjiang Province Jialu Development Corporation	92	3231	3	
上海多媒体产业园创业有限公司 Shanghai Multimedia Industrial Park Innovation Ltd.	33	626		
上海科汇高新技术创业服务中心 Shanghai Kehui Hi-tech Innovation Service Center	14	9365	1	
上海互联网创业投资有限公司 Shanghai Internet Venture Capital Ltd.	40	500		
上海嘉定高新技术创业服务有限公司 Shanghai Jiading Hi-tech Venture Service Ltd.	31	7985	4	
上海市黄浦区科技创业中心 Huangpu District Technology Innovation Center	12	11000	1	
上海静安科技企业孵化器管理有限公司 Shanghai Jing'an Technology Business Incubator Management Ltd.	4	9700	2	1
上海市科技创业中心卢湾分中心 Luwan Subcenter of Shanghai Technology Innovation Center	16	6000	4	1
上海未来岛科技创业中心 Shanghai Future Island Technology Innovation Center	1	20000	1	
国家863软件专业孵化器(上海)基地 National 863 Software Industry Business Incubator (shanghai) Base				
上海奉浦现代农业专业孵化器 Shanghai Fengpu Modern Agriculture Industry Business Incubator	3	27566	3	2
东华大学国家大学科技园创业中心 Donghua University National University Science and Technology Park Innovation Center	43	2975		

4-13 续表 6 continued

科技企业孵化器 Technology Business Incubator	累计毕业企业(个) Accumulated Number of Graduated Tenants (unit)	平均毕业时收入(千元) The Average Income of Graduated Tenants (1000yuan)	当年毕业企业(个) Number of Graduated Tenants of the Year (unit)	收入达千万元企业数(个) Number of Tenants with Income more than 10 millions yuan (unit)
上海中纺科技创业有限公司 Shanghai Zhongfang Technology Venture Ltd.				
上海金山化工孵化器发展有限公司 Shanghai Jinshan Chemical Industry Incubator Development Ltd.	10	12954	5	4
上海中科大研究发展中心 Shanghai R&D Center of China Science and Technology University	12	3673	4	
上海市松江科技创业中心 Shanghai Songjiang Technology Innovation Center				
上海康桥先进制造技术创业园有限公司 Shanghai Kangqiao Advanced Manufacturing Technology Venture Park Ltd.				
上海英科创业投资管理有限公司 Shanghai Yingke Venture Capital Management Ltd.				
上海漕河泾开发区创新创业园发展有限公司 Shanghai Caohejing Development Park Innovation and Venture Ltd.				
上海能高半导体照明发展有限公司 Shanghai Nenggao Semiconductor Lighting Ltd.				
上海宝山科技控股有限公司 Shanghai Baoshan Technology Holdings Ltd.				
上海张江企业孵化器经营管理有限公司 Shanghai Zhangjiang Business Incubator Management Ltd.				
上海紫竹创业投资有限公司 Shanghai Zizhu Venture Capital Ltd.	1	8000		
上海浦东软件园创业投资管理有限公司 Shanghai Pudong Software Park Venture Investment Management Ltd.				
上海聚能湾企业服务有限公司 Shanghai Junengwan Business Service Ltd.				
上海张江文化科技创意产业发展有限公司 Shanghai Zhangjiang Creative Industry Development Ltd.				
国家留学人员嘉定创业园 Jiading National Overseas Scholars Innovation Park	7	11729		
苏州生物纳米科技园 Suzhou Industrial Nano Science and Technology Park	11	4896	11	
独墅湖科教创业园 Dushu Lake Science and Education Pioneer Park				
江苏苏州大学科技创业园 Jiangsu Suzhou University Science and Technology Park				
苏州东弘商务管理有限公司 Suzhou Donghong Business Management Ltd.				
苏州市新吴城集团有限公司盘门科技创业园 Suzhou Xinwucheng Corporative Ltd. Panmen Technology Innovation Park	2	1000	2	
苏州市创新科技创业园管理有限公司 Suzhou Innovation and Technology Pioneering Park				
苏州市平江科技创业园管理有限公司 Suzhou Pingjiang Technology Innovation Park Management Ltd.	23	90000	1	
苏州创元科技创业园管理有限公司 Suzhou Chuangyuan Science and Technology Park Management Ltd.				
苏州市金阊区科技创业园 Suzhou Jinchang Technology Innovation Park	3			

4-13 续表 7 continued

科技企业孵化器 Technology Business Incubator	累计毕业企业(个) Accumulated Number of Graduated Tenants (unit)	平均毕业时收入(千元) The Average Income of Graduated Tenants (1000yuan)	当年毕业企业(个) Number of Graduated Tenants of the Year (unit)	收入达千万元企业数(个) Number of Tenants with Income more than 10 millions yuan (unit)
苏州高新区狮山科技创业中心 Suzhou Hi-tech Zone Shishan Technology Innovation Center	17	17948	2	1
苏州科技城微系统园 Suzhou Science and Technology City Microsystems Park	2	20000	3	2
苏州高新区优康信息谷科技创业园 SND Youkang Information Valley Technology Park	1	7120	1	
苏州吴中科技园服务中心有限公司 Suzhou Wuzhong Science and Technology Park Service Center Ltd.	6		5	4
苏州市相城区科技创业园有限公司 Suzhou Xiangcheng District Technology Innovation Park Ltd.	28			
苏州市相城区脱颖科技创业园有限公司 Suzhou Xiangcheng Tuoyin Technology Innovation Park Ltd.	2		1	
常熟高新技术创业服务中心 Changshu Hi-tech Innovation Service Center	6	1200	1	
常熟大学科技园 Changshu University Science and Technology Park				
张家港市凤凰科技创业园 Zhangjiagang Fenghuang Science and Technology Park				
中科昆山高科技创业服务中心 Zhongke Kunshan Hi-tech Innovation Service Center				
吴江科技创业园 Wujiang Science and Technology Innovation Park				
吴江汾湖科技创业投资发展有限公司 Wujiang Fenhu Technology Venture Capital Development Ltd.				
江苏(太仓)LOFT工业设计园 Jiangsu (Taicang) LOFT Industrial Design Park	6	6700	6	
太仓软件园有限公司 Taicang Software Park Ltd.				
如皋市科技创业园 Technology Innovation Park of Rugao	64	570	3	2
南通综艺科技孵化器有限公司 Nantong Zongyi Technology Business Incubator Ltd.	2	45000		
南通北城科技创业中心 Nantong Beicheng Technology Innovation Center				
南通高新技术创业服务中心 Nantong Hi-tech Innovation Service Center	28	2600	1	
江苏鹏飞科技创业有限公司 Jiangsu Pengfei Technology Venture Ltd.	22	9800	8	3
江苏华新高新技术创业有限公司 Jiangsu Huaxin Hi-Tech Venture Ltd.	26	4100	1	
如东城南科技创业园 Rudong Chengnan Science and Technology Park	1	13000	1	
江苏海安软件科技园 Jiangsu Haian Software Technology Park				
启东高新技术创业中心有限公司 Qidong Hi-tech Innovation Center Ltd.				
启东创业科技园 Qidong Science and Technology Pioneering Park				
海门都市科技创业园有限公司 Haimen City Science and Technology Park Ltd.				

4-13 续表 8 continued

科技企业孵化器 Technology Business Incubator	累计毕业企业（个） Accumulated Number of Graduated Tenants (unit)	平均毕业时收入（千元） The Average Income of Graduated Tenants (1000yuan)	当年毕业企业（个） Number of Graduated Tenants of the Year (unit)	收入达千万元企业数（个） Number of Tenants with Income more than 10 millions yuan (unit)
启东市金凤凰创业园科技有限公司 Qidong Golden Phoenix Pioneer Park Technology Ltd.				
江苏省如皋软件园 Jiangsu Rugao Software Park				
南通港闸高科技创业中心 Nantong Gangzha Hi-tech Innovation Center				
东海新秀科技创业园 Donghai Xinxiu Science and Technology Park	4	100	1	
连云港高新技术产业开发区创业中心 Lianyungang Hi-tech Innovation Center	112	33310	39	10
连云港云港高新技术创业园有限公司 Lianyungang Yungang High-tech Venture Park Ltd.	37	1200		
江苏省金湖科技创业园 Jiangsu Jinhu Science and Technology Park	4		4	3
洪泽科技创业园 Hongze Science and Technology Park	4	9312	4	2
淮安市淮阴区科技创业中心 Huaian Huaiyin District Technology Innovation Center				
涟水科技创业园 Lianshui Science and Technology Park				
宝应县高新技术创业中心 Baoying Hi-tech Innovation Center	2	6200	1	
江苏省高邮市科技创业中心 Jiangsu Gaoyou Science and Technology Innovation Center				
扬州市邗江区高新技术创业服务中心 Yangzhou Hanjiang Hi-tech Innovation Service Center	15	11500	12	8
扬州市维扬区高新技术创业服务中心 Yangzhou Weiyang Hi-tech Innovation Service Center	10	153607	7	5
扬州广陵高新技术创业服务中心 Yangzhou Guangling Hi-tech Innovation Service Center	4	21656	4	3
江都市高新技术创业服务中心 Jiangdu Hi-tech Innovation Service Center	3			
仪征市科技创业服务中心 Yizheng Science and Technology Innovation Service Center	11	850	3	1
金坛红太阳高新技术创业服务中心 Jintan Red Sun of Hi-tech Innovation Service Center	1	6800		
金坛高新技术创业服务中心 Jintan Hi-Tech Innovation Service Center				
常州加州科技港电子软件专业孵化器 Changzhou California Electronic Software Professional Incubator				
扬中市科技创业中心 Yangzhong Technology Innovation Center	15000		11	10
镇江京口高新技术创业服务中心 Zhenjiang Jingkou Hi-tech Innovation Service Center				
句容市高新技术创业服务中心 Jurong Hi-tech Innovation Service Center				
丹阳市高新技术创业园 Danyang Hi-tech Venture Park				

4-13 续表 9 continued

科技企业孵化器 Technology Business Incubator	累计毕业企业（个） Accumulated Number of Graduated Tenants (unit)	平均毕业时收入（千元） The Average Income of Graduated Tenants (1000yuan)	当年毕业企业（个） Number of Graduated Tenants of the Year (unit)	收入达千万元企业数（个） Number of Tenants with Income more than 10 millions yuan (unit)
镇江市丹徒环保科技创业服务中心 Zhenjiang Dantu Environmental Science and Technology Innovation Service Center	11	8000	11	3
镇江国家大学科技园 Zhenjiang National University Science Park	10	22938	2	1
镇江软件园 Zhenjiang Software Park	3	708	1	
镇江慧谷快鹿科技园 Zhenjiang Huigu Kuailu Science and Technology Park	4			
靖江市华信科技创业园有限公司 Jingjiang Huaxin Technology Innovation Park Ltd.	19	6500	4	
兴化市科技创业中心 Xinghua Technology Innovation Center	29	12778	7	5
泰兴市科隆科技创业园有限公司 Taixing Kelong Science and Technology Park Ltd.	6	24600	5	3
泰州市高港区高新技术创业服务中心 Taizhou Gaogang Hi-tech Service Center	3		3	2
泰州市海陵区高新技术创业服务中心 Taizhou Hailing Hi-tech Innovation Service Center	2	3000	2	
宿迁市科技创业服务中心 Suqian Technology Innovation Service Center				
宿豫区创业服务中心 Suyu Business Service Center				
泗阳县科技创业服务中心 Siyang Technology Innovation Service Center				
沭阳县科技创业服务中心 Shuyang Innovation Service Center				
江苏江阴软件园 Jiangsu Jiangyin Software Park				
无锡市崇安区北仓门文化创意园区 Chong'an Beicangmen Cultural and Creative Park				
崇安区科技创业服务中心 Chong'an Technology Innovation Service Center				
无锡市惠山区洛社镇科技创业服务中心 Wuxi Huishan District Luoshe Technology Innovation Service Center	4	3800	4	
无锡市惠山区堰桥街道科技创业中心 Wuxi Huishan Yanqiao Street Technology Innovation Center	3	8850	3	1
无锡市南长区科技创业服务中心 Wuxi Nanchang Technology Innovation Service Center			6	3
宜兴卓易创业软件园 Yixing Zhuoyi Pioneering Software Park				
宜兴市科技创业服务中心 Yixing Technology-based Business Service Center	11	2000	5	
宜兴创业园 Yixing Pioneer Park	25	10000	24	23
江苏省留学人员创业园 Jiangsu Province Overseas Scholars Innovation Park				
无锡市金山北科技创业服务中心 Wuxi Jinshanbei Science and Technology Innovation Service Center	21	9400	3	

4-13 续表 10 continued

科技企业孵化器 Technology Business Incubator	累计毕业企业（个） Accumulated Number of Graduated Tenants (unit)	平均毕业时收入（千元） The Average Income of Graduated Tenants (1000yuan)	当年毕业企业（个） Number of Graduated Tenants of the Year (unit)	收入达千万元企业数（个） Number of Tenants with Income more than 10 millions yuan (unit)
无锡索立得国际科技合作园 Wuxi Suolide International Science and Technology Cooperation Park	2	10000		
无锡锡山科技创业园有限公司(无锡同方创业园有限公司) Wuxi Xishan Science and Technology Park Ltd.(Wuxi Tongfang Innovation Park Ltd.)	3	15000	1	
江苏省锡山经济开发区科技创业服务中心 Jiangsu Xishan Economic Development Zone Technology Innovation Service Center	12	172490	10	8
无锡马山生物医药科技园 Wuxi Bio-medical Technology Park				
无锡太湖科技中心 Wuxi Taihu Technology Center	2		2	
无锡江南工业设计园有限公司 Wuxi Jiangnan Industrial Design Park Ltd.	12	3500		
无锡蠡湖科技创业服务中心 Wuxi Lihu Technology-based Business Service Center	7	15139	2	1
无锡太湖新城科技创业服务中心 Wuxi Taihu New Town Science and Technology Innovation Service Center	8	500		
无锡软件园 Wuxi Software Park	67	10000	2	1
无锡留学人员创业园 Wuxi Overseas Scholars Innovation Park	61	7925	5	2
常州市武进科创服务中心 Changzhou Wujin Kechuang Service Center	60	5000		
常州三晶信息技术孵化器 Changzhou Sanjing Information Technology Incubator	13		8	2
江苏长三角模具专业技术孵化器 Jiangsu Yangtze River Delta Mold Expertise Incubator	15			
江苏武进经济开发区湖滨科技园孵化器 Jiangsu Wujin Economic Development Zone Hubin Science and Technology Park Incubator	24		15	
江苏津通信息技术孵化器 Jiangsu Jintong Information Technology Incubator	2			
湖塘科技创业园 Hutang Technology Park	5	21600	3	2
江苏省淮安软件园 Jiangsu Huai'an Software Park				
盐城亭湖高新技术创业园 Yancheng Tinghu Hi-tech Venture Park				
滨海县科技创业园 Binhai County Venture Park			6	5
盐城市盐都高新技术创业园 Yancheng Yandu Hi-tech Venture Park				
江苏省射阳县高新科技创业园有限公司 Jiangsu Province Sheyang County Hi-tech Venture Park Ltd.	14	300		
响水县灌江科技创业园 Xiangshui County Guanjiang Technology Pioneer Park				
东台市高新技术创业园 Dongtai City Hi-tech Venture Park				

4-13 续表 11 continued

科技企业孵化器 Technology Business Incubator	累计毕业企业（个） Accumulated Number of Graduated Tenants (unit)	平均毕业时收入（千元） The Average Income of Graduated Tenants (1000yuan)	当年毕业企业（个） Number of Graduated Tenants of the Year (unit)	收入达千万元企业数（个） Number of Tenants with Income more than 10 millions yuan (unit)
大丰市科技创业园 Dafeng Technology Pioneer Park	2	30000	2	1
溧阳市高新技术创业中心 Liyang Hi-tech Innovation Center	24	2080	4	
常州天宁新动力高新技术创业服务中心 Changzhou Tianning Xindongli Hi-tech Innovation Service Center				
常州市天宁高新技术创业服务中心 Changzhou Tianning Hi-tech Innovation Service Center	1			
沛县高新技术创业服务中心 Peixian Hi-tech Innovation Service Center				
徐州市高新技术创业服务中心 Xuzhou Hi-tech Innovation Service Center	21	13372	6	2
徐州高新技术创业服务中心 Xuzhou Hi-techInnovation Service Center	23	2600	4	
新沂市高新技术创业服务中心 Xinyi Hi-tech Innovation Service Center	12		7	
睢宁科技创业园 Suining Science and Technology Park	8	5000		
丰县科技创业中心 Fengxian Technology Innovation Center				
徐州市泉山区高新技术创业服务中心 Xuzhou Quanshan Hi-tech Innovation Service Center				
徐州留学人员创业园 Xuzhou Overseas Scholars Innovation Park				
徐州科创软件园管理有限公司 Xuzhou Kechuang Software Park Management Ltd.	55	4800	19	
南京财经大学科技园 Nanjing University of Finance and Economics Science and Technology Park				
南京中医药大学科技园 Nanjing University of Chinese Medicine Science and Technology Park				
南京数码动漫创业管理有限公司 Nanjing Digital Carton Innovation Management Ltd.	9	599	3	1
南京智工微光电子产业孵化中心 Nanjing Zhigong Low-light-level Electronic Industrial Incubation Center	14	20000	3	2
南京信息技术科技创业服务中心 Nanjing Information Technology Innovation Service Center	5	3100	2	1
南京农业生物高新技术创业中心 Nanjing Agriculture Biology Hi-tech Innovation Center				
南京环保科技创业中心 Nanjing Environment Protection Technology Innovation Center	4	5000	4	
南京黄埔IT科技创业园 Nanjing Huangpu IT Technology Park	1	10000	1	
南京市白下区科技创业服务中心 Nanjing Baixia Technology Innovation Service Center	2	8000		
南京光机电科技创业中心有限公司 Nanjing Mechatronic Technology Innovation Center			1	

4-13 续表 12 continued

科技企业孵化器 Technology Business Incubator	累计毕业企业（个） Accumulated Number of Graduated Tenants (unit)	平均毕业时收入（千元） The Average Income of Graduated Tenants (1000yuan)	当年毕业企业（个） Number of Graduated Tenants of the Year (unit)	收入达千万元企业数（个） Number of Tenants with Income more than 10 millions yuan (unit)
南京市雨花台区科技创业中心 Nanjing Yuhuatai District Innovation Center	45		3	
南京秦淮科技创业发展有限公司 Nanjing Qinhuai Technology Venture Development Ltd.	6	28000	1	
南京滨江科技创业中心 Nanjing Binjiang Technology Innovation Center	24	2589		
南京红意创业园有限公司 Nanjing Hongyi Pioneer Park Ltd.	5	6023	2	1
南京市建邺长江高新技术创业服务中心 Nanjing Jianye Yangtze River Hi-tech Innovation Service Center				
南京六合区科技孵化器 Nanjing Liuhe Innovation Service Center	9		9	
南京新城化工科技创业中心 Nanjing Xincheng Chemical Science and Technology Innovation Center				
高淳县科技创业服务中心 Gaochun Technology Innovation Service Center	4	17600	2	1
溧水县科技创业服务中心 Sushui Technology Innovation Service Center				
中国南京留学人员创业园 China Nanjing Overseas Scholars Innovation Park	5	5000	3	2
杭州高新区留学人员创业园 Hangzhou Science and Technology Park Overseas Scholars Innovation Park	280			
杭州萧山创业服务中心 Hangzhou Xiaoshan Innovation Service Center	10	2000		
杭州国家集成电路设计企业孵化器有限公司 Hangzhou National IC Design Technology Business Incubator Ltd.	8		2	
浙江省国家大学科技园 Zhejiang National University Science Park	9	488		
杭州西湖科技创业有限公司 Hangzhou West Lake Technology Innovation Ltd.	29	3500	10	1
杭州余杭高新技术产业园区创业中心 Hangzhou Yuhang Hi-tech Industrial Park Venture Center	6	10000		
杭州市下城区科技创业中心 Hangzhou Xiacheng District Science and Technology Innovation Center	73	20		
杭州市西湖区高新技术创业服务中心 Xihu District Hi-tech Innovation Service Center	14			
万向高科技孵化中心 Wanxiang Hi-tech Incubation Center	2		2	1
中国科学院杭州科技园 China Academy of Science Hangzhou Science and Technology Park	8			
杭州高新节能物业管理有限公司 Hangzhou Hi-tech Energy-Saving Property Management Ltd.	9			
杭州西湖数源软件园有限公司 Hangzhou West Lake Soyea Software Park Ltd.	4	3500	4	
浙江银江孵化器有限公司 Zhejiang Yinjiang Technology Business Incubator Ltd.	15	4850	14	3
杭州临安太湖源观赏竹种园有限公司 Hangzhou Lin'an Taihuyuan Bamboo Seed Garden Ltd.	24		6	

4-13 续表 13 continued

科技企业孵化器 Technology Business Incubator	累计毕业企业（个） Accumulated Number of Graduated Tenants (unit)	平均毕业时收入（千元） The Average Income of Graduated Tenants (1000yuan)	当年毕业企业（个） Number of Graduated Tenants of the Year (unit)	收入达千万元企业数（个） Number of Tenants with Income more than 10 millions yuan (unit)
建德市有机硅科技企业孵化器 Jiande Organic Silicon Technology Business Incubator	8	4960		
杭州市余杭高新农业示范中心 Yuhang Hi-tech Agriculture Model Center of Hangzhou	2	4000	2	
杭州市埃八劳夫特艺术社有限公司 Hangzhou Aibalaofute Art Company Ltd.	8	1023	3	
乐富智汇园科技创业中心 Lefu Zhihui Park Science and Technology Innovation Center	6	16000	2	
杭州汇丰生化创业服务有限公司 Hangzhou Huifeng Biochemical Business Service Ltd.	1	20450		
桐庐裕华科技企业孵化器有限公司 Tonglu Yuhua Business Incubator Ltd.				
杭州市高科技企业孵化器有限公司 Hangzhou Hi-tech Business Incubator Ltd.	6	4320	6	
杭州天盛科技创业服务有限公司 Hangzhou Tiansheng Technology Innovation Service Ltd.	3	280	2	
江干区科技创业服务中心 Jinggan Technology Industrial Service Center				
乐清市科技孵化创业中心 Yueqing Technology Innovation and Incubation Center	7	7600	5	2
浙江秀洲慧谷科技创中心 Zhejiang Xiuzhou Huigu Science and Technology Innovation Center	33	4000	12	
海盐县科技创业服务中心 Haiyan Technology Innovation Service Center	15	3809	3	1
桐乡市科技创业服务中心有限公司 Tongxiang Technology Innovation Service Center				
海宁市科技创业中心 Haining Technology Innovation Center	6		2	1
德清县科技创业服务有限公司 Deqing County Science and Technology Innovation Service Ltd.	39	9564	16	5
新昌高新技术孵化器 Xinchang Hi-tech Business Incubator	12		5	
上虞市高新技术产业发展有限公司 Shangyu Hi-tech Industrial Development Ltd.	44	13161	4	1
绍兴市科技创业中心 Shaoxing Technology Innovation Center	30		5	4
浙江衢州高新技术产业园区科技孵化器 Zhejiang Quzhou Hi-tech Industrial Park Technology Business Incubator	8			
衢州高科农业创新服务有限公司 Quzhou Hi-tech Agriculture Innovation Service Ltd.	6	1120	1	
宁波市江北区科技创业中心 Ningbo Jiangbei District Technology Innovation Center				
慈溪市生产力促进中心 Cixi Productivity Promotion Center	10		2	
宁海县模具科技企业创业服务中心 Ninghai Module Technology Innovation Service Center	6	4833		
象山科技创业发展有限公司 Xiangshan Technology Innovation Development Ltd.	23	350	7	6
宁波市镇海区科技创业服务中心 Ningbo Zhenhai District Innovation Service Center	22	13470	7	2

4-13 续表 14 continued

科技企业孵化器 Technology Business Incubator	累计毕业企业（个） Accumulated Number of Graduated Tenants (unit)	平均毕业时收入（千元） The Average Income of Graduated Tenants (1000yuan)	当年毕业企业（个） Number of Graduated Tenants of the Year (unit)	收入达千万元企业数（个） Number of Tenants with Income more than 10 millions yuan (unit)
宁波东方现代农业投资开发有限公司孵化器 Ningbo Oriental Modern Agricultural Investment and Development Ltd. Incubator	16	200	4	
宁波市江东科技创业服务中心 Ningbo Jiangdong Technology Innovation Service Center	45		8	
湖州吴兴区科技发展有限公司 Huzhou WuXing District Technology Development Ltd.	13	6559	13	
合肥桃花科技创业服务中心 Hefei Peach Technology Business Incubation Center	8	27637	8	3
合肥蜀山经济开发区科技创业中心(民营科技园蜀山分中心) Hefei Shushan Economic Development Zone Innovation Center (Technology Park Shushan Sub-Center)	4	7593	4	
安徽省科技创业服务中心 Anhui Technology Innovation Service Center	23	4355	3	
合肥市原创动漫园 Hefei Original Animation Park	2		2	
繁昌县科技企业孵化中心 Fanchang County Technology Business Incubation Center				
蚌埠市科技创业服务中心 Bengbu Technology Innovation Service Center	8	800		
淮北新兴创业服务有限责任公司 Huaibei New Business Service LLC				
宿州科技企业创业服务中心 Suzhou Technology Innovation Service Center	9		1	
灵璧科技创业服务中心 Lingbi Technology Innovation Service Center	1	1300		
阜阳科技创业服务中心 Fuyang Technology Innovation Service Center	2	3200		
淮南高新技术创业服务中心 Huainan Hi-tech Innovation Service Center	1			
滁州市高新技术创业服务中心 Chuzhou Hi-tech Innovation Service Center				
天长市高新技术创业服务中心 Tianchang Hi-tech Innovation Service Center	11	9200	3	2
六安市科技创业服务中心 Lu'an Innovation Service Center	4	5000	2	
霍山县科技创业服务中心 Huoshan Technology-based Business Service Center				
霍邱县矿业科技服务中心 Huoqiu County Mining Technology Service Center				
舒城县科技创业园 Shucheng Technology Innovation Park	27	8300	23	
马鞍山市花山软件企业服务中心 Maanshan Huashan Software Enterprise Service Center	3	5000	3	
马鞍山视聆通游戏动漫企业服务中心 Maanshan Shilingtong Game Animation Business Service Center	5	20000	5	2
池州市贵池创业科技服务有限公司 Chizhou City Guichi Venture Technology Service Ltd.				

4-13 续表 15 continued

科技企业孵化器 Technology Business Incubator	累计毕业企业（个） Accumulated Number of Graduated Tenants (unit)	平均毕业时收入（千元） The Average Income of Graduated Tenants (1000yuan)	当年毕业企业（个） Number of Graduated Tenants of the Year (unit)	收入达千万元企业数（个） Number of Tenants with Income more than 10 millions yuan (unit)
安庆市高新技术创业服务中心 Anqing Hi-tech Innovation Service Center	19	9205	4	2
黄山科创高新技术创业服务有限公司 Huangshan Kechuang High-tech Venture Service Ltd.				
歙县科技创业服务中心 Xixian Technology Innovation Service Center	1	800	1	
黄山区科技创业服务中心 Huangshan Technology Innovation Service Center	2			
安徽大学资产经营有限公司 Anhui University Asset Management Ltd.				
合肥高新创业园管理有限公司 Hefei Hi-tech Pioneering Park Management Ltd.	34	6573	7	2
安徽省科园创业中心 Anhui Keyuan Innovation Center	24	6700	3	2
安徽循环经济技术工程院 Anhui Cyclic Economy Technology Academy	3	6500	3	
厦门留学人员创业园 Xiamen Overseas Scholars Innovation Park	188	5508	25	6
厦门光电子孵化器 Xiamen Photoelectron Incubator	15	8086	3	2
宁德市高新技术创业服务中心 Ningde Hi-tech Business Service Center				
莆田市高新技术创业服务中心 Putian Hi-tech Innovation Service Center				
龙岩市高新技术创业服务中心 Longyan Hi-tech Innovation Service Center				
三明市高新技术创业服务中心 Sanming Hi-tech Innovation Service Center	18	52000	2	
南平高新技术创业服务中心 Nanping Hi-tech Innovation Service Center	2			
泉州市鲤城区生产力促进中心 Quanzhou Licheng District Productivity Promotion Center				
泉州市丰泽区高新技术企业孵化基地 Quanzhou Fengze District High-tech Enterprise Incubator Base				
泉州市洛江区生产力促进中心 Quanzhou Luojiang District Productivity Promotion Center	2		2	
泉港区石化高新技术孵化基地 Quangang District Petrochemical Hi-tech Incubator Base				
石狮市海峡两岸科技孵化基地 Shishi Cross-strait Science and Technology Incubator Base				
泉州(南安)高新技术企业孵化基地 Quanzhou (Nan'an) Hi-tech Business Incubator Base				
惠安县第一高新技术孵化基地 Huian County the First Hi-tech Incubator Base				
莆田高新区液晶显示(LCD)科技孵化器 Putian High-tech Zone Liquid Crystal Display (LCD) Technology Incubator				
福州开发区火炬高新技术创业园 Fuzhou Development Zone Torch Hi-tech Venture Park				

4-13 续表 16 continued

科技企业孵化器 Technology Business Incubator	累计毕业企业(个) Accumulated Number of Graduated Tenants (unit)	平均毕业时收入(千元) The Average Income of Graduated Tenants (1000yuan)	当年毕业企业(个) Number of Graduated Tenants of the Year (unit)	收入达千万元企业数(个) Number of Tenants with Income more than 10 millions yuan (unit)
福建留学人员创业园管理中心 Fujian Overseas Scholars Innovation Park Management Center				
江西师范大学科技园 Jiangxi Normal University Science Park				
龙口市高新技术创业服务中心 Longkou Hi-tech Innovation Service Center	6	3850		
烟台市芝罘区科技创业服务中心 Yantai Zhifu District Technology Innovation Service Center				
新泰高新技术创业服务中心 Xintai Hi-tech Innovation Service Center				
中国泰山留学人员创业园 Taishan Overseas Scholars Innovation Park China				
肥城市高新技术创业服务中心 Feicheng Hi-tech Innovation Service Center	2	1800		
威海湖西创业保育有限公司 Weihai Huxi Innovation and Incubation Ltd.	6		3	
威海经济技术开发区科技创业服务中心 Weihai Economic Technological Development Zone Technology Innovation Center Ltd.	10		14	
乳山市高新技术创业服务中心 Rushan Hi-tech Innovation Service Center	9	7920	5	2
德州市高新技术创业服务中心 Dezhou Hi-tech Innovation Service Center	14	17007	10	3
乐陵市高新技术创业服务中心 Leling Hi-tech Business Service Center	7	5800		
山东力创科技企业孵化器 Shandong Lichuang Technology Business Incubator	7		1	
青岛科大都市科技园集团有限公司 Qingdao Science University Urban Science and Technology Park Development Ltd.	9	4245	3	
四方区建筑创意产业园创新创业服务中心 Sifang Building Originality Industrial Park Innovation Service Center			2	
青岛前哨都市科技园 Qingdao Qianshao City Science and Technology Park	11	800	3	
青岛市新材料科技企业孵化器 Qingdao New Material Technology Business Incubator	18	5000	6	5
青岛中联U谷2.5产业园创业服务中心 Qingdao Zhonglian U Valley 2.5 Industrial Park Innovation Service Center	9	9100	9	8
潍坊软件园 Weifang Software Park				
郑州高新技术产业开发区留学人员创业园 Zhengzhou Science and Technology Industrial Park Overseas Scholars Incubation Park	21	3000	6	3
郑州空港科技创业服务中心 Zhengzhou Airport Innovation Service Center	19			
河南省濮阳高新技术创业服务中心 Henan Province Puyang Science and Technology Industrial Park Innovation Service Center	44	2264	1	

4-13 续表 17 continued

科技企业孵化器 Technology Business Incubator	累计毕业企业（个） Accumulated Number of Graduated Tenants (unit)	平均毕业时收入（千元） The Average Income of Graduated Tenants (1000yuan)	当年毕业企业（个） Number of Graduated Tenants of the Year (unit)	收入达千万元企业数（个） Number of Tenants with Income more than 10 millions yuan (unit)
郑州电子信息专业孵化器 Zhengzhou Electronic Information Industry Incubator	63	2270	27	3
郑州市科技企业孵化器 Zhengzhou Technology Business Incubator	203	3120	31	3
河南省平顶山高新技术创业服务中心 Pingdingshan Hi-tech Innovation Service Center	27	3037		
许昌市高新技术创业服务中心 Xuchang Hi-tech Business Service Center	17	900	8	
郑州市经济技术开发区留学人员创业园 Zhengzhou Economic and Technological Development Zone Overseas Scholars Incubation Park	215	121	133	3
开封高新技术创业服务中心 Kaifeng Hi-tech Innovation Service Center	7	6000		
襄樊市樊城区科技创业服务中心 Xiangfan Fancheng District Technology Innovation Service Center	18	2250	2	1
湖北省孝感市高新技术创业服务中心 Hubei Xiaogan Hi-tech Innovation Service Center	29	350	5	
葛店高新技术产业开发区创业服务中心 Gedian Hi-tech Industrial Development Zone Business Service Center	26	3680	2	
湖北国知专利创业孵化器 Hubei Guozhi Patent Business Incubator	15	5742	6	
武汉光通科技企业孵化器管理有限公司 Wuhan Optic Technology Business Incubator Management Ltd.				
武汉现代制造业创业服务中心有限公司 Wuhan Modern Manufacturing Business Service Center Ltd.				
武汉华成创业服务有限公司 Wuhan Huacheng Innovation Service Ltd.	43	4230	2	
武汉洪山国际企业孵化器有限公司 Wuhan Hongshan International Business Incubator Ltd.	88	180	8	
武汉宏伟达创新孵化器管理有限公司 Wuhan Hongweida Innovation Incubator Management Ltd.	28	5000	5	1
武汉市科研院所高新技术创业服务中心 Wuhan Hi-tech Innovation Service Center Research Institute				
武汉聚合化工科技孵化器有限公司 Wuhan Polymerization Chemical Technology Incubator Ltd.				
武汉市江岸区高新技术创业服务中心 Hi-tech Innovation Center of Wuhan Jiang'an District	12		2	
武汉市江夏区高新技术企业创业服务中心 Wuhan Jiangxia District Hi-tech Innovation Service Center	25	1790	2	
武汉岱家山科技企业孵化器有限公司 Wuhan Daijiashan Science and Technology Business Incubator Ltd.	4			
武汉市蔡甸区科技创业服务中心 Wuhan Caixun District Technology Innovation Service Center	6	19690	4	
武汉黄金口科技企业孵化基地 Wuhan Huangjinkou Technology Incubation Base	43	1854	3	
湖南省火炬创业中心 Hunan Torch Innovation Center	4	5630		
湖南隆平火炬创业中心 Hunan Longping Torch Innovation Center	4	77750	2	1

4-13 续表 18 continued

科技企业孵化器 Technology Business Incubator	累计毕业企业（个） Accumulated Number of Graduated Tenants (unit)	平均毕业时收入（千元） The Average Income of Graduated Tenants (1000yuan)	当年毕业企业（个） Number of Graduated Tenants of the Year (unit)	收入达千万元企业数（个） Number of Tenants with Income more than 10 millions yuan (unit)
湖南麓谷科技孵化器有限公司 Hunan Lugu Technology Incubator Ltd.	15			
长沙湘能科技企业孵化器有限公司 Changsha Xiangneng Technology Business Incubator Ltd.				
长沙市金台创业服务有限公司(湖南环保科技产业园金台创业孵化) Changsha Jintai Venture Service Ltd.(Hunan Environmental Science and Technology Industrial Park Jintai Venture Incubation)	1	1260	2	1
浏阳留学人员创业园 Liuyang Overseas Scholars Innovation Park	2	500		
佛山市高明沧江工业园科技企业创业中心 Foshan Gaoming Cangjiang Industrial Park Technology Business Innovation Center	25	1500	10	3
惠州市生产力促进中心 Huizhou Productivity Promotion Center				
东莞市软件企业孵化园 Dongguan Software Business Incubator				
广东电子工业研究院有限公司 Guangdong Electronic Industrial Institute Ltd.	2	295	1	
佛山市三水高新创业中心有限公司 Sanshui Hi-tech Innovation Center Ltd. of Foshan				
广东省纺织服装开平基地技术创新中心 Guangdong Textile Fashion Kaiping Base Technology Innovation Center				
江门市科技创业服务中心 Jiangmen Technology Innovation Service Center	6	1160	6	
肇庆高新技术产业开发区创业服务中心 Zhaoqing Science and Technology Industrial Park Innovation Service Center				
惠州软件科学园 Huizhou Software Science Park				
惠州高新区科技创业服务中心(惠州高新区留学生创业服务中心) Huizhou Hi-Tech Zone Innovation Service Center (Huizhou Hi-tech Zone Oversea Scholars Innovation Service Center)	20	30000		
广东惠州工业园创新服务中心 Guangdong Huizhou Industrial Park Innovation Service Center	7	9510	2	2
河源市高新技术创业服务中心 Heyuan High-Tech Innovation Service Center				
虎门富民服装创意设计孵化器 Humen Fumin Clothing Creative Design Incubator				
大朗创意产业园 Dalang Creative Industry Park				
广州市番禺节能科技园 Guangzhou Panyu Energy-saving Science and Technology Park				
广州市荔湾区生产力促进中心 Guangzhou Liwan District Productivity Promotion Center	24	210	12	3
广州市花都区高新技术创业服务中心 Guangzhou Huadu District Hi-tech Innovation Service Center	13	500		
广州暨南大学科技园管理有限公司 Guangzhou Jinan University Science Park Management Ltd.				
深圳清华大学研究院 Shenzhen Tsinghua University Institute	167	8000	11	4

4-13 续表 19 continued

科技企业孵化器 Technology Business Incubator	累计毕业企业(个) Accumulated Number of Graduated Tenants (unit)	平均毕业时收入(千元) The Average Income of Graduated Tenants (1000yuan)	当年毕业企业(个) Number of Graduated Tenants of the Year (unit)	收入达千万元企业数(个) Number of Tenants with Income more than 10 millions yuan (unit)
中国科技开发院有限公司 China Science and Technology Development Institute Ltd.	40	13347	13	7
深圳航天科技创新研究院 Shenzhen Aerospace Science and Technology Innovation Institute	13	6234	2	1
深圳市罗湖区高新技术创业中心 Shenzhen Luohu District Hi-tech Innovation Center	28	5000	3	1
深圳市佳利泰孵化器管理有限公司 Shenzhen Jialitai Incubator Management Ltd.	38	3860	3	2
深圳集成电路设计产业化基地管理中心 Shenzhen IC Design Industrial Base Management Center	6	20000	14	9
深圳天安数码城有限公司 Shenzhen Tian'an Digital City Ltd.	17	19325	5	
珠海清华科技园创业投资有限公司 Zhuhai Tsinghua Science Park Venture Capital Ltd.	16	5000	4	2
珠海南方软件园发展有限公司 Zhuhai South Software Park Development Ltd.	24	7500	2	
惠州仲恺高新区科技创业服务中心 Huizhou Zhongkai Hi-tech Zone Technology Innovation Service Center	2		1	
佛山国家火炬创新创业园 Foshan National Torch Innovation Park				
南宁留学人员创业园 Nanning Overseas Scholars Innovation Park	102	5110	20	
绵阳高新区生物医药孵化器有限公司 Mianyang Hi-tech Zone Biomedical Incubator Ltd.	4	200	1	
四川省乐山高新区创业服务中心 Sichuan Leshan Hi-tech Zone Business Service Center	10	12000	22	12
自贡市高新技术创业服务中心 Zigong Hi-tech Innovation Service Center	4	3000	5	4
泸州酒业集中发展区 Luzhou Liquor Industry Development Zone			9	8
四川眉山美倍建设发展有限公司 Sichuan Meishan Meibei Construction Development Ltd.	11	3000	11	
德阳高新技术产业园区创业服务中心 Deyang Hi-tech Industrial Park Business Service Center	10	10528		
四川大科星智能交通有限公司 Sichuan Dakexing Intelligent Transportation Ltd.	15	9704	5	
成都东创科技园投资有限公司 Chengdu Dongchuang Science and Technology Park Investment Ltd.	6	1000		
成都青羊工业投资有限公司 Chengdu Qingyang Industrial Investment Ltd.	3	200	3	
中国大学生创业园(成都) China University Students Innovation Park(Chengdu)	18	5810	5	3
中国成都留学人员创业园 Chengdu Overseas Scholars Incubation Park of China	81	7840	12	
中国成都博士创业园 Chengdu Doctor Innovation Park of China	64	5807	12	5
成都大一高新技术孵化器投资管理有限公司 Chengdu Dayi Hi-tech Incubator Investment Management Ltd.				

4-13 续表 20 continued

科技企业孵化器 Technology Business Incubator	累计毕业企业(个) Accumulated Number of Graduated Tenants (unit)	平均毕业时收入(千元) The Average Income of Graduated Tenants (1000yuan)	当年毕业企业(个) Number of Graduated Tenants of the Year (unit)	收入达千万元企业数(个) Number of Tenants with Income more than 10 millions yuan (unit)
成都高新区创新中心府河孵化基地 Chengdu Hi-tech Zone Innovation Center Fuhe Incubator Base	12	6350	2	1
四川海特高新技术股份有限公司 Sichuan Haite Hi-tech Ltd.	5	7420		
贵州军转民高新技术创业服务中心 Guizhou Military-to-Civilian Hi-tech Innovation Service Center	10	32116	2	1
昆明北理工科技企业孵化器有限公司 Kunming Northern Institute of Technology Business Incubator Ltd.	15	5121	3	1
国家863软件专业孵化器昆明基地 National 863 Software Industry Incubator Kunming Base	11	200	11	
云南海归创业园 Yunnan Overseas Scholars Innovation Park	9		9	
云南留学人员创业园管理办公室 Yunnan Overseas Scholars Innovation Park Management Office	4	1000		
西藏(成都)科技孵化器 Tibet (Chengdu)Technology Business Incubator	4		2	
西安市高新区创业服务中心(西安高新区留学生企业孵化器) Xi'an Hi-tech Zone Business Service Center (Students in Xi'an Hi-tech Zone Business Incubator)	138	4600	10	3
西安高新区能源新技术孵化器 Xi'an Science and Technology Park Advanced Energy Technology Business Incubator	4	782	2	
西安高新区现代服务企业专业孵化器 Xi'an Science and Technology Park Modern Service Business Incubator	2	6747	2	
西安莲湖科技产业园区创业服务中心 Xi'an Lianhu Science and Technology Industrial Park Innovation Service Center	30	3800	2	2
西安易创军民两用科技工业孵化器 Xi'an Yichuang Military and Civil Dual-usc Technology Industry Incubator	17	146	8	2
西安三元数字媒体科技企业孵化器 Xi'an Sanyuan Digital Media Technology Business Incubator	11		3	
西安工业设计孵化器 Xi'an Industrial Design Incubator				
西安亿荣达电子技术服务有限责任公司 Xi'an Yirongda Electronic Technology Service LLC				
宝鸡市金华水利科技服务中心 Baoji City Jinhua Water Resource Technology Service Center	4	5000		
宝桥科贸大厦孵化中心 Baoqiao Technology Trade Incubation Center	3	5000		
秦明电子园 Qinming Electronic Park	5	5140		
甘肃省兰州留学人员创业园区 Gansu Province Lanzhou Overseas Scholars Innovation Park	25	2731	2	1
兰州理工大学科技园兰州科技企业孵化器 Lanzhou Science and Technology University Science Park Technology Business Incubator	15		2	

第五部分

全国技术市场

The Fifth Part

Technology Market in China

5-1 全国技术合同成交情况

Statistics of Technology Contract Deals in Domestic Technical Markets

年 份 Year	合同数(项) Number of Contracts (item)	技术合同交易额 (亿元) Value of Technology Contract Deals (100 million yuan)	交易额占国内生产总值 (%) Value of Technology Contract Deals as a Percentage of Gross Domestic Product (%)
2001	23921	782.0	0.71
2002	27038	884.0	0.73
2003	32173	1084.0	0.80
2004	264638	1334.0	0.83
2005	265010	1551.0	0.85
2006	205845	1818.0	0.87
2007	220868	2226.0	0.80
2008	226343	2665.0	0.89
2009	213752	3039.0	0.91

5-2 技术合同类别构成情况

Technology Contract Category

合同类别 Category of Contract	合同数 (项) Number of Contracts (item)	合同交易额 (亿元) Value of Contract Deals (100 million yuan)	技术交易额 (亿元) Value of Technical Deals (100 million yuan)
技术开发			
Technology Development			
小计	88024	1264.2	1138.0
Subtotal			
委托开发	83416	1165.7	1054.8
Commissioned Development			
合作开发	4609	98.5	83.2
Cooperated Development			
技术转让			
Technology Transfer			
小计	13282	538.5	406.5
Subtotal			
技术秘密转让	9591	332.6	243.0
Technical Secrets Transfer			
专利实施许可转让	2122	121.6	87.0
Patent License Transfer			
专利权转让	554	41.2	34.9
Patent Right Transfer			
专利申请权转让	75	4.5	4.4
Patent Application Right Transfer			
计算机软件著作权转让	382	19.5	19.4
Computer Software Copyright Transfer			
集成电路布图设计专有权转让	18	1.0	0.3
Integrated Circuit Layout Design Exclusive Right Transfer			
动、植物新品种权转让	195	6.3	6.1
New Species of Animals and Plants Patent Right Transfer			
生物、医药新品种权转让	345	11.8	11.4
New Species of Biology and Medicine Patent Right Transfer			
技术咨询	**29203**	**94.1**	**90.7**
Technology Consultation			
技术服务			
Technology Service			
小计	83243	1142.2	761.4
Subtotal			
一般性技术服务	82216	1061.4	738.7
Normal Technology Service			
技术中介	229	0.7	0.4
Technology Intermediary			
技术培训	798	80.1	22.3
Technology Training			
合计	**213752**	**3039.0**	**2396.6**
Total			

5-3 技术合同知识产权构成情况

Technology Contract Distribution by Intellectural Right

知识产权 Intellectural Right	合同数 (项) Number of Contracts (item)	合同交易额 (亿元) Value of Contract Deals (100 million yuan)	技术交易额 (亿元) Value of Technical Deals (100 million yuan)
技术秘密 **Technology Secrets**	**71460**	**1050.5**	**889.0**
专利 **Patent**			
小计 Subtotal	5331	309.3	233.6
发明专利 Invention Patent	3281	142.0	129.5
实用新型专利 Utility Mode Patent	1784	153.8	99.6
外观设计专利 Design Patent	266	13.5	4.5
计算机软件 **Computer Software**	**36744**	**397.6**	**364.1**
动、植物新品种 **New Species of Animals and Plants**	**607**	**9.2**	**6.8**
集成电路布图设计 **IC Layout Design**	**605**	**15.0**	**12.7**
生物、医药新品种 **New Species of Biology and Medicine**	**2661**	**44.2**	**39.9**
未涉及知识产权 **Others**	**96344**	**1213.3**	**850.5**
合 计 **Total**	**213752**	**3039.0**	**2396.6**

5-4 技术合同技术领域构成情况

Technology Contract Distribution by Technical Field

技术领域 Technical Field	合同数 (项) Number of Contracts (item)	合同交易额 (亿元) Value of Contract Deals (100 million yuan)	技术交易额 (亿元) Value of Technical Deals (100 million yuan)
电子信息技术 IT Technology	81129	950.2	865.9
航空航天技术 Aviation and Aerospace Technology	3494	95.3	94.1
先进制造技术 Advanced Manufacture Technology	19975	450.5	335.2
生物、医药和医疗器械技术 Biology,Medicine and Medical Machine Technology	14684	203.1	160.5
新材料及其应用 Advanced Material and Aplication	7937	128.8	102.9
新能源与高效节能 New Energy and Power Saving	18961	401.3	248.9
环境保护与资源综合利用技术 Environment and Source Application Technology	21407	168.7	112.4
核应用技术 Nuclear Application Technology	1023	72.9	65.8
农业技术 Agriculture Technology	5669	98.2	51.9
现代交通 Modern Traffic	9568	287.2	217.4
城市建设与社会发展 Urban Construction and Social Development	29905	183.0	141.7
合 计 **Total**	**213752**	**3039.0**	**2396.6**

5-5 技术合同社会-经济目标构成情况

Technology Contract Distribution by Socail and Economic Objectives

技术领域 Technical Field	合同数 (项) Number of Contracts (item)	合同交易额 (亿元) Value of Contract Deals (100 million yuan)	技术交易额 (亿元) Value of Technical Deals (100 million yuan)
农业、林业和渔业的发展 Farming,Forestry and Fishery	6683	103.1	55.0
促进工业的发展 Industry	37673	723.7	562.3
能源的生产和合理利用 Energy Production and Application	16253	414.9	251.0
基础设施的发展 Infrastructure	14575	325.5	242.0
环境治理与保护 Environmental Harness and Protection	15136	101.6	69.8
卫生(不包括污染) Sanitation (Excluding Pollution)	8151	66.3	64.8
社会发展和社会服务 Social Development and Social Service	54522	504.7	461.5
地球和大气层的探索与利用 Earth and Atmosphere Exploration and Utility	569	5.4	5.0
知识的发展 Science Development	5233	39.8	37.5
民用空间 Civil Aerospace	4920	55.1	50.5
国防 Defense	4029	62.6	59.0
其他 Others	46008	636.3	538.2
合计 Total	**213752**	**3039.0**	**2396.6**

5-6 技术合同计划项目构成情况

Technology Contract Distribution by Science Program Project

计划类别 Category of Science Program	合同数 (项) Number of Contracts (item)	合同交易额 (亿元) Value of Contract Deals (100 million yuan)	技术交易额 (亿元) Value of Technical Deals (100 million yuan)
国家计划 **National Science Program**			
小计 Subtotal	5375	121.1	110.9
863计划 Hi-Tech Research and Development Program of China	302	5.6	4.8
国家科技攻关计划 Key Technology R&D Program	196	10.3	9.5
973计划 National Basic Research Program of China	87	2.1	2.1
星火计划 Spark Program	130	1.9	1.7
火炬计划 Torch New and High Technology Industry Development Program	137	0.5	0.5
科技成果重点推广计划 Science and Technology Achievement Spread Program	92	1.6	1.6
国家重点新产品计划 National New Production Plan	50	1.2	1.2
科技型中小企业技术创新基金 Innovation Fund for Technology-Based Small and Medium Size Enterprises	856	4.7	4.2
农业科技成果转化资金 Agriculture Science and Technology Achievement Transform Fund	12	0.2	0.1
科技兴贸行动计划 Vitalizing Trade with Science and Technology Action Plan	2	0.0	0.0
自然科学基金 Natural Science Fund	488	1.9	1.9
其它 Other	3015	91.2	83.5
部门计划 **Science Program of Ministry**	**8811**	**254.1**	**153.7**
省、自治区、直辖市及计划单列市计划 **Province Level Science Program**	**6099**	**122.0**	**91.3**
地市县计划 **Region Level Science Program**	**5819**	**77.6**	**47.3**
计划外 **Out of Program**	**187648**	**2464.2**	**1993.5**
合计 **Total**	**213752**	**3039.0**	**2396.6**

5-7 卖方机构构成及交易情况

Technology Contract Distribution by Technology Seller

卖方类别 Category of Technology Seller	机构数（个） Number of Seller (unit)	合同数（项） Number of Contracts (item)	成交金额（亿元） Value of Contract Deals (100 million yuan)	技术交易额（亿元） Value of Technical Deals (100 million yuan)
机关法人 **Governments**	**203**	**441**	**16.2**	**13.0**
事业法人 **Public Organizations**				
小计 Subtotal	1720	70584	346.6	319.3
科研机构 Research Institutes	898	30610	190.6	174.5
高等院校 Higher Education	430	32821	135.2	128.4
医疗、卫生 Medical and Sanitation	71	1388	2.0	1.7
其它 Other	321	5765	18.9	14.7
社团法人 **Social Organization**	**160**	**2599**	**10.3**	**9.6**
企业法人 **Enterprises**				
小计 Subtotal	16860	138191	2628.4	2026.0
内资企业 Domestic Funded Enterprises	14698	125526	1903.8	1418.0
港澳台商投资企业 Enterprises with Funds from Hongkong,Macao and Taiwan	294	1773	92.6	82.6
外商投资企业 Foreign Funded Enterprises	1349	9733	494.9	420.6
个体经营 Private Enterprises	231	677	6.7	3.4
境外企业 Overseas Enterprises	288	482	130.4	101.5
自然人 **Natural Person**	**260**	**577**	**7.5**	**7.0**
其他组织 **Other Organizations**	**198**	**1360**	**30.0**	**21.7**
合 计 **Total**	**19401**	**213752**	**3039.0**	**2396.6**

5-8 买方机构构成及交易情况

Technology Contract Distribution by Technology Buyer

买方类别 Category of Technology Buyer	合同数（项） Number of Contracts (item)	合同交易额（亿元） Value of Contract Deals (100 million yuan)	技术交易额（亿元） Value of Technical Deals (100 million yuan)
机关法人 Governments	**17961**	**190.2**	**142.0**
事业法人 Public Organizations			
小计 Subtotal	29021	234.2	192.3
科研机构 Research Institutes	11060	94.3	89.3
高等院校 Higher Education	4985	21.8	20.0
医疗卫生 Medical and Sanitation	2883	6.7	5.7
其它 Other	10093	111.5	77.3
社团法人 Social Organizations	**619**	**3.2**	**2.6**
企业法人 Enterprises			
小计 Subtotal	159991	2349.0	1931.8
内资企业 Domestic Funded Enterprises	143752	1632.1	1337.1
港澳台商投资企业 Enterprises with Funds from Hongkong,Macao and Taiwan	1306	52.7	40.2
外商投资企业 Foreign Funded Enterprises	7781	243.2	175.8
个体经营 Private Enterprises	1768	6.5	5.1
境外企业 Overseas Enterprises	5384	414.5	373.6
自然人 Natural Person	**3001**	**81.9**	**28.0**
其他组织 Other Organizations	**3159**	**180.5**	**100.0**
合 计 Total	**213752**	**3039.0**	**2396.6**

5-9 重大技术合同构成情况

Technology Contract Distribution by Key Technology

构成 Category	合同数 (项) Number of Contracts (item)	成交金额 (亿元) Value of Contract Deals (100 million yuan)
一、合同类别 **Category of Contracts**		
合 计 **Total**	**3488**	**1939.2**
技术服务 Technology Service	1122	803.2
技术开发 Technology Development	1571	681.4
技术转让 Technology Transfer	647	430.8
技术咨询 Technology Consultation	148	23.8
二、技术领域 **Technical Field**		
合 计 **Total**	**3488**	**1939.2**
电子信息技术 IT Technology	1204	466.3
先进制造技术 Advanced Manufacture	601	334.2
新能源与高效节能 New Energy and Energy Saving	343	281.5
现代交通 Modern Traffic	223	242.2
环境保护与资源综合利用技术 Environment Protection and Resource Comprehensive Utilization	260	106.1
新材料及其应用 Advanced Material and Application	188	84.7
生物、医药和医疗器械技术 Biology,Medicine and Medical Machine	284	133.9
城市建设与社会发展 Urban construction and Social Development	179	85.7
农业技术 Agriculture Technology	118	68.2
航空航天技术 Aviation and Aerospace Technology	48	70.7
核应用技术 Nuclear Application Technology	40	65.7
三、知识产权 **Intellectual Right**		
合 计 **Total**	**3488**	**1939.2**
技术秘密 Technology Secrets	1232	649.9
专利 Patents	312	268.5
计算机软件 Computer Software	456	187.1
动、植物新品种 New Species of Plants and Animals	21	4.9
集成电路布图设计 IC Layout Design	31	7.6
生物、医药新品种 New Species of Biology and Medical	71	27.7
未涉及知识产权 Other	1365	793.5

5-10 各省、自治区、直辖市技术合同登记情况

Technology Contract Distribution by Region

地　区	Region	合同数（项）Number of Contracts (item)	成交金额（亿元）Value of Contract Deals (100 million yuan)	排名 Ranking
北　京	Beijing	49938	1236.2	1
天　津	Tianjin	9843	106.2	6
河　北	Hebei	4392	17.2	22
山　西	Shanxi	828	17.8	21
内蒙古	Inner Mongolia	879	20.0	19
辽　宁	Liaoning	15730	119.8	4
吉　林	Jilin	3222	19.8	20
黑龙江	Heilongjiang	2071	50.1	12
上　海	Shanghai	27109	489.9	2
江　苏	Jiangsu	14011	113.3	5
浙　江	Zhejiang	12786	56.5	10
安　徽	Anhui	5888	35.6	16
福　建	Fujian	4799	26.2	18
江　西	Jiangxi	2274	9.9	24
山　东	Shandong	7753	89.4	7
河　南	Henan	3915	26.4	17
湖　北	Hubei	5694	78.0	8
湖　南	Hunan	5257	44.0	14
广　东	Guangdong	14498	247.9	3
广　西	Guangxi	290	1.8	27
海　南	Hainan	60	0.6	30
重　庆	Chongqing	2546	45.6	13
四　川	Sichuan	7653	56.4	11
贵　州	Guizhou	989	1.8	26
云　南	Yunnan	1030	10.7	23
西　藏	Tibet	/	/	/
陕　西	Shaanxi	6255	71.6	9
甘　肃	Gansu	2680	35.6	15
青　海	Qinghai	433	8.5	25
宁　夏	Ningxia	450	0.9	29
新　疆	Xinjiang	479	1.2	28
合　计	**Total**	**213752**	**3039.0**	

5-11 各省、自治区、直辖市技术交易情况

Technology Trade Statistics by Region

地区	Region	输出技术 Technology Output		吸纳技术 Technology Adoption	
		合同数（项） Number of Contracts (item)	成交金额（亿元） Value of Contract Deals (100 million yuan)	合同数（项） Number of Contracts (item)	成交金额（亿元） Value of Contract Deals (100 million yuan)
北京	Beijing	49938	1236.1	32341	482.6
天津	Tianjin	9842	105.5	7246	138.2
河北	Hebei	4392	17.2	5420	49.0
山西	Shanxi	826	16.2	2372	60.2
内蒙古	Inner Mongolia	865	14.8	2398	65.5
辽宁	Liaoning	15729	119.7	12576	97.8
吉林	Jilin	3222	19.8	3419	27.1
黑龙江	Heilongjiang	2068	48.9	2844	38.9
上海	Shanghai	26952	435.4	24180	272.8
江苏	Jiangsu	13938	108.2	14771	110.6
浙江	Zhejiang	12786	56.5	15204	80.7
安徽	Anhui	5888	35.6	6389	52.6
福建	Fujian	4785	23.3	5454	55.6
江西	Jiangxi	2273	9.8	2648	24.1
山东	Shandong	7672	71.9	9551	103.5
河南	Henan	3913	26.3	5070	36.7
湖北	Hubei	5689	77.0	5415	61.9
湖南	Hunan	5258	44.0	5081	34.0
广东	Guangdong	14408	171.0	16595	247.7
广西	Guangxi	290	1.8	1192	10.8
海南	Hainan	62	0.6	648	8.4
重庆	Chongqing	2465	38.3	2205	31.1
四川	Sichuan	7632	54.6	7226	60.2
贵州	Guizhou	988	1.8	2028	28.4
云南	Yunnan	1028	10.3	2366	26.9
西藏	Tibet	-	-	236	1.9
陕西	Shaanxi	6243	69.8	5293	47.0
甘肃	Gansu	2680	35.6	2707	22.9
青海	Qinghai	429	8.5	813	23.4
宁夏	Ningxia	450	0.9	854	6.6
新疆	Xinjiang	17	0.5	132	1.9
香港	Hongkong	479	1.2	1653	18.1
台湾	Taiwan	35	11.9	818	36.0
澳门	Macao	-	-	27	1.0
国外	Overseas	510	166.2	6580	675.5
合计	**Total**	**213752**	**3039.0**	**213752**	**3039.0**

5-12 计划单列市技术交易情况

Technology Trade Statistics of the Cities with Independent Planning

地区 Region	输出技术 Technology Output			吸纳技术 Technology Adoption		
	合同数（项）Number of Contracts (item)	成交金额（亿元）Value of Contract Deals (100 million yuan)	排名 Ranking	合同数（项）Number of Contracts (item)	成交金额（亿元）Value of Contract Deals (100 million yuan)	排名 Ranking
大连 Dalian	5853	44.2	2	3816	16.6	2
宁波 Ningbo	667	5.1	5	1935	10.6	4
厦门 Xiamen	2159	11.5	4	1522	8.7	5
青岛 Qingdao	2195	11.7	3	1942	14.2	3
深圳 Shenzhen	5513	83.0	1	5191	68.2	1
合计 Total	**16387**	**155.5**		**14406**	**118.2**	

5-13 副省级城市技术交易情况

Technology Trade Statistics of the Deputy Provincial Level Cities

地区 Region	输出技术 Technology Output			吸纳技术 Technology Adoption		
	合同数（项）Number of Contracts (item)	成交金额（亿元）Value of Contract Deals (100 million yuan)	排名 Ranking	合同数（项）Number of Contracts (item)	成交金额（亿元）Value of Contract Deals (100 million yuan)	排名 Ranking
沈阳 Shenyang	7699	67.8	3	4752	38.8	4
长春 Changchun	2951	19.3	9	2189	15.6	10
哈尔滨 Harbin	1786	46.6	6	1661	28.5	9
南京 Nanjing	7951	63.8	5	4778	41.5	3
杭州 Hangzhou	10124	41.1	8	6887	31.3	8
武汉 Wuhan	5310	74.1	1	3789	48.6	2
济南 Jinan	2711	13.8	10	2087	32.5	6
广州 Guangzhou	5289	68.3	2	5252	74.3	1
成都 Chengdu	5737	44.0	7	4020	36.5	5
西安 Xi'an	6162	67.2	4	3954	31.9	7
合计 Total	**55720**	**506.0**		**39369**	**379.4**	

5-14　东部地区技术交易情况

Technology Trade Statistics of the Eastern Region

地　区　Region	输出技术 Technology Output			吸纳技术 Technology Adoption		
	合同数（项）Number of Contracts (item)	成交金额（亿元）Value of Contract Deals (100 million yuan)	排名 Ranking	合同数（项）Number of Contracts (item)	成交金额（亿元）Value of Contract Deals (100 million yuan)	排名 Ranking
北　京　Beijing	49938	1236.1	1	32341	482.6	1
天　津　Tianjin	9842	105.5	6	7246	138.2	4
河　北　Hebei	4392	17.2	10	5420	49.0	10
辽　宁　Liaoning	15729	119.7	4	12576	97.8	7
上　海　Shanghai	26952	435.4	2	24180	272.8	2
江　苏　Jiangsu	13938	108.2	5	14771	110.6	5
浙　江　Zhejiang	12786	56.5	8	15204	80.7	8
福　建　Fujian	4785	23.3	9	5454	55.6	9
山　东　Shandong	7672	71.9	7	9551	103.5	6
广　东　Guangdong	14408	171.0	3	16595	247.7	3
海　南　Hainan	62	0.6	11	648	8.4	11
合　计　Total	**160504**	**2345.3**		**143986**	**1646.7**	

5-15　中部地区技术交易情况

Technology Trade Statistics of the Middle Region

地　区　Region	输出技术 Technology Output			吸纳技术 Technology Adoption		
	合同数（项）Number of Contracts (item)	成交金额（亿元）Value of Contract Deals (100 million yuan)	排名 Ranking	合同数（项）Number of Contracts (item)	成交金额（亿元）Value of Contract Deals (100 million yuan)	排名 Ranking
山　西　Shanxi	826	16.2	7	2372	60.2	2
吉　林　Jilin	3222	19.8	6	3419	27.1	7
黑龙江　Heilongjiang	2068	48.9	2	2844	38.9	4
安　徽　Anhui	5888	35.6	4	6389	52.6	3
江　西　Jiangxi	2273	9.8	8	2648	24.1	8
河　南　Henan	3913	26.3	5	5070	36.7	5
湖　北　Hubei	5689	77.0	1	5415	61.9	1
湖　南　Hunan	5258	44.0	3	5081	34.0	6
合　计　Total	**29137**	**277.6**		**33238**	**335.3**	

5-16 西部地区技术交易情况

Technology Trade Statistics of the Western Region

地区 Region	输出技术 Technology Output			吸纳技术 Technology Adoption		
	合同数（项） Number of Contracts (item)	成交金额（亿元） Value of Contract Deals (100 million yuan)	排名 Ranking	合同数（项） Number of Contracts (item)	成交金额（亿元） Value of Contract Deals (100 million yuan)	排名 Ranking
内蒙古 Inner Mongolia	865	14.8	5	2398	65.5	1
广　西 Guangxi	290	1.8	9	1192	10.8	10
重　庆 Chongqing	2465	38.3	3	2205	31.1	4
四　川 Sichuan	7632	54.6	2	7226	60.2	2
贵　州 Guizhou	988	1.8	8	2028	28.4	5
云　南 Yunnan	1028	10.3	6	2366	26.9	6
西　藏 Tibet	-	-	12	236	1.9	12
陕　西 Shaanxi	6243	69.8	1	5293	47.0	3
甘　肃 Gansu	2680	35.6	4	2707	22.9	8
青　海 Qinghai	429	8.5	7	813	23.4	7
宁　夏 Ningxia	450	0.9	11	854	6.6	11
新　疆 Xinjiang	479	1.2	10	1653	18.1	9
合　计 Total	**23549**	**237.5**		**28971**	**342.6**	

5-17 环渤海地区技术交易情况

Technology Trade Statistics of the Bohai Rim Region

地区 Region	输出技术 Technology Output			吸纳技术 Technology Adoption		
	合同数（项） Number of Contracts (item)	成交金额（亿元） Value of Contract Deals (100 million yuan)	排名 Ranking	合同数（项） Number of Contracts (item)	成交金额（亿元） Value of Contract Deals (100 million yuan)	排名 Ranking
北　京 Beijing	49938	1236.1	1	32341	482.6	1
天　津 Tianjin	9842	105.5	3	7246	138.2	2
河　北 Hebei	4392	17.2	5	5420	49.0	7
山　西 Shanxi	826	16.2	6	2372	60.2	6
内蒙古 Inner Mongolia	865	14.8	7	2398	65.5	5
辽　宁 Liaoning	15729	119.7	2	12576	97.8	4
山　东 Shandong	7672	71.9	4	9551	103.5	3
合　计 Total	**89264**	**1581.4**		**71904**	**996.7**	

5-18 长三角地区技术交易情况

Technology Trade Statistics of the Yangzi River Delta Region

地 区 Region	输出技术 Technology Output			吸纳技术 Technology Adoption		
	合同数 (项) Number of Contracts (item)	成交金额 (亿元) Value of Contract Deals (100 million yuan)	排名 Ranking	合同数 (项) Number of Contracts (item)	成交金额 (亿元) Value of Contract Deals (100 million yuan)	排名 Ranking
上 海 Shanghai	26952	435.4	1	24180	272.8	1
江 苏 Jiangsu	13938	108.2	2	14771	110.6	2
浙 江 Zhejiang	12786	56.5	3	15204	80.7	3
合 计 Total	**53676**	**600.1**		**54155**	**464.0**	

5-19 珠三角地区技术交易情况

Technology Trade Statistics of the Pearl River Delta Region

地 区 Region	输出技术 Technology Output			吸纳技术 Technology Adoption		
	合同数 (项) Number of Contracts (item)	成交金额 (亿元) Value of Contract Deals (100 million yuan)	排名 Ranking	合同数 (项) Number of Contracts (item)	成交金额 (亿元) Value of Contract Deals (100 million yuan)	排名 Ranking
广 东 Guangdong	14408	171.0	1	16595	247.7	1
香 港 Hongkong	35	11.9	2	818	36.0	2
澳 门 Macao	-	-	3	27	1.0	3
合 计 Total	**14443**	**182.9**		**17440**	**284.7**	

第六部分

全国生产力促进中心

The Sixth Part

Productivity Promotion Centers (PPCs) in China

6-1 全国生产力促进中心主要经济指标

Main Economic Indicators of Productivity Promotion Centers (PPCs) in China

年 份 Year	中心总数 (个) Number of Productivity Promotion Centers (unit)	总资产 (亿元) Total Assets (100 million yuan)	服务企业总数 (万个) Total Number of Serviced Enterprises (10000 unit)	中心年总服务收入 (亿元) Total Service Income (100 million yuan)	为企业增加销售额 (亿元) Enterprises Sales Income Increased by PPCs Service (100 million yuan)	增加利税 (亿元) Profits and Taxes Added (100 million yuan)	为社会增加就业 (万人) Employment for Society Added (10000 person)
1998	254	13.5	1.9	2.2	177.0	18	5.7
1999	491	17.6	4.9	4.5	155.0	26.7	11.3
2000	581	27.8	3.4	8.9	388.0	57	28
2001	701	31.2	5.0	11.3	407.0	69	34.5
2002	865	61.4	7.8	10.3	300.0	45	48.1
2003	1071	67	6.5	13.6	477.0	66	150.2
2004	1218	77.1	9.2	18.7	642.0	88.1	175.3
2005	1270	90.6	9.7	18.4	1078.0	112	86.7
2006	1331	109.9	10.3	24.8	752.0	107	108.9
2007	1425	116.4	15.5	40.6	1299.0	193.6	110.6
2008	1532	162.5	19.0	30.4	1202.0	175.5	134.1
2009	1808	209.2	24.5	30.8	1796.8	208.2	165.8

6-2 国家级示范生产力促进中心基本情况

General Statistics of State Level Model Productivity Promotion Centers

国家级示范生产力促进中心 State Level Model Productivity Promotion Center	人员总数 (人) Number of Employees (person)	总资产 (千元) Total Assets (1000 yuan)	政府投入 (千元) Govement Investment (1000 yuan)	年总服务收入 (千元) Service Income of the Year (1000 yuan)	办公面积 (平方米) Office Area (sq.m)
北京软件产业生产力促进中心 Beijing Software Industry Productivity Promotion Center	196	133821			1130
北京市丰台区技术创新与生产力促进中心 Fengtai District Technology Innovation and Productivity Promotion Center of Beijing	12	3270	748	1392	400
北京生产力促进中心 Beijing Productivity Promotion Center	66	34743	2593	3636	1321
天津市食品工业生产力促进中心 Tianjin Food Industry Productivity Promotion Center	62	54880	1272	3065	5500
天津市制造业信息化生产力促进中心 Tianjin Manufacture Informatization Productivity Promotion Center	38	13655	4703	1948	6272
天津滨海生产力促进中心 Binhai District Productivity Promotion Center of Tianjin	15	20821	110	2041	7000
河北省石家庄市生产力促进中心 Shijiazhuang Productivity Promotion Center	32	138418	8550	2448	69000
辛集市皮革生产力促进中心 Xinji Leather Productivity Promotion Center	28	13500		7	500
承德市生产力促进中心 Chengde Productivity Promotion Center	25	2300	600	3470	400
平泉县生产力促进中心 Pingquan Productivity Promotion Center	23	2840	330	4133	320
河北省迁西县生产力促进中心 Qianxi Productivity Promotion Center of Hebei	23	39459	2450	12856	1300
唐山市生产力促进中心 Tangshan Productivity Promotion Center	17	5881		330	1200
唐山市丰润区生产力促进中心 Fengrun Productivity Promotion Center of Tangshan	15	9865	400	2542	1099
廊坊市生产力促进中心 Langfang Productivity Promotion Center	70	18335	12593	24043	1200
霸州市生产力促进中心 Bazhou Productivity Promotion Center	17	2788	3190	9636	200
香河县生产力促进中心 Xianghe Productivity Promotion Center	23	7970	400	2483	850
衡水市生产力促进中心 Hengshui Productivity Promotion Center	17	1375	210	32075	500
河北省玻璃钢/复合材料生产力促进中心 Fiber Glass Reinforced Plastics Productivity Promotion Center	22	8600		31151	680
河北省衡水市橡胶产业生产力促进中心 Hengshui Rubber Industry Productivity Promotion Center of Hebei	11	25343	200	973	2700
河北省秦皇岛市生产力促进中心 Qinghuangdao Productivity Promotion Center of Hebei	15	1179	50	986	600

6-2 续表 1 continued 1

国家级示范生产力促进中心 State Level Model Productivity Promotion Center	人员总数(人) Number of Employees (person)	总资产(千元) Total Assets (1000 yuan)	政府投入(千元) Govement Investment (1000 yuan)	年总服务收入(千元) Service Income of the Year (1000 yuan)	办公面积(平方米) Office Area (sq.m)
临漳县生产力促进中心 Linzhang Productivity Promotion Center	16	7209		8713	2824
河北省孟村县弯头管件生产力促进中心 Mengcun Elbow Pipe Fitting Productivity Promotion Center of Hebei	16	5908	810	470	1100
南皮县生产力促进中心 Nanpi Productivity Promotion Center	21	3920	1200	534	800
清河县羊绒产业生产力促进中心 Qinghe Productivity Promotion Center	16	3800	30	350	500
山西省生产力促进中心 Productivity Promotion Center of Shanxi	67	56592	3059	16846	4500
太原生产力促进中心 Productivity Promotion Center of Taiyuan	42	8549	2130	220	1150
山西省忻州市生产力促进中心 Xinzhou Productivity Promotion Center of Shanxi	12	2982	817	6451	200
山西省阳泉市生产力促进中心 Yangquan Productivity Promotion Center of Shanxi	25	4985	550	7151	613
山西省长治市生产力促进中心 Changzhi Productivity Promotion Center of Shanxi	13	620	123	2013	406
内蒙古自治区生产力促进中心 Productivity Promotion Center of Inner Mongolia	97	93588	500	636	4065
赤峰市生产力促进中心 Productivity Promotion Center of Chifeng	27	7287	1940	1113	980
内蒙古鄂尔多斯生产力促进中心 Erdos Productivity Promotion Center of Inner Mongolia	10	30635	1223	270	7780
包头稀土高新技术产业开发区生产力促进中心 Productivity Promotion Center of Baotou Rare Earth Hi-Tech Industrial Development Zone	22	11537	790	3240	1600
辽宁生产力促进中心 Productivity Promotion Center of Liaoning	53	14996	3100	9050	6600
沈阳市生产力促进中心 Productivity Promotion Center of Shenyang	15	10537	240	410	4613
沈阳高新技术生产力促进中心 Innovative Hi-tech Productivity Promotion Center of Shenyang	17	7982	960	3546	276
大连市生产力促进中心 Productivity Promotion Center of Dalian	22	33102	3243		513
鞍山市生产力促进中心 Productivity Promotion Center of Anshan	57	39205	2190	1180	5500
铁岭市生产力促进中心 Productivity Promotion Center of Tieling	21	974		281	488
抚顺市生产力促进中心 Productivity Promotion Center of Fushun	16	7206	200	1425	1000
本溪市生产力促进中心 Productivity Promotion Center of Benxi	18	2622	2000	1435	550

6-2 续表 2 continued 2

国家级示范生产力促进中心 State Level Model Productivity Promotion Center	人员总数（人） Number of Employees (person)	总资产（千元） Total Assets (1000 yuan)	政府投入（千元） Govement Investment (1000 yuan)	年总服务收入（千元） Service Income of the Year (1000 yuan)	办公面积（平方米） Office Area (sq.m)
丹东市生产力促进中心 Productivity Promotion Center of Dandong	24	2231	40	71	2300
凤城市生产力促进中心 Productivity Promotion Center of Fengcheng	21	10070	1800	3032	3300
锦州市生产力促进中心 Productivity Promotion Center of Jinzhou	32	15000	25	31	2020
营口市生产力促进中心 Productivity Promotion Center of Yingkou	21	1843	900		500
大石桥市生产力促进中心 Productivity Promotion Center of Dashiqiao	18	1213	1100		30
辽阳高新区生产力促进中心 Productivity Promotion Center of Liaoyang Science and Technology Industrial Park	16	4707		901	300
辽宁省葫芦岛市生产力促进中心 Productivity Promotion Center of Huludao	18	1745	1297	1338	600
吉林省生产力促进中心 Productivity Promotion Center of Jilin Province	18	7776	4170	240	1650
长春高新技术产业开发区生产力促进中心 Productivity Promotion Center of Changchun Science and Technology Industrial Park	54	35136	5630	7416	2000
吉林市生产力促进中心 Productivity Promotion Center of Jilin Province	19	2322	1930	5548	730
四平市生产力促进中心 Productivity Promotion Center of Siping	18	5960	4000	9786	860
哈尔滨市动力生产力促进中心 Dongli Productivity Promotion Center of Harbin	9	928	100	240	120
黑龙江省生产力促进中心 Productivity Promotion Center of Heilongjiang	92	18521	11759	1661	4628
牡丹江市生产力促进中心 Productivity Promotion Center of Mudanjiang	25	2133	2358		2600
佳木斯市生产力促进中心 Productivity Promotion Center of Jiamusi	20	6522		543	600
大庆市生产力促进中心 Productivity Promotion Center of Daqing	10	4390		97	2600
鸡西市生产力促进中心 Productivity Promotion Center of Jixi	14	3049	196	2674	800
东宁县生产力促进中心 Productivity Promotion Center of Dongning	16	248	800	519	60
哈尔滨市生产力促进中心 Productivity Promotion Center of Harbin	13	1459	1261		200
现代焊接技术生产力促进中心 Modern Jointing Technology Productivity Promotion Center	41	5168		2394	10000
黑龙江省大庆高新生产力促进中心 Daqing Hi-Tech Productivity Promotion Center of Heilongjiang	15	1835		63	2000

6-2 续表 3 continued 3

国家级示范生产力促进中心 State Level Model Productivity Promotion Center	人员总数（人）Number of Employees (person)	总资产（千元）Total Assets (1000 yuan)	政府投入（千元）Govement Investment (1000 yuan)	年总服务收入（千元）Service Income of the Year (1000 yuan)	办公面积（平方米）Office Area (sq.m)
上海浦东生产力促进中心 Pudong Productivity Promotion Center of Shanghai	94	39740	10207	11841	8385
江苏省生产力促进中心 Productivity Promotion Center of Jiangsu Province	164	70848	13817	23804	6936
江苏机械工业生产力促进中心 Machine Industry Productivity Promotion Center of Jiangsu	36	34140	600	15020	3332
无锡市生产力促进中心 Productivity Promotion Center of Wuxi	73	113848	5043	27051	3779
无锡市惠山区生产力促进中心 Huishan Productivity Promotion Center of Wuxi	18	63762	1500	3749	800
徐州市生产力促进中心 Productivity Promotion Center of Xuzhou	30	40223	1620	4890	600
常州市生产力促进中心 Productivity Promotion Center of Changzhou	40	68490	2420	16950	1200
常州国家高新区生产力促进中心 Productivity Promotion Center of Changzhou Science and Technology Industrial Park	27	28758	1700	9507	2016
苏州市生产力促进中心 Productivity Promotion Center of Suzhou	25	16035	2140	9944	1790
常熟市生产力促进中心 Productivity Promotion Center of Changshu	26	15369	3122	10552	3231
南通市生产力促进中心 Productivity Promotion Center of Nantong	24	12805	4849	2428	1190
盐城市生产力促进中心 Productivity Promotion Center of Yancheng	11	23985	990	2655	2450
张家港市生产力促进中心 Productivity Promotion Center of Zhangjiagang	11	26511		1740	4346
连云港市生产力促进局 Productivity Promotion Center of Lianyungang	27	8160	4765	8804	1650
扬州市中小型企业生产力促进中心 Small and Medium-sized Enterprises Productivity Promotion Center of Yangzhou	16	11580	142	1282	402
镇江市生产力促进中心 Productivity Promotion Center of Zhenjiang	44	29901	2610	9242	5600
泰州市生产力促进中心 Productivity Promotion Center of Taizhou	40	29600	900	10180	500
姜堰市生产力促进中心 Productivity Promotion Center of Jiangyan	19	20229	800	5576	2100
浙江火炬生产力促进中心 Torch Productivity Promotion Center of Zhejiang	26	61215		10806	1512
杭州市生产力促进中心 Productivity Promotion Center of Hangzhou	23	15120	1999	2330	1200
宁波市生产力促进中心 Productivity Promotion Center of Ningbo	107	64031	4410	10409	8600

6-2 续表 4 continued 4

国家级示范生产力促进中心 State Level Model Productivity Promotion Center	人员总数（人） Number of Employees (person)	总资产（千元） Total Assets (1000 yuan)	政府投入（千元） Govement Investment (1000 yuan)	年总服务收入（千元） Service Income of the Year (1000 yuan)	办公面积（平方米） Office Area (sq.m)
浙江平湖环保生产力促进中心 Pinghu Environment Protection Productivity Promotion Center of Zhejiang	30	8312	10	5140	1000
嘉兴针织毛衫业生产力促进中心 Knitting Sweater Industry Protection Productivity Promotion Center of Jiaxing	18	14174	5	1211	4500
湖州淡水鱼生产力促进中心 Freshwater Productivity Promotion Center of Huzhou	35	21131	2520	4741	800
湖州南浔经济开发区生产力促进中心 Nanxun Economic Development Zone Productivity Promotion Center of Huzhou	42	22700	900	3086	5500
绍兴纺织业生产力促进中心 Textile Industry Productivity Promotion Center of Shaoxing	215	137492	824	21960	42000
嵊州市长毛兔产业生产力促进中心 Angora Rabbit Industry Productivity Promotion Center of Shengzhou	34	70100		78402	3000
诸暨博师珍珠业生产力促进中心 Boshi Pearl Industry Productivity Promotion Center of Zhuji	15	10373		2999	6370
浙江永康五金生产力促进中心 Yongkang Hardware Productivity Promotion Center of Zhejiang	31	33286	5000	3380	2240
温岭市先导泵及泵用电机生产力促进中心 The Pilot Pump and Pump Motor Productivity Promotion Center of Wenling	10	12969	3300	2870	5300
安徽省生产力促进中心 Productivity Promotion Center of Anhui	15	2294	1030		405
铜陵市生产力促进中心 Productivity Promotion Center of Tongling	22	13702	1707	604	3000
马鞍山市生产力促进中心 Productivity Promotion Center of Ma'anshan	10	982	540	551	11600
安徽省计算机软件生产力促进中心 Computer Software Productivity Promotion Center of Anhui	23	11323	200	8870	964
福建省生产力促进中心 Agriculture Productivity Promotion Center of Fujian	126	123389	13328	7253	22717
福建省林业生产力促进中心 Forestry Productivity Promotion Center of Fujian	20	1401	470	720	969
福建省福州市生产力促进中心 Productivity Promotion Center of Fuzhou	32	6930	2155	326	6000
厦门市生产力促进中心 Pr(ductivity Promotion Center of Xiamen	47	67725	3761	3001	1000
泉州市生产力促进中心 Productivity Promotion Center of Quanzhou	110	46097	3396	7992	33500
石狮市生产力促进中心 Productivity Promotion Center of Shishi	20	7812	220	660	4880
南安市生产力促进中心 Productivity Promotion Center of Nan'an	20	4500	1540		5000
福建省三明市生产力促进中心 Sanming Productivity Promotion Center of Fujian	90	7493	7517	2706	3682

6-2 续表 5 continued 5

国家级示范生产力促进中心 State Level Model Productivity Promotion Center	人员总数(人) Number of Employees (person)	总资产(千元) Total Assets (1000 yuan)	政府投入(千元) Govement Investment (1000 yuan)	年总服务收入(千元) Service Income of the Year (1000 yuan)	办公面积(平方米) Office Area (sq.m)
江西省生产力促进中心 Productivity Promotion Center of Jiangxi	37	16500	6060	1120	2000
南昌大学生产力促进中心 Productivity Promotion Center of Nanchang University	16	6402		3513	1185
江西中药生产力促进中心 Chinese Materia Medica Productivity Promotion Center of Jiangxi	110	20100		24267	5000
山东亚太生产力促进中心 Yatai Productivity Promotion Center of Shandong	20	37759	1800	5562	21000
山东济南生产力促进中心 Jinan Productivity Promotion Center of Shandong	61	47026	6380	14086	8836
济南市历下区生产力促进中心 Lixia Productivity Promotion Center of Jinan	40	57312	18100	6492	812
青岛生产力促进中心 Productivity Promotion Center of Qingdao	59	45674	4210	7154	2613
山东淄博生产力促进中心 Zibo Productivity Promotion Center of Shandong	42	6705	950	5043	1700
东营市生产力促进中心 Productivity Promotion Center of Dongying	42	40000	2200	21516	1300
山东烟台生产力促进中心 Yantai Productivity Promotion Center of Shandong	37	19887	3250	10214	2136
济宁市生产力促进中心 Productivity Promotion Center of Jining	16	27188	350	3345	1200
山东曲阜生产力促进中心 Qufu Productivity Promotion Center of Shandong	43	10650	922	2135	6000
山东泰山生产力促进中心 Taishan Productivity Promotion Center of Shandong	32	7502	2100	6226	2100
山东生产力促进中心 Productivity Promotion Center of Shandong	32	10517	1330	5609	4000
山东省华鲁皮革行业生产力促进中心 Hulu Leather Industry Productivity Promotion Center of Shandong	21	8100	400	1560	1100
河南省生产力促进中心 Productivity Promotion Center of Henan	57	31906	1250	30130	3600
郑州市生产力促进中心 Productivity Promotion Center of Zhengzhou	25	10992	300	4496	6000
洛阳生产力促进中心 Productivity Promotion Center of Luoyang	40	10570	1000	775	1200
开封市生产力促进中心 Productivity Promotion Center of Kaifeng	28	2890		453	1200
濮阳市生产力促进中心 Productivity Promotion Center of Puyang	16	7847	750	3349	7600
三门峡生产力促进中心 Productivity Promotion Center of Sanmenxia	18	3228	80	1301	300

6-2 续表 6 continued 6

国家级示范生产力促进中心 State Level Model Productivity Promotion Center	人员总数（人） Number of Employees (person)	总资产（千元） Total Assets (1000 yuan)	政府投入（千元） Govement Investment (1000 yuan)	年总服务收入（千元） Service Income of the Year (1000 yuan)	办公面积（平方米） Office Area (sq.m)
许昌市生产力促进中心 Productivity Promotion Center of Xuchang	17	1700	180	1305	480
许昌市发制品行业生产力促进中心 Hair Products Industry Productivity Promotion Center of Xuchang	16	7345		2102	236
安阳高新区生产力促进中心 Productivity Promotion Center of Anyang Science and Technology Industrial Park	48	9345	7000	19290	29500
黄石市生产力促进中心 Productivity Promotion Center of Huangshi	29	15582	710	19578	1200
武汉市电子商务生产力促进中心 Electric Commerce Productivity Promotion Center of Wuhan	42	5670	800	2170	300
湖北鄂化化学工业生产力促进中心 Ehua Chemical Industry Productivity Promotion Center of Hubei	20	1773		3634	1000
武汉武钢工程技术生产力促进中心 WISCO Engineering Technology Productivity Promotion Center of Wuhan	20	27533	1070	15304	400
武汉材保电镀技术生产力促进中心 Electroplating Technology Productivity Promotion Center of Wuhan	28	5301		6691	300
武汉东湖新技术开发区生产力促进中心 Donghu New Technology Development Zone Productivity Promotion Center of Wuhan	15	221134	2100	1128	320
仙桃市无纺布制品生产力促进中心 Non-woven Products Productivity Promotion Center of Xiantao	41	13980	2850	6458	640
襄樊高新区生产力促进中心 Productivity Promotion Center of Xiangfan High-tech Industrial Park	30	7300	350	5898	618
湖南省生产力促进中心 Productivity Promotion Center of Hunan	20	69106	1853	51	10000
长沙市生产力促进中心 Productivity Promotion Center of Changsha	30	49323	3700	6393	3274
湘潭市生产力促进中心 Productivity Promotion Center of Xiangtan	27	7325	2060	4363	1000
株洲市生产力促进中心 Productivity Promotion Center of Zhuzhou	11	4788	910	561	800
广东省生产力促进中心 Productivity Promotion Center of Guangdong	116	400659	19974	62127	160000
广州生产力促进中心 Productivity Promotion Center of Guangzhou	101	56543	–	24167	16971
东莞市生产力促进中心 Productivity Promotion Center of Dongguan	19	320	630	249	800
中山市小榄镇生产力促进中心 Xiaolan Productivity Promotion Center of Zhongshan	430	300000	18280	28168	10000
广西生产力促进中心 Productivity Promotion Center of Guangxi	169	30885	14145	19698	13600
广西壮族自治区柳州市生产力促进中心 Liuzhou Productivity Promotion Center of Guangxi	20	12593	4413	354	650

6-2 续表 7 continued 7

国家级示范生产力促进中心 State Level Model Productivity Promotion Center	人员总数（人） Number of Employees (person)	总资产（千元） Total Assets (1000 yuan)	政府投入（千元） Govement Investment (1000 yuan)	年总服务收入（千元） Service Income of the Year (1000 yuan)	办公面积（平方米） Office Area (sq.m)
桂林市生产力促进中心 Productivity Promotion Center of Guilin	15	4292	3197	3311	772
广西梧州市生产力促进中心 Wuzhou Productivity Promotion Center of Guangxi	26	9512	1506	7043	3282
广西北海生产力促进中心 Beihai Productivity Promotion Center of Guangxi	24	7159	1243	1528	3100
广西现代物流生产力促进中心 Modern Logistics Productivity Promotion Center of Guangxi	17	158	120	690	830
钦州市生产力促进中心 Productivity Promotion Center of Qinzhou	19	5675		1448	1200
重庆生产力促进中心 Productivity Promotion Center of Chongqing	71	22057	10915	10820	4250
大足县生产力促进中心 Productivity Promotion Center of Dazu	15	2380	30	448	240
重庆海特克制造业信息化生产力促进中心 Haiteke Manufacture Informatization Productivity Promotion Center of Chongqing	25	3502		2535	300
重庆西信生产力促进中心 Xixin Productivity Promotion Center of Chongqing	17	2185		3128	371
重庆市超临界精细化工生产力促进中心 Supercritical Fine Chemical Industry Productivity Promotion Center of Chongqing	37	26603	15	3725	3000
重庆激光快速原形及模具制造生产力促进中心 Laser Rapid Prototyping and Mould Manufacturing Productivity Promotion Center of Chongqing	32	5867	51	4283	1500
四川省生产力促进中心 Productivity Promotion Center of Sichuan	52	8438		4888	600
成都生产力促进中心 Productivity Promotion Center of Chengdu	52	259381	30	9606	1643
德阳市生产力促进中心 Productivity Promotion Center of Deyang	41	1220	700	1870	300
绵阳市生产力促进中心 Productivity Promotion Center of Mianyang	17	5644	320	1070	1200
贵阳市生产力促进中心 Productivity Promotion Center of Guiyang	81	363892	40955	31331	149526
遵义市生产力促进中心 Productivity Promotion Center of Zunyi	24	3999	3786	3067	532
贵州航天生产力促进中心 Space Productivity Center of Guizhou	13	1196	1250	2533	350
贵州科创新材料生产力促进中心 Kechuang New Material Productivity Promotion Center of Guizhou	13	3279	1056	1463	94
云南省生产力促进中心 Productivity Promotion Center of Yunnan	9	22206		8313	1500
昆明市生产力促进中心 Productivity Promotion Center of Kunming	36	53001	8174	3620	8050

6-2 续表 8 continued 8

国家级示范生产力促进中心 State Level Model Productivity Promotion Center	人员总数（人） Number of Employees (person)	总资产（千元） Total Assets (1000 yuan)	政府投入（千元） Govement Investment (1000 yuan)	年总服务收入（千元） Service Income of the Year (1000 yuan)	办公面积（平方米） Office Area (sq.m)
西藏自治区生产力促进中心 Productivity Promotion Center of the Tibet Autonomous Region	14	6600	4415		180
陕西省生产力促进中心 Productivity Promotion Center of Shaanxi	76	30387	7382	17446	16500
西安市生产力促进中心 Productivity Promotion Center of Xi'an	82	29001	1130	17857	16000
西安高新生产力促进中心 Hi-tech Productivity Promotion Center of Xi'an	45	12683		4187	797
西安经济技术开发区生产力促进中心 Productivity Promotion Center of Xi'an Economic Technological Zone	20	8034	1131		500
铜川市生产力促进中心 Productivity Promotion Center of Tongchuan	7	1170	430	1051	300
宝鸡市生产力促进中心 Productivity Promotion Center of Baoji	50	42331	2590	12541	2788
宝鸡高新区生产力促进中心 Productivity Promotion Center of Baoji Science and Technology Industrial Park	29	11891	980	10397	1140
陕西省秦川牛生产力促进中心 Qinchuan Cow Productivity Promotion Center of Shaanxi	12	4399	600	9212	200
咸阳市生产力促进中心 Productivity Promotion Center of Xianyang	25	3703	36	1820	520
杨凌示范区生产力促进中心 Productivity Promotion Center of Yangling Science and Technology Industrial Park	13	4554	2020	3310	2000
陕西机械行业生产力促进中心 Machinery Industry Productivity Promotion Center of Shaanxi	18	3460	2120	2731	350
榆林市生产力促进中心 Productivity Promotion Center of Yulin	16	6500	1280	3231	1600
渭南生产力促进中心 Productivity Promotion Center of Weinan	34	9730	1710	454	1000
安康市生产力促进中心 Productivity Promotion Center of Ankang	35	8463	680	21064	1500
甘肃省生产力促进中心 Productivity Promotion Center of Gansu	36	9778	2510	2923	1625
兰州生产力促进中心 Productivity Promotion Center of Lanzhou	43	4232	650	892	670
天水生产力促进中心 Productivity Promotion Center of Tianshui	30	17106	3023	3779	3500
白银市生产力促进中心 Productivity Promotion Center of Baiyin	17	4118	670	1867	830
青海省生产力促进中心 Productivity Promotion Center of Qinghai	18	5955	282	3921	1130
西宁生产力促进中心 Productivity Promotion Center of Xining	28	4179	1532	3727	1676

6-2 续表 9 continued 9

国家级示范生产力促进中心 State Level Model Productivity Promotion Center	人员总数 (人) Number of Employees (person)	总资产 (千元) Total Assets (1000 yuan)	政府投入 (千元) Govement Investment (1000 yuan)	年总服务收入 (千元) Service Income of the Year (1000 yuan)	办公面积 (平方米) Office Area (sq.m)
宁夏自治区生产力促进中心 Productivity Promotion Center of Ningxia	34	20939	1935	1684	26909
新疆生产力促进中心 Productivity Promotion Center of Xinjiang	60	47346	2280	7727	2733
新疆中亚科技信息生产力促进中心 Central Asia Science and Technology Information Productivity Promotion Center of Xinjiang	68	18914	7076	4951	4320
新疆昌吉生产力促进中心 Changji Productivity Promotion Center of Xinjiang	34	4909	395	4536	400
玛纳斯县生产力促进中心 Productivity Promotion Center of Manas	12	519	1167	495	375
新疆博尔塔拉生产力促进中心 Bortala Productivity Promotion Center of Xinjiang	16	1915	965	2296	520
新疆生产建设兵团创新生产力促进中心 Xinjiang Production and Construction Corps Innovation Productivity Promotion Center	19	14138	570	2075	1960
新疆现代畜牧业生产力促进中心 Modern Animal Husbandry Productivity Promotion Center of Xinjiang	22	1547	500	2503	630
新疆果蔬保鲜生产力促进中心 Fruit and Vegetable Fresh-keeping Productivity Promotion Center of Xinjiang	11	19268	60	810	400
国家化工行业生产力促进中心 China Chemical Industry Productivity Promotion Center	28	10144	538	3122	200
中国建材行业生产力促进中心 China Building Material Industry Productivity Promotion Center	18	6308		14920	500
工业与日用电器生产力促进中心 National Appliance Productivity Promotion Center	163	17450	2000	35090	11500
铸造行业生产力促进中心 Foundry Productivity Promotion Center of China	22	2000		1050	1000
黑龙江省电工仪器仪表生产力促进中心 Electrical Engineering Instrument Productivity Promotion Center of Heilongjiang	83	12173		10480	1500
中机生产力促进中心 Zhongji Productivity Promotion Center	260	117864	27575	106164	3000
国青生产力促进中心 Guoqing Productivity Promotion Center	18	5360	990	1386	600
中商流通生产力促进中心 Distribution Productivity Promotion Center of China Commerce	164	56655		57666	1600
皮革和制鞋行业生产力促进中心 Leather and Footwear Industry Productivity Promotion Center	87	800		14212	400
食品行业生产力促进中心 Food Industry Productivity Promotion Center	10	6118		531	1100

6-3 国家级示范生产力促进中心服务情况

Service Statistics of State Level Model Productivity Promotion Centers

国家级示范生产力促进中心 State Level Model Productivity Promotion Center	咨询服务项次（项次） Item Times of Consultation Service (item time)	提供信息条数（条） Number of Information Provided (piece)	技术服务项次（项次） Item Times of Technological Service (item time)	培训服务人次（人次） Person Times of Training Service (person time)	中介服务项次（项次） Item Times of Intermediary Service (item time)	孵化企业服务（项次） Item Times of Incubation Service (item time)
北京软件产业生产力促进中心 Beijing Software Industry Productivity Promotion Center						
北京市丰台区技术创新与生产力促进中心 Fengtai District Technology Innovation and Productivity Promotion Center of Beijing	253	6938	36	5569	21	216
北京生产力促进中心 Beijing Productivity Promotion Center	7	4200		1372	1	
天津市食品工业生产力促进中心 Tianjin Food Industry Productivity Promotion Center	15	267300	48	34	25	11
天津市制造业信息化生产力促进中心 Tianjin Manufacture Informatization Productivity Promotion Center	165	170	65	1408	4	40
天津滨海生产力促进中心 Binhai District Productivity Promotion Center of Tianjin	5110	1500		390		49
河北省石家庄市生产力促进中心 Shijiazhuang Productivity Promotion Center	118	2000	70	668	26	53
辛集市皮革生产力促进中心 Xinji Leather Productivity Promotion Center	4	490	6	197	10	5
承德市生产力促进中心 Chengde Productivity Promotion Center	28	15000	10	388	10	1
平泉县生产力促进中心 Pingquan Productivity Promotion Center	674	1500	85	3144	130	87
河北省迁西县生产力促进中心 Qianxi Productivity Promotion Center of Hebei	23	5890	20	2220	89	7
唐山市生产力促进中心 Tangshan Productivity Promotion Center	145	21710	84	3818	159	11
唐山市丰润区生产力促进中心 Fengrun Productivity Promotion Center of Tangshan	10	3637	6	954	34	6
廊坊市生产力促进中心 Langfang Productivity Promotion Center	411	735842	122	35540	1635	133
霸州市生产力促进中心 Bazhou Productivity Promotion Center	229	221611	109	16450	883	89
香河县生产力促进中心 Xianghe Productivity Promotion Center	48	29000	38	1404	33	25
衡水市生产力促进中心 Hengshui Productivity Promotion Center	34	1589	7	96	4	8
河北省玻璃钢/复合材料生产力促进中心 Fiber Glass Reinforced Plastics Productivity Promotion Center	466	7900	135	1140	95	16
河北省衡水市橡胶产业生产力促进中心 Hengshui Rubber Industry Productivity Promotion Center of Hebei	8	3	9	900	8	2
河北省秦皇岛市生产力促进中心 Qinghuangdao Productivity Promotion Center of Hebei	137	12215	2	4433	2	47
临漳县生产力促进中心 Linzhang Productivity Promotion Center	14020	5741	246	20792	230	25

6-3 续表 1 continued 1

国家级示范生产力促进中心 State Level Model Productivity Promotion Center	咨询服务项次(项次) Item Times of Consultation Service (item time)	提供信息条数(条) Number of Information Provided (piece)	技术服务项次(项次) Item Times of Technological Service (item time)	培训服务人次(人次) Person Times of Training Service (person time)	中介服务项次(项次) Item Times of Intermediary Service (item time)	孵化企业服务(项次) Item Times of Incubation Service (item time)
河北省孟村县弯头管件生产力促进中心 Mengcun Elbow Pipe Fitting Productivity Promotion Center of Hebei	148	2550	79	3236	212	34
南皮县生产力促进中心 Nanpi Productivity Promotion Center	510	3000	55	4500	321	36
清河县羊绒产业生产力促进中心 Qinghe Productivity Promotion Center	28	771	97	2267	58	7
山西省生产力促进中心 Productivity Promotion Center of Shanxi	538	3800	60	10800	15	6
太原生产力促进中心 Productivity Promotion Center of Taiyuan	142	6137	160	4650	576	50
山西省忻州市生产力促进中心 Xinzhou Productivity Promotion Center of Shanxi	256	1450	454	24178	228	16
山西省阳泉市生产力促进中心 Yangquan Productivity Promotion Center of Shanxi	227	14547	107	430	171	47
山西省长治市生产力促进中心 Changzhi Productivity Promotion Center of Shanxi	506	3497	12	5879	16	4
内蒙古自治区生产力促进中心 Productivity Promotion Center of Inner Mongolia	14	56743	15	488	19	10
赤峰市生产力促进中心 Productivity Promotion Center of Chifeng	12	19500	45	2207	95	26
内蒙古鄂尔多斯生产力促进中心 Erdos Productivity Promotion Center of Inner Mongolia	5	35489	3	440	8	7
包头稀土高新技术产业开发区生产力促进中心 Productivity Promotion Center of Baotou Rare Earth Hi-Tech Industrial Development Zone	34	1962127	13	575	101	19
辽宁生产力促进中心 Productivity Promotion Center of Liaoning	81	2045	6	2710	17	7
沈阳市生产力促进中心 Productivity Promotion Center of Shenyang	13	6454	2	536	2	7
沈阳高新技术生产力促进中心 Innovative Hi-tech Productivity Promotion Center of Shenyang	422	2060	86	804	5	180
大连市生产力促进中心 Productivity Promotion Center of Dalian	0	30000	227	430		
鞍山市生产力促进中心 Productivity Promotion Center of Anshan	67	1200	17	519	6	7
铁岭市生产力促进中心 Productivity Promotion Center of Tieling	7	60000	10	50	54	
抚顺市生产力促进中心 Productivity Promotion Center of Fushun	19	600	27	740	2	
本溪市生产力促进中心 Productivity Promotion Center of Benxi	202	70050	19	1664	324	1
丹东市生产力促进中心 Productivity Promotion Center of Dandong	53	90000	55	150	202	

6-3 续表 2 continued 2

国家级示范生产力促进中心 State Level Model Productivity Promotion Center	咨询服务项次(项次) Item Times of Consultation Service (item time)	提供信息条数(条) Number of Information Provided (piece)	技术服务项次(项次) Item Times of Technological Service (item time)	培训服务人次(人次) Person Times of Training Service (person time)	中介服务项次(项次) Item Times of Intermediary Service (item time)	孵化企业服务(项次) Item Times of Incubation Service (item time)
凤城市生产力促进中心 Productivity Promotion Center of Fengcheng	148	24000680	129	3200	43	74
锦州市生产力促进中心 Productivity Promotion Center of Jinzhou	3	300	2	575	2	3
营口市生产力促进中心 Productivity Promotion Center of Yingkou	17	8152		207	6	4
大石桥市生产力促进中心 Productivity Promotion Center of Dashiqiao	13	480	10	30	11	4
辽阳高新区生产力促进中心 Productivity Promotion Center of Liaoyang Science and Technology Industrial Park	13	766	14	1095	10	18
辽宁省葫芦岛市生产力促进中心 Productivity Promotion Center of Huludao	33	12000		7220		
吉林省生产力促进中心 Productivity Promotion Center of Jilin Province	243	12000	10000	400	500	100
长春高新技术产业开发区生产力促进中心 Productivity Promotion Center of Changchun Science and Technology Industrial Park	32	3500	124	3100	151	383
吉林市生产力促进中心 Productivity Promotion Center of Jilin Province	39	2685	25	1800	10	11
四平市生产力促进中心 Productivity Promotion Center of Siping	659	1100	76	21050	470	132
哈尔滨市动力生产力促进中心 Dongli Productivity Promotion Center of Harbin	85	300	3	150		35
黑龙江省生产力促进中心 Productivity Promotion Center of Heilongjiang	1368	9668		768		
牡丹江市生产力促进中心 Productivity Promotion Center of Mudanjiang	17	35	9	110	1	
佳木斯市生产力促进中心 Productivity Promotion Center of Jiamusi	20	3100	3	1500	1	
大庆市生产力促进中心 Productivity Promotion Center of Daqing	117	298	56	200		
鸡西市生产力促进中心 Productivity Promotion Center of Jixi	13	32200	17	1145		
东宁县生产力促进中心 Productivity Promotion Center of Dongning	4	231	3	3074	41	4
哈尔滨市生产力促进中心 Productivity Promotion Center of Harbin		1229		937		2
现代焊接技术生产力促进中心 Modern Jointing Technology Productivity Promotion Center	8	153	2	495	1	94
黑龙江省大庆高新生产力促进中心 Daqing Hi-Tech Productivity Promotion Center of Heilongjiang	67	80	2	289	97	273
上海浦东生产力促进中心 Pudong Productivity Promotion Center of Shanghai	205	2539	18	1787	4	

6-3 续表 3 continued 3

国家级示范生产力促进中心 State Level Model Productivity Promotion Center	咨询服务项次（项次） Item Times of Consultation Service (item time)	提供信息条数（条） Number of Information Provided (piece)	技术服务项次（项次） Item Times of Technological Service (item time)	培训服务人次（人次） Person Times of Training Service (person time)	中介服务项次（项次） Item Times of Intermediary Service (item time)	孵化企业服务（项次） Item Times of Incubation Service (item time)
江苏省生产力促进中心 Productivity Promotion Center of Jiangsu Province	163	635	452	3783	12	
江苏机械工业生产力促进中心 Machine Industry Productivity Promotion Center of Jiangsu	324	820	939	1768	4	
无锡市生产力促进中心 Productivity Promotion Center of Wuxi	1275	16000	32	7673	458	52
无锡市惠山区生产力促进中心 Huishan Productivity Promotion Center of Wuxi	7	2250	7	93	47	3
徐州市生产力促进中心 Productivity Promotion Center of Xuzhou	58	84352	109	1763	1	55
常州市生产力促进中心 Productivity Promotion Center of Changzhou	257	4260		1683	689	
常州国家高新区生产力促进中心 Productivity Promotion Center of Changzhou Science and Technology Industrial Park	777	32000	103	822	15	
苏州市生产力促进中心 Productivity Promotion Center of Suzhou	2031			8542	51	
常熟市生产力促进中心 Productivity Promotion Center of Changshu	236	53088	33	22410	65	
南通市生产力促进中心 Productivity Promotion Center of Nantong	99	3000		1446	3	
盐城市生产力促进中心 Productivity Promotion Center of Yancheng	57	56300	15	1860	13	
张家港市生产力促进中心 Productivity Promotion Center of Zhangjiagang	4544	16995	2	12464	26	
连云港市生产力促进局 Productivity Promotion Center of Lianyungang	1072	8000	216	1830	2	
扬州市中小型企业生产力促进中心 Small and Medium-sized Enterprises Productivity Promotion Center of Yangzhou	759	100	46	2180		
镇江市生产力促进中心 Productivity Promotion Center of Zhenjiang	912	6189	8	4489	39	
泰州市生产力促进中心 Productivity Promotion Center of Taizhou	156	22314	83	1727	30	
姜堰市生产力促进中心 Productivity Promotion Center of Jiangyan	83	4000	21	1925	24	
浙江火炬生产力促进中心 Torch Productivity Promotion Center of Zhejiang	1820	7500	2	6290	45	
杭州市生产力促进中心 Productivity Promotion Center of Hangzhou	66		244	151	9	
宁波市生产力促进中心 Productivity Promotion Center of Ningbo	8940	267	4608	3452	251	
浙江平湖环保生产力促进中心 Pinghu Environment Protection Productivity Promotion Center of Zhejiang	19		62			

6-3 续表 4 continued 4

国家级示范生产力促进中心 State Level Model Productivity Promotion Center	咨询服务项次(项次) Item Times of Consultation Service (item time)	提供信息条数(条) Number of Information Provided (piece)	技术服务项次(项次) Item Times of Technological Service (item time)	培训服务人次(人次) Person Times of Training Service (person time)	中介服务项次(项次) Item Times of Intermediary Service (item time)	孵化企业服务(项次) Item Times of Incubation Service (item time)
嘉兴针织毛衫业生产力促进中心 Knitting Sweater Industry Protection Productivity Promotion Center of Jiaxing	13	11000	18		2	
湖州淡水鱼生产力促进中心 Freshwater Productivity Promotion Center of Huzhou	10	17600	10	2100		
湖州南浔经济开发区生产力促进中心 Nanxun Economic Development Zone Productivity Promotion Center of Huzhou	43	562	1135	1590	4	
绍兴纺织业生产力促进中心 Textile Industry Productivity Promotion Center of Shaoxing	77	6246	3496	2557	30	
嵊州市长毛兔产业生产力促进中心 Angora Rabbit Industry Productivity Promotion Center of Shengzhou	70	22568	74	3156	19	
诸暨博师珍珠业生产力促进中心 Boshi Pearl Industry Productivity Promotion Center of Zhuji	5	2013	2	415	13	
浙江永康五金生产力促进中心 Yongkang Hardware Productivity Promotion Center of Zhejiang	212	710320	8	113	52	
温岭市先导泵及泵用电机生产力促进中心 The Pilot Pump and Pump Motor Productivity Promotion Center of Wenling	586	540	1020	300	1	
安徽省生产力促进中心 Productivity Promotion Center of Anhui	148	63000	14			
铜陵市生产力促进中心 Productivity Promotion Center of Tongling	30	6440		645	21	
马鞍山市生产力促进中心 Productivity Promotion Center of Ma'anshan	77	3809	1	76	23	
安徽省计算机软件生产力促进中心 Computer Software Productivity Promotion Center of Anhui	61	440	5	165	85	
福建省生产力促进中心 Agriculture Productivity Promotion Center of Fujian	105	31009	104	936		
福建省林业生产力促进中心 Forestry Productivity Promotion Center of Fujian	90		40	321		
福建省福州市生产力促进中心 Productivity Promotion Center of Fuzhou	99	82	5	3065	1	
厦门市生产力促进中心 Productivity Promotion Center of Xiamen	39	2500	35	11014	10	
泉州市生产力促进中心 Productivity Promotion Center of Quanzhou	83	1190	274	9375	29	
石狮市生产力促进中心 Productivity Promotion Center of Shishi	6	689	4	2410	6	
南安市生产力促进中心 Productivity Promotion Center of Nan'an	11	1950	7	2179		
福建省三明市生产力促进中心 Sanming Productivity Promotion Center of Fujian	1339	3234	51	2309		
江西省生产力促进中心 Productivity Promotion Center of Jiangxi	89	8560	4	320	26	2

6-3 续表 5 continued 5

国家级示范生产力促进中心 State Level Model Productivity Promotion Center	咨询服务项次(项次) Item Times of Consultation Service (item time)	提供信息条数(条) Number of Information Provided (piece)	技术服务项次(项次) Item Times of Technological Service (item time)	培训服务人次(人次) Person Times of Training Service (person time)	中介服务项次(项次) Item Times of Intermediary Service (item time)	孵化企业服务(项次) Item Times of Incubation Service (item time)
南昌大学生产力促进中心 Productivity Promotion Center of Nanchang University	543	18172	200	2857	59	179
江西中药生产力促进中心 Chinese Materia Medica Productivity Promotion Center of Jiangxi	6562	20	2106	3948		14
山东亚太生产力促进中心 Yatai Productivity Promotion Center of Shandong	295	4302	15	7253	19	13
山东济南生产力促进中心 Jinan Productivity Promotion Center of Shandong	2955	98690	523	8467	280	121
济南市历下区生产力促进中心 Lixia Productivity Promotion Center of Jinan	1371	1259	68	1089	480	183
青岛生产力促进中心 Productivity Promotion Center of Qingdao	2850	1080	1923	1894	54	
山东淄博生产力促进中心 Zibo Productivity Promotion Center of Shandong	1297	19500	80	935	332	11
东营市生产力促进中心 Productivity Promotion Center of Dongying	96	73000	66	2511	283	26
山东烟台生产力促进中心 Yantai Productivity Promotion Center of Shandong	613	136983	59	3680	157	43
济宁市生产力促进中心 Productivity Promotion Center of Jining	163	4800	19	5100	393	55
山东曲阜生产力促进中心 Qufu Productivity Promotion Center of Shandong	17	90000	78	254689	7	2
山东泰山生产力促进中心 Taishan Productivity Promotion Center of Shandong	16	4352	30	2002	29	9
山东生产力促进中心 Productivity Promotion Center of Shandong	1731	7185950	12	1330		
山东省华鲁皮革行业生产力促进中心 Hulu Leather Industry Productivity Promotion Center of Shandong	23	19365	98	455	1	1
河南省生产力促进中心 Productivity Promotion Center of Henan	198	169700	204	76524	109	35
郑州市生产力促进中心 Productivity Promotion Center of Zhengzhou	156	4200	39	3400	16	282
洛阳生产力促进中心 Productivity Promotion Center of Luoyang	676	350	285	650	27	100
开封市生产力促进中心 Productivity Promotion Center of Kaifeng	62	120	8	237	13	12
濮阳市生产力促进中心 Productivity Promotion Center of Puyang	85	913000	58	2270	15	10
三门峡生产力促进中心 Productivity Promotion Center of Sanmenxia	22	2320	6	316	9	7
许昌市生产力促进中心 Productivity Promotion Center of Xuchang	45	11200	8	130	22	12

6-3 续表 6 continued 6

国家级示范生产力促进中心 State Level Model Productivity Promotion Center	咨询服务项次(项次) Item Times of Consultation Service (item time)	提供信息条数(条) Number of Information Provided (piece)	技术服务项次(项次) Item Times of Technological Service (item time)	培训服务人次(人次) Person Times of Training Service (person time)	中介服务项次(项次) Item Times of Intermediary Service (item time)	孵化企业服务(项次) Item Times of Incubation Service (item time)
许昌市发制品行业生产力促进中心 Hair Products Industry Productivity Promotion Center of Xuchang	4	270	8	735	2	2
安阳高新区生产力促进中心 Productivity Promotion Center of Anyang Science and Technology Industrial Park	1962	2100	51	3873	8	25
黄石市生产力促进中心 Productivity Promotion Center of Huangshi	84	17936	4493	10318	107	20
武汉市电子商务生产力促进中心 Electric Commerce Productivity Promotion Center of Wuhan	255	750	18	2000	25	15
湖北鄂化化学工业生产力促进中心 Ehua Chemical Industry Productivity Promotion Center of Hubei	269	320	380	362	20	37
武汉武钢工程技术生产力促进中心 WISCO Engineering Technology Productivity Promotion Center of Wuhan	3	290	183	210		
武汉材保电镀技术生产力促进中心 Electroplating Technology Productivity Promotion Center of Wuhan	127	2655	133	741	12	3
武汉东湖新技术开发区生产力促进中心 Donghu New Technology Development Zone Productivity Promotion Center of Wuhan	181	8375	44	1030	27	12
仙桃市无纺布制品生产力促进中心 Non-woven Products Productivity Promotion Center of Xiantao	450	1620	6883	1020	35	
襄樊高新区生产力促进中心 Productivity Promotion Center of Xiangfan High-tech Industrial Park	597	1213	75	7235	384	154
湖南省生产力促进中心 Productivity Promotion Center of Hunan	91	32	1	22	56	2
长沙市生产力促进中心 Productivity Promotion Center of Changsha	48	9800	19	273	42	165
湘潭市生产力促进中心 Productivity Promotion Center of Xiangtan	45	299	28	136	65	16
株洲市生产力促进中心 Productivity Promotion Center of Zhuzhou		8000		180	4	
广东省生产力促进中心 Productivity Promotion Center of Guangdong	3364	10425	1704	3643	2200	
广州生产力促进中心 Productivity Promotion Center of Guangzhou	1900	35002	1809	6960		
东莞市生产力促进中心 Productivity Promotion Center of Dongguan	1			80	10	
中山市小榄镇生产力促进中心 Xiaolan Productivity Promotion Center of Zhongshan	515	4800	1743	3147	63	
广西生产力促进中心 Productivity Promotion Center of Guangxi	3958	598738	25	1827	1231	
广西壮族自治区柳州市生产力促进中心 Liuzhou Productivity Promotion Center of Guangxi	251	96000	1	1098	11	
桂林市生产力促进中心 Productivity Promotion Center of Guilin	244	24877	16	3176	8	

6-3 续表 7 continued 7

国家级示范生产力促进中心 State Level Model Productivity Promotion Center	咨询服务项次(项次) Item Times of Consultation Service (item time)	提供信息条数(条) Number of Information Provided (piece)	技术服务项次(项次) Item Times of Technological Service (item time)	培训服务人次(人次) Person Times of Training Service (person time)	中介服务项次(项次) Item Times of Intermediary Service (item time)	孵化企业服务(项次) Item Times of Incubation Service (item time)
广西梧州市生产力促进中心 Wuzhou Productivity Promotion Center of Guangxi	299	3500	88	4100	3	
广西北海生产力促进中心 Beihai Productivity Promotion Center of Guangxi	134	11290	51	730	5	
广西现代物流生产力促进中心 Modern Logistics Productivity Promotion Center of Guangxi	33	12115	4	390	5	
钦州市生产力促进中心 Productivity Promotion Center of Qinzhou	14	1796	4	961		
重庆生产力促进中心 Productivity Promotion Center of Chongqing	2479	6766	80	8278	32	
大足县生产力促进中心 Productivity Promotion Center of Dazu	5	150	6	847	17	
重庆海特克制造业信息化生产力促进中心 Haiteke Manufacture Informatization Productivity Promotion Center of Chongqing	21		50	245		
重庆西信生产力促进中心 Xixin Productivity Promotion Center of Chongqing	80	2800000				
重庆市超临界精细化工生产力促进中心 Supercritical Fine Chemical Industry Productivity Promotion Center of Chongqing	1		21	2200		
重庆激光快速原形及模具制造生产力促进中心 Laser Rapid Prototyping and Mould Manufacturing Productivity Promotion Center of Chongqing	1003		659	219		
四川省生产力促进中心 Productivity Promotion Center of Sichuan	1899	9200	10	8860		
成都生产力促进中心 Productivity Promotion Center of Chengdu	2058	9965	9	4724	15	
德阳市生产力促进中心 Productivity Promotion Center of Deyang	17	9000	15	154	9	
绵阳市生产力促进中心 Productivity Promotion Center of Mianyang	183	108	236	2320	123	
贵阳市生产力促进中心 Productivity Promotion Center of Guiyang	646	35980	60	8394	21	
遵义市生产力促进中心 Productivity Promotion Center of Zunyi	123	4530	21	228	6	
贵州航天生产力促进中心 Space Productivity Center of Guizhou	17	2230	3	3322	132	
贵州科创新材料生产力促进中心 Kechuang New Material Productivity Promotion Center of Guizhou	25	1420	3	28		
云南省生产力促进中心 Productivity Promotion Center of Yunnan	41	4053	36	2214	179	
昆明市生产力促进中心 Productivity Promotion Center of Kunming	318	1351	41	4313	29	
西藏自治区生产力促进中心 Productivity Promotion Center of the Tibet Autonomous Region	71	48	32	43	13	

6-3 续表 8 continued 8

国家级示范生产力促进中心 State Level Model Productivity Promotion Center	咨询服务项次(项次) Item Times of Consultation Service (item time)	提供信息条数(条) Number of Information Provided (piece)	技术服务项次(项次) Item Times of Technological Service (item time)	培训服务人次(人次) Person Times of Training Service (person time)	中介服务项次(项次) Item Times of Intermediary Service (item time)	孵化企业服务(项次) Item Times of Incubation Service (item time)
陕西省生产力促进中心 Productivity Promotion Center of Shaanxi	944	57513	433	7118	49	
西安市生产力促进中心 Productivity Promotion Center of Xi'an	3366	2503	19	8357	17	
西安高新生产力促进中心 Hi-tech Productivity Promotion Center of Xi'an	1147	680	820	5400	3	
西安经济技术开发区生产力促进中心 Productivity Promotion Center of Xi'an Economic Technological Zone	723	2298	105	1512	14	
铜川市生产力促进中心 Productivity Promotion Center of Tongchuan	172	1784	19	836	34	
宝鸡市生产力促进中心 Productivity Promotion Center of Baoji	77	2561	45	18440	54	
宝鸡高新区生产力促进中心 Productivity Promotion Center of Baoji Science and Technology Industrial Park	10	27	39	2945	39	
陕西省秦川牛生产力促进中心 Qinchuan Cow Productivity Promotion Center of Shaanxi	28	11000	12	315	14	
咸阳市生产力促进中心 Productivity Promotion Center of Xianyang	192	560	169	5000	31	
杨凌示范区生产力促进中心 Productivity Promotion Center of Yangling Science and Technology Industrial Park	297	1830	73	7233	81	
陕西机械行业生产力促进中心 Machinery Industry Productivity Promotion Center of Shaanxi	86	248	93	300	8	
榆林市生产力促进中心 Productivity Promotion Center of Yulin	14	2640	29	2748	9	
渭南生产力促进中心 Productivity Promotion Center of Weinan	10	58	7	431	9	
安康市生产力促进中心 Productivity Promotion Center of Ankang	20	1114	31	20718	10	
甘肃省生产力促进中心 Productivity Promotion Center of Gansu	279	7461	15	5300	58	
兰州生产力促进中心 Productivity Promotion Center of Lanzhou	53	5600	15	600	4	
天水生产力促进中心 Productivity Promotion Center of Tianshui	106	2000	17	100932		
白银市生产力促进中心 Productivity Promotion Center of Baiyin	3	5240	10	72190	37	
青海省生产力促进中心 Productivity Promotion Center of Qinghai	29	20	13	11955	1	
西宁生产力促进中心 Productivity Promotion Center of Xining	31	500	21	407	2	
宁夏自治区生产力促进中心 Productivity Promotion Center of Ningxia	14	4010	7	112	1	

6-3 续表 9 continued 9

国家级示范生产力促进中心 State Level Model Productivity Promotion Center	咨询服务项次（项次） Item Times of Consultation Service (item time)	提供信息条数（条） Number of Information Provided (piece)	技术服务项次（项次） Item Times of Technological Service (item time)	培训服务人次（人次） Person Times of Training Service (person time)	中介服务项次（项次） Item Times of Intermediary Service (item time)	孵化企业服务（项次） Item Times of Incubation Service (item time)
新疆生产力促进中心 Productivity Promotion Center of Xinjiang	166	5719	4	9914	10	
新疆中亚科技信息生产力促进中心 Central Asia Science and Technology Information Productivity Promotion Center of Xinjiang	1133	53000	132	882	1	
新疆昌吉生产力促进中心 Changji Productivity Promotion Center of Xinjiang	50	316000	31	3872		
玛纳斯县生产力促进中心 Productivity Promotion Center of Manas	28	840	18	24600	16	
新疆博尔塔拉生产力促进中心 Bortala Productivity Promotion Center of Xinjiang	113	1635	4	1312	277	
新疆生产建设兵团创新生产力促进中心 Xinjiang Production and Construction Corps Innovation Productivity Promotion Center	19	300	10	3530	14	
新疆现代畜牧业生产力促进中心 Modern Animal Husbandry Productivity Promotion Center of Xinjiang	24	5430	5	3870	263	
新疆果蔬保鲜生产力促进中心 Fruit and Vegetable Fresh-keeping Productivity Promotion Center of Xinjiang	4	612	4	2190	7	
国家化工行业生产力促进中心 China Chemical Industry Productivity Promotion Center	248	2085	24		7	
中国建材行业生产力促进中心 China Building Material Industry Productivity Promotion Center	10	2800	13	407	13	
工业与日用电器生产力促进中心 National Appliance Productivity Promotion Center	89	7100	1220	1391	26	
铸造行业生产力促进中心 Foundry Productivity Promotion Center of China	3				2	
黑龙江省电工仪器仪表生产力促进中心 Electrical Engineering Instrument Productivity Promotion Center of Heilongjiang	52	6320	57	266	2	
中机生产力促进中心 Zhongji Productivity Promotion Center	8966	25280	3020	7720	66	
国青生产力促进中心 Guoqing Productivity Promotion Center	34	120	3	113136	2	
中商流通生产力促进中心 Distribution Productivity Promotion Center of China Commerce	3077	13600000	6	3900		
皮革和制鞋行业生产力促进中心 Leather and Footwear Industry Productivity Promotion Center	249	42490	1056	432	212	
食品行业生产力促进中心 Food Industry Productivity Promotion Center	28	200	11	85		

6-4　国家级示范生产力促进中心人员情况

Personnel Distribution of State Level Model Productivity Promotion Centers

单位：人　　(person)

国家级示范生产力促进中心 State Level Model Productivity Promotion Center	人员数 Number of Employees	博士 Doctor	硕士 Master	学士 Bachelor	大专及以上 College and Higher Level
北京软件产业生产力促进中心 Beijing Software Industry Productivity Promotion Center	196	2	45	143	190
北京市丰台区技术创新与生产力促进中心 Fengtai District Technology Innovation and Productivity Promotion Center of Beijing	12			5	11
北京生产力促进中心 Beijing Productivity Promotion Center	66	1	20	21	62
天津市食品工业生产力促进中心 Tianjin Food Industry Productivity Promotion Center	62		7	25	46
天津市制造业信息化生产力促进中心 Tianjin Manufacture Informatization Productivity Promotion Center	38	2	4	17	38
天津滨海生产力促进中心 Binhai District Productivity Promotion Center of Tianjin	15			8	15
河北省石家庄市生产力促进中心 Shijiazhuang Productivity Promotion Center	32		1	16	25
辛集市皮革生产力促进中心 Xinji Leather Productivity Promotion Center	28			7	7
承德市生产力促进中心 Chengde Productivity Promotion Center	25			15	23
平泉县生产力促进中心 Pingquan Productivity Promotion Center	23			16	20
河北省迁西县生产力促进中心 Qianxi Productivity Promotion Center of Hebei	23		6	15	23
唐山市生产力促进中心 Tangshan Productivity Promotion Center	17			14	16
唐山市丰润区生产力促进中心 Fengrun Productivity Promotion Center of Tangshan	15		2	12	14
廊坊市生产力促进中心 Langfang Productivity Promotion Center	70		1	64	70
霸州市生产力促进中心 Bazhou Productivity Promotion Center	17		1	11	15
香河县生产力促进中心 Xianghe Productivity Promotion Center	23		1	20	21
衡水市生产力促进中心 Hengshui Productivity Promotion Center	17		1	11	16
河北省玻璃钢/复合材料生产力促进中心 Fiber Glass Reinforced Plastics Productivity Promotion Center	22		1	14	19
河北省衡水市橡胶产业生产力促进中心 Hengshui Rubber Industry Productivity Promotion Center of Hebei	11		2	9	11
河北省秦皇岛市生产力促进中心 Qinghuangdao Productivity Promotion Center of Hebei	15			15	15
临漳县生产力促进中心 Linzhang Productivity Promotion Center	16			13	14

6-4 续表 1 continued 1

单位：人 (person)

国家级示范生产力促进中心 State Level Model Productivity Promotion Center	人员数 Number of Employees	博士 Doctor	硕士 Master	学士 Bachelor	大专及以上 College and Higher Level
河北省孟村县弯头管件生产力促进中心 Mengcun Elbow Pipe Fitting Productivity Promotion Center of Hebei	16			11	16
南皮县生产力促进中心 Nanpi Productivity Promotion Center	21		2	17	20
清河县羊绒产业生产力促进中心 Qinghe Productivity Promotion Center	16		2	11	16
山西省生产力促进中心 Productivity Promotion Center of Shanxi	67		7	34	62
太原生产力促进中心 Productivity Promotion Center of Taiyuan	42		5	22	39
山西省忻州市生产力促进中心 Xinzhou Productivity Promotion Center of Shanxi	12		1	4	11
山西省阳泉市生产力促进中心 Yangquan Productivity Promotion Center of Shanxi	25			13	25
山西省长治市生产力促进中心 Changzhi Productivity Promotion Center of Shanxi	13		1	10	13
内蒙古自治区生产力促进中心 Productivity Promotion Center of Inner Mongolia	97	5	8	71	84
赤峰市生产力促进中心 Productivity Promotion Center of Chifeng	27			24	27
内蒙古鄂尔多斯生产力促进中心 Erdos Productivity Promotion Center of Inner Mongolia	10		1	2	8
包头稀土高新技术产业开发区生产力促进中心 Productivity Promotion Center of Baotou Rare Earth Hi-Tech Industrial Development Zone	22		2	20	22
辽宁生产力促进中心 Productivity Promotion Center of Liaoning	53		7	40	51
沈阳市生产力促进中心 Productivity Promotion Center of Shenyang	15		2	8	13
沈阳高新技术生产力促进中心 Innovative Hi-tech Productivity Promotion Center of Shenyang	17	2	3	9	15
大连市生产力促进中心 Productivity Promotion Center of Dalian	22		10	9	20
鞍山市生产力促进中心 Productivity Promotion Center of Anshan	57	1	8	37	52
铁岭市生产力促进中心 Productivity Promotion Center of Tieling	21		1	16	18
抚顺市生产力促进中心 Productivity Promotion Center of Fushun	16			12	16
本溪市生产力促进中心 Productivity Promotion Center of Benxi	18		3	13	17
丹东市生产力促进中心 Productivity Promotion Center of Dandong	24		1	6	16

6-4 续表 2 continued 2

单位：人 (person)

国家级示范生产力促进中心 State Level Model Productivity Promotion Center	人员数 Number of Employees	博士 Doctor	硕士 Master	学士 Bachelor	大专及以上 College and Higher Level
凤城市生产力促进中心 Productivity Promotion Center of Fengcheng	21		3	16	20
锦州市生产力促进中心 Productivity Promotion Center of Jinzhou	32	2	1	24	32
营口市生产力促进中心 Productivity Promotion Center of Yingkou	21		1	5	18
大石桥市生产力促进中心 Productivity Promotion Center of Dashiqiao	18	1	1	6	16
辽阳高新区生产力促进中心 Productivity Promotion Center of Liaoyang Science and Technology Industrial Park	16		1	10	15
辽宁省葫芦岛市生产力促进中心 Productivity Promotion Center of Huludao	18		3	3	18
吉林省生产力促进中心 Productivity Promotion Center of Jilin Province	18		6	12	18
长春高新技术产业开发区生产力促进中心 Productivity Promotion Center of Changchun Science and Technology Industrial Park	54		7	35	45
吉林市生产力促进中心 Productivity Promotion Center of Jilin Province	19		2	7	15
四平市生产力促进中心 Productivity Promotion Center of Siping	18		3	14	18
哈尔滨市动力生产力促进中心 Dongli Productivity Promotion Center of Harbin	9	1		6	9
黑龙江省生产力促进中心 Productivity Promotion Center of Heilongjiang	92	2	7	68	80
牡丹江市生产力促进中心 Productivity Promotion Center of Mudanjiang	25			20	21
佳木斯市生产力促进中心 Productivity Promotion Center of Jiamusi	20			17	20
大庆市生产力促进中心 Productivity Promotion Center of Daqing	10		1	9	10
鸡西市生产力促进中心 Productivity Promotion Center of Jixi	14			12	12
东宁县生产力促进中心 Productivity Promotion Center of Dongning	16			13	16
哈尔滨市生产力促进中心 Productivity Promotion Center of Harbin	13		5	7	13
现代焊接技术生产力促进中心 Modern Jointing Technology Productivity Promotion Center	41		11	26	40
黑龙江省大庆高新生产力促进中心 Daqing Hi-Tech Productivity Promotion Center of Heilongjiang	15		2	11	15
上海浦东生产力促进中心 Pudong Productivity Promotion Center of Shanghai	94	4	36	39	89

6-4 续表 3 continued 3

单位：人 (person)

国家级示范生产力促进中心 State Level Model Productivity Promotion Center	人员数 Number of Employees	博士 Doctor	硕士 Master	学士 Bachelor	大专及以上 College and Higher Level
江苏省生产力促进中心 Productivity Promotion Center of Jiangsu Province	164		39	74	143
江苏机械工业生产力促进中心 Machine Industry Productivity Promotion Center of Jiangsu	36	1	1	25	36
无锡市生产力促进中心 Productivity Promotion Center of Wuxi	73	1	5	22	53
无锡市惠山区生产力促进中心 Huishan Productivity Promotion Center of Wuxi	18	2	4	10	18
徐州市生产力促进中心 Productivity Promotion Center of Xuzhou	30		2	11	29
常州市生产力促进中心 Productivity Promotion Center of Changzhou	40		2	20	39
常州国家高新区生产力促进中心 Productivity Promotion Center of Changzhou Science and Technology Industrial Park	27		3	21	27
苏州市生产力促进中心 Productivity Promotion Center of Suzhou	25		3	13	25
常熟市生产力促进中心 Productivity Promotion Center of Changshu	26		2	21	25
南通市生产力促进中心 Productivity Promotion Center of Nantong	24			6	15
盐城市生产力促进中心 Productivity Promotion Center of Yancheng	11			6	8
张家港市生产力促进中心 Productivity Promotion Center of Zhangjiagang	11		2	8	11
连云港市生产力促进局 Productivity Promotion Center of Lianyungang	27			22	24
扬州市中小型企业生产力促进中心 Small and Medium-sized Enterprises Productivity Promotion Center of Yangzhou	16		2	14	16
镇江市生产力促进中心 Productivity Promotion Center of Zhenjiang	44		4	30	44
泰州市生产力促进中心 Productivity Promotion Center of Taizhou	40			34	37
姜堰市生产力促进中心 Productivity Promotion Center of Jiangyan	19		1	13	19
浙江火炬生产力促进中心 Torch Productivity Promotion Center of Zhejiang	26		6	17	23
杭州市生产力促进中心 Productivity Promotion Center of Hangzhou	23		1	11	18
宁波市生产力促进中心 Productivity Promotion Center of Ningbo	107		6	33	88
浙江平湖环保生产力促进中心 Pinghu Environment Protection Productivity Promotion Center of Zhejiang	30	1	2	9	16

6-4 续表 4 continued 4

单位：人 (person)

国家级示范生产力促进中心 State Level Model Productivity Promotion Center	人员数 Number of Employees	博士 Doctor	硕士 Master	学士 Bachelor	大专及以上 College and Higher Level
嘉兴针织毛衫业生产力促进中心 Knitting Sweater Industry Protection Productivity Promotion Center of Jiaxing	18		2	5	18
湖州淡水鱼生产力促进中心 Freshwater Productivity Promotion Center of Huzhou	35	1	5	22	32
湖州南浔经济开发区生产力促进中心 Nanxun Economic Development Zone Productivity Promotion Center of Huzhou	42	7	5	25	42
绍兴纺织业生产力促进中心 Textile Industry Productivity Promotion Center of Shaoxing	215	4	19	81	172
嵊州市长毛兔产业生产力促进中心 Angora Rabbit Industry Productivity Promotion Center of Shengzhou	34	4	4	16	31
诸暨博师珍珠业生产力促进中心 Boshi Pearl Industry Productivity Promotion Center of Zhuji	15	3	3	8	14
浙江永康五金生产力促进中心 Yongkang Hardware Productivity Promotion Center of Zhejiang	31	1	2	12	31
温岭市先导泵及泵用电机生产力促进中心 The Pilot Pump and Pump Motor Productivity Promotion Center of Wenling	10		2	7	10
安徽省生产力促进中心 Productivity Promotion Center of Anhui	15		4	6	15
铜陵市生产力促进中心 Productivity Promotion Center of Tongling	22			17	21
马鞍山市生产力促进中心 Productivity Promotion Center of Ma'anshan	10			6	10
安徽省计算机软件生产力促进中心 Computer Software Productivity Promotion Center of Anhui	23	1	1	17	23
福建省生产力促进中心 Agriculture Productivity Promotion Center of Fujian	126	2	10	70	115
福建省林业生产力促进中心 Forestry Productivity Promotion Center of Fujian	20		5	9	14
福建省福州市生产力促进中心 Productivity Promotion Center of Fuzhou	32		4	13	27
厦门市生产力促进中心 Productivity Promotion Center of Xiamen	47		5	25	38
泉州市生产力促进中心 Productivity Promotion Center of Quanzhou	110		5	60	86
石狮市生产力促进中心 Productivity Promotion Center of Shishi	20	1	1	10	17
南安市生产力促进中心 Productivity Promotion Center of Nan'an	20			17	20
福建省三明市生产力促进中心 Sanming Productivity Promotion Center of Fujian	90	3		52	84
江西省生产力促进中心 Productivity Promotion Center of Jiangxi	37		1	21	35

6-4 续表 5 continued 5

单位：人 (person)

国家级示范生产力促进中心 State Level Model Productivity Promotion Center	人员数 Number of Employees	博士 Doctor	硕士 Master	学士 Bachelor	大专及以上 College and Higher Level
南昌大学生产力促进中心 Productivity Promotion Center of Nanchang University	16	2	2	10	15
江西中药生产力促进中心 Chinese Materia Medica Productivity Promotion Center of Jiangxi	110	3	12	79	96
山东亚太生产力促进中心 Yatai Productivity Promotion Center of Shandong	20		2	13	19
山东济南生产力促进中心 Jinan Productivity Promotion Center of Shandong	61	5	12	35	55
济南市历下区生产力促进中心 Lixia Productivity Promotion Center of Jinan	40	2	9	23	40
青岛生产力促进中心 Productivity Promotion Center of Qingdao	59		20	16	56
山东淄博生产力促进中心 Zibo Productivity Promotion Center of Shandong	42		2	17	41
东营市生产力促进中心 Productivity Promotion Center of Dongying	42		3	33	39
山东烟台生产力促进中心 Yantai Productivity Promotion Center of Shandong	37		4	31	36
济宁市生产力促进中心 Productivity Promotion Center of Jining	16		4	10	16
山东曲阜生产力促进中心 Qufu Productivity Promotion Center of Shandong	43		2	31	43
山东泰山生产力促进中心 Taishan Productivity Promotion Center of Shandong	32	1	3	19	29
山东生产力促进中心 Productivity Promotion Center of Shandong	32		8	22	30
山东省华鲁皮革行业生产力促进中心 Hulu Leather Industry Productivity Promotion Center of Shandong	21			18	21
河南省生产力促进中心 Productivity Promotion Center of Henan	57	2	4	20	55
郑州市生产力促进中心 Productivity Promotion Center of Zhengzhou	25		1	13	22
洛阳生产力促进中心 Productivity Promotion Center of Luoyang	40	4	7	18	39
开封市生产力促进中心 Productivity Promotion Center of Kaifeng	28	1	4	11	25
濮阳市生产力促进中心 Productivity Promotion Center of Puyang	16			14	16
三门峡生产力促进中心 Productivity Promotion Center of Sanmenxia	18			15	18
许昌市生产力促进中心 Productivity Promotion Center of Xuchang	17			13	13

6-4 续表 6 continued 6

单位：人 (person)

国家级示范生产力促进中心 State Level Model Productivity Promotion Center	人员数 Number of Employees	博士 Doctor	硕士 Master	学士 Bachelor	大专及以上 College and Higher Level
许昌市发制品行业生产力促进中心 Hair Products Industry Productivity Promotion Center of Xuchang	16		1	11	12
安阳高新区生产力促进中心 Productivity Promotion Center of Anyang Science and Technology Industrial Park	48	1	2	36	48
黄石市生产力促进中心 Productivity Promotion Center of Huangshi	29	2	5	16	27
武汉市电子商务生产力促进中心 Electric Commerce Productivity Promotion Center of Wuhan	42	2	5	25	42
湖北鄂化化学工业生产力促进中心 Ehua Chemical Industry Productivity Promotion Center of Hubei	20		1	18	20
武汉武钢工程技术生产力促进中心 WISCO Engineering Technology Productivity Promotion Center of Wuhan	20	1	2	13	20
武汉材保电镀技术生产力促进中心 Electroplating Technology Productivity Promotion Center of Wuhan	28		1	21	27
武汉东湖新技术开发区生产力促进中心 Donghu New Technology Development Zone Productivity Promotion Center of Wuhan	15	1	4	8	14
仙桃市无纺布制品生产力促进中心 Non-woven Products Productivity Promotion Center of Xiantao	41		3	36	39
襄樊高新区生产力促进中心 Productivity Promotion Center of Xiangfan High-tech Industrial Park	30	1	2	24	30
湖南省生产力促进中心 Productivity Promotion Center of Hunan	20	1	3	7	17
长沙市生产力促进中心 Productivity Promotion Center of Changsha	30		5	19	28
湘潭市生产力促进中心 Productivity Promotion Center of Xiangtan	27		7	18	27
株洲市生产力促进中心 Productivity Promotion Center of Zhuzhou	11			7	8
广东省生产力促进中心 Productivity Promotion Center of Guangdong	116	1	18	56	104
广州生产力促进中心 Productivity Promotion Center of Guangzhou	101	1	10	62	94
东莞市生产力促进中心 Productivity Promotion Center of Dongguan	19	2	4	4	18
中山市小榄镇生产力促进中心 Xiaolan Productivity Promotion Center of Zhongshan	430	4	16	341	374
广西生产力促进中心 Productivity Promotion Center of Guangxi	169		21	114	144
广西壮族自治区柳州市生产力促进中心 Liuzhou Productivity Promotion Center of Guangxi	20		2	14	19
桂林市生产力促进中心 Productivity Promotion Center of Guilin	15		1	12	15

6-4 续表 7 continued 7

单位：人 (person)

国家级示范生产力促进中心 State Level Model Productivity Promotion Center	人员数 Number of Employees	博士 Doctor	硕士 Master	学士 Bachelor	大专及以上 College and Higher Level
广西梧州市生产力促进中心 Wuzhou Productivity Promotion Center of Guangxi	26			20	26
广西北海生产力促进中心 Beihai Productivity Promotion Center of Guangxi	24		2	16	18
广西现代物流生产力促进中心 Modern Logistics Productivity Promotion Center of Guangxi	17	1	4	12	17
钦州市生产力促进中心 Productivity Promotion Center of Qinzhou	19		1	12	18
重庆生产力促进中心 Productivity Promotion Center of Chongqing	71	3	18	38	68
大足县生产力促进中心 Productivity Promotion Center of Dazu	15		1	7	12
重庆海特克制造业信息化生产力促进中心 Haiteke Manufacture Informatization Productivity Promotion Center of Chongqing	25	5	4	13	22
重庆西信生产力促进中心 Xixin Productivity Promotion Center of Chongqing	17		2	12	14
重庆市超临界精细化工生产力促进中心 Supercritical Fine Chemical Industry Productivity Promotion Center of Chongqing	37		1	27	35
重庆激光快速原形及模具制造生产力促进中心 Laser Rapid Prototyping and Mould Manufacturing Productivity Promotion Center of Chongqing	32	3	3	14	23
四川省生产力促进中心 Productivity Promotion Center of Sichuan	52	3	22	17	51
成都生产力促进中心 Productivity Promotion Center of Chengdu	52		9	34	51
德阳市生产力促进中心 Productivity Promotion Center of Deyang	41		3	30	41
绵阳市生产力促进中心 Productivity Promotion Center of Mianyang	17		4	13	17
贵阳市生产力促进中心 Productivity Promotion Center of Guiyang	81	1	6	36	75
遵义市生产力促进中心 Productivity Promotion Center of Zunyi	24			19	23
贵州航天生产力促进中心 Space Productivity Center of Guizhou	13			11	13
贵州科创新材料生产力促进中心 Kechuang New Material Productivity Promotion Center of Guizhou	13		2	8	11
云南省生产力促进中心 Productivity Promotion Center of Yunnan	9		2	4	8
昆明市生产力促进中心 Productivity Promotion Center of Kunming	36		4	20	34
西藏自治区生产力促进中心 Productivity Promotion Center of the Tibet Autonomous Region	14			6	10

6-4 续表 8 continued 8

单位：人 (person)

国家级示范生产力促进中心 State Level Model Productivity Promotion Center	人员数 Number of Employees	博士 Doctor	硕士 Master	学士 Bachelor	大专及以上 College and Higher Level
陕西省生产力促进中心 Productivity Promotion Center of shaanxi	76		5	54	64
西安市生产力促进中心 Productivity Promotion Center of Xi'an	82		4	31	74
西安高新生产力促进中心 Hi-tech Productivity Promotion Center of Xi'an	45		15	28	45
西安经济技术开发区生产力促进中心 Productivity Promotion Center of Xi'an Economic Technological Zone	20		3	15	20
铜川市生产力促进中心 Productivity Promotion Center of Tongchuan	7			5	5
宝鸡市生产力促进中心 Productivity Promotion Center of Baoji	50	1	5	28	47
宝鸡高新区生产力促进中心 Productivity Promotion Center of Baoji Science and Technology Industrial Park	29		4	22	29
陕西省秦川牛生产力促进中心 Qinchuan Cow Productivity Promotion Center of Shaanxi	12	1	1	8	12
咸阳市生产力促进中心 Productivity Promotion Center of Xianyang	25		6	19	25
杨凌示范区生产力促进中心 Productivity Promotion Center of Yangling Science and Technology Industrial Park	13	1	5	6	13
陕西机械行业生产力促进中心 Machinery Industry Productivity Promotion Center of Shaanxi	18		2	13	18
榆林市生产力促进中心 Productivity Promotion Center of Yulin	16			12	15
渭南生产力促进中心 Productivity Promotion Center of Weinan	34		2	7	33
安康市生产力促进中心 Productivity Promotion Center of Ankang	35			32	34
甘肃省生产力促进中心 Productivity Promotion Center of Gansu	36			28	30
兰州生产力促进中心 Productivity Promotion Center of Lanzhou	43	2	1	31	40
天水生产力促进中心 Productivity Promotion Center of Tianshui	30		2	11	27
白银市生产力促进中心 Productivity Promotion Center of Baiyin	17			11	14
青海省生产力促进中心 Productivity Promotion Center of Qinghai	18			9	16
西宁生产力促进中心 Productivity Promotion Center of Xining	28		1	20	26
宁夏自治区生产力促进中心 Productivity Promotion Center of Ningxia	34			7	33

6-4 续表 9 continued 9

单位：人 (person)

国家级示范生产力促进中心 State Level Model Productivity Promotion Center	人员数 Number of Employees	博士 Doctor	硕士 Master	学士 Bachelor	大专及以上 College and Higher Level
新疆生产力促进中心 Productivity Promotion Center of Xinjiang	60		3	40	60
新疆中亚科技信息生产力促进中心 Central Asia Science and Technology Information Productivity Promotion Center of Xinjiang	68		4	31	61
新疆昌吉生产力促进中心 Changji Productivity Promotion Center of Xinjiang	34	1	3	21	34
玛纳斯县生产力促进中心 Productivity Promotion Center of Manas	12			7	12
新疆博尔塔拉生产力促进中心 Bortala Productivity Promotion Center of Xinjiang	16			16	16
新疆生产建设兵团创新生产力促进中心 Xinjiang Production and Construction Corps Innovation Productivity Promotion Center	19		1	11	19
新疆现代畜牧业生产力促进中心 Modern Animal Husbandry Productivity Promotion Center of Xinjiang	22			22	22
新疆果蔬保鲜生产力促进中心 Fruit and Vegetable Fresh-keeping Productivity Promotion Center of Xinjiang	11			11	11
国家化工行业生产力促进中心 China Chemical Industry Productivity Promotion Center	28	1	6	20	28
中国建材行业生产力促进中心 China Building Material Industry Productivity Promotion Center	18	1	2	12	16
工业与日用电器生产力促进中心 National Appliance Productivity Promotion Center	163	2	16	126	149
铸造行业生产力促进中心 Foundry Productivity Promotion Center of China	22	1	6	14	22
黑龙江省电工仪器仪表生产力促进中心 Electrical Engineering Instrument Productivity Promotion Center of Heilongjiang	83		8	61	76
中机生产力促进中心 Zhongji Productivity Promotion Center	260	8	64	97	240
国青生产力促进中心 Guoqing Productivity Promotion Center	18	2	4	8	16
中商流通生产力促进中心 Distribution Productivity Promotion Center of China Commerce	164	7	43	107	161
皮革和制鞋行业生产力促进中心 Leather and Footwear Industry Productivity Promotion Center	87	3	14	58	82
食品行业生产力促进中心 Food Industry Productivity Promotion Center	10		4	5	9

6-5 国家级示范生产力促进中心服务业绩情况

Service Achievements of State Level Model Productivity Promotion Centers

国家级示范生产力促进中心 State Level Model Productivity Promotion Center	服务企业数量（个） Number of Served Enterprises (unit)	为企业增加销售额（千元） Enterprises Sales Income Increased by PPCs Service (1000 yuan)	增加利税（千元） Profits and Taxes Added (1000 yuan)	为社会增加就业（人） Employ-ment Added (person)	中心总服务收入（千元） Total Service Income (1000 yuan)
北京软件产业生产力促进中心 Beijing Software Industry Productivity Promotion Center					
北京市丰台区技术创新与生产力促进中心 Fengtai District Technology Innovation and Productivity Promotion Center of Beijing	305	47800	4140	35	1392
北京生产力促进中心 Beijing Productivity Promotion Center	52				3636
天津市食品工业生产力促进中心 Tianjin Food Industry Productivity Promotion Center	61	10230	2132	360	3065
天津市制造业信息化生产力促进中心 Tianjin Manufacture Informatization Productivity Promotion Center	567	409180	32730	50	1948
天津滨海生产力促进中心 Binhai District Productivity Promotion Center of Tianjin	430	31000	2376	160	2041
河北省石家庄市生产力促进中心 Shijiazhuang Productivity Promotion Center	224	52190	2620	3460	2448
辛集市皮革生产力促进中心 Xinji Leather Productivity Promotion Center	11	42920	2855	1164	7
承德市生产力促进中心 Chengde Productivity Promotion Center	48	185000	32000	299	3470
平泉县生产力促进中心 Pingquan Productivity Promotion Center	213	71800	7480	880	4133
河北省迁西县生产力促进中心 Qianxi Productivity Promotion Center of Hebei	150	4000	380	4800	12856
唐山市生产力促进中心 Tangshan Productivity Promotion Center	211	170640	13870	5914	330
唐山市丰润区生产力促进中心 Fengrun Productivity Promotion Center of Tangshan	162	118900	9800	525	2542
廊坊市生产力促进中心 Langfang Productivity Promotion Center	497	3018343	66983	57896	24043
霸州市生产力促进中心 Bazhou Productivity Promotion Center	252	1584610	34890	12600	9636
香河县生产力促进中心 Xianghe Productivity Promotion Center	279	40000	8100	600	2483
衡水市生产力促进中心 Hengshui Productivity Promotion Center	68	3985	383	760	32075
河北省玻璃钢/复合材料生产力促进中心 Fiber Glass Reinforced Plastics Productivity Promotion Center	207	360000	81000	2500	31151
河北省衡水市橡胶产业生产力促进中心 Hengshui Rubber Industry Productivity Promotion Center of Hebei	24	2300	1490	1600	973
河北省秦皇岛市生产力促进中心 Qinghuangdao Productivity Promotion Center of Hebei	510	18230	6493	246	986
临漳县生产力促进中心 Linzhang Productivity Promotion Center	123	203795	30569	2539	8713

6-5 续表 1 continued 1

国家级示范生产力促进中心 State Level Model Productivity Promotion Center	服务企业数量(个) Number of Served Enterprises (unit)	为企业增加销售额(千元) Enterprises Sales Income Increased by PPCs Service (1000 yuan)	增加利税(千元) Profits and Taxes Added (1000 yuan)	为社会增加就业(人) Employ-ment Added (person)	中心总服务收入(千元) Total Service Income (1000 yuan)
河北省孟村县弯头管件生产力促进中心 Mengcun Elbow Pipe Fitting Productivity Promotion Center of Hebei	242	45681	5241	2896	470
南皮县生产力促进中心 Nanpi Productivity Promotion Center	2300	1500000	29000	3400	534
清河县羊绒产业生产力促进中心 Qinghe Productivity Promotion Center	1013	153700	36260	1270	350
山西省生产力促进中心 Productivity Promotion Center of Shanxi	1605	96530	7190	560	16846
太原生产力促进中心 Productivity Promotion Center of Taiyuan	1502	900	95	3050	220
山西省忻州市生产力促进中心 Xinzhou Productivity Promotion Center of Shanxi	847	8100	1377	670	6451
山西省阳泉市生产力促进中心 Yangquan Productivity Promotion Center of Shanxi	412	72366	8754	1940	7151
山西省长治市生产力促进中心 Changzhi Productivity Promotion Center of Shanxi	540	19300	780	900	2013
内蒙古自治区生产力促进中心 Productivity Promotion Center of Inner Mongolia	82	4562	226	263	636
赤峰市生产力促进中心 Productivity Promotion Center of Chifeng	1099	10300	1150	26700	1113
内蒙古鄂尔多斯生产力促进中心 Erdos Productivity Promotion Center of Inner Mongolia	30	3769	603	400	270
包头稀土高新技术产业开发区生产力促进中心 Productivity Promotion Center of Baotou Rare Earth Hi-Tech Industrial Development Zone	226	133310	44180	980	3240
辽宁生产力促进中心 Productivity Promotion Center of Liaoning	84	56300	4066	410	9050
沈阳市生产力促进中心 Productivity Promotion Center of Shenyang	41	4563000	638820	2159	410
沈阳高新技术生产力促进中心 Innovative Hi-tech Productivity Promotion Center of Shenyang	1063	168990	792380	740	3546
大连市生产力促进中心 Productivity Promotion Center of Dalian	1480	470100	87000	21200	
鞍山市生产力促进中心 Productivity Promotion Center of Anshan	106	545000	112000	2850	1180
铁岭市生产力促进中心 Productivity Promotion Center of Tieling	55	200000	50000	6000	281
抚顺市生产力促进中心 Productivity Promotion Center of Fushun	71	198000	18500	1100	1425
本溪市生产力促进中心 Productivity Promotion Center of Benxi	62	480000	210000	310	1435
丹东市生产力促进中心 Productivity Promotion Center of Dandong	72	11000	1300		71

6-5 续表 2 continued 2

国家级示范生产力促进中心 State Level Model Productivity Promotion Center	服务企业数量(个) Number of Served Enterprises (unit)	为企业增加销售额(千元) Enterprises Sales Income Increased by PPCs Service (1000 yuan)	增加利税(千元) Profits and Taxes Added (1000 yuan)	为社会增加就业(人) Employment Added (person)	中心总服务收入(千元) Total Service Income (1000 yuan)
凤城市生产力促进中心 Productivity Promotion Center of Fengcheng	349	96000	1600	2300	3032
锦州市生产力促进中心 Productivity Promotion Center of Jinzhou	23	54000	5100	1430	31
营口市生产力促进中心 Productivity Promotion Center of Yingkou	33	26100	2750	583	
大石桥市生产力促进中心 Productivity Promotion Center of Dashiqiao	36	78000	32000	150	
辽阳高新区生产力促进中心 Productivity Promotion Center of Liaoyang Science and Technology Industrial Park	84	251358	244756	1365	901
辽宁省葫芦岛市生产力促进中心 Productivity Promotion Center of Huludao	33	14000	1300	850	1338
吉林省生产力促进中心 Productivity Promotion Center of Jilin Province	500	150000	45000	800	240
长春高新技术产业开发区生产力促进中心 Productivity Promotion Center of Changchun Science and Technology Industrial Park	734	26000	6500	269	7416
吉林市生产力促进中心 Productivity Promotion Center of Jilin Province	79	86392	32650	1255	5548
四平市生产力促进中心 Productivity Promotion Center of Siping	96	28800	26500	7520	9786
哈尔滨市动力生产力促进中心 Dongli Productivity Promotion Center of Harbin	228	9880	1680	120	240
黑龙江省生产力促进中心 Productivity Promotion Center of Heilongjiang	1673				1661
牡丹江市生产力促进中心 Productivity Promotion Center of Mudanjiang	37	1600	250	30	
佳木斯市生产力促进中心 Productivity Promotion Center of Jiamusi	86	32562	9870	1200	543
大庆市生产力促进中心 Productivity Promotion Center of Daqing	103	52000		2500	97
鸡西市生产力促进中心 Productivity Promotion Center of Jixi	51	161000	6000	9000	2674
东宁县生产力促进中心 Productivity Promotion Center of Dongning	15	249	56	26	519
哈尔滨市生产力促进中心 Productivity Promotion Center of Harbin	2				
现代焊接技术生产力促进中心 Modern Jointing Technology Productivity Promotion Center	80	350000	87500	1236	2394
黑龙江省大庆高新生产力促进中心 Daqing Hi-Tech Productivity Promotion Center of Heilongjiang	334	100000	11000	300	63
上海浦东生产力促进中心 Pudong Productivity Promotion Center of Shanghai	483			142	11841

6-5 续表 3 continued 3

国家级示范生产力促进中心 State Level Model Productivity Promotion Center	服务企业数量（个） Number of Served Enterprises (unit)	为企业增加销售额（千元） Enterprises Sales Income Increased by PPCs Service (1000 yuan)	增加利税（千元） Profits and Taxes Added (1000 yuan)	为社会增加就业（人） Employment Added (person)	中心总服务收入（千元） Total Service Income (1000 yuan)
江苏省生产力促进中心 Productivity Promotion Center of Jiangsu Province	581				23804
江苏机械工业生产力促进中心 Machine Industry Productivity Promotion Center of Jiangsu	342	487650	87776		15020
无锡市生产力促进中心 Productivity Promotion Center of Wuxi	1379	563550	61453	5300	27051
无锡市惠山区生产力促进中心 Huishan Productivity Promotion Center of Wuxi	13	75000	4000	1652	3749
徐州市生产力促进中心 Productivity Promotion Center of Xuzhou	412	182757	26496	712	4890
常州市生产力促进中心 Productivity Promotion Center of Changzhou	475	662600	20000	3680	16950
常州国家高新区生产力促进中心 Productivity Promotion Center of Changzhou Science and Technology Industrial Park	1075	890000	11700	1326	9507
苏州市生产力促进中心 Productivity Promotion Center of Suzhou	1865	165000	24750	14500	9944
常熟市生产力促进中心 Productivity Promotion Center of Changshu	872	301900	80820	921	10552
南通市生产力促进中心 Productivity Promotion Center of Nantong	298	52000	6100	2510	2428
盐城市生产力促进中心 Productivity Promotion Center of Yancheng	173	236000	41000	1020	2655
张家港市生产力促进中心 Productivity Promotion Center of Zhangjiagang	515		150000		1740
连云港市生产力促进局 Productivity Promotion Center of Lianyungang	1325	386500	75860	3560	8804
扬州市中小型企业生产力促进中心 Small and Medium-sized Enterprises Productivity Promotion Center of Yangzhou	806	258936	21098	2896	1282
镇江市生产力促进中心 Productivity Promotion Center of Zhenjiang	1089	49500	6250	4050	9242
泰州市生产力促进中心 Productivity Promotion Center of Taizhou	602	850000	140000	6320	10180
姜堰市生产力促进中心 Productivity Promotion Center of Jiangyan	864	630000	125000	680	5576
浙江火炬生产力促进中心 Torch Productivity Promotion Center of Zhejiang	1650	280000	504000	16500	10806
杭州市生产力促进中心 Productivity Promotion Center of Hangzhou	194				2330
宁波市生产力促进中心 Productivity Promotion Center of Ningbo	4063	18625	2360	15	10409
浙江平湖环保生产力促进中心 Pinghu Environment Protection Productivity Promotion Center of Zhejiang	62	1600	285	30	5140

6-5 续表 4 continued 4

国家级示范生产力促进中心 State Level Model Productivity Promotion Center	服务企业数量（个） Number of Served Enterprises (unit)	为企业增加销售额（千元） Enterprises Sales Income Increased by PPCs Service (1000 yuan)	增加利税（千元） Profits and Taxes Added (1000 yuan)	为社会增加就业（人） Employment Added (person)	中心总服务收入（千元） Total Service Income (1000 yuan)
嘉兴针织毛衫业生产力促进中心 Knitting Sweater Industry Protection Productivity Promotion Center of Jiaxing	56	35000	4200	400	1211
湖州淡水鱼生产力促进中心 Freshwater Productivity Promotion Center of Huzhou	52	34000	99650	9900	4741
湖州南浔经济开发区生产力促进中心 Nanxun Economic Development Zone Productivity Promotion Center of Huzhou	158	223540	28770	2468	3086
绍兴纺织业生产力促进中心 Textile Industry Productivity Promotion Center of Shaoxing	2702	8074384	112426	5392	21960
嵊州市长毛兔产业生产力促进中心 Angora Rabbit Industry Productivity Promotion Center of Shengzhou	37	321000	85600	56500	78402
诸暨博师珍珠业生产力促进中心 Boshi Pearl Industry Productivity Promotion Center of Zhuji	15	15635	15732	468	2999
浙江永康五金生产力促进中心 Yongkang Hardware Productivity Promotion Center of Zhejiang	1234	500000	128000	3600	3380
温岭市先导泵及泵用电机生产力促进中心 The Pilot Pump and Pump Motor Productivity Promotion Center of Wenling	1569	600000	25000	3700	2870
安徽省生产力促进中心 Productivity Promotion Center of Anhui	396	85160	25363	276	
铜陵市生产力促进中心 Productivity Promotion Center of Tongling	87	87641	18490	2200	604
马鞍山市生产力促进中心 Productivity Promotion Center of Ma'anshan	133	96800	8200	1000	551
安徽省计算机软件生产力促进中心 Computer Software Productivity Promotion Center of Anhui	138	560000	130000	80	8870
福建省生产力促进中心 Agriculture Productivity Promotion Center of Fujian	451	19000	2300	300	7253
福建省林业生产力促进中心 Forestry Productivity Promotion Center of Fujian	96	1360	486		720
福建省福州市生产力促进中心 Productivity Promotion Center of Fuzhou	123				326
厦门市生产力促进中心 Productivity Promotion Center of Xiamen	407	91000	18000	100	3001
泉州市生产力促进中心 Productivity Promotion Center of Quanzhou	359	168434	11872	2030	7992
石狮市生产力促进中心 Productivity Promotion Center of Shishi	128	6771	562	602	660
南安市生产力促进中心 Productivity Promotion Center of Nan'an	1408				
福建省三明市生产力促进中心 Sanming Productivity Promotion Center of Fujian	1339	42500	3100	656	2706
江西省生产力促进中心 Productivity Promotion Center of Jiangxi	2232	132000	26500	2106	1120

6-5 续表 5 continued 5

国家级示范生产力促进中心 State Level Model Productivity Promotion Center	服务企业数量（个） Number of Served Enterprises (unit)	为企业增加销售额（千元） Enterprises Sales Income Increased by PPCs Service (1000 yuan)	增加利税（千元） Profits and Taxes Added (1000 yuan)	为社会增加就业（人） Employment Added (person)	中心总服务收入（千元） Total Service Income (1000 yuan)
南昌大学生产力促进中心 Productivity Promotion Center of Nanchang University	317	430820	49275	2306	3513
江西中药生产力促进中心 Chinese Materia Medica Productivity Promotion Center of Jiangxi	2100	480000	144000	5200	24267
山东亚太生产力促进中心 Yatai Productivity Promotion Center of Shandong	1169	201089	56317	191	5562
山东济南生产力促进中心 Jinan Productivity Promotion Center of Shandong	3121	5963900	2401100	9975	14086
济南市历下区生产力促进中心 Lixia Productivity Promotion Center of Jinan	1803	479600	61500	3100	6492
青岛生产力促进中心 Productivity Promotion Center of Qingdao	3054				7154
山东淄博生产力促进中心 Zibo Productivity Promotion Center of Shandong	1516	145000	40610	567	5043
东营市生产力促进中心 Productivity Promotion Center of Dongying	204	635000	156322	1892	21516
山东烟台生产力促进中心 Yantai Productivity Promotion Center of Shandong	1018	367000	64200	6485	10214
济宁市生产力促进中心 Productivity Promotion Center of Jining	465	230000	16800	590	3345
山东曲阜生产力促进中心 Qufu Productivity Promotion Center of Shandong	122	154000	30800	323	2135
山东泰山生产力促进中心 Taishan Productivity Promotion Center of Shandong	1348	26520	1477	298	6226
山东生产力促进中心 Productivity Promotion Center of Shandong	2063	112025	9692	1933	5609
山东省华鲁皮革行业生产力促进中心 Hulu Leather Industry Productivity Promotion Center of Shandong	260	217987	18234	9450	1560
河南省生产力促进中心 Productivity Promotion Center of Henan	1016	125000	7250	13600	30130
郑州市生产力促进中心 Productivity Promotion Center of Zhengzhou	580	124100	5922	1860	4496
洛阳生产力促进中心 Productivity Promotion Center of Luoyang	1102				775
开封市生产力促进中心 Productivity Promotion Center of Kaifeng	85	54000	8210	42	453
濮阳市生产力促进中心 Productivity Promotion Center of Puyang	152	774000	130985	465	3349
三门峡生产力促进中心 Productivity Promotion Center of Sanmenxia	42	14200	1450	164	1301
许昌市生产力促进中心 Productivity Promotion Center of Xuchang	69	100120	22330	2620	1305

6-5 续表 6 continued 6

国家级示范生产力促进中心 State Level Model Productivity Promotion Center	服务企业数量（个） Number of Served Enterprises (unit)	为企业增加销售额（千元） Enterprises Sales Income Increased by PPCs Service (1000 yuan)	增加利税（千元） Profits and Taxes Added (1000 yuan)	为社会增加就业（人） Employment Added (person)	中心总服务收入（千元） Total Service Income (1000 yuan)
许昌市发制品行业生产力促进中心 Hair Products Industry Productivity Promotion Center or Xuchang	6	41658	8736	1300	2102
安阳高新区生产力促进中心 Productivity Promotion Center of Anyang Science and Technology Industrial Park	2010	438650	19100	2190	19290
黄石市生产力促进中心 Productivity Promotion Center of Huangshi	4364	2285830	402130	11505	19578
武汉市电子商务生产力促进中心 Electric Commerce Productivity Promotion Center of Wuhan	1250	3000	330	35	2170
湖北鄂化化学工业生产力促进中心 Ehua Chemical Industry Productivity Promotion Center of Hubei	1025	102500	2600	184	3634
武汉武钢工程技术生产力促进中心 WISCO Engineering Technology Productivity Promotion Center of Wuhan	170	15000000	1200000	1500	15304
武汉材保电镀技术生产力促进中心 Electroplating Technology Productivity Promotion Center of Wuhan	272	3600	720	82	6691
武汉东湖新技术开发区生产力促进中心 Donghu New Technology Development Zone Productivity Promotion Center of Wuhan	327	125390	11650	821	1128
仙桃市无纺布制品生产力促进中心 Non-woven Products Productivity Promotion Center of Xiantao	1013	574800	59280	2496	6458
襄樊高新区生产力促进中心 Productivity Promotion Center of Xiangfan High-tech Industrial Park	2163	3174000	337500	2237	5090
湖南省生产力促进中心 Productivity Promotion Center of Hunan	12	2531		58	51
长沙市生产力促进中心 Productivity Promotion Center of Changsha	1530	523480	72283	6800	6393
湘潭市生产力促进中心 Productivity Promotion Center of Xiangtan	297	15393	1447	345	4363
株洲市生产力促进中心 Productivity Promotion Center of Zhuzhou	28	101926	46101	1223	561
广东省生产力促进中心 Productivity Promotion Center of Guangdong	7566	7560000	790000	21936	62127
广州生产力促进中心 Productivity Promotion Center of Guangzhou	1632	297553	72560	2238	24167
东莞市生产力促进中心 Productivity Promotion Center of Dongguan	592				249
中山市小榄镇生产力促进中心 Xiaolan Productivity Promotion Center of Zhongshan	2646	27458	1875	781	28168
广西生产力促进中心 Productivity Promotion Center of Guangxi	2903	237856	45655	1182	19698
广西壮族自治区柳州市生产力促进中心 Liuzhou Productivity Promotion Center of Guangxi	195				354
桂林市生产力促进中心 Productivity Promotion Center of Guilin	258	327092	46721	715	3311

6-5 续表 7 continued 7

国家级示范生产力促进中心 State Level Model Productivity Promotion Center	服务企业数量(个) Number of Served Enterprises (unit)	为企业增加销售额(千元) Enterprises Sales Income Increased by PPCs Service (1000 yuan)	增加利税(千元) Profits and Taxes Added (1000 yuan)	为社会增加就业(人) Employ-ment Added (person)	中心总服务收入(千元) Total Service Income (1000 yuan)
广西梧州市生产力促进中心 Wuzhou Productivity Promotion Center of Guangxi	341	36000	3600	1500	7043
广西北海生产力促进中心 Beihai Productivity Promotion Center of Guangxi	333	1020	9850	820	1528
广西现代物流生产力促进中心 Modern Logistics Productivity Promotion Center of Guangxi	38	132000	22150	223	690
钦州市生产力促进中心 Productivity Promotion Center of Qinzhou	36	1746	701	45	1448
重庆生产力促进中心 Productivity Promotion Center of Chongqing	3021	526587	56290	2986	10820
大足县生产力促进中心 Productivity Promotion Center of Dazu	19	12000	3000	20000	448
重庆海特克制造业信息化生产力促进中心 Haiteke Manufacture Informatization Productivity Promotion Center of Chongqing	44	38000	8230	212	2535
重庆西信生产力促进中心 Xixin Productivity Promotion Center of Chongqing	1320	1378	275	134	3128
重庆市超临界精细化工生产力促进中心 Supercritical Fine Chemical Industry Productivity Promotion Center of Chongqing	21	1500	150	20	3725
重庆激光快速原形及模具制造生产力促进中心 Laser Rapid Prototyping and Mould Manufacturing Productivity Promotion Center of Chongqing	1221	315000	19830	5500	4283
四川省生产力促进中心 Productivity Promotion Center of Sichuan	2614	510000	85000	5120	4888
成都生产力促进中心 Productivity Promotion Center of Chengdu	1990	913500	32500	9031	9606
德阳市生产力促进中心 Productivity Promotion Center of Deyang	582	450000	14000	932	1870
绵阳市生产力促进中心 Productivity Promotion Center of Mianyang	1224	10420	4281	2200	1070
贵阳市生产力促进中心 Productivity Promotion Center of Guiyang	426	354100	46400	1400	31331
遵义市生产力促进中心 Productivity Promotion Center of Zunyi	176	96210	10750	457	3067
贵州航天生产力促进中心 Space Productivity Center of Guizhou	76	252000	17200	450	2533
贵州科创新材料生产力促进中心 Kechuang New Material Productivity Promotion Center of Guizhou	28	26800	2130	146	1463
云南省生产力促进中心 Productivity Promotion Center of Yunnan	419	2267891	346523	8051	8313
昆明市生产力促进中心 Productivity Promotion Center of Kunming	231	254317	68321	1416	3620
西藏自治区生产力促进中心 Productivity Promotion Center of the Tibet Autonomous Region	91	9500	3220	80	

6-5 续表 8 continued 8

国家级示范生产力促进中心 State Level Model Productivity Promotion Center	服务企业数量(个) Number of Served Enterprises (unit)	为企业增加销售额(千元) Enterprises Sales Income Increased by PPCs Service (1000 yuan)	增加利税(千元) Profits and Taxes Added (1000 yuan)	为社会增加就业(人) Employment Added (person)	中心总服务收入(千元) Total Service Income (1000 yuan)
陕西省生产力促进中心 Productivity Promotion Center of Shaanxi	2139	98564	6333	42984	17446
西安市生产力促进中心 Productivity Promotion Center of Xi'an	1821	6047	213	189	17857
西安高新生产力促进中心 Hi-tech Productivity Promotion Center of Xi'an	2200	428000	72760	2600	4187
西安经济技术开发区生产力促进中心 Productivity Promotion Center of Xi'an Economic Technological Zone	522	1159700	108732	9785	
铜川市生产力促进中心 Productivity Promotion Center of Tongchuan	113	7300	488	56	1051
宝鸡市生产力促进中心 Productivity Promotion Center of Baoji	137	13000	104	300	12541
宝鸡高新区生产力促进中心 Productivity Promotion Center of Baoji Science and Technology Industrial Park	70	90142	16449	1726	10397
陕西省秦川牛生产力促进中心 Qinchuan Cow Productivity Promotion Center of Shaanxi	99	51200	3200	2100	9212
咸阳市生产力促进中心 Productivity Promotion Center of Xianyang	351	300	200	386	1820
杨凌示范区生产力促进中心 Productivity Promotion Center of Yangling Science and Technology Industrial Park	153	125000	37500	403	3310
陕西机械行业生产力促进中心 Machinery Industry Productivity Promotion Center of Shaanxi	103	6295	870	410	2731
榆林市生产力促进中心 Productivity Promotion Center of Yulin	63	186000	26900	30500	3231
渭南生产力促进中心 Productivity Promotion Center of Weinan	16	32490	4800	189	454
安康市生产力促进中心 Productivity Promotion Center of Ankang	63	250352	43150	2300	21064
甘肃省生产力促进中心 Productivity Promotion Center of Gansu	438	146243	30542	198	2923
兰州生产力促进中心 Productivity Promotion Center of Lanzhou	141	3097	285	40	892
天水生产力促进中心 Productivity Promotion Center of Tianshui	101				3779
白银市生产力促进中心 Productivity Promotion Center of Baiyin	65	15080	11369	460	1867
青海省生产力促进中心 Productivity Promotion Center of Qinghai	60	4067	679	78	3921
西宁生产力促进中心 Productivity Promotion Center of Xining	46	110	11	90	3727
宁夏自治区生产力促进中心 Productivity Promotion Center of Ningxia	182	241500	22630		1684

6-5 续表 9 continued 9

国家级示范生产力促进中心 State Level Model Productivity Promotion Center	服务企业数量（个） Number of Served Enterprises (unit)	为企业增加销售额（千元） Enterprises Sales Income Increased by PPCs Service (1000 yuan)	增加利税（千元） Profits and Taxes Added (1000 yuan)	为社会增加就业（人） Employment Added (person)	中心总服务收入（千元） Total Service Income (1000 yuan)
新疆生产力促进中心 Productivity Promotion Center of Xinjiang	594	588379	111656	6325	7727
新疆中亚科技信息生产力促进中心 Central Asia Science and Technology Information Productivity Promotion Center of Xinjiang	1079	10070	2618	152	4951
新疆昌吉生产力促进中心 Changji Productivity Promotion Center of Xinjiang	95	492	241	179	4536
玛纳斯县生产力促进中心 Productivity Promotion Center of Manas	54	32200	23780	800	495
新疆博尔塔拉生产力促进中心 Bortala Productivity Promotion Center of Xinjiang	111	112	28	573	2296
新疆生产建设兵团创新生产力促进中心 Xinjiang Production and Construction Corps Innovation Productivity Promotion Center	82	16000	420	230	2075
新疆现代畜牧业生产力促进中心 Modern Animal Husbandry Productivity Promotion Center of Xinjiang	20	14300	2431	1140	2503
新疆果蔬保鲜生产力促进中心 Fruit and Vegetable Fresh-keeping Productivity Promotion Center of Xinjiang	9	13000	1400	486	810
国家化工行业生产力促进中心 China Chemical Industry Productivity Promotion Center	1069	270000	27000	280	3122
中国建材行业生产力促进中心 China Building Material Industry Productivity Promotion Center	267	60000	6000	800	14920
工业与日用电器生产力促进中心 National Appliance Productivity Promotion Center	3417	8900	890	3950	35090
铸造行业生产力促进中心 Foundry Productivity Promotion Center of China	1090				1050
黑龙江省电工仪器仪表生产力促进中心 Electrical Engineering Instrument Productivity Promotion Center of Heilongjiang	504				10480
中机生产力促进中心 Zhongji Productivity Promotion Center	3841			14	106164
国青生产力促进中心 Guoqing Productivity Promotion Center	99	400589	48052	20	1386
中商流通生产力促进中心 Distribution Productivity Promotion Center of China Commerce	2368	50000	2710		57666
皮革和制鞋行业生产力促进中心 Leather and Footwear Industry Productivity Promotion Center	1518	8252	814	3635	14212
食品行业生产力促进中心 Food Industry Productivity Promotion Center	85	8000	1600		531

第七部分

国家大学科技园

The Seventh Part

National University Science Parks

7-1 国家大学科技园主要经济指标

Main Economic Indicators of National University Science Parks

年份 Year	大学科技园（个） Number of University Science Parks (unit)	场地面积（万平方米） Space Area (10000 sq.m)	孵化企业（个） Number of Tenants (unit)	孵化企业总收入（亿元） Total Income of Tenants (100 million yuan)	累计毕业企业（个） Accumulated Number of Graduated Tenants (unit)	在孵企业人数（万人） Number of Employees of Tenants (10000 person)	当年新孵企业（个） New Tenants of the Year (unit)
2004	42	478.4	4978	226.2	1137	6.5	1120
2005	49	500.5	6075	271.9	1320	11.0	1213
2006	62	517.0	6720	295.0	1794	13.6	1348
2007	62	528.3	6574	295.1	1958	12.9	1359
2008	68	698.2	6173	247.2	2979	12.5	1294
2009	76	814.3	6541	498.9	3673	13.9	1396

7-2 国家大学科技园基本情况

General Statistics of National University Science Parks

大学科技园 University Science Parks	人员总数 (人) Total Number of Employees (person)	孵化基金总额 (千元) Total Value of Incubation Fund (1000 yuan)	年末固定资产净值 (千元) Year End Net Value of Fixed Asset (1000 yuan)	场地面积 (平方米) Space Area (sq.m)
合计 **Total**	**2178**	**322665**	**3402569**	**8142981**
清华大学国家大学科技园 National Science Park of Tsinghua University	89	30000	50704	690000
北京大学国家大学科技园 National Science Park of Peking University	34		1294	177602
北京航空航天大学国家大学科技园 National Science Park of Beijing University of Aeronautics and Astronautics	46		28308	170000
北京理工大学国家大学科技园 National Science Park of Beijing Institute of Technology	49	3000		35000
北京邮电大学国家大学科技园 National Science Park of Beijing University of Posts and Telecommunications	21		12920	23000
北师大-北中医国家大学科技园 National Science Park of Beijing Normal University and Beijing University of Chinese Medicine	26	500	466	37989
北京化工大学国家大学科技园 National Science Park of Beijing University of Chemical Technology	15	7000	318	56000
北京科技大学国家大学科技园 National Science Park of University of Science and Technology Beijing	22		166	25000
北京工业大学国家大学科技园 National Science Park of Beijing University of Technology	52	3017	24721	109802
中国石油大学国家大学科技园 National Science Park of China University of Petroleum	27	5900	222716	123000
中国农业大学国家大学科技园 National Science Park of China Agricultural University	20	5200	32400	82200
华北电力大学国家大学科技园 National Science Park of North China Electric Power University	21		136	37500
北京交通大学国家大学科技园 National Science Park of Beijing Jiaotong University	16	1000	35364	56000
中国人民大学国家大学科技园 National Science Park of Renmin University of China	30	3000	785	30573
天津大学国家大学科技园 National Science Park of Tianjin University	22		236312	149000
燕山大学国家大学科技园 National Science Park of Yanshan University	56		94500	119800
河北工业大学国家大学科技园 National Science Park of Hebei University of Technology	20		198298	62000
山西中北大学国家大学科技园 National Science Park of North Central University of Shanxi Province	16	100		26000
东北大学国家大学科技园 National Science Park of Northeastern University	36	3000	123	28400
大连理工大学—七贤岭国家大学科技园 Qixianling National Science Park of Dalian University of Technology	31		22397	2627
沈阳工业大学国家大学科技园 National Science Park of Shenyang University of Technology	13	1732	15914	53800

7-2 续表 1 Continued 1

大学科技园 University Science Parks	人员总数 (人) Total Number of Employees (person)	孵化基金总额 (千元) Total Value of Incubation Fund (1000 yuan)	年末固定资产净值 (千元) Year End Net Value of Fixed Asset (1000 yuan)	场地面积 (平方米) Space Area (sq.m)
吉林大学国家大学科技园 National Science Park of Jilin University	14	19182	141211	30200
哈尔滨工业大学国家大学科技园 National Science Park of Harbin University of Technology	18	16035	41518	40000
哈尔滨工程大学国家大学科技园 National Science Park of Harbin Engineering University	98	5000	226392	80000
哈尔滨理工大学国家大学科技园 National Science Park of Harbin University of Science and Technology	18		1180	16000
大庆石油学院国家大学科技园 National Science Park of Daqing Petroleum Institute	9	400	173230	24700
上海交通大学国家大学科技园 National Science Park of Shanghai Jiaotong University	89	4000	208961	149082
复旦大学国家大学科技园 National Science Park of Fudan University	38		9436	95200
上海大学国家大学科技园 National Science Park of Shanghai University	18	5000	383	96003
同济大学国家大学科技园 National Science Park of Tongji University	37		5541	178769
东华大学国家大学科技园 National Science Park of Donghua University	78	6000	10458	71000
华东理工大学国家大学科技园 National Science Park of East China University of Science and Technology	40	5000	695	250000
华东师范大学国家大学科技园 National Science Park of East China Normal University	29	8000	59	15900
上海理工大学国家大学科技园 National Science Park of Shanghai University of Science and Technology	23	2029	22378	39326
上海财经大学国家大学科技园 National Science Park of Shanghai University of Finance and Economics	26		39255	54000
上海电力学院国家大学科技园 National Science Park of Shanghai University of Electric Power	11	1000	866	21271
东南大学国家大学科技园 National Science Park of Southeast University	15	1500	65000	55000
南京大学－鼓楼高校国家大学科技园 National Science Park of Gulou College of Nanjing University	24			150000
南京理工大学国家大学科技园 National University Park of Nanjing University of Science and Technology	48		2658	24800
中国矿业大学国家大学科技园 National Science Park of China University of Mining and Technology	14		229375	120000
江南大学国家大学科技园 National Science Park of Jiangnan University	49	15000	49978	300000
南京工业大学国家大学科技园 National Science Park of Nanjing University of Technology	14		94	94000
常州市国家大学科技园 National University Science Park of Changzhou	17	3000	101	172300

7-2 续表 2 Continued 2

大学科技园 University Science Parks	人员总数 (人) Total Number of Employees (person)	孵化基金总额 (千元) Total Value of Incubation Fund (1000 yuan)	年末固定资产净值 (千元) Year End Net Value of Fixed Asset (1000 yuan)	场地面积 (平方米) Space Area (sq.m)
苏州大学国家大学科技园 National Science Park of Soochow University	30		21779	56931
镇江国家大学科技园 National University Park of Zhenjiang	13	5000	43200	45000
浙江大学国家大学科技园 National Science Park of Zhejiang University	20	50000	156773	47970
浙江省国家大学科技园 National University Science Park of Zhejiang Province	17	5000	521	17700
宁波市国家大学科技园 National University Park of Ningbo University	11	980	603	35052
合肥国家大学科技园 National Science Park of Hefei	17	15000	24048	21236
厦门大学国家大学科技园 National Science Park of Xiamen University	10			44130
南昌大学国家大学科技园 National Science Park of Nanchang University	17	8000	84280	204580
山东大学国家大学科技园 National Science Park of Shandong University	10		105	15505
河南省国家大学科技园 National Unitversity Park of Henan Province	32	6000	86076	136000
东湖高新区国家大学科技园 National University Park of Donghu High-tech Zone	88	2100	64089	1026128
华中科技大学国家大学科技园 National Science Park of Huazhong University of Science and Technology	25		32142	303628
岳麓山国家大学科技园 National University Science Park of Yuelu Mountain	46	18020	384500	58400
华南理工大学国家大学科技园 National Science Park of South China University of Science and Technology	12	5000	833	31500
中山大学国家大学科技园 National Science Park of Zhongshan University	54		57559	46180
深圳虚拟大学国家大学科技园 National Science Park of Shenzhen Virtual Univcrsity	16	4000	15409	58000
重庆大学国家大学科技园 National Science Park of Chongqing University	19	4000		26600
重庆市北碚国家大学科技园 National University Science Park of Chongqing Beibei	28		162	51000
四川大学国家大学科技园 National Science Park of Sichuan University	32	23000	126986	28185
电子科技大学国家大学科技园 National Science Park of University of Electronic Science and Technology of China	32	2600	54723	75142
西南科技大学国家大学科技园 National Science Park of Southwestern University of Science and Technology	38		9804	16000
西南交通大学国家大学科技园 National Southwest Jiaotong University Science Park	27		353	1287000
云南省国家大学科技园 National University Science Park of Yunnan Province	15		2147	24000
昆明理工大学国家大学科技园 National Science Park of Kunming University of Science and Technology	15			12000
西安交通大学国家大学科技园 National Science Park of Xi'an Jiaotong University	23	15000	5872	31000
西北工业大学国家大学科技园 National Science Park of Northwest University of Technology	47	3870	22260	32000
西北农林科技大学国家大学科技园 National Science Park of Northwest Agriculture and Forestry University	7		250	25334
西安电子科技大学国家大学科技园 National Science Park of Xi'an University of Electronic Science and Technology	13		110	57171
兰州大学国家大学科技园 National Science Park of Lanzhou University	15		115	18155
兰州交通大学科技园 National Science Park of Lanzhou Jiaotong University	14	500	266	108000
兰州理工大学国家大学科技园 National Science Park of Lanzhou University of Technology	27			18542
新疆国家大学科技园 National University Science Park of Xinjiang	19		993	12068

7-3 国家大学科技园人员情况

Personnel Distribution of National Univesity Science Parks

单位：人 (person)

大学科技园 University Science Parks	人员总数 Total Number of Employees	博士 Doctor	硕士 Master	研究生 Post-graduate	本科 Under-graduate	大专 Junior College	中专 Technical Secondary School
合计 Total	**2178**	**136**	**424**	**508**	**1051**	**359**	**27**
清华大学国家大学科技园 National Science Park of Tsinghua University	89	6	32	32	32	18	1
北京大学国家大学科技园 National Science Park of Peking University	34		8	8	12	10	
北京航空航天大学国家大学科技园 National Science Park of Beijing University of Aeronautics and Astronautics	46	2	11	13	28	5	
北京理工大学国家大学科技园 National Science Park of Beijing Institute of Technology	49		10	10	28	11	
北京邮电大学国家大学科技园 National Science Park of Beijing University of Posts and Telecommunications	21	1	4	2	9	3	3
北师大-北中医国家大学科技园 National Science Park of Beijing Normal University and Beijing University of Chinese Medicine	26	4	5		16	1	
北京化工大学国家大学科技园 National Science Park of Beijing University of Chemical Technology	15		6	6	7	1	
北京科技大学国家大学科技园 National Science Park of University of Science and Technology Beijing	22	2	9	11	11		
北京工业大学国家大学科技园 National Science Park of Beijing University of Technology	52	2	6	8	25	18	1
中国石油大学国家大学科技园 National Science Park of China University of Petroleum	27		7	7	16	1	
中国农业大学国家大学科技园 National Science Park of China Agricultural University	20	8	4	12	3	2	3
华北电力大学国家大学科技园 National Science Park of North China Electric Power University	21	2	8	10	7	4	
北京交通大学国家大学科技园 National Science Park of Beijing Jiaotong University	16	3	3	3	10		
中国人民大学国家大学科技园 National Science Park of Renmin University of China	30	1	8	9	12	5	
天津大学国家大学科技园 National Science Park of Tianjin University	22		2	2	14	4	
燕山大学国家大学科技园 National Science Park of Yanshan University	56	7	31		18		
河北工业大学国家大学科技园 National Science Park of Hebei University of Technology	20	1	3	4	14	2	
山西中北大学国家大学科技园 National Science Park of North Central University of Shanxi Province	16	3	12	12	1		
东北大学国家大学科技园 National Science Park of Northeastern University	36	1	7	6	12	9	1

7-3 续表 1 continued 1

单位：人 (person)

大学科技园 University Science Parks	人员总数 Total Number of Employees	博士 Doctor	硕士 Master	研究生 Post-graduate	本科 Under-graduate	大专 Junior College	中专 Technical Secondary School
大连理工大学—七贤岭国家大学科技园 Qixianling National Science Park of Dalian University of Technology	31	3	9	11	17	3	
沈阳工业大学国家大学科技园 National Science Park of Shenyang University of Technology	13	2	5	5	5	1	1
吉林大学国家大学科技园 National Science Park of Jilin University	14	2	3	4	8	2	
哈尔滨工业大学国家大学科技园 National Science Park of Harbin University of Technology	18		3	3	12	3	
哈尔滨工程大学国家大学科技园 National Science Park of Harbin Engineering University	98	5	15	15	42	26	
哈尔滨理工大学国家大学科技园 National Science Park of Harbin University of Science and Technology	18	2	4	8	10		
大庆石油学院国家大学科技园 National Science Park of Daqing Petroleum Institute	9	5	2	7	2		
上海交通大学国家大学科技园 National Science Park of Shanghai Jiaotong University	89	4	10	14	33	14	3
复旦大学国家大学科技园 National Science Park of Fudan University	38		7	2	23	5	1
上海大学国家大学科技园 National Science Park of Shanghai University	18	2	4	1	8	3	
同济大学国家大学科技园 National Science Park of Tongji University	37		9	9	12	9	
东华大学国家大学科技园 National Science Park of Donghua University	78	2	18	11	34	12	1
华东理工大学国家大学科技园 National Science Park of East China University of Science and Technology	40	1	6	7	11	13	1
华东师范大学国家大学科技园 National Science Park of East China Normal University	29	1	3	3	18	7	
上海理工大学国家大学科技园 National Science Park of Shanghai University of Science and Technology	23	1			10	11	
上海财经大学国家大学科技园 National Science Park of Shanghai University of Finance and Economics	26	1	3	5	10	7	
上海电力学院国家大学科技园 National Science Park of Shanghai University of Electric Power	11	1	3	4	6	1	
东南大学国家大学科技园 National Science Park of Southeast University	15		1	3	8	3	
南京大学－鼓楼高校国家大学科技园 National Science Park of Gulou College of Nanjing University	24	1	7	8	15	1	

7-3 续表 2 continued 2

单位：人 (person)

大学科技园 University Science Parks	人员总数 Total Number of Employees	博士 Doctor	硕士 Master	研究生 Post-graduate	本科 Under-graduate	大专 Junior College	中专 Technical Secondary School
南京理工大学国家大学科技园 National University Park of Nanjing University of Science and Technology	48		4	4	15	3	
中国矿业大学国家大学科技园 National Science Park of China University of Mining and Technology	14	3	4	7	6	1	
江南大学国家大学科技园 National Science Park of Jiangnan University	49	2	7	9	26	12	2
南京工业大学国家大学科技园 National Science Park of Nanjing University of Technology	14	2	6	8	4	2	
常州市国家大学科技园 National University Science Park of Changzhou	17		5	5	12		
苏州大学国家大学科技园 National Science Park of Soochow University	30		5	5	22	3	
镇江国家大学科技园 National University Park of Zhenjiang	13	1	4	2	10	1	1
浙江大学国家大学科技园 National Science Park of Zhejiang University	20	1	5	6	11	2	1
浙江省国家大学科技园 National University Science Park of Zhejiang Province	17	4	5	9	7	1	
宁波市国家大学科技园 National University Park of Ningbo University	11	1	3	4	6	1	
合肥国家大学科技园 National Science Park of Hefei	17		4	4	4	7	2
厦门大学国家大学科技园 National Science Park of Xiamen University	10	1	3	4	4	2	
南昌大学国家大学科技园 National Science Park of Nanchang University	17	1	1	2	14	1	
山东大学国家大学科技园 National Science Park of Shandong University	10	2		2	5	3	
河南省国家大学科技园 National Unitversity Park of Henan Province	32		1	1	16	15	
东湖高新区国家大学科技园 National University Park of Donghu High-tech Zone	88	5	16	13	45	15	
华中科技大学国际大学科技园 National Science Park of Huazhong University of Science and Technology	25		6	6	8	5	
岳麓山国家大学科技园 National University Science Park of Yuelu Mountain	46	3	5	8	33	5	
华南理工大学国家大学科技园 National Science Park of South China University of Science and Technology	12	1	5	6	4	2	

7-3 续表 3 continued 3

单位：人 (person)

大学科技园 University Science Parks	人员总数 Total Number of Employees	博士 Doctor	硕士 Master	研究生 Post-graduate	本科 Under-graduate	大专 Junior College	中专 Technical Secondary School
中山大学国家大学科技园 National Science Park of Zhongshan University	54	3	7	10	36	8	
深圳虚拟大学国家大学科技园 National Science Park of Shenzhen Virtual University	16	1	4	5	10	1	
重庆大学国家大学科技园 National Science Park of Chongqing University	19	2	7	9	9	1	
重庆市北碚国家大学科技园 National university Science Park of Chongqing Beibei	28	2	2	4	24		
四川大学国家大学科技园 National Science Park of Sichuan University	32	1	5	5	8	17	2
电子科技大学国家大学科技园 National Science Park of University of Electronic Science and Technology of China	32	1	2	4	21	3	
西南科技大学国家大学科技园 National Science Park of Southwestern University of Science and Technology	38	10	18	28	8	2	
西南交通大学国家大学科技园 National Southwest Jiaotong University Science Park	27	2	4	6	16	1	
云南省国家大学科技园 National University Science Park of Yunnan Province	15		1	1	10	3	
昆明理工大学国家大学科技园 National Science Park of Kunming University of Science and Technology	15	2	4		8	1	
西安交通大学国家大学科技园 National Science Park of Xi'an Jiaotong University	23	2	1	1	20		1
西北工业大学国家大学科技园 National Science Park of Northwest University of Technology	47	2	10	8	14	12	2
西北农林科技大学国家大学科技园 National Science Park of Northwest Agriculture and Forestry University	7		1	1	4	2	
西安电子科技大学国家大学科技园 National Science Park of Xi'an University of Electronic Science and Technology	13				10	3	
兰州大学国家大学科技园 National Science Park of Lanzhou University	15		2	2	10	3	
兰州交通大学国家大学科技园 National Science Park of Lanzhou Jiaotong University	14	1	3	4	5		
兰州理工大学国家大学科技园 National Science Park of Lanzhou University of Technology	27	3	4	7	20		
新疆国家大学科技园 National University Science Park of Xinjiang	19	1	3	2	7	6	

7-4 国家大学科技园孵化场地情况

Incubation Space of National University Science Parks

单位：平方米 (sq.m)

大学科技园 University Science Parks	总面积 Total Space Area	办公用房 Space Area for Office	孵化用房 Space Area of Incubation	研发用房 Space Area of R&D	生产用房 Space, Area of Manufacuring	其它 Others
合计 Total	**8142981**	**535853**	**2747161**	**768504**	**1548125**	**2606218**
清华大学国家大学科技园 National Science Park of Tsinghua University	690000	2785	28000	80307	563999	14909
北京大学国家大学科技园 National Science Park of Peking University	177602	51049	76553			50000
北京航空航天大学国家大学科技园 National Science Park of Beijing University of Aeronautics and Astronautics	170000	25000	15816			129184
北京理工大学国家大学科技园 National Science Park of Beijing Institute of Technology	35000	14500	10500	2000	1000	7000
北京邮电大学国家大学科技园 National Science Park of Beijing University of Posts and Telecommunications	23000	2000	12000			9000
北师大-北中医国家大学科技园 National Science Park of Beijing Normal University and Beijing University of Chinese Medicine	37989	3788	7545	2844	23551	261
北京化工大学国家大学科技园 National Science Park of Beijing University of Chemical Technology	56000	2000	16000	15000	20000	3000
北京科技大学国家大学科技园 National Science Park of University of Science and Technology Beijing	25000	1000	20000	1500	1000	1500
北京工业大学国家大学科技园 National Science Park of Beijing University of Technology	109802	849	33223	21490	48800	5440
中国石油大学国家大学科技园 National Science Park of China University of Petroleum	123000	1500	105400	4600	6400	5100
中国农业大学国家大学科技园 National Science Park of China Agricultural University	82200	7200	61300	460	13000	240
华北电力大学国家大学科技园 National Science Park of North China Electric Power University	37500	500	15000	10000	10000	2000
北京交通大学国家级大学科技园 National Science Park of Beijing Jiaotong University	56000	244	37386	1280	1450	15640
中国人民大学国家大学科技园 National Science Park of Renmin University of China	30573	500	11000	13700		5373
天津大学国家大学科技园 National Science Park of Tianjin University	149000	1104	131496	400		16000
燕山大学国家大学科技园 National Science Park of Yanshan University	119800	15000	78000	6000	16000	4800
河北工业大学国家大学科技园 National Science Park of Hebei University of Technology	62000	1000	39000	4300	15000	2700
山西中北大学国家大学科技园 National Science Park of North Central University of Shanxi Province	26000	400	16000	3000	6000	600

7-4 续表 1 continued 1

单位：平方米 (sq.m)

大学科技园 University Science Parks	总面积 Total Space Area	办公用房 Space Area for Office	孵化用房 Space Area of Incubation	研发用房 Space Area of R&D	生产用房 Space Area of Manufacuring	其它 Others
东北大学国家大学科技园 National Science Park of Northeastern University	28400	1215	16085	5250	4250	1600
大连理工大学—七贤岭国家大学科技园 Qixianling National Science Park of Dalian University of Technology	2627	1467	1160			
沈阳工业大学国家大学科技园 National Science Park of Shenyang University of Technology	53800	3000	17000	3045	29300	1455
吉林大学国家大学科技园 National Science Park of Jilin University	30200	680	11270	2660	15000	590
哈尔滨工业大学国家大学科技园 National Science Park of Harbin University of Technology	40000	500	20000	8000	7500	4000
哈尔滨工程大学国家大学科技园 National Science Park of Harbin Engineering University	80000	4000	15000	11000		50000
哈尔滨理工大学国家大学科技园 National Science Park of Harbin University of Science and Technology	16000	470	10530	1000	4000	
大庆石油学院国家大学科技园 National Science Park of Daqing Petroleum Institute	24700	7700	10190	1128	5682	
上海交通大学国家大学科技园 National Science Park of Shanghai Jiaotong Univcrsity	149082	4465	41534	12188	84808	6087
复旦大学国家大学科技园 National Science Park of Fudan University	95200	3000	45000	15000		32200
上海大学国家大学科技园 National Science Park of Shanghai University	96003	2500	26803	5000	61700	
同济大学国家大学科技园 National Science Park of Tongji University	178769	2756	54047	21216		100750
东华大学国家大学科技园 National Science Park of Donghua University	71000	2600	39200	11200	11500	6500
华东理工大学国家大学科技园 National Science Park of East China University of Science and Technology	250000	2500	150000	45000	50000	2500
华东师范大学国家大学科技园 National Science Park of East China Normal University	15900	1000	10100	2900	1900	
上海理工大学国家大学科技园 National Science Park of Shanghai University of Science and Technology	39326	732	26057	7960		4577
上海财大国家大学科技园 National Science Park of Shanghai University of Finance and Economics	54000		19600	500	400	33500
上海电力学院国家大学科技园 National Science Park of Shanghai University of Electric Power	21271	6271	9450	2100	3050	400
东南大学国家大学科技园 National Science Park of Southeast University	55000	380	48000	2000		4620

7-4 续表 2 continued 2

单位：平方米 (sq.m)

大学科技园 University Science Parks	总面积 Total Space Area	办公用房 Space Area for Office	孵化用房 Space Area of Incubation	研发用房 Space Area of R&D	生产用房 Space Area of Manufacuring	其它 Others
南京大学－鼓楼高校国家大学科技园 National Science Park of Gulou College of Nanjing University	150000	5000	100000	27650	11850	5500
南京理工大学国家大学科技园 University Park of Nanjing University of Science and Technology	24800	2300	22500			
中国矿业大学国家大学科技园 National Science Park of China University of Mining and Technology	120000	5600	105000	4200	2200	3000
江南大学国家大学科技园 National Science Park of Jiangnan University	300000	2100	217000	36000	25400	19500
南京工业大学国家大学科技园 National Science Park of Nanjing University of Technology	94000	2200	31800	30000	22000	8000
常州市国家大学科技园 National University Science Park of Changzhou	172300	7000	129300	22500	7000	6500
苏州大学国家大学科技园 National Science Park of Soochow University	56931	20380	1206	12725	23000	20000
镇江国家大学科技园 National University Park of Zhenjiang	45000	45000	760	2090	16820	22830
浙江大学国家大学科技园 National Science Park of Zhejiang University	47970	1400	37960	8610		
浙江省国家大学科技园 National University Science Park of Zhejiang Province	17700	380	17220	100		
宁波市国家大学科技园 National University Park of Ningbo University	35052	4016	21896	2200		6940
合肥国家大学科技园 National Science Park of Hefei	21236	2000	15000	1500	2100	636
厦门大学国家大学科技园 National Science Park of Xiamen University	44130	1800	31900	5500	4280	650
南昌大学国家大学科技园 National Science Park of Nanchang University	204580	600	62950	30000	68000	43030
山东大学国家大学科技园 National Science Park of Shandong University	15505	560	10980			3965
河南省国家大学科技园 National Unitversity Park of Henan Province	136000	2426	18000	61574	54000	
东湖国家大学科技园 National University Park of Donghu High-tech Zone	1026128	86504	136689	37404	93237	672294
华中科技大学国际大学科技园 National Science Park of Huazhong University of Science and Technology	303628	76751	76751	35404	87120	27602
岳麓山国家大学科技园 National University Science Park of Yuelu Mountain	58400	680	37870	3050	14000	2800
华南理工大学国家大学科技园 National Science Park of South China University of Science and Technology	31500	2000	24500	1000	500	3500

7-4 续表 3 continued 3

单位：平方米 (sq.m)

大学科技园 University Science Parks	总面积 Total Space Area	办公用房 Space Area for Office	孵化用房 Space Area of Incubation	研发用房 Space Area of R&D	生产用房 Space Area of Manufacuring	其它 Others
中山大学国家大学科技园 National Science Park of Zhongshan University	46180	2741	32436	2014	3521	5468
深圳虚拟大学国家大学科技园 National Science Park of Shenzhen Virtual University	58000	1300	45127	3216	6957	1400
重庆大学国家大学科技园 National Science Park of Chongqing University	26600	1100	20500	2000	3000	
重庆市北碚国家大学科技园 National university Science Park of Chongqing Beibei	51000	1000	29000	4000	12000	5000
四川大学国家大学科技园 National Science Park of Sichuan University	28185	544	24659	1652		1330
电子科技大学国家大学科技园 National Science Park of University of Electronic Science and Technology of China	75142	21597	20235	8000	24175	1135
西南科技大学国家大学科技园 National Science Park of Southwestern University of Science and Technology	16000	1000	7570	3000	2000	2430
西南交通大学国家大学科技园 National Science Park of Southwest Jiaotong University	1287000	2000	15000	45000	25000	1200000
云南省大学国家大学科技园 National University Science Park of Yunnan Province	24000	872	17474	3380		2274
昆明理工大学国家大学科技园 National Science Park of Kunming University of Science and Technology	12000	1000	11000			
西安交通大学国家大学科技园 National Science Park of Xi'an Jiaotong University	31000	500	26600	3000	400	500
西北工业大学国家大学科技园 National Science Park of Northwest University of Technology	32000	1200	14800	4000	6000	6000
西北农林科技大学国家大学科技园 National Science Park of Northwest Agriculture and Forestry University	25334	4000	10000	4000	3000	4334
西安电子科技大学国家大学科技园 National Science Park of Xi'an University of Electronic Science and Technology	57171	25600	10571	21000		
兰州大学国家大学科技园 National Science Park of Lanzhou University	18155	200	12000	3000	2955	
兰州交通大学国家大学科技园 National Science Park of Lanzhou Jiaotong University	108000	24894	49184	14866	18564	492
兰州理工大学国家大学科技园 National Science Park of Lanzhou University of Technology	18542	823	12878	841	3756	244
新疆国家大学科技园 National University Science Park of Xinjiang	12068	1130	3600			7338

7-5 国家大学科技园孵化企业情况

Incubation Statistics of National of University Science Parks

大学科技园 University Science Parks	在孵企业（个） Number of Tenants (unit)	当年新孵（个） New Tenants of the Year (unit)	孵化基金总额（千元） Total Value of Incubation Fund (1000 yuan)	累计毕业企业数（个） Accumulate Number of Graduate Tenants (unit)
合计 **Total**	**6541**	**1396**	**322665**	**3673**
清华大学国家大学科技园 National Science Park of Tsinghua University	122	20	30000	201
北京大学国家大学科技园 National Science Park of Peking University	59	15		112
北京航空航天大学国家大学科技园 National Science Park of Beijing University of Aeronautics and Astronautics	140	36		54
北京理工大学国家大学科技园 National Science Park of Beijing Institute of Technology	61	24	3000	135
北京邮电大学国家大学科技园 National Science Park of Beijing University of Posts and Telecommunications	3	1		28
北师大-北中医国家大学科技园 National Science Park of Beijing Normal University and Beijing University of Chinese Medicine	56	7	500	24
北京化工大学国家大学科技园 National Science Park of Beijing University of Chemical Technology	51	10	7000	18
北京科技大学国家大学科技园 National Science Park of University of Science and Technology Beijing	108	7		110
北京工业大学国家大学科技园 National Science Park of Beijing University of Technology	49	5	3017	52
中国石油大学国家大学科技园 National Science Park of China University of Petroleum	161	26	5900	105
中国农业大学国家大学科技园 National Science Park of China Agricultural University	86	6	5200	37
华北电力大学国家大学科技园 National Science Park of North China Electric Power University	51	6		19
北京交通大学国家大学科技园 National Science Park of Beijing Jiaotong University	36	7	1000	10
中国人民大学国家大学科技园 National Science Park of Renmin University of China	82	48	3000	42
天津大学国家大学科技园 National Science Park of Tianjin University	56			10
燕山大学国家大学科技园 National Science Park of Yanshan University	105	2		42
河北工业大学国家大学科技园 National Science Park of Hebei University of Technology	58	36		68
山西中北大学国家大学科技园 National Science Park of North Central University of Shanxi Province	57	7	100	2
东北大学国家大学科技园 National Science Park of Northeastern University	99	4	3000	51

7-5 续表 1 continued 1

大学科技园 University Science Parks	在孵企业(个) Number of Tenants (unit)	当年新孵(个) New Tenants of the Year (unit)	孵化基金总额(千元) Total Value of Incubation Fund (1000 yuan)	累计毕业企业数(个) Accumulate Number of Graduate Tenants (unit)
大连理工大学—七贤岭国家大学科技园 Qixianling National Science Park of Dalian University of Technology	33	2		
沈阳工业大学国家大学科技园 National Science Park of Shenyang University of Technology	57	2	1732	19
吉林大学国家大学科技园 National Science Park of Jilin University	53	6	19182	10
哈尔滨工业大学国家大学科技园 National Science Park of Harbin University of Technology	96	6	16035	46
哈尔滨工程大学国家大学科技园 National Science Park of Harbin Engineering University	115	10	5000	29
哈尔滨理工大学国家大学科技园 National Science Park of Harbin University of Science and Technology	73	20		12
大庆石油学院国家大学科技园 National Science Park of Daqing Petroleum Institute	93	35	400	13
上海交通大学国家大学科技园 National Science Park of Shanghai Jiaotong University	102	27	4000	72
复旦大学国家大学科技园 National Science Park of Fudan University	136	46		108
上海大学国家大学科技园 National Science Park of Shanghai University	52	5	5000	9
同济大学国家大学科技园 National Science Park of Tongji University	85	12		43
东华大学国家大学科技园 National Science Park of Donghua University	64	2	6000	50
华东理工大学国家大学科技园 National Science Park of East China University of Science and Technology	177	36	5000	174
华东师范大学国家大学科技园 National Science Park of East China Normal University	58	16	8000	5
上海理工大学国家大学科技园 National Science Park of Shanghai University of Science and Technology	92	28	2029	2
上海财经大学国家大学科技园 National Science Park of Shanghai University of Finance and Economics	54	37		116
上海电力学院国家大学科技园 National Science Park of Shanghai University of Electric Power	72	12	1000	7
东南大学国家大学科技园 National Science Park of Southeast University	76		1500	44
南京大学－鼓楼高校国家大学科技园 National Science Park of Gulou College of Nanjing University	464	117		89

7-5 续表 2 continued 2

大学科技园 University Science Parks	在孵企业(个) Number of Tenants (unit)	当年新孵(个) New Tenants of the Year (unit)	孵化基金总额(千元) Total Value of Incubation Fund (1000 yuan)	累计毕业企业数(个) Accumulate Number of Graduate Tenants (unit)
南京理工大学国家大学科技园 University Park of Nanjing University of Science and Technology	33	32		70
中国矿业大学国家大学科技园 National Science Park of China University of Mining and Technology	150	53		21
江南大学国家大学科技园 National Science Park of Jiangnan University	175	14	15000	72
南京工业大学国家大学科技园 National Science Park of Nanjing University of Technology	71	17		2
常州市国家大学科技园 National University Science Park of Changzhou	149	100	3000	27
苏州大学国家大学科技园 National Science Park of Soochow University	55	21		20
镇江国家大学科技园 National University Park of Zhenjiang	58	21	5000	8
浙江大学国家大学科技园 National Science Park of Zhejiang University	205	53	50000	207
浙江省国家大学科技园 National University Science Park of Zhejiang Province	145	5	5000	9
宁波市国家大学科技园 National University Park of Ningbo University	61	11	980	22
合肥国家大学科技园 National Science Park of Hefei	89	35	15000	34
厦门大学国家大学科技园 National Science Park of Xiamen University	75	15		64
南昌大学国家大学科技园 National Science Park of Nanchang University	95	48	8000	106
山东大学国家大学科技园 National Science Park of Shandong University	58	5		12
河南省国家大学科技园 National Unitversity Park of Henan Province	173	45	6000	108
东湖高新区国家大学科技园 National University Park of Donghu High-tech Zone	124	10	2100	114
华中科技大学国际大学科技园 National Science Park of Huazhong University of Science and Technology	52			50
岳麓山国家大学科技园 National University Science Park of Yuelu Mountain	161	11	18020	33
华南理工大学国家大学科技园 National Science Park of South China University of Science and Technology	93	13	5000	84
中山大学国家大学科技园 National Science Park of Zhongshan University	78	25		53

7-5 续表 3 continued 3

大学科技园 University Science Parks	在孵企业 (个) Number of Tenants (unit)	当年新孵 (个) New Tenants of the Year (unit)	孵化基金总额 (千元) Total Value of Incubation Fund (1000 yuan)	累计毕业企业数 (个) Accumulate Number of Graduate Tenants (unit)
深圳虚拟大学国家大学科技园 National Science Park of Shenzhen Virtual University	60	14	4000	173
重庆大学国家大学科技园 National Science Park of Chongqing University	103	2	4000	51
重庆市北碚国家大学科技园 Beibei National Science Park of Chongqing	118	11		73
四川大学国家大学科技园 National Science Park of Sichuan University	110	8	23000	51
电子科技大学国家大学科技园 National Science Park of University of Electronic Science and Technology of China	36	5	2600	9
西南科技大学国家大学科技园 National Science Park of Southwestern University of Science and Technology	67	7		46
西南交通大学国家大学科技园 National Science Park of Southwest Jiaotong University	53			5
云南省国家大学科技园 National University Science Park of Yunnan Province	42	13		12
昆明理工大学国家大学科技园 National Science Park of Kunming University of Science and Technology	70	21		18
西安交通大学国家大学科技园 National Science Park of Xi'an Jiaotong University	65	30	15000	72
西北工业大学国家大学科技园 National Science Park of Northwest University of Technology	78	5	3870	18
西北农林科技大学国家大学科技园 National Science Park of Northwest Agriculture and Forestry University	10			12
西安电子科技大学国家大学科技园 National Science Park of Xi'an University of Electronic Science and Technology	5			
兰州大学国家大学科技园 National Science Park of Lanzhou University	62	10		24
兰州交通大学国家大学科技园 National Science Park of Lanzhou Jiaotong University	60	15	500	5
兰州理工大学国家大学科技园 National Science Park of Lanzhou University of Technology	72	25		15
新疆国家大学科技园 National University Science Park of Xinjiang	38	10		5

7-6 国家大学科技园当年在孵企业情况

General Statistics of Tenants of National University Science Parks

大学科技园 University Science Parks	在孵企业数（个） Number of Tenants (unit)	人员数（人） Number of Employees (person)	总收入（千元） Total Income (1000 yuan)	工业总产值（千元） Gross Industrial Output Value (1000 yuan)	净利润（千元） Net Profit (1000 yuan)	上缴税金（千元） Taxes Submitted (1000 yuan)
合计 **Total**	**6541**	**139429**	**5E+07**	**37212952**	**4574405**	**2609511**
清华大学国家大学科技园 National Science Park of Tsinghua University	122	5746	4277232	865176	427628	209846
北京大学国家大学科技园 National Science Park of Peking University	59	674		49652		1040
北京航空航天大学国家大学科技园 National Science Park of Beijing University of Aeronautics and Astronautics	140	2235	147840	67210	46320	3980
北京理工大学国家大学科技园 National Science Park of Beijing Institute of Technology	61	556	155000	250000	9000	50000
北京邮电大学国家大学科技园 National Science Park of Beijing University of Posts and Telecommunications	3	41	2020	2500	820	149
北师大-北中医国家大学科技园 National Science Park of Beijing Normal University and Beijing University of Chinese Medicine	56	683	65948	50013	7458	1978
北京化工大学国家大学科技园 National Science Park of Beijing University of Chemical Technology	51	785	136271	62652	3103	6165
北京科技大学国家大学科技园 National Science Park of University of Science and Technology Beijing	108	1430	553093	20899		21103
北京工业大学国家大学科技园 National Science Park of Beijing University of Technology	49	875	336098	315642	25135	16214
中国石油大学国家大学科技园 National Science Park of China University of Petroleum	161	4688	1.9E+07	13797328	1447401	385934
中国农业大学国家大学科技园 National Science Park of China Agricultural University	86	4600	843600	883200	435000	39700
华北电力大学国家大学科技园 National Science Park of North China Electric Power University	51	706	81630	75200	9150	12430
北京交通大学国家级大学科技园 National Science Park of Beijing Jiaotong University	36	976	968030	189307	233928	87130
中国人民大学国家大学科技园 National Science Park of Renmin University of China	82	834	52350			1671
天津大学国家大学科技园 National Science Park of Tianjin University	56	1534	77488	27847	793	4643
燕山大学国家大学科技园 National Science Park of Yanshan University	105	1663	524258	563720	22703	7598
河北工业大学国家大学科技园 National Science Park of Hebei University of Technology	58	1279	120350	33596	8408	13756
山西中北大学国家大学科技园 National Science Park of North Central University of Shanxi Province	57	567	21941	3294	1194	814
东北大学国家大学科技园 National Science Park of Northeastern University	99	1602	336640	336640	15865	11913

7-6 续表 1 continued 1

大学科技园 University Science Parks	在孵企业数（个） Number of Tenants (unit)	人员数（人） Number of Employees (person)	总收入（千元） Total Income (1000 yuan)	工业总产值（千元） Gross Industrial Output Value (1000 yuan)	净利润（千元） Net Profit (1000 yuan)	上缴税金（千元） Taxes Submmitted (1000 yuan)
大连理工大学—七贤岭国家大学科技园 Qixianling National Science Park of Dalian University of Technology	33	739	280298	271174	35220	16758
沈阳工业大学国家大学科技园 National Science Park of Shenyang University of Technology	57	420	153602	14061	7201	5230
吉林大学国家大学科技园 National Science Park of Jilin University	53	433	23893	20988	2255	1266
哈尔滨工业大学国家大学科技园 National Science Park of Harbin University of Technology	96	2156	458755	473117	49330	4362
哈尔滨工程大学国家大学科技园 National Science Park of Harbin Engineering University	115	2480	235000	227000	40200	7600
哈尔滨理工大学国家大学科技园 National Science Park of Harbin University of Science and Technology	73	1260	53780	58240	7165	573
大庆石油学院国家大学科技园 National Science Park of Daqing Petroleum Institute	93	945	180000	530000	84500	30600
上海交通大学国家大学科技园 National Science Park of Shanghai Jiaotong University	102	3525	857123	857000	74300	30950
复旦大学国家大学科技园 National Science Park of Fudan University	136	2700	110000		12500	6300
上海大学国家大学科技园 National Science Park of Shanghai University	52	1711	19426	15350	1919	15639
同济大学国家大学科技园 National Science Park of Tongji University	85	705	132020	132020	19467	7327
东华大学国家大学科技园 National Science Park of Donghua University	64	687	122666	142184	178890	5964
华东理工大学国家大学科技园 National Science Park of East China University of Science and Technology	177	4250	983690	935000	103500	16780
华东师范大学国家大学科技园 National Science Park of East China Normal University	58	503	37622	30099	2515	1376
上海理工大学国家大学科技园 National Science Park of Shanghai University of Science and Technology	92	936	308324	298140	35701	15465
上海财经大学国家大学科技园 National Science Park of Shanghai University of Finance and Economics	54	3452	49805	49805	6585	4142
上海电力学院国家大学科技园 National Science Park of Shanghai University of Electric Power	72	643	48010	48930	1450	2230
东南大学国家大学科技园 National Science Park of Southeast University	76	1391	45508	220696	-281	38119
南京大学－鼓楼高校国家大学科技园 National Science Park of Gulou College of Nanjing University	464	5304	951685	352123	47584	23427

7-6 续表 2 continued 2

大学科技园 University Science Parks	在孵企业数(个) Number of Tenants (unit)	人员数(人) Number of Employees (person)	总收入(千元) Total Income (1000 yuan)	工业总产值(千元) Gross Industrial Output Value (1000 yuan)	净利润(千元) Net Profit (1000 yuan)	上缴税金(千元) Taxes Submmitted (1000 yuan)
南京理工大学国家大学科技园 University Park of Nanjing University of Science and Technology	33	1400	12800			
中国矿业大学国家大学科技园 National Science Park of China University of Mining and Technology	150	3599	723636	696047	143181	65768
江南大学国家大学科技园 National Science Park of Jiangnan University	175	5318	1201710	3871280	104403	80423
南京工业大学国家大学科技园 National Science Park of Nanjing University of Technology	71	1092	760000	576400	73050	34400
常州市国家大学科技园 National University Science Park of Changzhou	149	1390	355638	170728	3570	13167
苏州大学国家大学科技园 National Science Park of Soochow University	55	1196	14499	10365	8521	816
镇江国家大学科技园 National University Park of Zhenjiang	58	739	76697	76697	7432	3091
浙江大学国家大学科技园 National Science Park of Zhejiang University	205	2247	277945	204486	-51709	12474
浙江省国家大学科技园 National University Science Park of Zhejiang Province	145	903	1321263	1321263		31715
宁波市国家大学科技园 National University Park of Ningbo University	61	560	166633	111475	19427	2949
合肥国家大学科技园 National Science Park of Hefei	89	1120	85669	80278	2367	3547
厦门大学国家大学科技园 National Science Park of Xiamen University	75	812	626300	455290	36780	30174
南昌大学国家大学科技园 National Science Park of Nanchang University	95	2369	233408	198351	13726	11213
山东大学国家大学科技园 National Science Park of Shandong University	58	1273	355231	408667	14826	12024
河南省国家大学科技园 National Unitversity Park of Henan Province	173	3978	761590	590080	92760	44160
东湖高新区国家大学科技园 National University Park of Donghu High-tech Zone	124	3213	1711685	163987	49538	36357
华中科技大学国家大学科技园 National Science Park of Huazhong University of Science and Technology	52	1251	1125368			7020
岳麓山国家大学科技园 National University Science Park of Yuelu Mountain	161	3186	1027743	492011	63131	34276
华南理工大学国家大学科技园 National Science Park of South China University of Science and Technology	93	2804	305890	305890	20140	15003

7-6 续表 3 continued 3

大学科技园 University Science Parks	在孵企业数（个） Number of Tenants (unit)	人员数（人） Number of Employees (person)	总收入（千元） Total Income (1000 yuan)	工业总产值（千元） Gross Industrial Output Value (1000 yuan)	净利润（千元） Net Profit (1000 yuan)	上缴税金（千元） Taxes Submmitted (1000 yuan)
中山大学国家大学科技园 National Science Park of Zhongshan University	78	999	193570	132	9712	11288
深圳虚拟大学国家大学科技园 National Science Park of Shenzhen Virtual University	60	2567	549368	539095	39933	30985
重庆大学国家大学科技园 National Science Park of Chongqing University	103	7169	934400	810920	121000	116680
重庆市北碚国家大学科技园 Beibei National Science Park of Chongqing	118	3728	418472	244166	68290	26105
四川大学国家大学科技园 National Science Park of Sichuan University	110	2594	473580	447130	26584	24539
电子科技大学国家大学科技园 National Science Park of University of Electronic Science and Technology of China	36	4555	815826	808296	78374	647900
西南科技大学国家大学科技园 National Science Park of Southwestern University of Science and Technology	67	946	92343	93904	3136	1045
成都西南交大国家大学科技园 Chengdu Southwest Jiaotong University Science Park	53	870	210000	250000	18000	6000
云南省国家大学科技园 University Science Park of Yunnan Province	42	757	488618	314045	85825	80419
昆明理工大学国家大学科技园 National Science Park of Kunming University of Science and Technology	70	1500	191570	154370	45823	40732
西安交通大学国家大学科技园 National Science Park of Xi'an Jiaotong University	65	1416	53726	33051	-10730	3456
西北工业大学国家大学科技园 National Science Park of Northwest University of Technology	78	2746	147320	288420	27620	14620
西北农林科技大学国家大学科技园 National Science Park of Northwest Agriculture and Forestry University	10	208	46809	272504	13245	214
西安电子科技大学国家大学科技园 National Science Park of Xi'an University of Electronic Science and Technology	5	182	45242	61559		22938
兰州大学国家大学科技园 National Science Park of Lanzhou University	62	729	193538	25905	894	3601
兰州交通大学国家大学科技园 Science Park of Lanzhou Jiaotong University	60	2518	477161	355064	35723	17869
兰州理工大学国家大学科技园 National Science Park of Lanzhou University of Technology	72	1407	90293	90293	5531	1118
新疆国家大学科技园 National University Science Park of Xinjiang	38	374	734431	421000	395	11253

7-7 国家大学科技园毕业企业情况

General Statistics of Graduated Tenants of National University Science Parks

大学科技园 University Science Parks	累计毕业企业（个） Accmulated Number of Graduated Enterprises (unit)	人员数（人） Number of Employees (person)	总收入（千元） Total Income (1000 yuan)	工业总产值（千元） Gross Industrial Output Value (1000 yuan)
合计 Total	**3673**	**151308**	**72779235**	**64462537**
清华大学国家大学科技园 National Science Park of Tsinghua University	201	3275	349400	299340
北京大学国家大学科技园 National Science Park of Peking University	112	624		
北京航空航天大学国家大学科技园 National Science Park of Beijing University of Aeronautics and Astronautics	54	1323	98750	57290
北京理工大学国家大学科技园 National Science Park of Beijing Institute of Technology	135	2800	270000	55000
北京邮电大学国家大学科技园 National Science Park of Beijing University of Posts and Telecommunications	28	1746	136900	142250
北师大-北中医国家大学科技园 National Science Park of Beijing Normal University and Beijing University of Chinese Medicine	24	394	667325	
北京化工大学国家大学科技园 National Science Park of Beijing University of Chemical Technology	18	1446	328000	239300
北京科技大学国家大学科技园 National Science Park of University of Science and Technology Beijing	110	640	71100	71100
北京工业大学国家大学科技园 National Science Park of Beijing University of Technology	52	656	266475	296095
中国石油大学国家大学科技园 National Science Park of China University of Petroleum	105	2707	1062276	1023105
中国农业大学国家大学科技园 National Science Park of China Agricultural University	37	2865	28500	305600
华北电力大学国家大学科技园 National Science Park of North China Electric Power University	19	379	2973200	4053200
北京交通大学国家级大学科技园 National Science Park of Beijing Jiaotong University	10	355	162195	418699
中国人民大学国家大学科技园 National Science Park of Renmin University of China	42	106		
天津大学国家大学科技园 National Science Park of Tianjin University	10	321	435268	
燕山大学国家大学科技园 National Science Park of Yanshan University	42	1586	443090	443090
河北工业大学国家大学科技园 National Science Park of Hebei University of Technology	68	3668	633979	4959264
山西中北大学国家大学科技园 National Science Park of North Central University of Shanxi Province	2	65	5300	4950
东北大学国家大学科技园 National Science Park of Northeastern University	51	15796	5064000	5050000

7-7 续表 1 continued 1

大学科技园 University Science Parks	累计毕业企业（个） Accmulated Number of Graduated Enterprises (unit)	人员数（人） Number of Employees (person)	总收入（千元） Total Income (1000 yuan)	工业总产值（千元） Gross Industrial Output Value (1000 yuan)
大连理工大学—七贤岭国家大学科技园 Qixianling National Science Park of Dalian University of Technology				
沈阳工业大学国家大学科技园 National Science Park of Shenyang University of Technology	19	620	982360	915300
吉林大学国家大学科技园 National Science Park of Jilin University	10	1197	236821	215988
哈尔滨工业大学国家大学科技园 National Science Park of Harbin University of Technology	46	2357	863112	893446
哈尔滨工程大学国家大学科技园 National Science Park of Harbin Engineering University	29	405	250000	186000
哈尔滨理工大学国家大学科技园 National Science Park of Harbin University of Science and Technology	12		81000	
大庆石油学院国家大学科技园 National Science Park of Daqing Petroleum Institute	13	1200	72000	130000
上海交通大学国家大学科技园 National Science Park of Shanghai Jiaotong University	72	1798	484102	468073
复旦大学国家大学科技园 National Science Park of Fudan University	108	9000	2600000	
上海大学国家大学科技园 National Science Park of Shanghai University	9	95	31128	25704
同济大学国家大学科技园 National Science Park of Tongji University	43			
东华大学国家大学科技园 National Science Park of Donghua University	50	535	2587280	2664164
华东理工大学国家大学科技园 National Science Park of East China University of Science and Technology	174	2911	1420000	1370000
华东师范大学国家大学科技园 National Science Park of East China Normal University	5	484	127406	102214
上海理工大学国家大学科技园 National Science Park of Shanghai University of Science and Technology	2	1083	208940	
上海财经大学国家大学科技园 National Science Park of Shanghai University of Finance and Economics	116	920	2746640	
上海电力学院国家大学科技园 National Science Park of Shanghai University of Electric Power	7	113	5240	5412
东南大学国家大学科技园 National Science Park of Southeast University	44	1320	540000	625000
南京大学－鼓楼高校国家大学科技园 National Science Park of Gulou College of Nanjing University	89	16185	4641804	1717466

7-7 续表 2 continued 2

大学科技园 University Science Parks	累计毕业企业（个） Accmulated Number of Graduated Enterprises (unit)	人员数（人） Number of Employees (person)	总收入（千元） Total Income (1000 yuan)	工业总产值（千元） Gross Industrial Output Value (1000 yuan)
南京理工大学国家大学科技园 National University Park of Nanjing University of Science and Technology	70	2000	780000	800000
中国矿业大学国家大学科技园 National Science Park of China University of Mining and Technology	21	256	80233	89455
江南大学国家大学科技园 National Science Park of Jiangnan University	72	10439	1540673	2620887
南京工业大学国家大学科技园 National Science Park of Nanjing University of Technology	2	73	24000	33000
常州市国家大学科技园 National University Science Park of Changzhou	27	110	40561	42301
苏州大学国家大学科技园 National Science Park of Soochow University	20	685	26535	25836
镇江国家大学科技园 National University Park of Zhenjiang	8	1001	165640	168830
浙江大学国家大学科技园 National Science Park of Zhejiang University	207	5712	24637560	21925130
浙江省国家大学科技园 National University Science Park of Zhejiang Province	9	170	125100	
宁波市国家大学科技园 National University Park of Ningbo University	22	964	296347	277785
合肥国家大学科技园 National Science Park of Hefei	34	1456	656339	615809
厦门大学国家大学科技园 National Science Park of Xiamen University	64	722	598640	402300
南昌大学国家大学科技园 National Science Park of Nanchang University	106	5437	1595472	1409263
山东大学国家大学科技园 National Science Park of Shandong University	12	3110	457872	492211
河南省国家大学科技园 National Unitversity Park of Henan Province	108	3175	474940	486600
东湖高新区国家大学科技园 National University Park of Donghu High-tech Zone	114	1718	393586	445054
华中科技大学国家大学科技园 National Science Park of Huazhong University of Science and Technology	50			
岳麓山国家大学科技园 National University Science Park of Yuelu Mountain	33	3560	2258300	132800
华南理工大学国家大学科技园 National Science Park of South China University of Science and Technology	84	9450	2684625	2684625

7-7 续表 3 continued 3

大学科技园 University Science Parks	累计毕业企业（个） Accmulated Number of Graduated Enterprises (unit)	人员数（人） Number of Employees (person)	总收入（千元） Total Income (1000 yuan)	工业总产值（千元） Gross Industrial Output Value (1000 yuan)
中山大学国家大学科技园 National Science Park of Zhongshan University	53	310	35041	35041
深圳虚拟大学国家大学科技园 National Science Park of Shenzhen Virtual University	173	6298	1382907	1422417
重庆大学国家大学科技园 National Science Park of Chongqing University	51			
重庆市北碚国家大学科技园 Beibei National Science Park of Chongqing	73	2373	421850	420143
四川大学国家大学科技园 National Science Park of Sichuan University	51	2021	752770	675420
电子科技大学国家大学科技园 National Science Park of University of Electronic Science and Technology of China	9	1500	500000	500000
西南科技大学国家大学科技园 National Science Park of Southwestern University of Science and Technology	46	952	847000	852500
西南交通大学国家大学科技园 National Science Park Southwest Jiaotong University	5	300	41000	45000
云南省国家大学科技园 National University Science Park of Yunnan Province	12	401	418834	246091
昆明理工大学国家大学科技园 National Science Park of Kunming University of Science and Technology	18	203	21600	59659
西安交通大学国家大学科技园 National Science Park of Xi'an Jiaotong University	72	3780	117512	116024
西北工业大学国家大学科技园 National Science Park of Northwest University of Technology	18	1312	112953	147924
西北农林科技大学国家大学科技园 National Science Park of Northwest Agriculture and Forestry University	12		35420	287500
西安电子科技大学国家大学科技园 National Science Park of Xi'an University of Electronic Science and Technology				
兰州大学国家大学科技园 National Science Park of Lanzhou University	24	400	100100	5000
兰州交通大学国家科技园 National Science Park of Lanzhou Jiaotong University	5		116000	98452
兰州理工大学国家大学科技园 National Science Park of Lanzhou University of Technology	15	350	162430	162430
新疆国家大学科技园 National University Science Park of Xinjiang	5	95	3804	

第八部分

火炬计划软件产业基地

The Eighth Part

Torch Program Software Bases

8-1 软件产业基地主要经济指标
Main Economic Indicators of Software Bases

年 份 Year	软件产业基地 (个) Number of Software Bases (unit)	基地总人数 (万人) Total Number of Employees (10000 person)	总收入 (亿元) Total Income (100 million yuan)	利税总额 (亿元) Total Value of Profits and Taxes (100 million yuan)	出口创汇 (亿美元) Export (100 million USD)
2003	24	31	1143.9	132.9	4.8
2004	29	44	1638.0	165.4	13.2
2005	32	65	3375.0	351.2	48.6
2006	33	78	4541.0	432.0	100.0
2007	34	90	5213.4	1,230.5	78.4
2008	35	106	6897.5	884.4	103.5
2009	35	129	7677.1	1,123.5	100.5

8-2 软件产业基地场地情况

Space Area of Software Bases

单位：万平方米 (10000 sq.m)

软件产业基地 Software Base	规划占地面积 Planning Landing Area	现有占地面积 Land Area	建筑面积 Building Area	孵化面积 Incubation Area
合计 **Total**	**13554**	**5373**	**2393**	**712**
北京软件产业基地 Beijing Software Base	837	544	94	8
天津华苑软件园 Tianjin Huayuan Software Park	308	80	74	26
河北软件产业基地(石家庄) Hebei Software Base(Shijiazhuang)	57	3	10	2
山西软件园 Shanxi Software Park	61	25	63	46
内蒙古软件园 Inner Mongolia Software Park	40	3	3	3
东大软件园 Dongda Software Park	45	45	26	8
大连软件园 Dalian Software Park	2808	306	164	84
吉林软件园 Jilin Software Park	30	30	30	2
长春软件园 Changchun Software Park	500	50	38	28
大庆软件园 Daqing Software Park	67	26	36	21
上海软件园 Shanghai Software Park	204	127	66	16
江苏软件园 Jiangsu Software Park	21	26	26	14
南京软件园 Nanjing Software Park	358	350	86	23
无锡软件园 Wuxi Software Park	79	31	55	39
常州软件园 Changzhou Software Park	135	15	20	13
苏州软件园 Suzhou Software Park	854	291	131	48
杭州高新软件园 Hangzhou Hi-tech Software Park	29	15	44	3

8-2 续表 continued

单位：万平方米 (10000 sq.m)

软件产业基地 Software Base	规划占地面积 Planning Landing Area	现有占地面积 Land Area	建筑面积 Building Area	孵化面积 Incubation Area
合肥软件园 Hefei Software Park	94	23	19	18
福州软件园 Fuzhou Software Park	320	180	112	2
厦门软件园 Xiamen Software Park	100	8	8	7
江西金庐软件园 Jiangxi Jinlu Software Park	57	11	5	5
齐鲁软件园 Qilu Software Park	1270	1270	255	23
青岛软件园 Qingdao Software Park	56	37	35	20
中部软件产业园 Central China Software Industrial Park	9	13	14	14
湖北软件产业基地 Hubei Software Base	180	181	150	1
长沙软件园 Changsha Software Park	265	265	200	35
广州软件园 Guangzhou Software Park	1290	294	202	33
深圳软件园 Shenzhen Software Park	233	14	40	24
珠海高新区软件园 Zhuhai Software Park	1350	385	120	36
南宁软件园 Nanning Software Park	29	29	9	7
重庆高新区软件园 Chongqing Software Park	300	100	70	40
天府软件园 Tianfu Software Park	900	535	120	38
云南软件园 Yunnan Software Park	40	3	10	5
西安软件园 Xi'an Software Park	624	54	56	18
兰州软件园 Lanzhou Software Park	4	4	3	3

8-3 软件产业基地人员情况

Personnel Statistics of Software Bases

单位：人 (person)

软件产业基地 Software Base	年末基地总人数 Year End Total Number of Employees of the Base	博士学历 Doctor Degree	硕士学历 Master Degree	本科学历 Bachlor Degree	大专 Junior College Degree
合计 Total	**1292776**	**13799**	**112259**	**719649**	**307089**
北京软件产业基地 Beijing Software Base	310225	4055	40206	174516	66505
天津华苑软件园 Tianjin Huayuan Software Park	23717	183	899	9815	6541
河北软件产业基地(石家庄) Hebei Software Base(Shijiazhuang)	5236	33	192	1516	3025
山西软件园 Shanxi Software Park	16121	76	277	6025	7214
内蒙古软件园 Inner Mongolia Software Park	3225	25	142	1581	934
东大软件园 Dongda Software Park	15472	49	1748	11878	1601
大连软件园 Dalian Software Park	53016	419	3185	41110	5192
吉林软件园 Jilin Software Park	4450	50	291	1220	1378
长春软件园 Changchun Software Park	15500	252	1475	9697	4076
大庆软件园 Daqing Software Park	13453	92	508	7326	2550
上海软件园 Shanghai Software Park	27745	832	3312	16579	7022
江苏软件园 Jiangsu Software Park	25000	84	2433	9734	5952
南京软件园 Nanjing Software Park	28014	320	3111	17243	7340
无锡软件园 Wuxi Software Park	43577	188	958	20689	9922
常州软件园 Changzhou Software Park	9010	110	525	5820	2555
苏州软件园 Suzhou Software Park	52434	413	2086	22187	14613
杭州高新软件园 Hangzhou Hi-tech Software Park	67776	527	6888	31371	17377

8-3 续表 continued

单位：人 (person)

软件产业基地 Software Base	年末基地总人数 Year End Total Number of Employees of the Base	博士学历 Doctor Degree	硕士学历 Master Degree	本科学历 Bachlor Degree	大专 Junior College Degree
合肥软件园 Hefei Software Park	8639	135	767	4258	2013
福州软件园 Fuzhou Software Park	17000	85	800	9000	4700
厦门软件园 Xiamen Software Park	23367	152	1103	12471	8354
江西金庐软件园 Jiangxi Jinlu Software Park	7154	99	412	3403	1996
齐鲁软件园 Qilu Software Park	41951	251	2631	27789	10903
青岛软件园 Qingdao Software Park	31923	275	3105	24063	4480
中部软件产业园 Central China Software Industrial Park	12736	112	620	8244	3235
湖北软件产业基地 Hubei Software Base	29096	1511	3277	19390	4918
长沙软件园 Changsha Software Park	32156	425	3026	15114	9891
广州软件园 Guangzhou Software Park	94962	499	4794	40220	28743
深圳软件园 Shenzhen Software Park	80844	509	6622	44272	17848
珠海高新区软件园 Zhuhai Software Park	19048	121	1603	11582	5742
南宁软件园 Nanning Software Park	6500	51	245	4200	765
重庆高新区软件园 Chongqing Software Park	20185	225	1753	13337	3996
天府软件园 Tianfu Software Park	62700	800	5200	38500	17400
云南软件园 Yunnan Software Park	7832	31	233	3191	3376
西安软件园 Xi'an Software Park	79192	750	7637	50352	13850
兰州软件园 Lanzhou Software Park	3520	60	195	1956	1082

8-4 软件产业基地人员分布情况

Personnel Distribution of Software Bases

单位：人 (person)

软件产业基地 Software Base	有5年以上(含)软件从业经验的人员 The Staff with More than 5 Years Software Experience	有2～5年(含2年)软件从业经验的人员 The Staff with 2-5 Years Software Experience	软件研发人员 R&D Personnel	测试人员 Testing Personnnel	认定的软件企业人数 Number of Employees in Identified Software Companies
合计 **Total**	**243784**	**564168**	**673835**	**96434**	**717798**
北京软件产业基地 Beijing Software Base	44961	185774	286677	3216	280946
天津华苑软件园 Tianjin Huayuan Software Park	4686	11019	11883	849	9321
河北软件产业基地(石家庄) Hebei Software Base(Shijiazhuang)	363	1595	3119	185	2423
山西软件园 Shanxi Software Park	1310	2515	1468	483	2471
内蒙古软件园 Inner Mongolia Software Park	858	650	987	290	786
东大软件园 Dongda Software Park	3184	5858	12777	1709	15400
大连软件园 Dalian Software Park	14579	16912	28090	6018	20433
吉林软件园 Jilin Software Park	972	1833	1815	300	685
长春软件园 Changchun Software Park	4125	5738	5357	608	8425
大庆软件园 Daqing Software Park	4158	3268	6828	1205	8192
上海软件园 Shanghai Software Park	10090	6654	11452	1453	16646
江苏软件园 Jiangsu Software Park			3468	2159	
南京软件园 Nanjing Software Park	5478	9451	7085	3064	16870
无锡软件园 Wuxi Software Park	4805	12497	10674	3202	5502
常州软件园 Changzhou Software Park	3593	4720	4530	1905	7320
苏州软件园 Suzhou Software Park	4472	8916	11134	3201	8400
杭州高新软件园 Hangzhou Hi-tech Software Park	16017	24596	38224	5427	15721

8-4 续表 continued

单位：人 (person)

软件产业基地 Software Base	有5年以上(含)软件从业经验的人员 The Staff with More than 5 Years Software Experience	有2～5年(含2年)软件从业经验的人员 The Staff with 2-5 Years Software Experience	软件研发人员 R&D Personnel	测试人员 Testing Personnnel	认定的软件企业人数 Number of Employees in Identified Software Companies
合肥软件园 Hefei Software Park	1852	2112	3033	969	5524
福州软件园 Fuzhou Software Park	2975	5368	6079	1269	6000
厦门软件园 Xiamen Software Park	3946	6035	7223	1810	5265
江西金庐软件园 Jiangxi Jinlu Software Park	1057	1693	1762	484	4125
齐鲁软件园 Qilu Software Park	10020	14872	16122	652	13416
青岛软件园 Qingdao Software Park	5758	15920	7202	3809	16520
中部软件产业园 Central China Software Industrial Park	1058	6522	4120	685	7620
湖北软件产业基地 Hubei Software Base	7991	12466	15979	3348	18000
长沙软件园 Changsha Software Park	13270	10092	7616	1932	21046
广州软件园 Guangzhou Software Park	13292	60387	27998	14219	41048
深圳软件园 Shenzhen Software Park	15025	24642	28505	8730	49975
珠海高新区软件园 Zhuhai Software Park	3817	13042	10997	2288	18471
南宁软件园 Nanning Software Park	1250	3600	4760	900	3000
重庆高新区软件园 Chongqing Software Park	5180	6906	6031	689	8088
天府软件园 Tianfu Software Park	8600	32200	36000	3270	41000
云南软件园 Yunnan Software Park	1613	1819	2012	311	3995
西安软件园 Xi'an Software Park	22620	43810	41720	15520	33480
兰州软件园 Lanzhou Software Park	809	686	1108	275	1684

8-5 软件产业基地研发支出情况

Expenditure on R&D of Software Bases

单位：千元 (1000 yuan)

软件产业基地 Software Base	科技活动经费支出总额 Expenditure on Science and Technology Activity	研究与试验发展经费支出 Expenditure on R&D	软件研发经费支出 Expenditure on Software R&D	新产品开发经费支出 Expenditure on New Product R&D
合计 Total	**61835327**	**36753702**	**27201659**	**9806399**
北京软件产业基地 Beijing Software Base	21539830	4752128	4752128	
天津华苑软件园 Tianjin Huayuan Software Park	713300	549794	359308	300153
河北软件产业基地(石家庄) Hebei Software Base(Shijiazhuang)	145552	93620	51439	31918
山西软件园 Shanxi Software Park	188384	153896	125360	58927
内蒙古软件园 Inner Mongolia Software Park	99756	72413	55776	36021
东大软件园 Dongda Software Park	458266			
大连软件园 Dalian Software Park	1622530	1173323	819967	469492
吉林软件园 Jilin Software Park	85500	68400	27360	10940
长春软件园 Changchun Software Park	385500	301700	282200	217400
大庆软件园 Daqing Software Park	123790	120500	113218	39881
上海软件园 Shanghai Software Park	2408000	2191200	1956400	652100
江苏软件园 Jiangsu Software Park	1058535	842129	176167	103766
南京软件园 Nanjing Software Park	1780478	1542680	1432241	68541
无锡软件园 Wuxi Software Park	2047447	1153589	591480	473184
常州软件园 Changzhou Software Park	143960	113570	101970	84430
苏州软件园 Suzhou Software Park	2800000	2100000	1000000	460000
杭州高新软件园 Hangzhou Hi-tech Software Park	3645609	2632608	2521539	129153

8-5 续表 continued

单位：千元 (1000 yuan)

软件产业基地 Software Base	科技活动经费支出总额 Expenditure on Science and Technology Activity	研究与试验发展经费支出 Expenditure on R&D	软件研发经费支出 Expenditure on Software R&D	新产品开发经费支出 Expenditure on New Product R&D
合肥软件园 Hefei Software Park	354276	229496	219917	121156
福州软件园 Fuzhou Software Park	642269	490112	423604	354820
厦门软件园 Xiamen Software Park	608509	502020	345633	200199
江西金庐软件园 Jiangxi Jinlu Software Park	312213	240149	104748	38964
齐鲁软件园 Qilu Software Park	1647954	1081988	631812	427087
青岛软件园 Qingdao Software Park	761822	457093	274255	158138
中部软件产业园 Central China Software Industrial Park	513000	365000	220000	150000
湖北软件产业基地 Hubei Software Base	1400868	1014696	737707	494661
长沙软件园 Changsha Software Park	1206256	1035041	783694	597973
广州软件园 Guangzhou Software Park	4612759	4608274	2555972	82700
深圳软件园 Shenzhen Software Park	4665187	4136445	3211538	2122767
珠海高新区软件园 Zhuhai Software Park	868912	843290	843290	84000
南宁软件园 Nanning Software Park	192700	133826	125936	50374
重庆高新区软件园 Chongqing Software Park	403665	267721	182380	152904
天府软件园 Tianfu Software Park	1486443	1137472	883271	741127
云南软件园 Yunnan Software Park	159060	96603	60049	47240
西安软件园 Xi'an Software Park	2667330	2193210	1177530	815300
兰州软件园 Lanzhou Software Park	85667	59716	53769	31084

8-6 软件产业基地收入情况

Income of Software Bases

单位：千元 (1000 yuan)

软件产业基地 Software Base	总收入 Total Income	软件收入 Software Income	软件产品收入 Software Sales Income	新产品销售收入 New Product sales Income	系统集成收入 System Integration Income	嵌入式系统软件收入 Embeded Software Income	软件技术服务收入 Software Service Income	自主版权软件收入 Own Copyright Software Income
合计 Total	**767709058**	**571212191**	**246218475**	**85706443**	**102219044**	**74616583**	**147816587**	**186119960**
北京软件产业基地 Beijing Software Base	188238304	184916848	66834528	30792174	54291488	3418180	60372648	
天津华苑软件园 Tianjin Huayuan Software Park	11028220	5818918	1055333	251699	819893	1493034	2450658	2202541
河北软件产业基地(石家庄) Hebei Software Base(Shijiazhuang)	1336936	979777	255820	34432	51410	651125	21422	697838
山西软件园 Shanxi Software Park	1922855	1145991	744894	215800	152417	179208	69472	581097
内蒙古软件园 Inner Mongolia Software Park	2300434	1582859	774635	126816	337637	72387	398200	487583
东大软件园 Dongda Software Park	4166055	4060367	633418				3426949	
大连软件园 Dalian Software Park	20214590	14108725	7582072	6184211	1197169	665094	4664390	532075
吉林软件园 Jilin Software Park	2980800	1394800	1047000	209500	65900	182200	99700	1394800
长春软件园 Changchun Software Park	5561200	3659100	1234450	275600	787500	394600	1242550	987450
大庆软件园 Daqing Software Park	3521697	2289457	1848653	342721	45264	179849	215691	2178487
上海软件园 Shanghai Software Park	30100000	20769932	9893708	1977752	3122033	2563266	5190925	10610340
江苏软件园 Jiangsu Software Park	23214958	13092029	10374119	454180	777622	19694	1920594	7942234
南京软件园 Nanjing Software Park	28457638	18742408	13794856	5789669	3246798	799800	900953	4658680
无锡软件园 Wuxi Software Park	32564036	25074306	4115654	258833	233612	17210784	3514257	3179183
常州软件园 Changzhou Software Park	4800000	2383000	190140	95060	48850	1991180	152830	1387950
苏州软件园 Suzhou Software Park	35000000	21200000	6700000	3700000	2000000	8000000	4500000	3000000
杭州高新软件园 Hangzhou Hi-tech Software Park	40968508	40968508	9395440	3696177	10473444	7119831	13979794	39854012
合肥软件园 Hefei Software Park	4242341	3136905	2050118	722842	655116	200534	231137	908103

8-6 续表 continued

单位：千元 (1000 yuan)

软件产业基地 Software Base	总收入 Total Income	软件收入 Software Income	软件产品收入 Software Sales Income	新产品销售收入 New Product sales Income	系统集成收入 System Integration Income	嵌入式系统软件收入 Embeded Software Income	软件技术服务收入 Software Service Income	自主版权软件收入 Own Copyright Software Income
福州软件园 Fuzhou Software Park	14154845	7618911	4295207	2318944	1779765	568908	975031	3817429
厦门软件园 Xiamen Software Park	6187060	4895618	2521862	847345	1014630	287924	1071202	2291325
江西金庐软件园 Jiangxi Jinlu Software Park	4434935	3595243	1062000	79805	1200646	369424	963173	2238754
齐鲁软件园 Qilu Software Park	52790104	30890020	18099236	5519850	3574331	4608704	4607750	15963041
青岛软件园 Qingdao Software Park Industrial Park	15286020	5312918	2745047	137119	36502	878514	1652855	2417529
中部软件产业园 Central China Software Industrial Park	6950000	3120000	1470000	480000	490000	420000	740000	1920000
湖北软件产业基地 Hubei Software Base	18076780	10570898	4936414	3225313	1584862	3403874	645748	7817944
长沙软件园 Changsha Software Park	14153540	9871450	4045184	905247	1288778	3718666	818822	5768952
广州软件园 Guangzhou Software Park	58013092	34371732	18826808	2182471	1528850	712783	13303291	17819900
深圳软件园 Shenzhen Software Park	49886844	33342580	22091238	5527918	2893612	2738645	5619086	12257076
珠海高新区软件园 Zhuhai Software Park	8891510	6621110	3216190	389970	59530	599840	2404050	6621110
南宁软件园 Nanning Software Park	2403260	1578185	631274	258822	332039	349158	265714	102944
重庆高新区软件园 Chongqing Software Park	10749050	9366000	1383827	968680	313662	5948544	1719967	2163079
天府软件园 Tianfu Software Park	30018110	22076810	16173774	5097330	742881	923440	4236715	12037718
云南软件园 Yunnan Software Park	2251361	1051313	298405	161823	383162	196356	173390	498953
兰州软件园 Lanzhou Software Park	926965	592253	296542	125821	196182	26326	73203	128333

8-7 软件产业基地出口情况

Export of Software Bases

软件产业基地 Software Base	出口创汇额 (千美元) Export (1000 USD)	软件出口创汇额 (千美元) Software Export (1000 USD)	海关软件出口创汇额 (千美元) Software Export through Custom (1000 USD)	净利润 (千元) Net Profit (1000 Yuan)
合计 **Total**	**10046383**	**7540189**	**3442992**	**70603281**
北京软件产业基地 Beijing Software Base	1320563	1320563	1009130	22896800
天津华苑软件园 Tianjin Huayuan Software Park	197202	137412		890817
河北软件产业基地(石家庄) Hebei Software Base(Shijiazhuang)	12249	12249		102886
山西软件园 Shanxi Software Park	3960	3763	3763	168813
内蒙古软件园 Inner Mongolia Software Park				77385
东大软件园 Dongda Software Park	220344	201477	138285	651078
大连软件园 Dalian Software Park	862415	601215	480422	442974
吉林软件园 Jilin Software Park	1500	1500		268200
长春软件园 Changchun Software Park	4500	2790	280	487000
大庆软件园 Daqing Software Park	198022	26757		213254
上海软件园 Shanghai Software Park	491000	491000	491000	3109300
江苏软件园 Jiangsu Software Park	68388	51102		1387011
南京软件园 Nanjing Software Park	697896	185421	166540	1328500
无锡软件园 Wuxi Software Park	587451	443409	53430	1690959
常州软件园 Changzhou Software Park	220580	220580	220580	335900
苏州软件园 Suzhou Software Park	1770000	1350000	90000	780000
杭州高新软件园 Hangzhou Hi-tech Software Park	471236	471236	67794	4372382

8-7 续表 continued

软件产业基地 Software Base	出口创汇额 (千美元) Export (1000 USD)	软件出口创汇额 (千美元) Software Export (1000 USD)	海关软件出口创汇额 (千美元) Software Export through Custom (1000 USD)	净利润 (千元) Net Profit (1000 Yuan)
合肥软件园 Hefei Software Park	42129	30637	450	610628
福州软件园 Fuzhou Software Park	134439	108063	64785	786604
厦门软件园 Xiamen Software Park	14412	10312	2903	625132
江西金庐软件园 Jiangxi Jinlu Software Park	13136	11706	471	337890
齐鲁软件园 Qilu Software Park	360001	291032	18500	3199010
青岛软件园 Qingdao Software Park	184100	78784	6302	1037252
中部软件产业园 Central China Software Industrial Park	8900	4200	105	895000
湖北软件产业基地 Hubei Software Base	201156	89998	20898	1488051
长沙软件园 Changsha Software Park	88200	52600	11400	421880
广州软件园 Guangzhou Software Park	225336	168558	168558	4936331
深圳软件园 Shenzhen Software Park	1010958	650797	55273	9922675
珠海高新区软件园 Zhuhai Software Park	185800	185800	185800	1231410
南宁软件园 Nanning Software Park	3200	2500	2500	146700
重庆高新区软件园 Chongqing Software Park	28007	12095	2419	483294
天府软件园 Tianfu Software Park	210711	163302	149371	2993364
云南软件园 Yunnan Software Park	4423	4423	4423	181864
西安软件园 Xi'an Software Park	204150	154889	27610	1972250
兰州软件园 Lanzhou Software Park	20	20		130687

8-8 软件产业基地税收情况

Taxes of Software Bases

单位：千元 (1000 yuan)

软件产业基地 Software Base	实际上缴税金总额 Taxes Submitted	减免税总额 Taxes Relief	增加值 Added Value	劳动者报酬 Salary
合计 Total	**41748054**	**15322932**	**221332135**	**76425481**
北京软件产业基地 Beijing Software Base	15714530	5009064	61028392	19838020
天津华苑软件园 Tianjin Huayuan Software Park	629068	73743	2245117	1107965
河北软件产业基地(石家庄) Hebei Software Base(Shijiazhuang)	32774	17085	788501	92473
山西软件园 Shanxi Software Park	87861	27585	185446	78673
内蒙古软件园 Inner Mongolia Software Park	72717	21415	425221	81893
东大软件园 Dongda Software Park	367029	192807	2334917	1321847
大连软件园 Dalian Software Park	505347	68068	9435525	2558629
吉林软件园 Jilin Software Park	208600	13500	1664280	119232
长春软件园 Changchun Software Park	295000	117400	573600	345200
大庆软件园 Daqing Software Park	93638	7753	775418	343504
上海软件园 Shanghai Software Park	2264000	3902100	17035000	6472600
江苏软件园 Jiangsu Software Park	1423663		2432422	545113
南京软件园 Nanjing Software Park	1614700	433032	5478965	1195793
无锡软件园 Wuxi Software Park	853767	874112	9208878	2528163
常州软件园 Changzhou Software Park	239300	107170	805870	537240
苏州软件园 Suzhou Software Park	100000	180000	1110000	900000
杭州高新软件园 Hangzhou Hi-tech Software Park	2341831	1022463	13703805	5676359

8-8 续表 continued

单位：千元 (1000 yuan)

软件产业基地 Software Base	实际上缴税金总额 Taxes Submitted	减免税总额 Taxes Relief	增加值 Added Value	劳动者报酬 Salary
合肥软件园 Hefei Software Park	262141	74516	1569274	264957
福州软件园 Fuzhou Software Park	551995	144924	4606431	1007201
厦门软件园 Xiamen Software Park	137967	52827	742546	319302
江西金庐软件园 Jiangxi Jinlu Software Park	140306	35157	824855	244765
齐鲁软件园 Qilu Software Park	1980008	799752	10583718	3803361
青岛软件园 Qingdao Software Park	519043	2595	2855122	1614180
中部软件产业园 Central China Software Industrial Park	235000	132000	1540000	425000
湖北软件产业基地 Hubei Software Base	946485	433244	5402942	1032707
长沙软件园 Changsha Software Park	367813	86759	4435570	1164559
广州软件园 Guangzhou Software Park	2258410	414502	13876026	6130711
深圳软件园 Shenzhen Software Park	4370773	580157	20677504	5882403
珠海高新区软件园 Zhuhai Software Park	434680	70000	2943600	1263620
南宁软件园 Nanning Software Park	209000	4500	562023	294400
重庆高新区软件园 Chongqing Software Park	321680		993482	363074
天府软件园 Tianfu Software Park	588376	236440	8123437	3977298
云南软件园 Yunnan Software Park	110823	12761	664823	250755
西安软件园 Xi'an Software Park	1411431	168000	11500531	4573920
兰州软件园 Lanzhou Software Park	58299	7500	198894	70564

8-9 软件产业基地科技活动经费筹集情况

Science and Technology Activity funding of Software Bases

单位：千元 (1000 yuan)

软件产业基地 Software Base	科技活动经费筹集总额 Science and Technology Activity Funding	企业资金 Enterprise funds	金融机构贷款 Loans from Financial Institutions	政府部门资金 Government Funds	地方政府资金 Local Government Funds
合计 **Total**	**67302611**	**52183405**	**5880574**	**5226288**	**2510982**
北京软件产业基地 Beijing Software Base	21731080	19420974	372180	531656	12408
天津华苑软件园 Tianjin Huayuan Software Park	894754	442202	40372	60223	28916
河北软件产业基地(石家庄) Hebei Software Base(Shijiazhuang)	858	858			
山西软件园 Shanxi Software Park	198299	115369	63500	16032	11704
内蒙古软件园 Inner Mongolia Software Park	103858	92258	7500	3100	2500
东大软件园 Dongda Software Park	458266			44840	8970
大连软件园 Dalian Software Park	1671778	1408955	81285	181538	181538
吉林软件园 Jilin Software Park	89400	80200		9200	4600
长春软件园 Changchun Software Park	402100	229690	33410	88500	50500
大庆软件园 Daqing Software Park	132260	116726	1844	7690	6000
上海软件园 Shanghai Software Park	5056800	2408000	1444800	1203400	661870
江苏软件园 Jiangsu Software Park	1028152	994082	8500	16930	7805
南京软件园 Nanjing Software Park	1780478	985421	399961	395096	255567
无锡软件园 Wuxi Software Park	2047168	1308976	612660	125532	8215
常州软件园 Changzhou Software Park	539820	134720	125320	255020	152970
苏州软件园 Suzhou Software Park	3100000	2100000	300000	200000	140000
杭州高新软件园 Hangzhou Hi-tech Software Park	3695377	2941070	108684	187683	36397

8-9 续表 continued

单位：千元 (1000 yuan)

软件产业基地 Software Base	科技活动经费筹集总额 Science and Technology Activity Funding	企业资金 Enterprise funds	金融机构贷款 Loans from Financial Institutions	政府部门资金 Government Funds	地方政府资金 Local Government Funds
合肥软件园 Hefei Software Park	406218	306482	50670	46499	20230
福州软件园 Fuzhou Software Park	665647	585061	36380	37766	15077
厦门软件园 Xiamen Software Park	797439	729656	51961	14725	6476
江西金庐软件园 Jiangxi Jinlu Software Park	451170	210162	155664	33345	5452
齐鲁软件园 Qilu Software Park	1709922	986322	367022	241111	46230
青岛软件园 Qingdao Software Park	24750	11000			
中部软件产业园 Central China Software Industrial Park	402000	292000	98000	12000	4200
湖北软件产业基地 Hubei Software Base	1352005	723455	253618	374932	173581
长沙软件园 Changsha Software Park	1354212	855745	299913	137165	91240
广州软件园 Guangzhou Software Park	5572705	5386544	25900	160261	4504
深圳软件园 Shenzhen Software Park	5441674	4992592	131305	159067	85548
珠海高新区软件园 Zhuhai Software Park	887443	775832	24922	34207	30000
南宁软件园 Nanning Software Park	213310	108700	29863	74747	57300
重庆高新区软件园 Chongqing Software Park	575000	172500	345000	50000	50000
天府软件园 Tianfu Software Park	1507322	1217886	160800	88000	54000
云南软件园 Yunnan Software Park	191825	136196	5500	5324	2849
西安软件园 Xi'an Software Park	2741570	1852200	232540	425820	292550
兰州软件园 Lanzhou Software Park	77951	61572	11500	4879	1785

第九部分

火炬计划特色产业基地

The Ninth Part

Torch Program Industrial Bases

9-1 特色产业基地主要情况

General Statistics of Industrial Bases

年 份 Year	基地数 (个) Number of Industrial Base (unit)	基地内企业数 (个) Number of Tenants (unit)	工业总产值 (亿元) Gross Industrial Output Value (100 million yuan)	总收入 (亿元) Total Income (100 million yuan)	工业增加值 (亿元) Value-added of Industry (100 million yuan)	上缴税额 (亿元) Taxes Submitted (100 million yuan)	净利润 (亿元) Net Profit (100 million yuan)	出口创汇 (亿美元) Export (100 million USD)
2003	47	4272	3603.9	3461.5	714.8	185.1	239.2	61.2
2004	79	12050	7331.2	7181.0	1716.7	362.5	465.9	154.2
2005	128	17691	11765.4	11566.2	2831.1	643.4	711.6	264.3
2006	133	26563	15095.6	15003.9	3305.6	806.6	938.6	347.2
2007	169	39233	21925.1	22893.4	5518.9	1053.7	1348.9	578.5
2008	209	49139	29153.0	28716.0	6950.2	1649.5	2006.4	792.8
2009	235	67990	37183.6	36759.2	9051.1	2558.5	2712.9	836.1

9-2 特色产业基地经济指标

特色产业基地 Industrial Bases	基地内企业数 (个) Number of Enterprises (unit)
合计 **Total**	**67990**
国家火炬计划大兴节能环保特色产业基地 China Torch Program Energy Saving and Environmental Protection Industrial Base of Beijing Daxing	60
国家火炬计划北京绿水高新技术产业基地 China Torch Program Lvshui Hi-tech Industrial Base of Beijing	119
国家火炬计划北京大兴新媒体产业基地 China Torch Program New Media Industrial Base of Beijing Daxing	285
国家火炬计划天津现代纺织特色产业基地 China Torch Program Modern Textile Industrial Base of Tianjin	20
国家火炬计划保定新能源与能源设备产业基地 China Torch Program New Energy and Energy Resource Equipment Industrial Base of Baoding	150
国家火炬计划安国现代中药产业基地 China Torch Program Modern Chinese of Medicine Industrial Base Anguo	48
国家火炬计划承德仪器仪表产业基地 China Torch Program Instrument Industrial Base of Chengde	87
国家火炬计划邯郸新材料产业基地 China Torch Program Advanced Material Industrial Base of Handan	45
国家火炬计划衡水工程橡胶产业基地 China Torch Program Engineering Rubber Industrial Base of Hengshui	1394
国家火炬计划廊坊信息产业基地 China Torch Program IT Industrial Base of Langfang	92
国家火炬计划唐山焊接产业基地 China Torch Program Jointing Industrial Base of Tangshan	17
国家火炬计划宁晋太阳能硅材料产业基地 China Torch Program Solar Energy Silicon Material Industrial Base of Ningjin	9
国家火炬计划鞍山柔性输配电及冶金自动化装备产业基地 China Torch Program Flexible Transmission and Distribution Automation Equipment and Metallurgical Industrial Base of Anshan	110
国家火炬计划本溪中药科技产业基地 China Torch Program Chinese Medicinal Material Industrial Base of Benxi	101
国家火炬计划大连双D港生物医药产业基地 China Torch Program Biological Medicine Industrial Base of Dalian Double D Port	62
国家火炬计划锦州硅材料及太阳能电池产业基地 China Torch Program Silicon Material and Solar Cell Industrial Base of Jingzhou	35
国家火炬计划盘锦石油装备制造特色产业基地 China Torch Program Petroleum Equipment Manufacturing Industrial Base of Panjin	318
国家火炬计划敦化中药产业基地 China Torch Program Chinese Midicine Industrial Base of Dunhua	9
国家火炬计划吉林电力电子产业基地 China Torch Program Electric Power and Electronics Industrial Base of Jilin	82
国家火炬计划通化生物医药产业基地 China Torch Program Biological Medicine Industrial Base of Tonghua	77
国家火炬计划通化县中药产业基地(长白山药谷) China Torch Program Chinese Medicine Industrial Base of Tonghua (Changbaishan Medicine Valley)	18
国家火炬计划大庆市宏伟石化特色产业基地 China Torch Program Hongwei Petrochemical Industrial Base of Daqing	74
国家火炬计划大庆石油石化装备制造特色产业基地 China Torch Program Petroleum and Petrochemical Equipment Manufacturing Industrial Base of Daqing	345
国家火炬计划大庆新型复合材料及制品产业基地 China Torch Program Advanced Composite Materials and Products Industrial Base of Daqing	20
国家火炬计划哈尔滨发电设备产业基地 China Torch Program Power Generating Equipment Industrial Base of Harbin	52

Main Economic Indicators of Industrial Bases

工业总产值 (千元) Gross Industrial Output Value (1000 yuan)	总收入 (千元) Total Income (1000 yuan)	工业增加值 (千元) Value-added of Industry (1000 yuan)	上交税额 (千元) Taxes Submmitted (1000 yuan)	净利润 (千元) Net Profit (1000 yuan)	出口创汇 (千美元) Export (1000 USD)
3718363087	**3675921685**	**905114536**	**255852334**	**271289226**	**83613512**
2362370	2279290		57930	103340	294970
7632312	13450074	1908078	741172	679067	465260
2461900	8828930	820633	226320	194980	119060
3006591	2859642	268119	67141	4810	12571
32283575	33591545	5638029	1743205	2111559	1235050
1990000	1470000	695000	136200	456000	13800
2626000	2618000	986000	340000	180000	7800
5230650	5143228	1621430	420370	363548	51530
5300000	3800000		110000	715000	
3800000	10200000	1900000	800000	2800000	500000
1898435	1876245	998452	94213	386591	24375
4452710	5834340	758230	400830	318230	77470
7698000	8096550	2463250	432692	413875	68500
365442	353708	35370	27662	46635	
3858791	3524708	1173135	340804	285420	140129
3028015	2826569	620704	64416	243989	86575
11002440	10688940	3080680	554020	551045	6958
2785332	1965537	1189553	378771	209441	
3568000	3186000	1012000	258300	139200	28000
21550000	17730000	8235000	910000	1430000	20532
1586799	1023632	694500	156523	187500	7650
40075713	40205643	8460214	3921034	1864558	
6163561	6163561	1849068	308178	299860	107000
2487472	2379586	580511	46120	127657	
48515698	55107340	10673453	1206815	2187093	23531

9-2 续表 1

特色产业基地 Industrial Bases	基地内企业数 (个) Number of Enterprises (unit)
国家火炬计划哈尔滨抗生素产业基地 China Torch Program Antibiotic Industrial Base of Harbin	9
国家火炬计划哈尔滨汽车制造特色产业基地 China Torch Program Automotive Industrial Base of Harbin	181
国家火炬计划哈尔滨新媒体特色产业基地 China Torch Program New Media Industrial Base of Harbin	138
国家火炬计划利民医药产业基地 China Torch Program Limin Medicine Industrial Base	30
国家火炬计划牡丹江特种材料产业基地 China Torch Program Special Material Industrial Base of Mudanjiang	52
国家火炬计划齐齐哈尔重型机械装备特色产业基地 China Torch Program Heavy Machinery and Equipment Industrial Base of Qiqihar	42
国家火炬计划常州市新北区“三药”科技产业基地 China Torch Program Triadic Medicine Industrial Base of Changzhou Xinbei District	105
国家火炬计划常熟电气机械产业基地 China Torch Program Electrical and Mechanical Industrial Base of Changshu	115
国家火炬计划常熟高分子材料产业基地 China Torch Program Polymer Material Industrial Base of Changshu	175
国家火炬计划常州湖塘新型色织面料特色产业基地 China Torch Program New Yarn Dyed Fabric Industrial Base of Changzhou Hutang	1358
国家火炬计划常州输变电设备产业基地 China Torch Program Power Transmission and Distribution Industrial Base of Changzhou	612
国家火炬计划丹阳新材料产业基地 China Torch Program New Material Industrial Base of Danyang	175
国家火炬计划东海硅材料产业基地 China Torch Program Silicon Material Industrial Base of Donghai	238
国家火炬计划常州轨道交通车辆及部件产业基地 China Torch Program Rail Traffic Vehicle and Parts Industrial Base of Changzhou	55
国家火炬计划海门新材料产业基地 China Torch Program New Material Industrial Base of Haimen	134
国家火炬计划邗江数控金属板材加工设备产业基地 China Torch Program Digital Control Metal Sheet Processing Equipments Industrial Base of Hanjiang	45
国家火炬计划惠山风电关键零部件特色产业基地 China Torch Program Wind Power Key Parts Industrial Base of Huishan	40
国家火炬计划惠山特种冶金新材料产业基地 China Torch Program New and Special Metallurgy Material Industrial Base of Huishan	263
国家火炬计划江阴风电装备特色产业基地 China Torch Program Wind Power Equipment Industrial Base of Jiangyin	20
国家火炬计划江阴高性能合金材料及制品产业基地 China Torch Program Hi-capability Composite Material and Products Industrial Base of Jiangyin	50
国家火炬计划姜堰汽车关键零部件产业基地 China Torch Program Automobile Key Parts Industrial Base of Jiangyan	85
国家火炬计划金湖县石油机械特色产业基地 China Torch Program Petroleum Machinery Industrial Base of Jinhu County	8
国家火炬计划靖江微特电机及控制产业基地 China Torch Program Special and Micro Motor Industrial Base of Jingjiang	77
国家火炬计划昆山传感器产业基地 China Torch Program Sensors Industrial Base of Kunshan	66
国家火炬计划昆山电路板特色产业基地 China Torch Program Circuit Board Industrial Base of Kunshan	84
国家火炬计划昆山模具产业基地 China Torch Program Modules Industrial Base of Kunshan	705

Continued 1

工业总产值 (千元) Gross Industrial Output Value (1000 yuan)	总收入 (千元) Total Income (1000 yuan)	工业增加值 (千元) Value-added of Industry (1000 yuan)	上交税额 (千元) Taxes Submmitted (1000 yuan)	净利润 (千元) Net Profit (1000 yuan)	出口创汇 (千美元) Export (1000 USD)
8629007	8596508	3247547	959139	898625	145020
1700000	16840000	477900	740000	600000	82140
	3070000		100000	250000	
3254000	2934000	846040	294000	325000	322
1910000	1890000	478000	160000	90000	70000
23204414	20901275	5756680	1327687	1622498	473722
10800000	10090000	1980000	830000	1095000	270000
26450000	26330000	5420000	1590000	1610000	115000
26920000	26630000	4940000	2230000	2140000	540000
32565324	32362548	6586421	2828063	1135870	126534
75800000	62300000	2000000	3700000	2540000	210000
30847801	26445210	7471286	1870521	2356688	386561
7100000	6100000	1600000	200000	440000	220000
16025000	16559300	3245000	432000	710000	700000
40312000	39094700	12037880	2203156	2036000	506500
9000000	8860000	2150000	382000	413000	32000
8339450	8136750	1743252	219692	195838	2100
67512000	67011500	15584350	1703400	2813380	253425
7000000	7000000	1750000	350000	1000000	200000
34000000	34000000	10800000	1400000	1600000	500000
14540000	14130000	3640000	1220000	1340000	103000
1594000	1574977	366620	52742	230431	45121
8216270	7824130	2028340	754464	805876	156190
1770000	1150000	300000	20000	40000	61060
18000000	18180000	2700000	1260000	2160000	890000
11097000	11045000	2055000	321000	1033000	231000

9-2 续表 2

特色产业基地 Industrial Bases	基地内企业数 (个) Number of Enterprises (unit)
国家火炬计划南京市浦口生物医药产业基地 China Torch Program Biological Medicine Industrial Base of Nanjing **Pukou**	32
国家火炬计划南通化工新材料产业基地 China Torch Program Advanced Chemical Material Industrial Base of Nantong	79
国家火炬计划启东生物医药产业基地 China Torch Program Biological Medicine Industrial Base of Qidong	26
国家火炬计划太仓特种功能新材料产业基地 China Torch Program New and Special Capability Material Industrial Base of Taicang	58
国家火炬计划泰兴精细与专用化学品产业基地 China Torch Program Fine and Special Industrial Base of Taixing	90
国家火炬计划泰州医药产业基地 China Torch Program Medicine Industrial Base of Taizhou	222
国家火炬计划通州电子元器件及材料产业基地 China Torch Program Electronic Components and Material Industrial Base of Tongzhou	131
国家火炬计划无锡轻型多功能电动车产业基地 China Torch Program Light Multifunctional Electric Automobile Industrial Base of Wuxi	155
国家火炬计划无锡新区汽车电子及部件产业基地 China Torch Program Automobile Electronic and Parts Industrial Base of Wuxi New District	150
国家火炬计划吴中医药产业基地 China Torch Program Chinese Medicine Industrial Base of Wuzhong	27
国家火炬计划武进特种材料产业基地 China Torch Program Special Material Industrial Base of Wujin	158
国家火炬计划锡山新材料产业基地 China Torch Program New Material Industrial Base of Xishan	180
国家火炬计划兴化特种合金材料及制品产业基地 China Torch Program Special Alloy Material and Products Industrial Base of Xinghua	216
国家火炬计划徐州工程机械产业基地 China Torch Program Construction Machinery industrial Base of Xuzhou	236
国家火炬计划徐州经济开发区新能源特色产业基地 China Torch Program New Energy Industrial Base of Xuzhou Economic Development Zone	11
国家火炬计划盐城纺织机械产业基地 China Torch Program Textile Machinery Industrial Base of Yancheng	126
国家火炬计划盐城环保装备特色产业基地 China Torch Program Environmental Protection Equipment Industrial Base of Yancheng	172
国家火炬计划扬中电力电器产业基地 China Torch Program Electric Power Apparatus Industrial Base of Yangzhong	110
国家火炬计划扬州汽车及零部件产业基地 China Torch Program Automobile Parts Industrial Base of Yangzhou	131
国家火炬计划宜兴电线电缆产业基地 China Torch Program Electric Wire and Cable Industrial Base of Yixing	185
国家火炬计划宜兴非金属材料产业基地 China Torch Program Nonmetallic Material Industrial Base of Yixing	553
国家火炬计划张家港精细化工产业基地 China Torch Program Fine Chemical Industrial Base of Zhangjiagang	38
国家火炬计划海安电梯设备产业基地 China Torch Program Elevator Equipment Industrial Base of Hai'an	43
国家火炬计划海安建材机械装备特色产业基地 China Torch Program Building Machinery and Equipment Industrial Base of Hai'an	44
国家火炬计划江宁可再生能源特色产业基地 China Torch Program Renewable Energy Industrial Base of Jiangning	22
国家火炬计划江苏沿江对俄合作高新技术产业基地 China Torch Program River-edge Russia Cooperation Hi-tech Industrial Base of Jiangsu	24

Continued 2

工业总产值 (千元) Gross Industrial Output Value (1000 yuan)	总收入 (千元) Total Income (1000 yuan)	工业增加值 (千元) Value-added of Industry (1000 yuan)	上交税额 (千元) Taxes Submitted (1000 yuan)	净利润 (千元) Net Profit (1000 yuan)	出口创汇 (千美元) Export (1000 USD)
2692110	2593210	757000	288000	156000	12000
34411926	34411926	6237025	2377095	2843748	1256800
4295532	4026952	1459100	525962	483052	42156
6000000	6000000	1500000	420000	1200000	196020
11693000	11088081	3127410	5074021	1214899	412360
27033000	27033000	4390000	2420000	1670000	1080000
22963915	21424500	7471406	2143653	2046218	640980
9100000	9250000	1300000	136500	450000	70000
18913600	18843120	3967120	1516700	811744	391680
6269864	6077306	900641	219160	416586	105935
30300000	29900000	8060000	1600000	1570000	468870
25200000	25300000	5040000	1800000	2520000	250000
28900000	28700000	7800000	1700000	2500000	400000
53700000	53300000	9100000	1882000	2480000	370000
8100000	8209000	3020962	530000	1916000	97175
4560000	4580000	850200	212000	354000	28000
4530000	4580000	1386000	268000	886000	280000
25000000	23250000	7297500	1570000	1270000	74900
25354229	24597310	5923006	1308176	1544680	279574
42400000	40600000	7700000	1300000	1600000	100000
43200000	42200000	10000000	3700000	4200000	400000
15000000	14900000	3500000	800000	1000000	230000
5600000	5380000	1700000	400000	600000	87000
4500000	4300000	1380000	360000	420000	34800
5000000	4200000	1370000	503000	110500	80000
7634189	7118665	1354213	353364	444440	341816

9-2 续表 3

特色产业基地 Industrial Bases	基地内企业数 (个) Number of Enterprises (unit)
国家火炬计划金坛精细化学品产业基地 China Torch Program Fine Chemical Industrial Base of Jintan	142
国家火炬计划昆山可再生能源特色产业基地 China Torch Program Renewable Energy Industrial Base of Kunshan	24
国家火炬计划连云港新医药产业基地 China Torch Program Advanced Medicine Industrial Base of Lianyungang	26
国家火炬计划南京江宁电力自动化产业基地 China Torch Program Electric Automation Industrial Base of Nanjing Jiangning	55
国家火炬计划南京精细化工产业基地 China Torch Program Fine Chemical Industrial Base of Nanjing	30
国家火炬计划苏州汽车零部件产业基地 China Torch Program Automobile Parts Industrial Base of Suzhou	200
国家火炬计划吴江光电缆产业基地 China Torch Program Fiber Optic Cable Industrial Base of Wujiang	22
国家火炬计划扬州绿色新能源特色产业基地 China Torch Program Green New Energy Industrial Base of Yangzhou	19
国家火炬计划镇江光电子与通讯元器件产业基地 China Torch Program Optic Electronic and Telecommunication Components and Apparatuses Industrial Base of Zhenjiang	78
国家火炬计划镇江沿江绿色化工业产业基地 China Torch Program River-edge Green Chemical Industrial Base of Zhenjiang	72
国家火炬计划长兴无机非金属新材料产业基地 China Torch Program Inorganic Nonmetallic Material Industrial Base of Changxing	108
国家火炬计划富阳光通信产业基地 China Torch Program Optic Telecommunication Industrial Base of Fuyang	37
国家火炬计划德清县生物与医药特色产业基地 China Torch Program Biology and Medicine Industrial Base of Deqing	31
国家火炬计划东阳磁性材料产业基地 China Torch Program Magnetic Material Industrial Base of Dongyang	21
国家火炬计划黄岩塑料模具产业基地 China Torch Program Plastic Modules Industrial Base of Huangyan	58
国家火炬计划嘉善新型电子元器件产业基地 China Torch Program New Type Electric Components Industrial Base of Jiashan	180
国家火炬计划嘉兴电子信息产业基地 China Torch Program Electronic Information Industrial Base of Jiaxing	74
国家火炬计划嘉兴汽车零部件特色产业基地 China Torch Program Automobile Parts Industrial Base of Jiaxing	51
国家火炬计划兰溪天然药物产业基地 China Torch Program Natural Medicine Industrial Base of Lanxi	15
国家火炬计划乐清智能电器产业基地 China Torch Program Intelligent Electrical Appliances Industrial Base of Yueqing	40
国家火炬计划南浔特种电磁线产业基地 China Torch Program Special Electromagnetic Wire Industrial Base of Nanxun	27
国家火炬计划宁波慈溪智能家电特色产业基地 China Torch Program Smart Home Appliances Industrial Base of Ningbo Cixi	205
国家火炬计划宁波电子信息产业基地 China Torch Program Electronic Information Industrial Base of Ningbo	132
国家火炬计划宁波国家高新区绿色能源与照明特色产业基地 China Torch Program Green Energy and Lighting Industrial Base of Ningbo National High-tech Zone	132
国家火炬计划宁波鄞州汽车零部件特色产业基地 China Torch Program Automobile Parts Industrial Base of Ningbo Yinzhou	163
国家火炬计划宁波鄞州新型金属材料特色产业基地 China Torch Program New Type Metal Material Industrial Base of Ningbo Yinzhou	178

Continued 3

工业总产值 (千元) Gross Industrial Output Value (1000 yuan)	总收入 (千元) Total Income (1000 yuan)	工业增加值 (千元) Value-added of Industry (1000 yuan)	上交税额 (千元) Taxes Submmitted (1000 yuan)	净利润 (千元) Net Profit (1000 yuan)	出口创汇 (千美元) Export (1000 USD)
12600000	12600000	3600000	800000	1200000	600000
1472300	1457500	344518	281270	229120	41350
9934553	7504408	5046189	1255981	1721773	43839
8000000	7500000	2560000	803000	1450000	86000
11309130	11280370	2109430	445150	650000	80000
30000000	30000000	7000000	1600000	2100000	800000
15200000	14500000	5100000	288000	301000	130000
7891610	7413390	2130734	264452	466236	280200
13164726	12750681	3900125	800135	1304015	300601
20876871	19454034	6768570	1365471	1634529	300015
3257350	3215660	1349700	259640	543700	70330
16225537	15091774	3226337	244493	620310	26379
6688927	6329854	2719837	551588	617274	288363
4557005	4405981	1281090	224047	369420	192305
4294922	4241498	1234983	516438	357135	80493
8384680	6291217	2013394	290443	415513	448125
7888363	7658605	1618009	112960	206039	509221
8986729	8702290	1814636	359279	735328	327347
743180	633008	564870	83490	156237	6749
12938246	12812299	2949170	605992	981149	148398
11094604	10952939	2027342	1277377	847412	77347
19500000	19000000	3790000	1510000	1150000	1260000
15321210	22903211	2435996	769820	432194	273651
6834120	7067446	1659427	273472	3266732	57843
10030200	9694800	2617400	1432400	1348400	400000
11898000	11447200	341900	1017700	1150600	280000

9-2 续表 4

特色产业基地 Industrial Bases	基地内企业数 (个) Number of Enterprises (unit)
国家火炬计划宁波余姚塑料模具特色产业基地 China Torch Program Plastic mold Industrial Base of Ningbo Yuyao	1250
国家火炬计划平湖光机电产业基地 China Torch Program Mechatronic Industrial Base of Pinghu	127
国家火炬计划台州市椒江缝制设备设计与制造产业基地 China Torch Program Sewing Equipment Manufacturers Industrial Base of Taizhou Jiaojiang	49
国家火炬计划新昌医药产业基地 China Torch Program Medicine Industrial Base of Xinchang	60
国家火炬计划永嘉特种泵阀产业基地 China Torch Program Special Pump Valve Industrial Base of Yongjia	50
国家火炬计划浙江衢州氟硅新材料产业基地 China Torch Program Fluosilicate New Materials Industrial Base of Zhejiang Quzhou	62
国家火炬计划浙江衢州空气动力机械产业基地 China Torch Program Aerodynamic Machinery Industrial Base of Zhejiang Quzhou	16
国家火炬计划海宁纺织新材料产业基地 China Torch Program Advanced Textile Material Industrial Base of Haining	32
国家火炬计划海宁软磁材料产业基地 China Torch Program Soft Magnetic Material Industrial Base of Haining	38
国家火炬计划临安电线电缆产业基地 China Torch Program Electric Wire and Cable Industrial Base of Lin'an	136
国家火炬计划北仑注塑机产业基地 China Torch Program Injection Molding Machine Industrial Base of Beilun	60
国家火炬计划宁波江北先进通用设备制造特色产业基地 China Torch Program General Advanced Equipment Manufacturing Industrial Base of Ningbo Jiangbei	105
国家火炬计划上虞精细化工产业基地 China Torch Program Fine Chemical Industrial Base of Shangyu	130
国家火炬计划绍兴纺织产业基地 China Torch Program Textile Industrial Base of Shaoxing	160
国家火炬计划绍兴纺织装备特色产业基地 China Torch Program Textile Equipment Industrial Base of Shaoxing	180
国家火炬计划桐乡新型纤维产业基地 China Torch Program New Type Fiber Industrial Base of Tongxiang	20
国家火炬计划萧山高性能机电基础件产业基地 China Torch Program High Capability Electromechanical Foundation Parts Industrial Base of Xiaoshan	225
国家火炬计划诸暨环保装备产业基地 China Torch Program Environment Protection Epuipment Industrial Base of Zhuji	38
国家火炬计划无为特种电缆产业基地 China Torch Program Special Electrical Cable Industrial Base of Wuwei	778
国家火炬计划安庆汽车零部件高新技术特色产业基地 China Torch Program High-tech Automobile Parts Industrial Base of Anqing	24
国家火炬计划亳州中药特色产业基地 China Torch Program Chinese Medicine Industrial Base of Bozhou	42
国家火炬计划滁州家电设计与制造特色产业基地 China Torch Program Home Appliance Design and Manufacturing Industrial Base of Chuzhou	780
国家火炬计划铜陵电子材料产业基地 China Torch Program Electronic Material Industrial Base of Tongling	41
国家火炬计划芜湖节能环保汽车及零部件高新技术特色产业基地 China Torch Program Energy-efficient Environmentally-friendly Vehicle and Parts of High-tech Industrial Base of Wuhu	271
国家火炬计划德化陶瓷产业基地 China Torch Program Ceramics Industrial Base of Dehua	1074
国家火炬计划莆田液晶显示产业基地 China Torch Program Liquid Crystal Display Industrial Base of Putian	94

Continued 4

工业总产值 (千元) Gross Industrial Output Value (1000 yuan)	总收入 (千元) Total Income (1000 yuan)	工业增加值 (千元) Value-added of Industry (1000 yuan)	上交税额 (千元) Taxes Submitted (1000 yuan)	净利润 (千元) Net Profit (1000 yuan)	出口创汇 (千美元) Export (1000 USD)
9830000	7230000	4158000	762300	694000	119070
13656510	13656510	1820250	201340	468545	1671749
2534427	2490960	655085	91755	117385	307800
10159380	10004140	123200	3171080	2303320	587003
9257450	9133262	249338	763855	1102853	149855
6379888	6003521	1789217	401607	141071	87258
3564835	3673217	691018	174955	199345	52242
5538840	5454767	1535004	161649	434627	328027
1221410	1113870	416441	50130	31494	69846
8050895	5488632	1135689	89653	210968	23640
735190	726720	146540	43060	59580	29560
6516975	6387956	1423750	513420	739512	192752
24933980	20866350	9489580	1999620	2051020	93630
6003736	5836556	1720356	290053	352390	25000
5595642	5413500	1592605	279741	323590	20000
8883649	9155223	1396922	375260	425141	229980
22990000	21300000	5951000	1566000	1439750	1225000
15405027	14594295	6099118	1842906	2533922	237684
22706100	21866000	5842459	1028230	1321000	64298
3348625	3883015	743512	232643	386787	188906
4123891	4134238	1196303	241235	154623	46123
12850000	12850000	3212500	560000	910000	231000
14706641	14169085	3911237	228938	347330	56243
41503997	41511696	12036159	1369430	2359512	386372
5704000	5704000	911930	198500	171120	125100
6897660	6800395	2289744	192920	60300	76970

9-2 续表 5

特色产业基地 Industrial Bases	基地内企业数 (个) Number of Enterprises (unit)
国家火炬计划泉州电子信息特色产业基地 China Torch Program Electronic Information Industrial Base of Quanzhou	54
国家火炬计划泉州微波通信产业基地 China Torch Program Microwave Telecommunication Industrial Base of Quanzhou	25
国家火炬计划德化陶瓷产业基地 China Torch Program Ceramics Industrial Base of Dehua	223
国家火炬计划厦门电力电器产业基地 China Torch Program Electrical Power and Electrical Appliances Industrial Base of Xiamen	11
国家火炬计划厦门视听通讯产业基地 China Torch Program Audiovisual Industrial Base of Xiamen	7
国家火炬计划厦门钨材料产业基地 China Torch Program Tungsten Material Industrial Base of Xiamen	3
国家火炬计划景德镇市陶瓷新材料及制品产业基地 China Torch Program New Ceramic Materials and Products Industrial Base of Jingdezhen	2800
国家火炬计划九江星火有机硅材料产业基地 China Torch Program Xinghuo Organic Silicon Material Industrial Base of Jiujiang	32
国家火炬计划德州新能源特色产业基地 China Torch Program New Energy Industrial Base of Dezhou	21
国家火炬计划东营石油装备特色产业基地 China Torch Program Petroleum Equipment Industrial Base of Dongying	150
国家火炬计划淄博功能玻璃特色产业基地 China Torch Program Functional Glass Industrial Base of Zibo	50
国家火炬计划广饶盐化工特色产业基地 China Torch Program Salt Chemical Industrial Base of Guangrao	15
国家火炬计划济南生物工程与新医药产业基地 China Torch Program Biological Engineering and Advanced Medicine Industrial Base of Jinan	85
国家火炬计划济南太阳能特色产业基地 China Torch Program Solar Energy Industrial Base of Jinan	12
国家火炬计划济宁纺织新材料产业基地 China Torch Program Advanced Textile Material Industrial Base of Jining	28
国家火炬计划济宁工程机械产业基地 China Torch Program Engineering Machinery Industrial Base of Jining	110
国家火炬计划济宁生物技术产业基地 China Torch Program Biological Technology Industrial Base of Jining	35
国家火炬计划临沭复合肥产业基地 China Torch Program Compound Fertilizer Industrial Base of Linshu	53
国家火炬计划鲁北海洋科技产业基地 China Torch Program Marine Science and Technology Industrial Base of Northern Shandong	5
国家火炬计划明水重型汽车先进机制造特色产业基地 China Torch Program Heavy-duty Trucks Advanced Machinery Manufacturing Industrial Base of Mingshui	88
国家火炬计划青岛新材料产业化基地 China Torch Program New Material Industrial Base of Qingdao	52
国家火炬计划泰安非金属新材料产业基地 China Torch Program Nonmetallic New Material Industrial Base of Tai'an	60
国家火炬计划泰安输变电器材产业基地 China Torch Program Electrical Power Transmission and Distribution Apparatus Industrial Base of Tai'an	30
国家火炬计划威海高新区办公自动化设备特色产业基地 China Torch Program Office Automation Equipment Industrial Base of Weihai High Tech Zone	46
国家火炬计划潍坊动力机械特色产业基地 China Torch Program Power Machinery Industrial Base of Weifang	85
国家火炬计划淄博先进陶瓷产业基地 China Torch Program Advanced Ceramic Industrial Base of Zibo	56

Continued 5

工业总产值 (千元) Gross Industrial Output Value (1000 yuan)	总收入 (千元) Total Income (1000 yuan)	工业增加值 (千元) Value-added of Industry (1000 yuan)	上交税额 (千元) Taxes Submitted (1000 yuan)	净利润 (千元) Net Profit (1000 yuan)	出口创汇 (千美元) Export (1000 USD)
2903450	2899890		144995	231991	92090
1800500	1703000	410500	70050	98500	13000
1202000	2230000	290000	98000	230000	15800
6871448	7237178	3013230	864619	1695468	183052
8332510	8152551	1451839	180255	221819	648204
1967593	2355651	459072	90462	225757	91178
10030000	10030000	2300000	210000	350000	132000
4881560	4830000	1750000	162350	518000	23566
9612857	892769	1968340	678859	984582	16338
37377562	37420988	11219665	4952985	3820926	26000
8250789	8224292	2079587	568230	480780	274161
18172960	17926210	10326070	1247000	1922800	315220
2838473	4025051	296146	190155	220249	20380
6450000	6380000	1123000	382300	511200	135000
8765420	9321578	2704218	505048	289640	28954
18041200	17024510	5500210	7985640	1604120	129657
9658420	9797480	2622741	390101	706654	48124
20465000	19363000	301200	1862000	2961000	432565
20217880	21028146	6696180	80077	1812301	1051270
27083161	27086161	5855317	1684573	1363262	145352
636874	593651	369871	36987	49663	36252
11722568	11027774	321567	55186	682679	244495
13528367	12522792	3986117	662298	841915	79536
12244570	12424560	3306030	255840	651760	1094080
49998868	59963424	14645818	2393549	2217208	620856
4580787	4530480	1398052	324181	291762	78446

9-2 续表 6

特色产业基地 Industrial Bases	基地内企业数 (个) Number of Enterprises (unit)
国家火炬计划烟台汽车零部件产业基地 China Torch Program Automobile Parts Industrial Base of Yantai	97
国家火炬计划禹城生物技术产业基地 China Torch Program Biological Technology and New Material Industrial Base of Yucheng	28
国家火炬计划招远电子信息新材料产业基地 China Torch Program Electronic Information Industrial Base of Zhaoyuan	18
国家火炬计划淄博博山泵类产业基地 China Torch Program Pump Valve Industrial Base of Zibo Boshan	227
国家火炬计划济南山大路电子信息产业基地 China Torch Electronic Information Industrial Base Program of Jinan Shandalu	296
国家火炬计划济南先进机电与装备制造产业基地 China Torch Program Advanced Electromechanical and Equipment Manufacturing Industrial Base of Jinan	72
国家火炬计划沂水功能性生物糖特色产业基地 China Torch Program Function Biological of Sugar Industrial Base of Yishui	18
国家火炬计划章丘有机高分子材料产业基地 China Torch Program Organic Polymer Material Industrial Base of Zhangqiu	50
国家火炬计划长垣起重机械产业基地 China Torch Program Hoisting Machinery Industrial Base of Changyuan	160
国家火炬计划河南超硬材料产业基地 China Torch Program Super Hard Material Industrial Base of Henan	173
国家火炬计划济源矿用机电产业基地 China Torch Program Mineral Electromechanic Industrial Base of Jiyuan	34
国家火炬计划濮阳生物化工产业基地 China Torch Program Biological Chemical Industrial Base of Puyang	109
国家火炬计划淄博生物医药产业基地 China Torch Program Biological Medicine Industrial Base of Zibo	65
国家火炬计划郑州精密金属产业基地 China Torch Program Fine Metal Industrial Base of Zhengzhou	48
国家火炬计划焦作汽车零部件特色产业基地 China Torch Program Automobile Parts Industrial Base of Jiaozuo	107
国家火炬计划葛店生物技术与新医药产业基地 China Torch Program Biolcgical Technology and Advanced Medicine Industrial Base of Gedian	287
国家火炬计划谷城节能与环保产业基地 China Torch Program Energy Saving and Environment Protection Industrial Base of Gucheng	27
国家火炬计划湖北安陆粮食机械特色产业基地 China Torch Program Food Machinery Industrial Base of Hubei Anlu	34
国家火炬计划十堰汽车关键零部件产业基地 China Torch Program Automobile key Parts Industrial Base of Shiyan	403
国家火炬计划武汉江夏装备制造特色产业基地 China Torch Program Equipment Manufacturing Industrial Base of Wuhan Jiangxia	55
国家火炬计划武汉青山环保科技产业基地 China Torch Program Environment Protection Science and Technology Industrial Base of Wuhan Qingshan	160
国家火炬计划武汉新材料产业基地 China Torch Program New Material Industrial Base of Wuhan	182
国家火炬计划襄樊节能电机与控制设备产业基地 China Torch Program Energy-saving Motor and Control Equipment Industrial Base of Xiangfan	38
国家火炬计划襄樊汽车动力及零部件产业基地 China Torch Program Automobile Power and Parts Industrial Base of Xiangfan	216
国家火炬计划应城精细化工新材料产业基地 China Torch Program Advanced Fine Chemical material Industrial Base of Yingcheng	72
国家火炬计划武汉汽车电子产业基地 China Torch Program Automobile Electronic Industrial Base of Wuhan	43

Continued 6

工业总产值 (千元) Gross Industrial Output Value (1000 yuan)	总收入 (千元) Total Income (1000 yuan)	工业增加值 (千元) Value-added of Industry (1000 yuan)	上交税额 (千元) Taxes Submmitted (1000 yuan)	净利润 (千元) Net Profit (1000 yuan)	出口创汇 (千美元) Export (1000 USD)
10730000	10350000	3520000	426591	673409	400000
2755000	2755000	736400	236000	899000	20540
9084035	9237681	1122939	212675	313696	72985
6640000	6000000	2063200	740000	650000	66392
12880878	10297262	1799309	395969	216318	73693
15418004	14306242	3294044	564533	693834	156478
5966985	5845876	487882	214632	304589	40530
10401172	10023782	2617593	445336	671048	74460
3410000	3628000	670000	25000	159000	14500
9120000	9420000	3550000	108600	164700	115000
10860291	10828053	3509502	565531	596084	253000
4929000	6213000	1926000	447000	1201000	7200
14885807	13800000	4707984	67615	721860	292832
5450000	5596000	1630000	93000	438000	22000
14069100	14113600	4200000	586200	376500	412400
3102534	2838060	1085887	26451	728699	29587
3500000	2990000	1085000	1836701	150000	21550
1741000	1716000	510000	65000	76500	37000
11000000	23000000	3552780	302260	357542	21000
6492157	5879243	2101796	21960	32845	52673
8312000	7900000	200000	418000	355000	
11191000	10180000	3257000	2250000	550000	100000
1653820	1634520	423540	39879	1106520	800
45531586	38474189	13486522	2812576	2408736	168209
1800000	1800000	540000	260000	350000	100000
15000843	17680045	4298124	670005	717614	115585

9-2 续表 7

特色产业基地 Industrial Bases	基地内企业数 (个) Number of Enterprises (unit)
国家火炬计划东莞长安模具产业基地 China Torch Program Chang'an Module Industrial Base of Dongguan	2414
国家火炬计划东莞市虎门镇服装设计与制造产业基地 China Torch Program Fashion Design Industrial Base of Dongguan Humen	1340
国家火炬计划佛山电子电器产业基地 China Torch Program Electronic and Electrical Apparatus Industrial Base of Foshan	1873
国家火炬计划佛山精密制造产业基地 China Torch Program Precision Manufacturing Industrial Base of Foshan	168
国家火炬计划佛山新材料产业基地 China Torch Program New Material Industrial Base of Foshan	109
国家火炬计划佛山自动化机械及设备产业基地 China Torch Program Automation Machinery and Equipment Industrial Base of Foshan	1013
国家火炬计划中山精细化工特色产业基地 China Torch Program Fine Chemical Industrial Base of Zhongshan	32
国家火炬计划广州高新区环保新材料产业基地 China Torch Program New Materials, Environmental Protection Industrial Base of Guangzhou High-tech Zones	495
国家火炬计划广州花都汽车及零部件产业基地 China Torch Program Automobile and Parts Industrial Base of Guangzhou Huadu	113
国家火炬计划惠州数码视听产业基地 China Torch Program Digital Audiovisual Industrial Base of Huizhou	164
国家火炬计划茂名石化产业基地 China Torch Program Petrochemical Industrial Base of Maoming	180
国家火炬计划中山日用电器特色产业基地 China Torch Program Electrical Appliances Industrial Base of Zhongshan	9698
国家火炬计划惠州仲恺激光头产业基地 China Torch Program Zhongkai Laser Head Industrial Base of Huizhou	6
国家火炬计划江门纺织化纤产业基地 China Torch Program Textile Chemical Fiber Industrial Base of Jiangmen	227
国家火炬计划江门新材料产业基地 China Torch Program New Material Industrial Base of Jiangmen	374
国家火炬计划汕头澄海玩具设计与制造产业基地 China Torch Program Toy Design and Manufacturing Industrial Base of Shantou Chenghai	2978
国家火炬计划汕头光机电产业基地 China Torch Program Optical and Electrical Machinery Industrial Base of Shantou	262
国家火炬计划汕头金平轻工机械装备产业基地 China Torch Program Jinping Light Industry Machiney and Equipment Industrial Base of Shantou	316
国家火炬计划汕头龙湖输配电设备产业基地 China Torch Program Longhu Electrical Power Transmission and Distribution Industrial Base of Shantou	140
国家火炬计划顺德家用电器产业基地 China Torch Program Household Electrical Appliance Industrial Base of Shunde	3150
国家火炬计划阳江五金刀具产业基地 China Torch Program Hardware Tool Industrial Base of Yangjiang	1400
国家火炬计划湛江海洋产业基地 China Torch Program Marine Industrial Base of Zhanjiang	180
国家火炬计划肇庆金属新材料产业基地 China Torch Program Advanced Metal Material Industrial Base of Zhaoqing	19
国家火炬计划中山(临海)装备制造产业基地 China Torch Program Equipment Manufacturing Industrial Base of Zhongshan (Linhai)	106
国家火炬计划中山古镇照明产业基地 China Torch Program Lighting Industrial Base of Zhongshan Guzhen	5892
国家火炬计划中山小榄金属制品产业基地 China Torch Program Metal Products Industrial Base of Zhongshan Xiaolan	4395

Continued 7

工业总产值 (千元) Gross Industrial Output Value (1000 yuan)	总收入 (千元) Total Income (1000 yuan)	工业增加值 (千元) Value-added of Industry (1000 yuan)	上交税额 (千元) Taxes Submmitted (1000 yuan)	净利润 (千元) Net Profit (1000 yuan)	出口创汇 (千美元) Export (1000 USD)
45622120	7853600	7320000	2610000	5115000	90500
13685100	14573200	3875470	554200	1806530	468400
85921762	67713000	25663500	23322460	4147370	3990200
29875600	28776000	21550000	1700000	2680120	970120
20303550	17548999	5020400	266769	400140	73755
56644000	55236240	17606900	3490090	3980790	2402079
2656500	2530030	346500	111750	143589	75900
76543000	91851600	22962900	1938374	382715	1874984
78892740	84595030	24171530	7616362	8277540	2988
130744516	125930792	31457426	5448521	910702	14200387
96432500	100713500	32813240	18514720	17525830	553210
65778969	64500599	16318489	2354297	4244012	1422058
26848146	27469805	6865672	713721	845362	2435487
14408000	13102400	2450000	582700	715000	271000
10612527	10077432	2828576	1300313	1354493	14972
18263000	20316000	4171000	908003	1024600	396000
9963030	9858970	218856	469447	486728	688677
32562623	32562623	7533588	2312539	3152826	322649
3136320	30873700	522720	151800	156860	49940
123850668	108317500	27023380	2198902	2863556	5051575
17138000	16811500	134600	7580	75500	135468
15335685	15294599	4372948	982118	809402	340854
13270617	10142783	3052242	66067	1037	121713
7985300	8522730	302670	236030	189940	1100710
22226639	22126369	4551000	634000	511970	207230
39992260	46145650	8743100	1960000	1044000	1954960

9-2 续表 8

特色产业基地 Industrial Bases	基地内企业数 (个) Number of Enterprises (unit)
国家火炬计划重庆九龙轻合金特色产业基地 China Torch Program Jiulong Light Alloy Industrial Base of Chongqing	230
国家火炬计划成都电子信息产业基地 China Torch Program Electronic Information Industrial Base of Chengdu	100
国家火炬计划宝鸡石油钻采装备制造产业基地 China Torch Program Petrol Drilling Equipment Industrial Base of Baoji	156
国家火炬计划宝鸡钛产业基地 China Torch Program Titanium Industrial Base of Baoji	406
国家火炬计划宝鸡重型汽车及零部件特色产业基地 China Torch Program Heavy-duty Motor Vehicles and Parts Industrial Base of Baoji	150
国家火炬计划西安高新区生物医药产业基地 China Torch Program Biological Medicine Industrial Base of Hi-tech Park	239
国家火炬计划白银有色金属新材料及制品产业基地 China Torch Program Nonferrous Metals materials and products Industrial Base of Baiyin	16
国家火炬计划灵武羊绒产业基地 China Torch Program Cashmere Industrial Base of Lingwu	43
国家火炬计划石嘴山稀有金属材料及制品产业基地 China Torch Program Rare Metal Materials and Products Industrial Base of Shizuishan	1
国家火炬计划呼和浩特生物发酵特色产业基地 China Torch Program biclogical Fermentation Industrial Base of Hohhot	13
国家火炬计划环同济研发设计服务特色产业基地 China Torch Program R&D Design Services Industrial Base of Tongji Circle	1530
国家火炬计划上海安亭汽车零部件产业基地 China Torch Program Anting Automobile Parts Industrial Base of Shanghai	300
国家火炬计划上海枫泾新能源特色产业基地 China Torch Program Fengjing New Energy Industrial Base of Shanghai	48
国家火炬计划上海奉贤输配电产业基地 China Torch Program Electrical Power Transmission and Distribution Industrial Base of Shanghai Fengxian	203
国家火炬计划上海南汇医疗器械产业基地 China Torch Program Medical Machinery Industrial Base of Shanghai Nanhui	11
国家火炬计划上海青浦新材料产业基地 China Torch Program New Materials Industrial Base of Shanghai Qingpu	35
国家火炬计划上海张堰新材料深加工产业基地 China Torch Program Zhangyan New Materials Deep Processing Industrial Base of Shanghai	85
国家火炬计划衡阳输变电装备产业基地 China Torch Program Electrical Power Transmission and Distributaiton Industrial Base of Hengyang	22
国家火炬计划湖南传感技术产业基地 China Torch Program Sensors Technology Industrial Base of Hunan	36
国家火炬计划浏阳生物医药产业基地 China Torch Program Biological Medicine Industrial Base of Liuyang	137
国家火炬计划湘潭机电一体化产业基地 China Torch Program Mechatronic Industrial Base of Xiangtan	77
国家火炬计划益阳先进制造技术产业基地 China Torch Program Advanced Manufacturing Technology Industrial Base of Yiyang	79
国家火炬计划株洲硬质合金产业基地 China Torch Program Hard alloy Industrial Base of Zhuzhou	48
国家火炬计划株洲中小航空发动机产业基地 China Torch Program Small and Medium-sized Aero-engine Industrial Base of Zhuzhou	33
国家火炬计划遵义航天军转民(准备制造)产业基地 China Torch Program Aerospace Military to Civil Industrial Base of Zunyi	60
国家火炬计划乌鲁木齐米东石油化工和煤化工特色产业基地 China Torch Program Petrochemical and Coal Chemical Industrial Base of Urumqi Midong	16
国家火炬计划克拉玛依石油石化特色产业基地 China Torch Program Petroleum and Petrochemical Industrial Base of Karamay	45

Continued 8

工业总产值 (千元) Gross Industrial Output Value (1000 yuan)	总收入 (千元) Total Income (1000 yuan)	工业增加值 (千元) Value-added of Industry (1000 yuan)	上交税额 (千元) Taxes Submitted (1000 yuan)	净利润 (千元) Net Profit (1000 yuan)	出口创汇 (千美元) Export (1000 USD)
23400000	21400000	5000000	460000	388000	649000
22832247	20566644	6133804	1144358	1633424	286924
15275133	16968212	3278778	726450	448408	241838
12801959	12819618	3348215	541000	259479	31042
7246837	7083000	2129632	1038742	451626	
12326875	13178820	1202494	1098542	1109347	8879
12100000	12271000	2893000	702106	2445026	
5005923	4325000	1716750	20512	345983	65131
1210510	1027417	309057	16390	51959	83832
699831	661721	246770	8700		
12340000	12340000		447000	391200	
34542467	35570709	8384601	1246474	3173504	453490
3585157	3473566	924970	202699	162981	95529
10500000	10500000	1120000	830000	820000	330000
1718126	1797491	379464	306885	487424	121131
10457268	9959303	543904	211215	166143	409719
5467000	5183650	1093411	128173	944711	116818
5718217	5718217	1757558	1275221	362780	157467
3413276	3409632	1007540	264413	681029	230747
9207002	6427740	4520076	299113	586088	516010
5745307	5745307	1712629	252508	162217	5240
8754620	8600340	2985961	309250	197254	22875
4963750	4578692	1291156	235929	190068	132090
7078932	7078932	1621464	203266	198763	176297
5706820	7396630	1699540	261230	550218	22440
26154181	26519595	7168861	4703052	8257680	223021
91000000	91900000	7800000	10000000	20000000	300000

9-3 特色产业基地人员分布情况

Personnel Distribution of Industrial Bases

单位：人　　　　(person)

特色产业基地 Industrial Bases	企业从业人员总数 Total Number of Employees	大专以上 College and Higher Level	博士 Doctor	硕士 Master	留学归国 Number of Returned Personnel
合计 Total	**6015378**	**1662763**	**7130**	**34107**	**4325**
国家火炬计划大兴节能环保特色产业基地 China Torch Program Energy Saving and Environmental Protection Industrial Base of Beijing Daxing	4670	620	4	16	1
国家火炬计划北京绿水高新技术产业基地 China Torch Program Lvshui Hi-tech Industrial Base of Beijing	16463				
国家火炬计划北京大兴新媒体产业基地 China Torch Program New Media Industrial Base of Beijing Daxing	17263	5179	267	436	123
国家火炬计划天津现代纺织特色产业基地 China Torch Program Modern Textile Industrial Base of Tianjin	10320	956	1	15	
国家火炬计划保定新能源与能源设备产业基地 China Torch Program New Energy and Energy Resource Equipment Industrial Base of Baoding	32059	14482	52	577	45
国家火炬计划安国现代中药产业基地 China Torch Program Modern Chinese of Anguo Medicine Industrial Base	27600	3560		11	
国家火炬计划承德仪器仪表产业基地 China Torch Program Instrument Industrial Base of Chengde	13880	2890	3	41	
国家火炬计划邯郸新材料产业基地 China Torch Program Advanced Material Industrial Base of Handan	6826	4675	28	187	12
国家火炬计划衡水工程橡胶产业基地 China Torch Program Engineering Rubber Industrial Base of Hengshui	50000	5200	34	120	
国家火炬计划廊坊信息产业基地 China Torch Program IT Industrial Base of Langfang	6500	3500	185	233	55
国家火炬计划唐山焊接产业基地 China Torch Program Jointing Industrial Base of Tangshan	1946	572	3	16	
国家火炬计划宁晋太阳能硅材料产业基地 China Torch Program Solar Energy Silicon Material Industrial Base of Ningjin	8163	1766	8	14	4
国家火炬计划鞍山柔性输配电及冶金自动化装备产业基地 China Torch Program Flexible Transmission and Distribution Automation Equipment and Metallurgical Industrial Base of Anshan	3383	657	11	41	
国家火炬计划本溪中药科技产业基地 China Torch Program Chinese Medicinal technology Industrial Base of Benxi	1993	399	26	86	18
国家火炬计划大连双D港生物医药产业基地 China Torch Program Biological Medicine Industrial Base of Dalian Double D Port	8576	2588	32	146	56
国家火炬计划锦州硅材料及太阳能电池产业基地 China Torch Program Silicon Material and Solar Cell Industrial Base of Jingzhou	6413	2816	4	27	1
国家火炬计划盘锦石油装备制造特色产业基地 China Torch Program Petroleum Equipment Manufacturing Industrial Base of Panjin	18071	3018	24	103	9
国家火炬计划敦化中药产业基地 China Torch Program Chinese Midicine Industrial Base of Dunhua	5319	2405	6	18	
国家火炬计划吉林电力电子产业基地 China Torch Program Electric Power and Electronics Industrial Base of Jilin	14019	5238	39	84	26
国家火炬计划通化生物医药产业基地 China Torch Program Biological Medicine Industrial Base of Tonghua	15408	4701	20	49	10
国家火炬计划通化县中药产业基地(长白山药谷) China Torch Program Chinese Medicine Industrial Base of Tonghua (Changbaishan Medicine Valley)	4623	2306	4	70	10
国家火炬计划大庆市宏伟石化特色产业基地 China Torch Program Hongwei Petrochemical Industrial Base of Daqing	10600	8010	8	64	
国家火炬计划大庆石油石化装备制造特色产业基地 China Torch Program Petroleum and Petrochemical Equipment Manufacturing Industrial Base of Daqing	15046	2011	5	38	
国家火炬计划大庆新型复合材料及制品产业基地 China Torch Program Advanced Composit Material and Products Industrial Base of Daqing	1310	230		3	
国家火炬计划哈尔滨发电设备产业基地 China Torch Program Power Generating Equipment Industrial Base of Harbin	29498	7018	30	278	
国家火炬计划哈尔滨抗生素产业基地 China Torch Program Antibiotic Industrial Base of Harbin	14873	6982	13	230	

9-3 续表 1 continued 1

单位：人 (person)

特色产业基地 Industrial Bases	企业从业人员总数 Total Number of Employees	大专以上 College and Higher Level	博士 Doctor	硕士 Master	留学归国 Number of Returned Personnel
国家火炬计划哈尔滨汽车制造特色产业基地 China Torch Program Automotive Industrial Base of Harbin	25466	4900	6	54	
国家火炬计划哈尔滨新媒体特色产业基地 China Torch Program New Media Industrial Base of Harbin	4000	2000	15	30	50
国家火炬计划利民医药产业基地 China Torch Program Limin Medicine Industrial Base	4406	1586	11	27	
国家火炬计划牡丹江特种材料产业基地 China Torch Program Special Material Industrial Base of Mudanjiang	2950	1050			
国家火炬计划齐齐哈尔重型机械装备特色产业基地 China Torch Program Heavy Machinery and Equipment Industrial Base of Qiqihar	31670	9237	6	285	5
国家火炬计划常州市新北区"三药"科技产业基地 China Torch Program Triadic Medicine Industrial Base of changzhou Xinbei District	14200	12120	36	315	33
国家火炬计划常熟电气机械产业基地 China Torch Program Electrical and Mechanical Industrial Base of Changshu	39816	4803	4	25	4
国家火炬计划常熟高分子材料产业基地 China Torch Program Polymer Material Industrial Base of Changshu	14150	4585	7	46	5
国家火炬计划常州湖塘新型色织面料特色产业基地 China Torch Program New Yarn Dyed Fabric Industrial Base of Changzhou Hutang	65800	8300	18	52	8
国家火炬计划常州输变电设备产业基地 China Torch Program Power Transmission and Distribution Industrial Base of Changzhou	30000	6120	13	67	5
国家火炬计划丹阳新材料产业基地 China Torch Program New Material Industrial Base of Danyang	63210	17283	34	85	9
国家火炬计划东海硅材料产业基地 China Torch Program Silicon Material Industrial Base of Donghai	12966	4432	46	18	5
国家火炬计划常州轨道交通车辆及部件产业基地 China Torch Program Rail Traffic Vehicle and Parts Industrial Base of changzhou	38542	6751	9	189	8
国家火炬计划海门新材料产业基地 China Torch Program Advanced Material Industrial Base of Haimen	19732	2250	44	128	21
国家火炬计划邗江数控金属板材加工设备产业基地 China Torch Program Digital Control Metal Sheet Processing Equipments Industrial Base of Hanjiang	11453	3550	4	12	2
国家火炬计划惠山风电关键零部件特色产业基地 China Torch Program Wind Power Key Parts Industrial Base of Huishan	7283	1019	18	36	12
国家火炬计划惠山特种冶金新材料产业基地 China Torch Program New and Special Metallurgy Material Industrial Base of Huishan	116286	15245	51	92	64
国家火炬计划江阴风电装备特色产业基地 China Torch Program Wind Power Equipment Industrial Base of Jiangyin	6400	2050	12	34	12
国家火炬计划江阴高性能合金材料及制品产业基地 China Torch Program Hi-capability Composite Material and Products Industrial Base of Jiangyin	40000	4350	12	168	5
国家火炬计划姜堰汽车关键零部件产业基地 China Torch Program Automobile Key Parts Industrial Base of Jiangyan	16820	5380	26	69	4
国家火炬计划金湖县石油机械特色产业基地 China Torch Program Petroleum Machinery Industrial Base of Jinhu County	1542	692	5		
国家火炬计划靖江微特电机及控制产业基地 China Torch Program Special and Micro Motor Industrial Base of Jingjiang	11602	3486	12	38	4
国家火炬计划昆山传感器产业基地 China Torch Program Sensors Industrial Base of Kunshan	4670	500	8	20	3
国家火炬计划昆山电路板特色产业基地 China Torch Program Circuit Board Industrial Base of Kunshan	23000	4800	7	35	
国家火炬计划昆山模具产业基地 China Torch Program Modules Industrial Base of Kunshan	49860	9473	10	21	12
国家火炬计划南京市浦口生物医药产业基地 China Torch Program Biological Medicine Industrial Base of Nanjing Pukou	3631	1688	6	37	2

9-3 续表 2 continued 2

单位：人 (person)

特色产业基地 Industrial Bases	企业从业人员总数 Total Number of Employees	大专以上 College and Higher Level	博士 Doctor	硕士 Master	留学归国 Number of Returned Personnel
国家火炬计划南通化工新材料产业基地 China Torch Program Advanced Chemical Material Industrial Base of Nantong	27191	8235	40	165	27
国家火炬计划启东生物医药产业基地 China Torch Program Biological Medicine Industrial Base of Qidong	3150	1141	5	12	
国家火炬计划太仓特种功能新材料产业基地 China Torch Program New and Special Capability Material Industrial Base of Taicang	8000	2000	5	35	5
国家火炬计划泰兴精细与专用化学品产业基地 China Torch Program Fine and Special Industrial Base of Taixing	18350	6230	21	70	7
国家火炬计划泰州医药产业基地 China Torch Program Medicine Industrial Base of Taizhou	74668	29735	80	338	31
国家火炬计划通州电子元器件及材料产业基地 China Torch Program Electronic Components and Material Industrial Base of Tongzhou	9756	2561	6	36	6
国家火炬计划无锡轻型多功能电动车产业基地 China Torch Program Light Multifunctional Electric Automobile Industrial Base of Wuxi	8455	850	4	60	
国家火炬计划无锡新区汽车电子及部件产业基地 China Torch Program Automobile Electronic and Parts Industrial Base of Wuxi New District	82378	46435	25	371	45
国家火炬计划吴中医药产业基地 China Torch Program Chinese Medicine Industrial Base of Wuzhong	5629	2301	38	156	27
国家火炬计划武进特种材料产业基地 China Torch Program Special Material Industrial Base of Wujin	46360	14680	39	95	17
国家火炬计划锡山新材料产业基地 China Torch Program New Material Industrial Base of Xishan	28456	3040	10	89	
国家火炬计划兴化特种合金材料及制品产业基地 China Torch Program Special Alloy Material and Products Industrial Base of Xinghua	31016	3805	8	41	3
国家火炬计划徐州工程机械产业基地 China Torch Program Construction Machinery Industry Base of Xuzhou	24112	14467	96	189	5
国家火炬计划徐州经济开发区新能源特色产业基地 China Torch Program New Energy Industrial Base of Xuzhou Economic Development Zone	3577	3040	9	37	2
国家火炬计划盐城纺织机械产业基地 China Torch Program Textile Machinery Industrial Base of yancheng	16165	1823	16	28	2
国家火炬计划盐城环保装备特色产业基地 China Torch Program Environmental Protection Equipment Industrial Base of Yancheng	28060	3240	24	68	4
国家火炬计划扬中电力电器产业基地 China Torch Program Electric Power Apparatus Industrial Base of Yangzhong	43065	12910	21	178	11
国家火炬计划扬州汽车及零部件产业基地 China Torch Program Automobile Parts Industrial Base of Yangzhou	37563	11225	20	156	13
国家火炬计划宜兴电线电缆产业基地 China Torch Program Electric Wire and Cable Industrial Base of Yixing	36853	5316	49	128	
国家火炬计划宜兴非金属材料产业基地 China Torch Program Nonmetallic Material Industrial Base of Yixing	56772	12961	58	117	16
国家火炬计划张家港精细化工产业基地 China Torch Program Fine Chemical Industrial Base of Zhangjiagang	4200	1600	23	112	10
国家火炬计划海安电梯设备产业基地 China Torch Program Elevator Equipment Industrial Base of Hai'an	6844	2055	19	42	4
国家火炬计划海安建材机械装备特色产业基地 China Torch Program Building Machinery and Equipment Industrial Base of Hai'an	5036	1522	7	12	1
国家火炬计划江宁可再生能源特色产业基地 China Torch Program Renewable Energy Industrial Base of Jiangning	11900	7700	34	78	11
国家火炬计划江苏沿江对俄合作高新技术产业基地 China Torch Program River-edge Russia Cooperation Hi-tech Industrial Base of Jiangsu	10401	2937	9	90	2
国家火炬计划金坛精细化学品产业基地 China Torch Program Fine Chemical Industrial Base of Jintan	13568	2625	5	76	2

单位：人 (person)

特色产业基地 Industrial Bases	企业从业人员总数 Total Number of Employees	大专以上 College and Higher Level	博士 Doctor	硕士 Master	留学归国 Number of Returned Personnel
国家火炬计划昆山可再生能源特色产业基地 China Torch Program Renewable Energy Industrial Base of Kunshan	1203	310	2	3	3
国家火炬计划连云港新医药产业基地 China Torch Program Advanced Medicine Industrial Base of Lianyungang	15210	7966	86	366	25
国家火炬计划南京江宁电力自动化产业基地 China Torch Program Electric Automation Industrial Base of Nanjing Jiangning	18300	11050	73	132	27
国家火炬计划南京精细化工产业基地 China Torch Program Fine Chemical Industrial Base of Nanjing	5576	3900	10	108	25
国家火炬计划苏州汽车零部件产业基地 China Torch Program Automobile Parts Industrial Base of Suzhou	45000	18000	60	350	40
国家火炬计划吴江光电缆产业基地 China Torch Program Fiber Optic Cable Industrial Base of Wujiang	7300	2500	20	45	2
国家火炬计划扬州绿色新能源特色产业基地 China Torch Program Green New Energy Industrial Base of Yangzhou	8526	3365	5	34	
国家火炬计划镇江光电子与通讯元器件产业基地 China Torch Program Optic Electronic and Telecommunication Components and Apparatuses Industrial Base of Zhenjiang	14100	3880	42	101	25
国家火炬计划镇江沿江绿色化工业产业基地 China Torch Program River-edge Green Chemical Industrial Base of Zhenjiang	15120	4600	40	96	20
国家火炬计划长兴无机非金属新材料产业基地 China Torch Program Inorganic Nonmetallic Material Industrial Base of Changxing	14696	816	15	120	8
国家火炬计划富阳光通信产业基地 China Torch Program Optic Telecommunication Industrial Base of Fuyang	10053	3325	35	135	43
国家火炬计划德清县生物与医药特色产业基地 China Torch Program Biology and Medicine Industrial Base of Deqing	8425	2565	15	34	
国家火炬计划东阳磁性材料产业基地 China Torch Program Magnetic Material Industrial Base of Dongyang	20353	5714	12	22	2
国家火炬计划黄岩塑料模具产业基地 China Torch Program Plastic Modules Industrial Base of Huangyan	10997	2055	19	58	16
国家火炬计划嘉善新型电子元器件产业基地 China Torch Program New Type electronic Components Industrial Base of Jiashan	16521	2360	15	26	4
国家火炬计划嘉兴电子信息产业基地 China Torch Program Electronic Information Industrial Base of Jiaxing	21473	6459	18	169	5
国家火炬计划嘉兴汽车零部件特色产业基地 China Torch Program Automobile Parts Industrial Base of Jiaxing	23790	6974	23	35	17
国家火炬计划兰溪天然药物产业基地 China Torch Program Natural Medicine Industrial Base of Lanxi	3540	508	3	10	
国家火炬计划乐清智能电器产业基地 China Torch Program Intelligent Electrical Appliances Industrial Base of Yueqing	23968	7759	10	33	6
国家火炬计划南浔特种电磁线产业基地 China Torch Program Special Electromagnetic Wire Industrial Base of Nanxun	2330	625			
国家火炬计划宁波慈溪智能家电特色产业基地 China Torch Program Smart Home Appliances Industrial Base of Ningbo Cixi	53500	8300	52	260	20
国家火炬计划宁波电子信息产业基地 China Torch Program Electronic Information Industrial Base of Ningbo	23099	4205	57	486	62
国家火炬计划宁波国家高新区绿色能源与照明特色产业基地 China Torch Program Green Energy and Lighting Industrial Base of Ningbo National High-tech Zone	23099	4205	57	486	62
国家火炬计划宁波鄞州汽车零部件特色产业基地 China Torch Program Autamobile Parts Industrial Base of Ningbo Yinzhou	12525	2389	8	26	6
国家火炬计划宁波鄞州新型金属材料特色产业基地 China Torch ProgramNew Type Metal Material Industrial Base of Ningbo Yinzhou	13132	4411	11	35	5
国家火炬计划宁波余姚塑料模具特色产业基地 China Torch Program Plastic mold Industrial Base of Ningbo Yuyao	52000	7280			

9-3 续表 4 continued 4

单位：人 (person)

特色产业基地 Industrial Bases	企业从业人员总数 Total Number of Employees	大专以上 College and Higher Level	博士 Doctor	硕士 Master	留学归国 Number of Returned Personnel
国家火炬计划平湖光机电产业基地 China Torch Program Mechatronic Industrial Base of Pinghu	27451	3847	7	35	10
国家火炬计划台州市椒江缝制设备设计与制造产业基地 China Torch Program Sewing Equipment Manufacturers Industrial Base of Taizhou Jiaojinang	6363	980	7	23	1
国家火炬计划新昌医药产业基地 China Torch Program Medicine Industrial Base of Xinchang	9386	3145	26	101	1
国家火炬计划永嘉特种泵阀产业基地 China Torch Program Special Pump Valve Industrial Base of Yongjia	7265	1846			
国家火炬计划浙江衢州氟硅新材料产业基地 China Torch Program Fluosilicate advanced Materials Industrial Base of Zhejiang Quzhou	7739	2759	4	45	
国家火炬计划浙江衢州空气动力机械产业基地 China Torch Program Aerodynamic Machinery Industrial Base of Zhejiang Quzhou	5939	1165	3	9	2
国家火炬计划海宁纺织新材料产业基地 China Torch Program Advanced Textile Material Industrial Base of Haining	8262	771	4	12	
国家火炬计划海宁软磁材料产业基地 China Torch Program Soft Magnetic Material Industrial Base of Haining	7199	2310	9	23	2
国家火炬计划临安电线电缆产业基地 China Torch Program electrical Wire and Cable Industrial Base of Lin'an	13548	5980	28	62	
国家火炬计划北仑注塑机产业基地 China Torch Program Injection Molding Machine Industrial Base of Beilun	10510	2160	15	30	5
国家火炬计划宁波江北先进通用设备制造特色产业基地 China Torch Program General Advanced Equipment Manufacturing Industrial Base of Ningbo Jiangbei	12137	4254	3	51	16
国家火炬计划上虞精细化工产业基地 China Torch Program Fine Chemical Industrial Base of Shangyu	17905	3845	8	35	2
国家火炬计划绍兴纺织产业基地 China Torch Program Textile Industrial Base of Shaoxing	5230	1130	9	46	
国家火炬计划绍兴纺织装备特色产业基地 China Torch Program Textile Equipment Industrial Base of Shaoxing	3100	750	5	12	
国家火炬计划桐乡新型纤维产业基地 China Torch Program New Type Fiber Industrial Base of Tongxiang	9653	2625		44	1
国家火炬计划萧山高性能机电基础件产业基地 China Torch Program High Capability Electromechanical Foundation Parts Industrial Base of Xiaoshan	33475	8225	65	201	12
国家火炬计划诸暨环保装备产业基地 China Torch Program Environment Protection Epuipment Industrial Base of Zhuji	173602	4607	3	78	
国家火炬计划无为特种电缆产业基地 China Torch Program Special Electrical Cable Industrial Base of Wuwei	47512	5184	4	176	
国家火炬计划安庆汽车零部件高新技术特色产业基地 China Torch Program High-tech Automobile Parts Industrial Base of Anqing	8344	2193	3	56	
国家火炬计划亳州中药特色产业基地 China Torch Program Chinese Medicine Industrial Base of Bozhou	7407	2204	3	8	
国家火炬计划滁州家电设计与制造特色产业基地 China Torch Program Home Appliance Design and Manufacturing Industrial Base of Chuzhou	31000	11000	9	57	13
国家火炬计划铜陵电子材料产业基地 China Torch Program Electronic Material Industrial Base of Tongling	8876	3415	24	61	1
国家火炬计划芜湖节能环保汽车及零部件高新技术特色产业基地 China Torch Program Energy-efficient Environmentally-friendly Vehicle and Parts of High-tech Industrial Base of Wuhu	45773	15486	40	633	40
国家火炬计划德化陶瓷产业基地 China Torch Program Ceramics Industrial Base of Dehua	76100	6355		7	
国家火炬计划莆田液晶显示产业基地 China Torch Program Liquid Crystal Display Industrial Base of Putian	28000	13590		189	79
国家火炬计划泉州电子信息特色产业基地 China Torch Program Electronic Information Industrial Base of Quanzhou	7020	3150	3	15	2

9-3 续表 5 continued 5

单位：人 (person)

特色产业基地 Industrial Bases	企业从业人员总数 Total Number of Employees	大专以上 College and Higher Level	博士 Doctor	硕士 Master	留学归国 Number of Returned Personnel
国家火炬计划泉州微波通信产业基地 China Torch Program Microwave Telecommunication Industrial Base of Quanzhou	2853	1825	9	25	
国家火炬计划德化陶瓷产业基地 China Torch Program Ceramics Industrial Base of Dehua	56000	8450	63	256	23
国家火炬计划厦门电力电器产业基地 China Torch Program Electrical Power and Electrical Appliances Industrial Base of Xiamen	3235	1531	2	87	8
国家火炬计划厦门视听通讯产业基地 China Torch Program Audiovisual communication Industrial Base of Xiamen	10628	3002	11	165	14
国家火炬计划厦门钨材料产业基地 China Torch Program Tungsten Material Industrial Base of Xiamen	2984	966	11	76	3
国家火炬计划景德镇市陶瓷新材料及制品产业基地 China Torch Program advanced Ceramic Materials and Products Industrial Base of Jingdezhen	100000	2600	56	320	3
国家火炬计划九江星火有机硅材料产业基地 China Torch Program Xinghuo Organic Silicon Material Industrial Base of Jiujiang	5106	2256	8	35	4
国家火炬计划德州新能源特色产业基地 China Torch Program New Energy Industrial Base of Dezhou	14467	5653	31	110	
国家火炬计划东营石油装备特色产业基地 China Torch Program Petroleum Equipment Industrial Base of Dongying	28537	6300	28	165	10
国家火炬计划淄博功能玻璃特色产业基地 China Torch Program Functional Glass Industrial Base of Zibo	18000	5440	12	106	6
国家火炬计划广饶盐化工特色产业基地 China Torch Program Salt Chemical Industrial Base of Guangrao	15963	5294	6	27	5
国家火炬计划济南生物工程与新医药产业基地 China Torch Program Biological Engineering and Advanced Medicine Industrial Base of Jinan	9189	6216	111	447	218
国家火炬计划济南太阳能特色产业基地 China Torch Program Solar Energy Industrial Base of Jinan	13002	8200	15	120	5
国家火炬计划济宁纺织新材料产业基地 China Torch Program Advanced Textile Material Industrial Base of Jining	19540	2655	31	312	10
国家火炬计划济宁工程机械产业基地 China Torch Program Engineering Machinery Industrial Base of Jining	25040	8500	175	412	2
国家火炬计划济宁生物技术产业基地 China Torch Program Biclogical Technalogy Industrial Base of Jining	25412	9652	50	182	12
国家火炬计划临沭复合肥产业基地 China Torch Program Compound Fertilizer Industrial Base of Linshu	21241	15620	74	121	
国家火炬计划鲁北海洋科技产业基地 China Torch Program Marine Science and Technology Industrial Base of Northern Shandong	8425	2698	14	20	8
国家火炬计划明水重型汽车先进机制造特色产业基地 China Torch Program Heavy-duty Trucks Advanced Machinery Manufacturing Industrial Base of Mingshui	31785	10978	42	169	18
国家火炬计划青岛新材料产业化基地 China Torch Program New Material Industrial Base of Qingdao	1533	1158	65	167	7
国家火炬计划泰安非金属新材料产业基地 China Torch Program Nonmetallic New Material Industrial Base of Tai'an	17321	5987	53	108	17
国家火炬计划泰安输变电器材产业基地 China Torch Program Electrical Power Transmission and Distribution Apparatus Industrial Base of Tai'an	10925	2838	28	88	11
国家火炬计划威海高新区办公自动化设备特色产业基地 China Torch Program Office Automation Equipment Industrial Base of Weihai High Tech Zone	15906	4988	21	132	25
国家火炬计划潍坊动力机械特色产业基地 China Torch Program Power Machinery Industrial Base of Weifang	32080	28178	32	280	5
国家火炬计划淄博先进陶瓷产业基地 China Torch Program Advanced Ceramic Industrial Base of Zibo	18453	6207	7	198	
国家火炬计划烟台汽车零部件产业基地 China Torch Program Automobile Parts Industrial Base of Yantai	19000	6500	1	13	1

9-3 续表 6 continued 6

单位：人 (person)

特色产业基地 Industrial Bases	企业从业人员总数 Total Number of Employees	大专以上 College and Higher Level	博士 Doctor	硕士 Master	留学归国 Number of Returned Personnel
国家火炬计划禹城生物技术产业基地 China Torch Program Biological Technology Industrial Base of Yucheng	8500	1020	12	55	1
国家火炬计划招远电子信息新材料产业基地 China Torch Program Electronic and advanced matereal Information and New Material Industrial Base of Zhaoyuan	5405	1605	18	80	12
国家火炬计划淄博博山泵类产业基地 China Torch Program Pump Valve Industrial Base of Zibo Boshan	112021	91235	12	260	
国家火炬计划济南山大路电子信息产业基地 China Torch Electronic Information Industrial Base of Shandalu Program Jinan	13216	9174	125	1336	110
国家火炬计划济南先进机电与装备制造产业基地 China Torch Program Advanced Electromechanical and Equipment Manufacturing Industrial Base of Jinan	31612	11121	30	178	26
国家火炬计划沂水功能性生物糖特色产业基地 China Torch Program Function Biological of Sugar Industrial Base of Yishui	21200	8465	12	52	3
国家火炬计划章丘有机高分子材料产业基地 China Torch Program Organic Polymer Material Industrial Base of Zhangqiu	9920	2258	30	120	
国家火炬计划长垣起重机械产业基地 China Torch Program Hoisting Machinery Industrial Base of Changyuan	34100	8600	8	38	
国家火炬计划河南超硬材料产业基地 China Torch Program Super Hard Material Industrial Base of Henan	10670	7253	47	160	12
国家火炬计划济源矿用机电产业基地 China Torch Program Mineral Electromechanic Industrial Base of Jiyuan	8758	2627	3	20	1
国家火炬计划濮阳生物化工产业基地 China Torch Program Biological Chemical Industrial Base of Puyang	13483	7650	18	69	
国家火炬计划淄博生物医药产业基地 China Torch Program Biological Medicine Industrial Base of Zibo	27900	19902	16	122	2
国家火炬计划郑州精密金属产业基地 China Torch Program Fine Metal Industrial Base of Zhengzhou	6510	3320	25	111	12
国家火炬计划焦作汽车零部件特色产业基地 China Torch Program Automobile Parts Industrial Base of Jiaozuo	15230	4400	13	62	6
国家火炬计划葛店生物技术与新医药产业基地 China Torch Program Biological Technology and Advanced Medicine Industrial Base of Gedian	23500	7503	51	592	11
国家火炬计划谷城节能与环保产业基地 China Torch Program Energy Saving and Environment Protection Industrial Base of Gucheng	20295	7842			
国家火炬计划湖北安陆粮食机械特色产业基地 China Torch Program Food Machinery Industrial Base of Hubei Anlu	9146	2647		3	
国家火炬计划十堰汽车关键零部件产业基地 China Torch Program Automobile key Parts Industrial Base of Shiyan	22016	8892	3	72	2
国家火炬计划武汉江夏装备制造特色产业基地 China Torch Program Equipment Manufacturing Industrial Base of Wuhan Jiangxia	12983	3934	17	83	
国家火炬计划武汉青山环保科技产业基地 China Torch Program Environment Protection Science and Technology Industrial Base of Wuhan Qingshan	12700	9500	10	104	
国家火炬计划武汉新材料产业基地 China Torch Program New Material Industrial Base of Wuhan	41000	2366	45	221	35
国家火炬计划襄樊节能电机与控制设备产业基地 China Torch Program Energy-saving Motor and Control Equipment Industrial Base of Xiangfan	2378	1202	15	37	2
国家火炬计划襄樊汽车动力及零部件产业基地 China Torch Program Automobile Power and Parts Industrial Base of Xiangfan	31478	8957	20	388	6
国家火炬计划应城精细化工新材料产业基地 China Torch Program Advanced Fine Chemical Material Industrial Base of Yingcheng	8375	2680	6	48	
国家火炬计划武汉汽车电子产业基地 China Torch Program Automobile Electronic Industrial Base of Wuhan	30853	8288	33	356	51
国家火炬计划东莞长安模具产业基地 China Torch Program Chang'an mauld Industrial Base of Dongguan	183000	50000	500	600	800

9-3 续表 7 continued 7

单位：人 (person)

特色产业基地 Industrial Bases	企业从业人员总数 Total Number of Employees	大专以上 College and Higher Level	博士 Doctor	硕士 Master	留学归国 Number of Returned Personnel
国家火炬计划东莞市虎门镇服装设计与制造产业基地 China Torch Program Fashion Design Industrial Base of Dongguan Humen	214300	83400	19	67	18
国家火炬计划佛山电子电器产业基地 China Torch Program Electronic and Electrical Apparatus Industrial Base of Foshan	92000	76300	81	895	98
国家火炬计划佛山精密制造产业基地 China Torch Program Precision Manufacturing Industrial Base of Foshan	10310	5700	21	78	10
国家火炬计划佛山新材料产业基地 China Torch Program New Material Industrial Base of Foshan	6139	1756	8	88	
国家火炬计划佛山自动化机械及设备产业基地 China Torch Program Automation Machinery and Equipment Industrial Base of Foshan	62020	25030	46	480	80
国家火炬计划中山精细化工特色产业基地 China Torch Program Fine Chemical Industrial Base of Zhongshan	4500	1200	3	7	3
国家火炬计划广州高新区环保新材料产业基地 China Torch Program New Materials, Environmental Protection Industrial Base of Guangzhou High-tech Zones	17665	5986	203	635	
国家火炬计划广州花都汽车及零部件产业基地 China Torch Program Automobile and Parts Industrial Base of Guangzhou Huadu	23412	5400	30	270	15
国家火炬计划惠州数码视听产业基地 China Torch Program Digital Audiovisual Industrial Base of Huizhou	136744	38043	177	721	164
国家火炬计划茂名石化产业基地 China Torch Program Petrochemical Industrial Base of Maoming	37815	4569	52	360	35
国家火炬计划中山日用电器特色产业基地 China Torch Program electrical Appliances Industrial Base of Zhongshan	173631	15728	66	768	
国家火炬计划惠州仲恺激光头产业基地 China Torch Program Zhongkai Laser Head Industrial Base of Huizhou	27613	4686	7	144	14
国家火炬计划江门纺织化纤产业基地 China Torch Program Textile Chemical Fiber Industrial Base of Jiangmen	50014	7892	5	56	17
国家火炬计划江门新材料产业基地 China Torch Program New Material Industrial Base of Jiangmen	20800	11152	29	81	5
国家火炬计划汕头澄海玩具设计与制造产业基地 China Torch Program Toy Design and Manufacturing Industrial Base of Shantou Chenghai	128900	6731		1	1
国家火炬计划汕头光机电产业基地 China Torch Program Optical and Electrical Machinery Industrial Base of Shantou	24010	6200	35	102	32
国家火炬计划汕头金平轻工机械装备产业基地 China Torch Program Jinping Light Industry Machine and Equipment Industrial Base of Shantou	42000	4000	8	12	
国家火炬计划汕头龙湖输配电设备产业基地 China Torch Program Longhu Electrical Power Transmission and Distribution Industrial Base of Shantou	7900	1720	15	38	8
国家火炬计划顺德家用电器产业基地 China Torch Program Household electrical Appliance Industrial Base of Shunde	199370	31556	38	630	30
国家火炬计划阳江五金刀具产业基地 China Torch Program Hardware Tool Industrial Base of Yangjiang	80000				
国家火炬计划湛江海洋产业基地 China Torch Program Marine Industrial Base of Zhanjiang	18625	6933	16	116	26
国家火炬计划肇庆金属新材料产业基地 China Torch Program Advanced Metal Material Industrial Base of Zhaoqing	10589	1335	6	18	14
国家火炬计划中山(临海)装备制造产业基地 China Torch Program Equipment Manufacturing Industrial Base of Zhongshan (Linhai)	18500	3500	35	220	11
国家火炬计划中山古镇照明产业基地 China Torch Program Lighting Industrial Base of Zhongshan Guzhen	66200	2346	6	55	
国家火炬计划中山小榄金属制品产业基地 China Torch Program Metal Products Industrial Base of Zhongshan Xiaolan	73000	17043	28	170	65
国家火炬计划重庆九龙轻合金特色产业基地 China Torch Program Jiulong Light Alloy Industrial Base of Chongqing	20351	3580	7	248	2

9-3 续表 8 continued 8

单位：人 (person)

特色产业基地 Industrial Bases	企业从业人员总数 Total Number of Employees	大专以上 College and Higher Level	博士 Doctor	硕士 Master	留学归国 Number of Returned Personnel
国家火炬计划白银有色金属新材料及制品产业基地 China Torch Program Nonferrous Metals materials and products Industrial Base of Baiyin	38874	9493	5	36	
国家火炬计划成都电子信息产业基地 China Torch Program Electronic Information Industrial Base of Chengdu	19379	7693	58	322	30
国家火炬计划宝鸡石油钻采装备制造产业基地 China Torch Program Petrol Drilling Equipment Industrial Base of Baoji	12756	4908	9	87	4
国家火炬计划宝鸡钛产业基地 China Torch Program Titanium Industrial Base of Baoji	14321	6876	36	236	13
国家火炬计划宝鸡重型汽车及零部件特色产业基地 China Torch Program Heavy-duty Motor Vehicles and Parts Industrial Base of Baoji	13400	10440	8	23	2
国家火炬计划西安高新区生物医药产业基地 China Torch Program Biological Medicine Industrial Base of Xi'an Hi-tech Park	18124	9951	87	486	157
国家火炬计划灵武羊绒产业基地 China Torch Program Cashmere Industrial Base of Lingwu	7900	826	1	5	3
国家火炬计划石嘴山稀有金属材料及制品产业基地 China Torch Program Rare Metal Materials and Products Industrial Base of Shizuishan	2319	685	1	7	9
国家火炬计划呼和浩特生物发酵特色产业基地 China Torch Program Biological Fermentation Industrial Base of Hohhot	994	151	4	19	
国家火炬计划环同济研发设计服务特色产业基地 China Torch Program R&D Design Services Industrial Base of Tongji Circle	24231	17140	510	2451	73
国家火炬计划上海安亭汽车零部件产业基地 China Torch Program Anting Automobile Parts Industrial Base of Shanghai	30000	10000	15	50	45
国家火炬计划上海枫泾新能源特色产业基地 China Torch Program Fengjing New Energy Industrial Base of Shanghai	5756	953	25	48	5
国家火炬计划上海奉贤输配电产业基地 China Torch Program eceltrical Power Transmission and Distribution Industrial Base of Shanghai Fengxian	8560	2200	18	67	9
国家火炬计划上海南汇医疗器械产业基地 China Torch Program Medical Machinery Industrial Base of Shanghai Nanhui	3778	2381	56	260	32
国家火炬计划上海青浦新材料产业基地 China Torch Program New Materials Industrial Base of Shanghai Qingpu	15479	6912	41	73	15
国家火炬计划上海张堰新材料深加工产业基地 China Torch Program Zhangyan New Materials Deep Processing Industrial Base of Shanghai	7782	783	12	35	11
国家火炬计划衡阳输变电装备产业基地 China Torch Program Electrical Power Transmission and Distributaiton Industrial Base of Hengyang	5031	1137	50	157	76
国家火炬计划湖南传感技术产业基地 China Torch Program Sensors Technology Industrial Base of Hunan	5138	2742	72	321	26
国家火炬计划浏阳生物医药产业基地 China Torch Program Biological Medicine Industrial Base of Liuyang	9257	709	56	145	25
国家火炬计划湘潭机电一体化产业基地 China Torch Program Mechatronic Industrial Base of Xiangtan	9956	532	39	63	41
国家火炬计划益阳先进制造技术产业基地 China Torch Program Advanced Manufacturing Technology Industrial Base of Yiyang	9130	204	70	52	23
国家火炬计划株洲硬质合金产业基地 China Torch Program Hard alloy Industrial Base of Zhuzhou	18040	8709	13	121	9
国家火炬计划株洲中小航空发动机产业基地 China Torch Program Small and Medium-sized Aero-engine Industrial Base of Zhuzhou	19047	9831	72	171	43
国家火炬计划遵义航天军转民(准备制造)产业基地 China Torch Program Aerospace Military to Civil Industrial Base of Zunyi	17739	6643	1	226	
国家火炬计划乌鲁木齐米东石油化工和煤化工特色产业基地 China Torch Program Petrochemical and Coal Chemical Industrial Base of Urumqi Midong	17508	2585	10	116	
国家火炬计划克拉玛依石油石化特色产业基地 China Torch Program Petroleum and Petrochemical Industrial Base of Karamay	143163	38000	27	218	15

第十部分

主要指标解释

The Tenth Part

Explanatory Notes of Indicators

主要指标解释

工业总产值：指工业企业在报告期内生产的以货币形式表现的工业最终产品和提供工业劳务活动的总价值量。目前工业总产值按"工厂法"计算，必须遵循以下原则：

第一，工业生产的原则。即凡是企业在报告期生产的产品和提供的劳务，经检验合格的产品，不管是否在报告期销售，均应包括在内。凡不是工业生产的产品，均不得计入工业总产值。

第二，"工厂法"的原则。即以法人工业企业作为一个整体，企业生产的成品价值必须是本企业生产的，经检验合格不需再进行任何加工的最终产品。企业对外销售的半成品也应视为最终产品计入工业总产值。而在本企业内各车间转移的半成品和在制品只能计算其期末期初差额价值。

工业总产值的内容包括三部分：本期生产成品价值、对外加工费收入、自制半成品在制品期末期初差额价值。

本期生产成品价值：指企业在报告期生产，经检验合格的已销售和准备销售的全部工业成品（半成品）价值合计。成品价值中包括企业生产的自制设备及提供给本企业在建工程、其他非工业部门和生活福利部门等单位使用的成品价值，但不包括用订货者来料加工的成品（半成品）价值。

对外加工费收入：指企业在报告期完成的对外承做的工业品加工（包括用订货者来料加工生产）的加工费收入和对外工业品修理作业所收取的加工费收入。对外加工费收入中不包括销项税额。

自制半成品在制品期末期初差额价值：为了使工业总产值与工业中间投入中的物耗价值一致，以便同口径地计算工业增加值，规定本指标的计算原则是：凡是企业会计产品成本核算中计算半成品、在制品成本，则工业总产值中必须包括自制半成品在制品期末期初差额价值。反之亦然。

工业总产值是按现行价格计算的，现行价格指报告期内销售产品的实际出厂价格，不包括应交增值税中的销项税额。会计核算中按成本价格转帐的自制设备和自产自用的成品，按成本价格计算生产成品价值。总收入：指企业全年的生产产品销售收入、技术性收入和与本企业产品相关的商品的销售收入、其他业务收入、营业收入等各种收入的总和。

技术收入：指企业全年用于技术转让、技术承包、技术咨询与服务、技术入股、中试产品收入以及接受外单位委托的科研收入等。

产品销售收入：指企业全年销售全部产成品、自制半成品和提供劳务等所取得的收入。

商品销售收入：指企业销售以出售为目的而购入的非本企业生产产品的销售收入。

实际上缴税费总额：指企业实际上缴的各项税金、特种基金和附加费等。

年末从业人员数：指在报告期末，在企业中从事劳动并取得劳动报酬或经营收入的全部劳动力。

科学研究与试验发展：指在科学技术领域，为增加知识总量、以及运用这些知识去创造新的应用进行的系统的创造性的活动，包括基础研究、应用研究、试验发展三类活动。在工业企业开展的科学研究与试验发展（R&D）活动中，较为普遍的和大量的活动属于试验发展活动。

基础研究：指为了获得关于现象和可观察事实的基本原理的新知识（揭示客观事物的本质、运动规律，获得新发现、新学说）而进行的实验性或理论性研究，它不以任何专门或特定的应用或使用为目的。其成果以科学论文和科学著作为主要形式。

应用研究：也指为获得新知识而进行的创造性研究，主要针对某一特定的目的或目标。应用研究是为了确定基础研究成果可能的用途，或是为达到预定的目标探索应采取的新方法（原理性）或新途径。其成果形式以科学论文、专著、原理性模型或发明专利为主。

试验发展：指利用从基础研究、应用研究和实际经验所获得的现有知识，为产生新的产品、材料和装置，建立新的工艺、系统和服务，以及对已产生和建立的上述各项作实质性的改进而进行的系统性工作。其成果形式主要是专利、专有技术、新产品原型或样机样件等。

工业领域的试验发展包括以下四类活动:

1. 为研制新产品或对已有产品进行实质性改进，所从事的技术调研、技术咨询和资料准备，设计及改进设计，工装模具准备，研制和检测用仪器设备的购置、制造及安装，购置原材料、元器件、零配件、辅助材料，样机试验和检测、建立和运行试验车间（中间试验），论证鉴定等活动。

2. 为研制新工艺或对已有工艺进行实质性改进，所从事的技术调研、技术咨询和资料准备，设计及改进设计，工装模具准备，购置检测用仪器设备、原材料、辅助材料、元器件、零配件，试验检测，论证鉴定等活动。

3. 在工程设计、小批量试制、工业性试验及试生产过程中对新产品原型和新工艺本身作进一步改进所从事的相关活动。

4. 对引进国外的技术或从国内购买的技术做实质性改进及再创新所开展的相关活动，但不包括对这些技术的直接应用或仿制活动。

研究与试验发展成果应用: 指为使试验发展阶段产生的新产品、材料和装置，建立的新工艺、系统和服务以及作实质性改进后的上述各项能够投入生产或实际应用，解决所存在的技术问题而进行的系统性的工作。这类活动的成果形式大多是可供生产和实际操作的带有技术和工艺参数的图纸、技术标准和操作规范。

工业领域的工程与工装模具设计、小批量试制和工业性试验一般属于科学研究与试验发展成果应用活动。工程与工装模具设计指新产品原型能够投入批量生产而从事的工艺流程、设备及工艺装备、操作及质量检测规程等的设计活动。小批量试制和工业性试验内容包括: 标准化、系列化、通用化试验，新技术方法从设定的控制参数发展到不同条件下的验证试验，批量生产的质量稳定性与优化参数再现性试验，新技术的可靠性试验，生产检测、维护、安全等技术操作规范化试验，新旧生产系统结合部技术协调试验（含原材料、能源介质、辅助工具等系统的适应性试验）。

科技活动人员: 指工业企业在报告年度直接从事或参与科技活动的人员，包括参加科技项目人员、从事科技活动管理和为科技活动提供直接服务的人员。科技活动人员不包括全年累计从事科技活动时间不足制度工作时间 10%的人员。

研究与试验发展经费支出: 指报告年度在企业科技活动经费内部支出中用于基础研究、应用研究和试验发展三类项目以及这三类项目的管理和服务费用的支出。不论何种经费来源，只要实际用于上述三类项目的经费支出都应计算在内。具体计算办法: 可将企业全部科技项目中确定为基础研究、应用研究和试验发展三类项目的经费支出加总，再加上按上述三类项目支出占全部科技项目经费支出比重计算分摊的科技管理和服务费用取得。上述三类项目经费支出包括的内容与科技活动经费内部支出按用途分组所列的支出项一致。